Camino
ORAL

Test # 3

Ch. 4 & 7:
↳ short answer
↳ differences btw. eng. & span.
↳ diff. btw. letters
↳ 4 transcriptions from ch. 4
↳ end of chapters.
↳ concepts
↳ intonation curve

SEGUNDA EDICIÓN

Camino ORAL

Fonética, fonología y práctica de los sonidos del español

RICHARD V. TESCHNER

University of Texas at El Paso

Boston   Burr Ridge, IL   Dubuque, IA   Madison, WI   New York   San Francisco   St. Louis
Bangkok   Bogotá   Caracas   Lisbon   London   Madrid
Mexico City   Milan   New Delhi   Seoul   Singapore   Sydney   Taipei   Toronto

McGraw-Hill Higher Education

A Division of The McGraw-Hill Companies

This is an EBI book.

Camino oral
Fonética, fonología y práctica de los sonidos del español

This book is printed on acid-free paper.

6 7 8 9 0 DOC DOC   0 9 8 7

ISBN: 978-0-07-365520-8
MHID: 0-07-365520-1

Editor-in-chief: Thalia Dorwick
Senior sponsoring editor: William R. Glass
Senior development editor: Scott Tinetti
Senior marketing manager: Karen W. Black
Project manager: Beatrice Wikander
Senior production supervisor: Richard DeVitto
Designer: Sabrina Dupont
Cover designer: Nicole Leong
Editorial assistant: Karen Privitt
Compositor: Carlisle Communications
Typeface: Times Roman
Printer: RR Donnelley & Sons Company

Cover photo: Parque Nacional Vicente Pérez Rosales, región de Los Lagos, Chile, © Super Stock, Inc.

Library of Congress Cataloging-in-Publication Data
Teschner, Richard V.
     Camino oral : fonética, fonología y práctica de los sonidos del español / Richard V.
Teschner.—2. ed.
         p.   cm.
     Includes index.
     ISBN 0-07-365520-1 (alk. paper)
     1. Spanish language—Phonetics.   2. Spanish language—Phonology.   I. Title.

     PC4135 . T47 1999
461'.5—dc21   99-044808

http://www.mhhe.com

CONTENTS

DE LA ORTOGRAFÍA A LA PRONUNCIACIÓN   1

PROBLEMAS ORTOGRÁFICOS Y SOLUCIONES PRÁCTICAS   12

EL SILABEO Y LA ACENTUACIÓN 33

EL APARATO FONADOR Y LA FONÉTICA: Modos de articulación y puntos de articulación de vocales, consonantes y deslizadas 63

LA FONOLOGÍA: Los fonemas y sus respectivos alófonos 87

LA SINALEFA. EL RITMO SILÁBICO. LA LÍNEA MELÓDICA 113

CÓMO MEJORAR SU PROPIA PRONUNCIACIÓN: Aplicación y práctica de todo lo anterior   131

LOS PROCESOS DIALECTALES 180

FIGURAS Y TABLAS

PREFACE: To the Instructor

Camino oral: Fonética, fonología y práctica de los sonidos del español is for use by upper-division undergraduate students who are taking their first formal coursework in Spanish phonetics and phonology and who are motivated to do so by a wide variety of needs and interests. These may include (but are not necessarily limited to) a need to improve their pronunciation of Spanish, a wish to expand their knowledge of the various dialects of the language, a desire to understand how the sound system of Spanish functions and how the sounds of Spanish contrast both physically and conceptually, and a need to enhance their ability to relate the sounds of the language to its spelling symbols.

WHAT INSTRUCTORS NEED TO KNOW ABOUT THIS BOOK

- The **exercises** of *Camino oral* are designed for **maximum flexibility.** They can be done by students as homework or by students working alone or in groups in class. They can also be done in class by instructors working together with students. Instructors can include them—or altered versions of them—as parts of tests. Many of the exercises can be done by students working in the language lab, the learning center, the multimedia laboratory or the campus center for instructional technology.

- In many **homework-oriented exercises,** *Camino oral* provides **ample white space** where students can write their answers, or the answers can be written on separate sheets of paper, if the instructor prefers. Instructors can grade homework by periodically asking students to turn in their textbooks, or by requesting that students submit completed homework assignments on individual pieces of paper or in a notebook.

- The **first two chapters** deal with Spanish **orthography,** a topic many students already know something about. Starting *Camino oral* with work on orthography enables students to tie in what they already know—how to spell—with the topics (phonetics and phonology) that they will soon study. Chapter 1 presents general information about orthography and Chapter 2 goes into greater detail about specific orthographic problems.

- The **third chapter** presents critical information about **syllable division, tonic stress, orthographic accentuation,** and the relationship between part of speech and tonic stress. Here, students build on what they've studied in lower-division courses so as to fully comprehend the important facts about Spanish syllable structure, the key to understanding so much else about Spanish phonetics and phonology.
- **Subsequent chapters** (see below, Chapters 4, 5, and 6) deal with phonetics, phonology, and the melodic line (intonation). In Chapter 4, students are asked to convert phonemic and phonetic transcription into standard Spanish orthography long before they are expected to write transcriptions themselves.
- Chapters 4, 5, and 6 constitute a long preamble to **Chapter 7,** which explicitly **contrasts Spanish pronunciation with English pronunciation** and provides **full-scale practice activities** so that students of anglophone background can **improve their pronunciation of the Spanish language.** Chapter 7 coordinates all the previously-studied material as it gives students ample opportunity to practice and apply what they've already learned while studying it again in greater detail.
- The final section, **Chapter 8,** enriches the students' learning experience by providing thorough but not exhaustive information about the various dialects of Spanish, a world-wide language.
- **Chapter length and when to give exams:** While every attempt has been made to produce chapters of equal length, such was not always possible, given the nature of some of the topics to be dealt with. For **testing purposes,** however, it has proven quite easy to write exams on the following combinations of chapters: 1, 2, and 3 (approximately 60 pages); 4 and 5 (also around 60 pages); 7 (about 50 pages); and then 8 (around 50 pages). **Four separate exams,** then, are fully feasible following this chapter division.
- The *Camino oral* **audio program** features many sections from the text that offer oral and aural practice. The audio program, now available on **CD** as well as on **cassette,** is packaged with every new copy of the book. For easy identification, a **headphones icon** in the text denotes the sections that appear in the audio program.
- The **end-of-book material** contains the following sections of use to instructors and students alike: a selective **Bibliografía escogida** of publications since 1950 on the topics this book treats, a **Diccionario bilingüe español-inglés,** a defining dictionary **(Léxico de términos usados)** of the technical terms that appear throughout the book, and an **Índice de materias** or page-referenced index to all topics that *Camino oral* presents. Also included as part of the end-of-book material is a new partial **Answer Key** that gives answers to many of the exercises from the book.

WHAT'S NEW IN THE SECOND EDITION?

Based on feedback from reviewers and colleagues, the author has made the following additions to the second edition of *Camino oral:*

- New **En cambio...** sections featured throughout Chapters 1–6 highlight **explicit contrasts between Spanish and English.** In a generalized fashion, each **En cambio...** section provides students with helpful contrastive information about how English handles certain specific topics presented in this book, such as syllable division, /p t k/ aspiration, stress, rhythm, melodic line, and so forth.
- Also new to this edition, and by popular request, information on **Castilian Spanish** is integrated throughout the book, beginning with Chapter 1, instead of being postponed until Chapter 8, which treats dialectology exclusively. Despite this, *Camino oral* continues to employ as its base variant the educated urban Spanish of highlands Latin America, the variety employed in most Spanish-as-a-foreign-language classrooms in North America.
- For many exercises, **partial answers** are presented in an **Answer Key** in the end-of-book material. A *complete* Answer Key can be made available as an e-mail attachment. Please contact your local McGraw-Hill representative to learn how to receive the complete Answer Key.
- The *Camino oral* **audio program** is now available on **CD** as well as on **cassette.** For easy identification, a **headphones icon** in the text denotes sections that appear in the audio program.

THE HORIZONTAL APPROACH

Camino oral is not an introduction to general linguistics, nor is it a general introduction to phonetics and/or phonological theory. *Camino oral* takes a linear (structuralist) approach to phonology, one that focuses primarily on the sequential or horizontal "x"-axis relationship between the segments—the sound units—of the utterance. For beginners, structuralist phonology has the virtue of simplicity and the support of tradition and continued application in applied linguistics; in its multiple guises it is viewable historically as the phonological theory that has served as the principle point of departure for other theories. And while *Camino oral* does not hesitate to incorporate the insights achieved by generative phonology and distinctive-features analysis as well as those offered by the emerging fields of autosegmental phonology, metrical phonology and feature geometry, *Camino oral* does not train its users in those particular ways of doing linguistics.

All undergraduate textbooks on the sound system of Spanish must treat certain topics such as the mechanics of sound production, articulatory phonetics, the way this particular language has organized its sounds into a system of internally logical relationships, and the manner in which geographical, social, and ethnic variation is manifested throughout the system. *Camino oral* has consciously chosen to take what it terms a **horizontal approach** to these topics. Here's what that means: *Camino oral* consciously avoids presenting in one single chapter—i.e., vertically—all one needs to know about, for example, the phoneme /s/, the distributions and articulations of its prescriptive allophones [s] and [z], and the fates these experience in the real world of dialectal variation (partial and full aspiration, gemination, deletion, yodification, and so on). Vertical approaches then go on to treat other phonemes and their articulations, distributions and variants in similar fashion, one, or at most two or three, per chapter. Contradistinctively, the horizontal approach chooses to view Spanish phonology as a unifiable whole to be presented in one chapter and, in similar fashion, the component elements of Spanish articulatory phonetics as a totality presented in the single chapter that is devoted to them.

Thanks, then, to *Camino oral*'s horizontal approach, students using this textbook are able to understand such matters as the relationship between the raw material of one sound and the raw material of all others ("phonetics as a whole") *before* they are asked to consider issues of systematic patterning between components ("phonology as a whole"). What's more, the horizontal approach lends itself nicely to a **recycling of information.** To be specific, many of the topics students cover in Chapters 3–6 are presented, again, in "second-pass" fashion, in Chapter 7 (in the context of Spanish contrasted with English) and then once more in Chapter 8 (in the context of an examination of Spanish dialectology). By the end of the course, all students should possess a thorough grounding in the essentials of the material that they have been exposed to, given the number of times they have studied it under a variety of guises and in different contexts.

WRITTEN IN SPANISH

With the exception of the occasional samples of English prose and poetry that have been chosen to illustrate various contrastive points, *Camino oral* has been written entirely in Spanish. This was a deliberate decision, one which was based on the premise that for typical undergraduate users of a text written in Spanish, the text's language of instruction will itself serve as comprehensible input, thereby enabling users to continue improving their command of Spanish while simultaneously learning about its sound system. Another factor that prompted the selection of Spanish as the medium of instruction was a desire to avoid the code-switching classroom behavior that can result from employing one medium (English) as the language of instruction and another medium (Spanish) as the focus of that instruction.

CONTENTS AT A GLANCE

Instructors should note that *Camino oral*'s coverage is in no way limited to discrete units on raw sounds and sound systems. Other topics are given substantial coverage as well. What follows is a section-by-section outline of what each chapter covers.

Chapter 1:   The text's first chapter starts students out with a review and an expansion of what they already may know about the pronunciation and the orthography of Spanish: the relationship between the letters of the alphabet and the sounds that these represent.

Chapter 2:   Here, *Camino oral* expands the first chapter's coverage of orthography into a unit that is devoted to those letters of the Spanish alphabet that do not enjoy a perfect one-to-one relationship with the sounds they represent. Problem areas are identified, and practical solutions are presented. Students not interested in further work on Spanish orthography can safely skip Chapter 2 and concentrate on the material that is presented in other chapters.

Chapter 3:   In keeping with *Camino oral*'s conclusion that phonetics and phonology can best be understood in a context that is previously informed by considerations of melodic line and suprasegmentality, the text's third chapter is devoted to matters of syllabification and accent.

Chapter 4:   Only in this chapter is the student first exposed systematically to the sounds of Spanish (its phonetics), identified in full and thoroughly described. Examined in depth are the various manners and places of articulation.

Chapter 5:   The previous chapter's phonetic detail is quickly followed here by a complete structuralist presentation of the system into which Spanish sounds are organized (its phonology). Discussed at length are the four most important phonological processes.

Chapter 6:   Here the textbook returns to previously touched-on themes of suprasegmentality, prosody, and tone as they offer insights into the language's melodic lines. Chapter 6 also continues *Camino oral*'s earlier presentation of the highly significant topic of Spanish synalepha.

Chapter 7:   Now that thorough grounding has been given in what *Camino oral* considers the necessarily antecedent topics of orthography, prosody, phonetics, and phonology, students desiring to improve the way they pronounce Spanish are ready for the overtly "euphonic" or pronunciation-improving material that Chapter 7 offers. This chapter's material deliberately repeats previous information as a second pass or reentry into the important topics that arise when the sound system of Spanish is contrasted with its English counterpart.

There is another reason why pronunciation improvement exercises have been concentrated in one unit (Chapter 7) instead of being spread out over many chapters atomistically: an increasing number of students taking upper-division Spanish course-work are (varyingly) native speakers of Spanish, not all of whom need to overcome the sort of articulatory disadvantages that may continue to characterize the non-native learner. So when a given class contains few if any non-native learners, Chapter 7 can be safely skipped or else used for strictly contrastive purposes to prepare native hispanophones for the kind of problems they will encounter in the non-native students that they themselves may someday teach.

Chapter 8:   The thorough grounding in the necessarily antecedent topics of phonetics, phonology, suprasegmentality and melodic line will also prepare *Camino oral*'s student users for Chapter 8's broad presentation of Spanish dialectology—the most salient variational features of the Spanish language. Chapter 8 first discusses what is meant by language variation and where the different varieties of Spanish are spoken. The chapter then presents the various dialectal processes that typify certain varieties of Spanish, such as consonant cluster simplification; **s**-aspiration; general debilitation; alternation and alteration of consonants in syllable- or word-final position; the differences between **seseo, ceceo,** and "distinction"; reinforcement or hyperpalatalization of /j/; and so on.

ADDITIONAL FEATURES

All eight chapters of *Camino oral* include frequent heavily seeded exercises that immediately follow the material to be practiced. Encapsulated summations of critical material frequently appear in sidebars, which draw students' attention to the highlights of each subsection. At the end of each chapter there is a **Prontuario de términos nuevos** that lists all technical terms presented for the first time in the particular chapter. (These terms appear in boldface in the chapter itself and are followed immediately by definitions and examples.)

At the end of the book, *Camino oral* presents an easy-to-consult glossary of technical terms plus definitions; a lengthy but selective bibliography of books and articles on Spanish phonetics, phonology, dialectology, and so forth, which can be consulted by users in search of additional readings on particular topics of interest; a bilingual Spanish–English dictionary of the less commonly known words used throughout the textbook; a comprehensive index that enables users to locate all references to any specific topic; and a partial answer key providing answers to many exercises.

Throughout, *Camino oral* illustrates nearly all linguistic topics with some of the Spanish language's many proverbs and sayings that have been handed down from generation to generation.

Camino oral is accompanied by a two-hour tape or CD series that is closely coordinated with the textbook. All sections of the textbook that are recorded on tape or CD are marked in the text with this special symbol: .

The voices on the tape are (in alphabetical order) those of Paul Gamache (Puerto Rico), Petra Gamache (Venezuela), Carlos Quintana (Venezuela), Catherine Rovira (Dominican Republic and Puerto Rico), José Luis Suárez (Spain), Humberto Vélez (Mexico), and Fernando Vidal (Spain). Richard V. Teschner, the book's author (originally of Milwaukee, Wisconsin), recorded the material in English.

ACKNOWLEDGMENTS

No textbook of this magnitude could have been written without the exceptional help of numerous friends and colleagues. Particular thanks go (in alphabetical order) to these people, who aided me with the first edition: Jon Amastae (The University of Texas at El Paso); José Luigi Bártoli (Department of Transportation, New York City); José Francisco Castro-Paniagua (Northwestern University); George De Mello (The University of Iowa); Charles Elerick (The University of Texas at El Paso); Maryellen García (The University of Texas at San Antonio); José de Jesús García Núñez (Universidad Autónoma de Chihuahua en Ciudad Juárez); Gino Parisi (emeritus, Georgetown University); Michael E. Reider (West Virginia University); Catherine Rovira (John Jay College–CUNY); María Sandoval (Mills College); and Thomas M. Stephens (Rutgers University). Particularly useful help in the preparation of the second edition came from M. Stanley Whitley (Wake Forest University).

We also wish to thank the following colleagues, whose suggestions concerning the first edition were useful to the author in the preparation of the second edition. The use of their names in this context does not necessarily indicate that they endorse *Camino oral*.

Jane Berne, University of North Dakota
Garland Bills, University of New Mexico
Obdulia Castro, University of Colorado, Boulder
Jerry Craddock, University of California, Berkeley
Francisco D'Introno, University of Massachusetts, Amherst
Alice Edwards, Mercyhurst College
Cynthia A. Forrester, Grove City College
Sara Griswold, Augusta State University
Margaret B. Haas, Kent State University
V.L. Peterson, Missouri Southern State College
Martín Rodríguez Pérez, Western Oregon University
Eva L. Santos-Phillips, University of Wisconsin, Eau Claire
Thomas M. Stephens, Rutgers University
James L. Wyatt, Florida State University
Dolly J. Young, University of Tennessee, Knoxville

Richard V. Teschner
Department of Languages and Linguistics
The University of Texas at El Paso

PREFACE: To the Student

T here are many possible reasons why you are taking this course. You may be interested in improving your pronunciation of Spanish. Or you may be a future teacher of Spanish who is interested in learning about the sort of pronunciation problems that your own students will have. You may be studying Spanish phonetics and phonology because you want to learn more about the varieties of Spanish that are spoken on four continents. Or you may be interested in the sounds and the grammars of languages in general and are taking this course to add one more language's sound system to your repertoire.

CHAPTER-BY-CHAPTER CONTENTS

No matter what has motivated you to enroll in this course, your new textbook, *Camino oral: Fonética, fonología y práctica de los sonidos del español,* has quite a lot to offer you.

Chapter 1: *Camino oral* will start you out with a topic that you probably know a fair amount about already: Spanish orthography, or the relationship between how Spanish words are spelled and how they are pronounced.

Chapter 2: This chapter continues to deal with the topic of orthography by focusing on the specific problems of Spanish spelling and their practical solutions.

Chapter 3: In Chapter 3 you will examine two critical topics—syllable division and accentuation (both spoken and written)—whose usefulness will only grow in importance as the course progresses.

Chapter 4: Here you learn about the way that Spanish sounds are produced—how the different sounds are produced and in which parts of the vocal apparatus they are pronounced.

Chapter 5: In this chapter you will learn to look at the sounds of Spanish as part of a **system** whose components are related to one another in a logical fashion.

Chapter 6: Chapter 6 sets forth the important notion that the articulation of Spanish (like other languages) is not limited to individual sounds but also involves considerations of melody, intonation, and rhythm.

Chapter 7: This chapter, whose orientation is strictly practical, will be especially important to you if you want to improve your pronunciation or to learn how you can help others improve theirs. Chapter 7 recapitulates material from the previous six chapters in such a way as to facilitate a better Spanish pronunciation. Here are some of the topics covered:

- la articulación normativa de las vocales (monoptongos y diptongos)
- la articulación normativa de las combinaciones sinaléficas
- la división silábica de la frase entera
- la pronunciación correcta de sonidos consonánticos como [p], [t], [k], [b], [d], [g], [β], [ð], [γ], [s]/[z] ante palatales, [l], la [r] en todos sus entornos apropiados, la [r̄] dondequiera y muchos otros

Chapter 8: Chapter 8 examines the features of the different dialects of Spanish— how dialects vary and what language processes are characteristic of which dialects. Some of the topics discussed in Chapter 8 are the aspiration of /s/ ("cuando se comen las *eses*"); the use in Spain of two phonemes—/Θ/ and /ʎ/—that have long characterized the Spanish of that country; the reduction of consonant clusters; the velarization of /n/; the changing of [r] to [l]; the reinforcement of /j/; and many others.

THE BEST WAY TO USE *CAMINO ORAL*

This book does much more than just present linguistic information.

- For one thing, it has lots of exercises and activities, which give you plenty of opportunity to practice what you've just been reading about. You can do these exercises at home, in class, at the language lab, or in any combination of those places.
- On each page there appear **sidebars** that rapidly sum up the main points.
- Throughout the book you will also encounter sections called **En cambio...** ("On the Other Hand . . . ") that compare Spanish to English.
- At the end of each chapter you'll find a list called **Prontuario de términos nuevos.** This list gives all the new technical terms that have been presented there.
- These technical terms are defined right there in the chapters, but you can also look up their definitions by turning to the **Léxico de términos usados** near the end of the book.
- You can use the **Índice de materias** at the book's end to find all the places in *Camino oral* where a particular word or concept is dealt with.
- And, if you don't know the meaning of any given Spanish word, you can look that word up in the **Diccionario bilingüe español-inglés,** which also appears toward the end of the book.

- Another useful section, especially if your instructor has you write a paper or present a report, is the **Bibliografía escogida,** a selective, though reasonably comprehensive, bibliography of books and articles published from 1950 to the present on a wide variety of topics in Spanish orthography, phonetics, phonology and dialectology.

Two 60-minute tapes or CDs came shrink-wrapped with the new copy of *Camino oral* that you purchased. You can use the tapes or CDs wherever and whenever you want to—in your stereo system (at home, at work, or even in your car), on your computer, or in the language laboratory at your university. The tapes present recordings by native speakers of most of *Camino oral*'s practice material and a certain number of example sentences from its explanatory sections. Whenever you see this headphone symbol next to an exercise or an explanation, you'll know that a recording of it appears on tape or CD. And the voices on the recordings themselves carefully identify the location in the textbook of each of the recorded sections as that material is being presented.

The voices that have done the recording are (in alphabetical order) those of Paul Gamache (Puerto Rico), Petra Gamache (Venezuela), Carlos Quintana (Venezuela), Catherine Rovira (Dominican Republic and Puerto Rico), José Luis Suárez (Spain), Humberto Vélez (Mexico), and Fernando Vidal (Spain). Richard V. Teschner, the book's author (originally of Milwaukee, Wisconsin), recorded the material in English.

ADDITIONAL WAYS TO IMPROVE YOUR PRONOUNCIATION

Not just your pronunciation but also your overall ability to understand, speak, and read Spanish will be improved if you are among the ever-growing number of persons in the United States and Canada who have easy access to Spanish-language radio and television. As you listen and/or watch, repeat what you hear *sotto voce,* or else record a program and then repeat it out loud while playing it back, stopping the recording when necessary to make sure you've got the repetition right. Does your neighborhood video outlet rent Spanish-language movies? If so, take advantage of them (and again, make sure you stop the cassette whenever you wish to practice the pronunciation of something out loud for as many times as it takes to get it right). Does your campus or city library stock recorded books in Spanish? If that is the case, be sure to make use of them in order to practice your listening and speaking skills. It goes without saying that if you have ready access to willing Spanish speakers in your neighborhood, on campus, or elsewhere in the area where you live, try to take advantage of them to practice your Spanish. (Though you should bear in mind that some of them might insist on taking advantage of you to practice their English!)

Richard V. Teschner
Department of Languages and Linguistics
The University of Texas at El Paso

DE LA ORTOGRAFÍA A LA PRONUNCIACIÓN

GRAFEMAS Y FONEMAS

> *"No es tan fácil como parece." (refrán)*

Si el mundo fuera perfecto, los idiomas serían perfectos también. Ningún idioma tendría excepción alguna a ninguna de sus reglas. Así gozaría el idioma perfecto de un alfabeto perfecto en el que una sola letra del alfabeto (o sea un **grafema**) se relacionaría de manera exclusiva con una sola unidad de sonido. En un idioma perfecto el grafema "a", por ejemplo, se emplearía exclusivamente para representar la unidad de sonido (o **fonema**) /a/ y el fonema /a/ sería representado con exclusividad por el grafema "a". En un idioma perfecto, el grafema "b" se emplearía exclusivamente para representar al fonema /b/ y este fonema lo representaría sólo el grafema "b", y así hasta el final del alfabeto. Para facilitar la distinción entre grafemas y fonemas, hay que tener presente que el grafema es el que se escribe entre comillas (" ") o en letra cursiva, y el fonema el que se escribe entre diagonales: (/ /).

¿Es perfecto el alfabeto del español? Ya hace tiempo que se dice que el alfabeto del español es uno de los más adecuados del mundo. Pero, ¿hasta qué punto es cierto que el alfabeto español alcance la perfección? Y si no es perfecto, ¿cuáles son sus imperfecciones?

El español tiene 27 **grafemas** y tres **dígrafos.** (El **dígrafo** es cualquier combinación de dos grafemas que se usan para representar un solo sonido. Por ejemplo, cualquier "c" que va seguida de "h" se combina con ella, formando las dos juntas una sola entidad que representa el fonema /č/, tal como en las palabras *chato, muchacho* y

Grafemas: las letras del alfabeto.
Fonemas: las unidades de sonido.

dígrafos: ch, ll, rr

1

ocho.) De los 27 grafemas y tres dígrafos o sea de estas 30 "letras",[1] nueve gozan de una correspondencia exclusiva con su respectivo fonema y viceversa. En la Figura 1.1 se presentan los nueve grafemas/dígrafos cuya correspondencia es exclusiva. (Los nombres de los 30 grafemas/dígrafos ya se han de conocer.[2])

[handwritten: Exclusive connections]

Figura 1.1 Las nueve correspondencias exclusivas entre grafemas/dígrafos y fonemas *[handwritten: -sounds]*

El GRAFEMA/EL DÍGRAFO	EL FONEMA
"a"	/a/
"ch"	/č/
"d"	/d/
"e"	/e/
"f"	/f/
"l"	/l/
"o"	/o/
"p"	/p/
"t"	/t/

[handwritten: un sonido.]

En cuanto a los 21 grafemas y dígrafos restantes, *[handwritten: remaining]* la correspondencia entre grafema/dígrafo y fonema no es exclusiva. En algunos casos esta falta de correspondencia exclusiva presenta algunos problemas de poca importancia, mientras que en otros casos los problemas son de mayor importancia. Afortunadamente muchos de estos problemas de relación entre grafema y fonema se pueden resolver con reglas lingüísticas. (En otros casos la ortografía de la palabra en cuestión se tiene que aprender de memoria.)

A continuación se presentan los 21 grafemas/dígrafos que sí representan alguna que otra dificultad ortográfica (véase la Figura 1.2). El dialecto en el que se basa esta presentación es el hispanoamericano culto de tierras altas, es decir, no el de España sino el de Hispanoamérica, y en particular el habla cuidadosa de la gente urbana culta del interior, no de las costas (para más información sobre estos particulares, véase el Capítulo 8). Para acomodar, sin embargo, a los maestros y/o estudiantes que hablan el español castellano del centro y del norte central de España, la Figura 1.2 también comenta los dos fonemas —/θ/ y /ʎ/— que se entienden como típicos de dicha variante además de los grafemas/dígrafos que los representan.

En la Figura 1.2, se presenta en forma abreviada la información que después se va a presentar de una manera más completa en el Capítulo 2. (Hay que fijarse que el género gramatical de la palabra *grafema* es masculino: *el* grafema, no **la* grafema [el asterisco va enfrente de lo que se considera incorrecto]. Cuando se quiere hablar de una letra sin especificar si es grafema o fonema, se usa el género femenino, por ejemplo, *esta "m" no está bien escrita; la "h" es muda.*)

Las reglas de la lingüística resuelven muchos de los problemas de la ortografía.

[1,2]Véanse las notas 1 y 2 en el apéndice al final de este capítulo.

[handwritten: ortografía = spelling.]

Figura 1.2 Grafemas/Dígrafos y fonemas: Las correspondencias no exclusivas

GRAFEMA/DÍGRAFO	FONEMA	LA NO-EXCLUSIVIDAD DE LA CORRESPONDENCIA
"b"	/b/	El grafema "v" también equivale a /b/.
"c"	/s/	La "c" = /s/ cuando la "c" va delante de "e" o "i" (por ejemplo, *cena, placer, cine, amanecí*). En el español castellano, la "c" = /θ/ cuando va delante de "e" o "i".
"c"	/k/	La "c" = /k/ en todas las demás posiciones: delante de "a", "o", "u" (*cama, como, cumbre*), delante de cualquier consonante (*claro, acmé, crimen, accidente*), o al final de una palabra (*bistec, coñac*).
"g"	/x/	El símbolo /x/ se usa en la lingüística para representar el sonido que produce el grafema "g" de palabras como *gente, gimnasio*. El grafema "g" = /x/ cuando va delante de "e" o "i", por ejemplo, (*general, agente, recogí, Giménez*). El sonido de /x/ también puede escribirse con el grafema "j" (*Jiménez, ajeno*).
"g"	/g/	El grafema "g" = /g/ en todas las demás posiciones: delante de "a", "o", "u" (*ganas, golpe, gusano*), delante de cualquier consonante (*globo, agnóstico, grosero*) o al final de una palabra (*zigzag*).
"h"	ø	Siempre es muda, así que no representa ningún fonema. (Como el grafema "h" es mudo, su representación ortográfica causa problemas. Siguen dos ejemplos: *hotel* [o-tél], *heroico* [e-ró$\underset{\sim}{i}$-ko].)
"hu" +	vocal	Aquí tampoco tiene sonido la "h", pero en combinación con "u" más cualquier vocal que no sea la "u" misma, la letra "u" se entiende como /w/. Ejemplos: *hueso* /wé-so/, *huarache* /wa-rá-če/, *huipil* /wi-píl/.
"i"	/i/	Cuando se trata de una /i/ vocálica, ésta se escribe "i". Ejemplos: *vive, hijo, aprendí, perdiz*. (Una excepción es la conjunción *y* ['and' en inglés], cuyo sonido /i/ es representado por el grafema "y".)
"i", "y"	/i̯/	El fonema /i̯/ no representa vocal sino *deslizada*,[3] término lingüístico que se usa para referirse a la parte de un diptongo que dura menos tiempo y que aquí se subraya: *ci̯elos, rei̯no, vei̯nte*; compárense *celos, reno, vente*. (Para más información sobre el *diptongo*, véase las páginas 21–23.) La ortografía presenta la desventaja de que el fonema /i̯/ se escribe *y* (y no *i*) en posición final de palabra (por ejemplo, *hoy, voy, estoy*).
"j"	/x/	Puede confundirse con el grafema "g" cuando se da delante de las vocales "e", "i".

---

[3]Véase la nota 3 en el apéndice al final de este capítulo.

Figura 1.2 *(continued)*

"k"	/k/	Puede confundirse con el grafema "c" cuando éste equivale a /k/, o con la combinación de grafemas "qu" con la misma equivalencia: *kiosco/quiosco.*
"ll"	/j/	Al igual que el grafema "y", el dígrafo "ll" también representa el sonido /j/, lo cual se presta —excepto en el español castellano— a confusiones ortográficas como las siguientes: "La niña se calló" /la-ní-ɲa-se-ka-jó/ que se pronuncia igual que "La niña se cayó" /la-ní-ɲa-se-ka-jó/ (En el español castellano, la "ll" representa siempre el fonema /ʎ/, o sea el lateral palatal.)
"m"	/m/	Problema de poca importancia: el grafema "m" puede confundirse con la "n" cuando cualquiera de los dos se encuentra delante de ciertas consonantes, por ejemplo en una palabra como *convento,* que se pronuncia /kom-bén-to/ y que por lo tanto pudiera escribirse **comvento* o **combento* por equivocación.
"n"	/n/	Puede confundirse con *m* en algunas posiciones. (Véase lo anterior.)
"ñ"	/ɲ/	Raras veces podría confundirse con *ni* delante de vocal (por ejemplo, **uñón* en vez de *unión*).
"q"	/k/	El grafema "q" tiene que ir seguido de una "u" y luego de la vocal "e" o "i", así: "que", "qui". Como la "u" es muda, puede olvidarse al escribir. También suele confundirse la "q" con el grafema "c" cuando éste se emplea delante de una *u* que sí se pronuncia: **quaderno* en vez de *cuaderno*.
"r"	/r/, /r̄/	El grafema "r" es la única representación posible del fonema /r/ vibrante sencillo. Sin embargo, el grafema "r" también representa el fonema /r̄/ vibrante múltiple (véase la página 27) a principio de palabra (*rico, romántico*), y tras los grafemas "l", "n", "s" (*alrededor, Enrique, Israel*).
"rr"	/r̄/	El dígrafo "rr" *siempre* se pronuncia /r̄/ (vibrante múltiple), por ejemplo, *carro, cerro,* aunque como ya se sabe, el fonema /r̄/ no siempre se escribe "rr", lo cual da lugar a problemas ortográficos.
"s"	/s/	El grafema "s" = /s/ en todos los entornos, pero recuerde que hay otros dos grafemas que en la mayor parte de los dialectos —excepto en el español castellano— se pronuncian /s/: el "z" en cualquier posición, y el "c" cuando va delante de los grafemas "e", "i". Ahí se origina la confusión.
"u"	ø	El grafema "u" es mudo (es decir, no se pronuncia) en las siguientes cuatro combinaciones de grafemas: *que, qui, gue, gui.*

"u"	/u̯/	Cuando la "u" va entre cualquier sonido consonántico y cualquier otra vocal, representa una deslizada y forma parte de un diptongo (véase la página 23). Esta deslizada tiene el sonido de /u̯/. Ejemplos: *puerco, cuando.*
"ü"	/u̯/	Como ya indicamos, el grafema "u" representa una deslizada /u̯/ cuando va entre consonante (que no sea "q") y vocal: *guantes, cuantos, cuota, cuidado,* etcétera. El grafema "ü" con diéresis sólo se encuentra entre la consonante "g" y las vocales "e", "i", es decir, en las combinaciones siguientes: *güe, güi.* (Ejemplos: *cigüeña, lingüística, pingüino, vergüenza.*) Aquí, la "u" no es muda, sino que se pronuncia. En cambio, estas mismas combinaciones sí producen una "u" muda cuando no hay diéresis: *gue, gui.* (Ejemplos: *guerra, guisado, guitarra, pagué.*)
"u"	/u/	Cuando la "u" no es muda ni deslizada, se comporta como vocal plena: /u/. Ejemplos: *muda, uva, tribu, sur.*
"v"	/b/	Al igual que el grafema "b", la "v" se pronuncia /b/ siempre. De ahí viene la confusión ortográfica.
"w"	/w/	El grafema "w" se limita a unas cuantas palabras de claro origen extranjero (mayormente inglés o alemán) y en algunas ocasiones puede confundirse con "hu" en la ortografía: *wélter/huélter.* (Predomina la versión con "w".)
"x"	/ks/, /s/	Se distingue entre "x" = /s/ y "x" = /ks/, según el entorno en el que se encuentre. Es decir: cuando "x" va delante de cualquier consonante se pronuncia /s/ en la mayoría de los dialectos (*experto, extraño*), mientras que "x" delante de vocal = /ks/ (*examen, exacto*), y lo mismo en posición final de palabra (*Félix, tórax*). Por lo tanto, los hablantes de dichos dialectos podrían confundir el grafema "x" con el "s" (o el "z").
"x"	/x/	En las palabras —mayormente topónimos (nombres de lugar)— que provienen históricamente de las lenguas indígenas mexicanas y centroamericanas, se usa el grafema "x" con el valor de /x/ (el sonido representado por el "j" y por el "g" delante de *e, i*). Ejemplos: *México, Oaxaca, Xalapa.*
"z"	/s/	En todos los dialectos hispanoamericanos, el grafema "z" se pronuncia /s/ siempre. Pero como la "s" también se pronuncia /s/ siempre y la "c" cuando está delante de las vocales *e, i* lo hace también, son muchas las posibilidades de equivocación ortográfica. De ahí que una palabra como /frun-sír/ podría escribirse *fruncir* (la forma correcta), *frunsir o *frunzir si no fuera por una regla ortográfica que prohíbe que la *z* se escriba delante de *e, i*.

☀ EN CAMBIO...

Si el sistema ortográfico del español presenta algunos problemas, el del inglés presenta muchísimos más, hasta el punto de que podemos afirmar que en el alfabeto inglés no hay correspondencia que sea exclusiva entre grafema/dígrafo y fonema. Examinemos algunos ejemplos de entre los fonemas vocálicos:

FONEMA
VOCÁLICO   GRAFEMA/DÍGRAFO QUE LO REPRESENTA Y EJEMPLOS

/i/

ee	need, feed, greed, sneeze, feel, freeze
ea	please, lease, meal, grease, sea, flea
e	region, exterior, cereal, sphere, me, he
i	machine, ravine, elite, routine, sardine
ie	niece, piece, shriek, thief, chief, brief
ei	seize, sheik, deceive
y	happy, sloppy, piggy, lazy, crazy, windy

/I/

i	bit, fit, kiss, crib, snip, tin
y	gym, hymn, myth

/e/

ei	weigh, neighbor, sleigh, freight, vein, eight
ea	yea, great, steak, break
ey	they, grey, fey, hey
a	gate, hate, grave, save, late, plane
ai	wait, bait, straight, main, train, raid
ay	play, say, pray, Wayne, clay, gray

/ɛ/

e	bet, bell, set, fled, men, gentle
ea	head, threat, sweat, homestead, spread, deaf
ai	said
ie	friend

/æ/

a	bat, cat, sat, have, track, back
ai	plaid
au	laugh

/ɑ/

a	father, yacht, are, bar, wasp, want, palm, waffle
o	top, job, knob, knock, block, modern
ea	heart

FONEMA VOCÁLICO	GRAFEMA/DÍGRAFO QUE LO REPRESENTA Y EJEMPLOS	
/ɔ/		
	a	talk, walk, wash, small, stall, bald
	aw	thaw, jaw, draw, hawk, awful, dawn
	au	fraught, fraud, pause, applause, haunt, fault
	o	off, boss, soft, lost, crossed, honk
	ou	ought, bought, cough, trough, thought
	oa	broad
/o/		
	o	go, pro, ocean, motion, slope, robe
	ow	know, low, snow, grow, flowing, slow
	oa	soap, goat, bloat, toad, road, coach
	oe	Joe, foe, doe, woeful, throes, toenail
	ou	dough, mould
	ew	sew
	au	gauche
/ʊ/		
	u	put, push, bush, full, bull, cushion
	oo	foot, soot, good, stood, book, took
	ou	could, should
	o	wolf, woman
/u/		
	o	do, who, lose, prove, whose, womb
	oo	boo, zoo, coop, loop, troop, tooth
	ou	through, soup, group, you, youth, douche
	u	brute, flute, dude, nude, fluke, crude
	ue	blue, true, clue, glue, duel, rueful
	ui	suit, fruit, sluice, bruise
	ew	chew, Jewish, brew, drew, crew, shrewd
	eu	sleuth
	oe	shoe
	wo	two
/ʌ/		
	u	up, puppy, tub, cut, nut, stud
	o	glove, come, from, done, ton, monk
	ou	young, tough, rough, cousin, couple, double
	oo	flood
	a	was

Ejercicio 1.1

A. En el caso de cada uno de los siguientes grafemas/dígrafos: (1) Diga si goza de una correspondencia exclusiva o no exclusiva con su(s) correspondiente(s) fonema(s). (2) Luego escriba el fonema o los fonemas que el grafema/dígrafo representa.

MODELO: "v" — Esta correspondencia no es exclusiva. El grafema "v" siempre da el fonema /b/, pero el grafema "b" da ese fonema también.

1. "p" — /p/   /p/

2. "ll" — /ʝ/ /y/   /ʝ/ /ʎ/

3. "ch" — /ch/   /ch/ /c̆/

4. "ñ" — /ŋ/   /ɲ/

5. "z" — /s/ "ce" "s"   /s/ "ce;ie" "s"

6. "c" — /k/ "qu" "k" "c"   /k/ /s/ "qu" "k" / "ce;ie" "s"

7. "r" — /rr/   /ɾ/ /r̄/ "rr"

8. "l" — /l/   /l/

9. "m" — /m/   /m/

10. "o" — /o/   /o/

11. "q" — /k/ "c" "k"   /k/ "c" "k"

12. "u" — "que"   /∅/ /u/ "ü" "u"

13. "x" — /x/ /ks/   /x/ /ks/

14. "y" — /i/   /i/ "i"

15. "f" — /f/   /f/

16. "g" — "j" "g"   /g/ /x/ "x" "j"

17. "h" — /∅/   /∅/

B. Para cada uno de los siguientes fonemas: (1) Diga si goza de una correspondencia exclusiva o no exclusiva con su(s) correspondiente(s) grafema(s)/dígrafo(s). (2) Luego dé los grafemas/dígrafos que se usan para representar al fonema. (3) Por último, escriba (empleando la ortografía convencional, o sea grafemas/dígrafos) cinco palabras que contengan el fonema.

MODELO: /b/   (1) La correspondencia no es exclusiva. (2) El fonema /b/ puede ser representado por el grafema "b" o el grafema "v". (3) *taberna, imitaba, caverna, masivo, convento*

1. /g/ – "g" – grabar, globo, golpe, gusano, gana~~t~~

2. /f/ – "f" – jefe,

3. /o/ – "o" – o, océano,

4. /s/   S followed by voiced consonant picks up voiced ~~consonant~~ consonant.   *sometimes*   mis-mo   des-de.

5. /k/ –

6. /l/ –

7. /j/ –

8. /n/ ex: Panam = Panan.

9. /ɲ/

10. /w/ – "w"

11. /e/ –

12. /b/ ✓ "b" "v"

13. /x/ – "j" "g" ‹e/i "x"

14. /t/ –

15. /u/ –

16. /r̄/ – "r̃" "r" – principio del palabra | "r" "rr" – correcto, pero, perro

17. /i/ – "y" | "y" "i" – y, dime

18. /č/ – | "ch" – Che, Chiro

PRONTUARIO DE TÉRMINOS NUEVOS

Antes de proceder al próximo capítulo, cuídese de haber aprendido bien el significado de todos los términos siguientes, que en este capítulo se presentaron por primera vez.

- el dígrafo
- el grafema
- la ortografía

NOTAS

[1] En abril de 1994 determinó la Real Academia Española de la Lengua que de ahí en adelante, la *ch* y la *ll* dejarían de considerarse letras del alfabeto español en las secuencias alfabéticas. Actualmente, una palabra como *ocho* se debe deletrear *o-ce-hache-o* en vez del antiguo *o-che-o*. Igualmente, una palabra como *calle* se deletrea *c-a-ele-ele-e* en vez de *c-a-elle-e*. Queda por ver hasta qué punto tenga efecto este dictamen, por el hecho de que cualquier lengua tiende a ser conservadora en cuestiones ortográficas. *Camino oral* sigue las nuevas normas ortográficas de la Real Academia, de modo que de aquí en adelante las palabras con *ch* la deletrearán *ce-hache* y las palabras con *ll* la deletrearán *ele-ele*.

[2] A continuación se presentan los nombres de los grafemas diversos y dígrafos del alfabeto español. Las antiguas letras *ch* y *ll* se incluirán entre paréntesis como información de consulta necesaria en esta época de transición (véase la nota 1). Como es sabido, algunos grafemas/dígrafos tienen más de un nombre.

GRAFEMA/DÍGRAFO	SU(S) NOMBRE(S)
a	*a*
b	*be, be grande, be alta, be larga, be de burro*
c	*ce*
(ch	*ce hache, che* [véase la nota 1])
d	*de*
e	*e*
f	*efe*
g	*ge*
h	*hache*
i	*i, i latina*
j	*jota*
k	*ka*
l	*ele*
(ll	*ele ele, doble ele, elle* [véase la nota 1])
m	*eme*
n	*ene*
ñ	*eñe*
o	*o*
p	*pe*
q	*cu*

r	ere
rr	erre, doble ere
s	ese
t	te
u	u
v	uve, ve chica, ve baja, ve corta, ve de vaca
w	doble u, doble uve, doble ve, ve doble
x	equis
y	i griega, ye
z	ceta, zeta

De estos grafemas y dígrafos, cinco se consideran vocales: *a e i o u.* Los restantes se consideran consonantes.

[3]Por razones mayormente pedagógicas hemos optado por clasificar como fonemas y no como alófonos los elementos deslizádicos o sea "débiles" de las combinaciones diptongales y triptongales. Así que de aquí en adelante el texto hablará del "fonema /i̯/ deslizádico" (en palabras como *sierra y aceite,* que se transcribirán /si̯é-r̄a/, /a-séi̯-te/) y del "fonema /u̯/ deslizádico" (en palabras como *puerta y Europa,* que se transcribirán /pu̯ér-ta/, /eu̯-ró-pa/). El texto hablará también de los siguientes cuatro fonemas: el /j/ consonántico (*hallar, mayonesa:* /a-jár/, /ma-jo-né-sa/), el /i/ plenamente vocálico (*hilo, pista:* /í-lo/, /pís-ta/), el /w/ consonántico (*hueso, wélter:* /wé-so/, /wél-ter/) y el /u/ plenamente vocálico (*obtuvo, puso:* /pú-so/, /ob-tú-bo/).

Enteramente consciente de que existen sobradas razones que favorecen un análisis diferente —el que analiza como alófonos de sus respectivas vocales plenas /i/-/u/ las deslizadas [i̯]-[u̯]—, hemos concluido sin embargo que es más útil darle prioridad al concepto de la división en sílabas normativa que al del rigor analítico. En términos prácticos y pedagógicos esto recalca la importancia de que el alumno capte desde el comienzo que los efectos de la sinalefa suelen combinar en una sola sílaba tanto la *si* y la *ésta* de una cláusula como "Si ésta a las tres [saliera]" como la *si* y la *esta* de una palabra como *siesta:* "[Tomo una] siesta a las tres [todos los días]." (El efecto de la sinalefa en varias combinaciones de la "u" es idéntica, por ejemplo, *sueco* y *su eco*.) Es decir, es menos importante que el alumno se dé cuenta de que en el hablar más lento y pausado no siempre se da la unión en una sola sílaba de un par de palabras como *si* y *ésta* o *su* y *eco*: [si-ésta], [su-é-ko]. Lo verdaderamente decisivo es la realidad pedagógica de un texto como éste en el que hay que luchar constantemente en contra de la tendencia inglesa de introducir siempre el hiato (-) o el golpe de glotis (ʔ) entre el segmento vocálico que finaliza una palabra y el que inicia la palabra siguiente (por ejemplo: *Ray ate three apples* [ɹe ʔ et ʔ θɹi ʔ æpəlz]). Esto es más importante que la preservación de un análisis fonológico riguroso que entiende como alófonos de /i/ y /u/ las deslizadas [i̯] y [u̯], análisis que tiene la ventaja de abarcar los fenómenos tanto del hablar lento como del hablar rápido pero que tiene la desventaja de obligar al estudiante cuando transcribe fonéticamente a distinguir entre los dos registros del habla. Otra desventaja de entender como alófonos de /i/ y /u/ las deslizadas [i̯] y [u̯] es la complicación de reglas de división en sílabas que esto crea. Por ejemplo, cuando se escribe la transcripción al nivel fonológico (/si-és-ta-a-las-trés-sa-li-é-ra/), se separan forzosamente las *íes* de las *és* en sendas sílabas, silabeo que tiene que conceptualizarse de una manera bien distinta cuando se escribe la transcripción al nivel fonético: [si̯és-ta-a-las-trés-sa-li̯é-ra].

En la primera edición del presente texto se empleaban los símbolos "j" y "w" para representar tanto los alófonos deslizádicos como los consonánticos, lo cual dio lugar a cierta confusión entre los que lo utilizaban. El empleo de los símbolos "i̯" y "u̯" tiene la ventaja de eliminar la susodicha confusión.

CAPÍTULO 2

PROBLEMAS ORTOGRÁFICOS Y SOLUCIONES PRÁCTICAS

> *"¡Ahora es cuando, yerbabuena, le has de dar sabor al caldo!"* (refrán)

En este capítulo examinaremos los problemas ortográficos más serios del español (es decir, los más frecuentes), y procuraremos encontrarles soluciones prácticas. En muchos casos, la solución se basa en uno de los siguientes procedimientos: (1) el descubrimiento de un **grupo grande de semejanzas ortográficas,** es decir, descubrir que las palabras de cierto grupo tienen algo en común, en el sentido de que se escriben con tal o cual grafema; o (2) la utilización de **estadísticas** para señalar alguna tendencia general.

Veamos varios ejemplos de estos dos procedimientos. Primero, un *grupo grande de semejanzas ortográficas:* casi todas las 900 palabras que terminan con los sonidos /smo/ representan el fonema /s/ de /smo/ con el grafema "s" y no con el "z", lo cual constituye un grupo grande. (Hay sólo dos de las 900 —*diezmo, rediezmo*— que se escriben con -*zmo* en vez de -*smo*.) Ahora observemos la utilización de *estadísticas:* por lo menos el 75 por ciento de las palabras que contienen el fonema /j/ lo representan con el dígrafo "ll" en vez del grafema "y". Por lo tanto, estas estadísticas nos pueden ayudar a determinar la ortografía más probable de una palabra que contiene el fonema /j/: en caso de duda, escríbase "ll".

A continuación presentamos los ocho problemas ortográficos que por ser importantes y de mayor frecuencia merecen un comentario amplio (véase la Figura 2.1).

Las reglas ortográficas se establecen mediante el estudio estadístico de grupos grandes de palabras.

Figura 2.1　Los ocho problemas ortográficos más importantes

1. /s/ = "c" "s" "z"[1]
2. /k/ = "qu" "c" "k"
3. /g/ = "gu" "g"
4. /x/ = "g" "j" ((χ)
5. /j/ consonántico = "ll" "y";[2]
   /i̯/ deslizádico = "y" "i" en un diptongo

6. /b/ = "b" "v"
7. /r̄/ = "rr" "r";
   /r/ = "r"
8. el grafema "h" = ø

Los siguientes fo¡nemas, los problemas ortográficos que presentan y su solución a base de grupos grandes y/o estadísticas se comentarán según lo que se considera su orden de importancia.

PROBLEMA ORTOGRÁFICO #1: EL FONEMA /s/ = "c" "s" "z"

> *"El que quiera azul celeste, que le cueste."* (refrán)

Ésta es la regla general que establece la correspondencia entre estos grafemas y el fonema /s/.

"c" = /s/ cuando "c" está delante de "e", "i"

"z" = /s/ en cualquier entorno (pero "z" sólo aparece delante de "e", "i" en unas 60 palabras, la mayoría de origen extranjero o derivadas de nombres propios: *zebra, zéjel, zelandés, zendal, zendo, zenit, zeta, zeugma, zigofiláceo, zigomorfo, zigoto, zigurat, zigzag, zigzaguear, zinc, zingiberáceo, zinguizarra, zinnia, zipizape, ziranda, zircón*)

"s" = /s/ en cualquier entorno

Predominio del grafema "s"　　En general se usa más la "s" que la "z" o la "c" para representar el fonema /s/. Aparte del conocidísimo uso del grafema "s" para la pluralización de sustantivos (*perro → perros*) y adjetivos (*triste → tristes*), hay más grupos grandes donde /s/ = "s" que donde /s/ = "z" o "c". En los cinco grupos grandes siguientes, /s/ = "s" exclusiva o mayormente.

1. -/sta/ = -"sta".
　　(El guión [-] anterior indica la sílaba final; aquí se trata de sustantivos o adjetivos que en su forma singular terminan en "sta".)

Para recordar cuándo se usa "s" para escribir /s/, piense en esta historia del oso (*"Sta el oso SmoScoSis"*).

[1,2]Véanse las notas 1 y 2 en el apéndice al final de este capítulo.

La combinación de sonidos -/sta/ jamás se escribe *zta. La mayoría de las 800 o más palabras que componen este grupo terminan en "i" + "sta".

analista	exorcista	oportunista
budista	fascista	periodista
comunista	imperialista	socialista
dentista	nudista	

2. -/oso/ = -"oso"

La inmensa mayoría de las mil palabras que terminan en -/oso/ = -"oso" son adjetivos.

baboso	dichoso	precioso
curioso	misterioso	religioso

Sólo hay 30 ejemplos de -/oso/ que se escribe -"ozo" y casi todos son sustantivos.

esbozo	pozo	sollozo
mozo	rebozo	trozo

3. -/smo/ = -"smo" casi en su totalidad

Casi todas las 900 o más palabras que ejemplifican esta regla son sustantivos que terminan en -"ismo" y que se refieren a alguna creencia o práctica.

ateísmo	capitalismo	machismo
canibalismo	liberalismo	

Sólo hay dos sustantivos (*diezmo* [décima parte de sus ganancias que pagan los fieles a una iglesia], *rediezmo* [segundo diezmo]) terminados en -/smo/ que se escriben con el grafema "z".

4. -/sko/ = -"sco" en su gran mayoría

Hay unas 200 palabras, en su mayoría adjetivos, que terminan en un -/sko/ que se escribe -"sco" para formar este grupo grande. Siguen varios ejemplos:

asterisco	fresco	refresco
brusco	pintoresco	tosco

Las palabras españolas que terminan en -"zco" tienden a ser formas verbales cuyos infinitivos acaban en -*cer.*

conozco (conocer)   merezco (merecer)

5. -/sis/ = -"sis" en su gran mayoría

Hay casi 200 palabras que terminan en -"sis" y todas son sustantivos.

análisis	oasis	tuberculosis
crisis	paréntesis	

Predominio del grafema "z"   El grafema "z" predomina en la representación del fonema /s/ en un solo grupo grande.

-/aso/ = -"azo" (la gran mayoría de los -/aso/ se escriben con el grafema "z")

abrazo	embarazo	pedazo
brazo	lazo	

Muchas de las palabras en las que /aso/ = "azo" son aumentativos.

Muchas de las palabras que terminan en -"azo" son **aumentativos** que indican un tamaño desproporcionado, una fuerza excesiva o un golpe con el objeto expresado por la raíz de la palabra. Siguen varios ejemplos:

codazo	golpazo	pistolazo
flechazo	manotazo	

Predominio del grafema "c"

El grafema "c" predomina en la representación del fonema /s/ en los dos grupos grandes siguientes. (Recuerde que el "c" sólo puede emplearse ante "e" o "i" para la representación del fonema /s/, ya que en cualquier otro entorno representa /k/.)

1. -/sio/ = -"cio" (la gran mayoría de los -/sio/ escriben el fonema /s/ con el grafema "c")

anuncio	gentilicio	recio
despacio	necio	silencio
divorcio	ocio	sucio
edificio	precio	vicio

2. -/sia/ = -"cia"
   -/sí-a/ = -"cía"

Hay unas mil palabras, casi todas sustantivos, que se escriben con -"cia" o -"cía". Veamos estos ejemplos.

abogacía	democracia	justicia
alcancía	elegancia	mercancía
ciencia	farmacia	policía

En cambio, hay sólo 166 palabras que se escriben con -"sia"/-"sía".

controversia	iglesia
cortesía	poesía

Intercambio de "z" y "c"

Los grafemas "z" y "c" se intercambian —por ejemplo— en aquellos verbos cuyos infinitivos terminan en -"zar" o -"cer". En *cruzar*, por ejemplo, el fonema /s/ es representado por "z" delante de las vocales "a" y "o", pero por "c" delante de "e".

/kru-sár/	/krú-so/	/krú-sas/	/kru-só/	etcétera
cruzar	cruzo	cruzas	cruzó	
/krú-se/	/krú-ses/	/kru-sé/		
cruce	cruces	crucé		

La ortografía de los sustantivos terminados en -/sión/

Un buen conocimiento de las reglas ortográficas del *inglés* nos ayuda a escribir correctamente los sustantivos españoles que terminan en el segmento fonémico -/sión/. La regla de relación es como sigue: si en inglés se escribe la terminación con "t", en español se escribe con "c", pero si en inglés se escribe con "s", en español se escribe con "s" también. Esto lo ilustra esquemáticamente la tabla siguiente.

INGLÉS		ESPAÑOL	EJEMPLOS
-tion	=	-ción	ambition / *ambición*
			condition / *condición*
-sion	=	-sión	vision / *visión*
			decision / *decisión*

La relación *-tion/-ción*, *-sion/-sión* es una relación de palabras cognadas. Los **cognados** son dos palabras semejantes en dos idiomas distintos. Las dos palabras tienen (a) un origen común en otro idioma y (b) una forma ortográfica parecida. Buenos ejemplos de pares cognados son **ambition/ambición** y **passion/pasión,** ambos provenientes del latín, aquél de **ambitionem** y éste de **passionem.** Como hay miles y miles de palabras españolas e inglesas que tienen un origen común en el latín y el griego, no es sorprendente que haya una gran cantidad de pares cognados entre los dos idiomas.

Los homófonos

Hay varias docenas de homófonos en los que una palabra del par homofónico representa el fonema /s/ con "c" o con "z" y la otra con "s". Los **homófonos** son dos palabras que se pronuncian igual, pero cada una tiene su propia forma escrita y su propio significado. A continuación se presentan algunos de los más comunes.

1. casa — Compraron otra casa.
caza — La caza es un deporte cruel pero a veces necesario.

2. casar — Lucinda se quiere casar con Rogelio.
cazar — A mi papá le gusta cazar ranas.

3. cerrar — Tiene que cerrar la ventana.
serrar — Vamos a serrar la leña con esta sierra.

4. cien — Más vale pájaro en mano que cien volando.
sien — La sien es el espacio entre la frente y las orejas.

5. ciento — Hay ciento veinticinco alumnos aquí.
siento — Siento mucho que te hayas caído.

6. cocer — Van a cocer papas para la cena.
coser — Hay que coser ese vestido porque está roto.

7. mesa — ¡Rigoberta! ¡Pon la mesa ya!
meza — (del verbo *mecer*) Quiero que la señora meza al niño para que se duerma.

8. pases — Cuando pases el examen, vamos a celebrar.
paces — Ya hicieron las paces y por fin hay paz.

9. risa — Eres muy ridículo y me das mucha risa.
riza — (del verbo *rizar*) Ella siempre se riza el pelo.

10. ves — (del verbo *ver*) ¿No ves que está trabajando?
vez — (ocasión, momento) Y ésa no fue la primera vez que sucedió así, comadre.

La ortografía del inglés nos ayuda a recordar cuándo se escribe *-ción* y cuándo se escribe *-sión.*

Éstos son algunos de los homófonos más comunes, uno con "s" y el otro con "z".

Cualquier palabra con /s/ cuya ortografía no la explica lo anterior Abundan las palabras españolas cuyo uso de "s", "z" o "c" para representar al fonema /s/ no se explica (o no se explica bien) mediante las reglas anteriores. Aunque en muchos casos tiene que aprenderse de memoria la ortografía de tales palabras, vale la pena recordar que como en general se usa más la "s" que los demás grafemas para el sonido de /s/, escríbase "s" en caso de duda.

Ejercicio **2.1**

Explique con reglas ortográficas por qué son incorrectas las palabras en letra itálica de las siguientes oraciones.

MODELO: Falta más *toleransia*. La gran mayoría de las palabras que terminan en -/sia/ escriben el fonema /s/ con el grafema "c". Aquí se trata de una regla de grupo grande.

1. ¿Qué anda haciendo ese *mocozo*?

2. Mi primo Miguel es *pacifizta;* se opone a cualquier acto de *violensia*.

3. El año pasado se hizo un cambio muy *bruzco* en el programa.

4. Los nómadas tienen su campamento cerca de un *oacis*.

5. En los últimos cinco años se ha extendido mucho el *cholizmo* en este barrio.

6. Dame un *pedaso* de pan.

7. La *infansia* es la edad de la *inocensia*.

8. Los campesinos *merezen* que sus vacas *produscan* más leche.

[nota manuscrita: -cen   -zcan   ?]

9. ¡Que tiren al *poso* a cualquier *favorezedor* del *machizmo*!

[nota manuscrita: Throw in the well anyone in favor of machismo.]

10. Sacó una *cierra* y empezó a cortar tablas para una *meza*.

[nota manuscrita: sierra = saw]

11. *Ciento* mucho no poder ir de *casa* con Ud.

[handwritten: s above "Ciento"; z above "casa"; "caza = hunting" at top]

12. ¿No *vez* que esta *ves* estoy demasiado ocupado?

[handwritten: s above "vez"; z above "ves"]

PROBLEMA ORTOGRÁFICO #2: EL FONEMA
/k/ = "qu" "c" "k"

> *"La casa quemada, acudir con el agua."* (refrán)

Ésta es la regla general que establece la correspondencia entre el fonema /k/ y los grafemas "qu", "c" y "k".

"qu" = /k/ cuando "qu" está delante de "e", "i"

"c" = /k/ en todas las demás posiciones

"k" = /k/ en cualquier entorno (pero sólo en unas 250 palabras de origen no latino)

Esta regla revela una *distribución complementaria* en la que el dígrafo "qu" equivale a /k/ únicamente en un solo entorno y el grafema "c" lo hace en todos los demás. Es decir, se usa "c" en cualquier entorno donde no se puede usar "qu" para el mismo fin. Una **distribución complementaria** es cualquier circunstancia lingüística donde X aparece únicamente en un(os) entorno(s) y Z aparece en todo entorno que no sea el de X. Esta distribución complementaria es manifestada por todos los verbos cuyos infinitivos terminan en -"car", como el ejemplo que sigue:

/bus-kár/	/bús-ko/	/bús-kas/	/bus-kó/	etcétera
buscar	busco	buscas	buscó	
	/bús-ke/	/bús-kes/	/bus-ké/	etcétera
	bus**que**	bus**ques**	bus**qué**	

Dos elementos lingüísticos, X y Z, están en **distribución complementaria** cuando X aparece sólo en cierto(s) entorno(s) y Z aparece en todo entorno que no sea el de X.

[handwritten: "1 in 1 environ. other in diff. environ."]

PROBLEMA ORTOGRÁFICO #3: EL FONEMA
/g/ = "gu" "g"

> *"Cuando tus higueras tienen higos, tienes amigos."* (refrán)

Ésta es la regla general.

"gu" = /g/ cuando "gu" está delante de "e", "i"

"g" = /g/ en todos los demás entornos

[handwritten: "contrastive distribution: differ/contrast ex: pill/bill"]

Esta regla también revela una distribución complementaria en la que la combinación "gu" (donde la "u" es muda) representa a /g/ en un solo entorno y el grafema "g" da /g/ en todos los demás entornos. Esta distribución complementaria es manifestada por todos los verbos cuyos infinitivos terminan en -"gar", como el ejemplo que sigue:

/pa-gár/	/pá-go/	/pá-gas/	/pa-gó/	etcétera
pagar	pago	pagas	pagó	
	/pá-ge/	/pá-ges/	/pa-gé/	etcétera
	pague	pagues	pagué	

PROBLEMA ORTOGRÁFICO #4: EL FONEMA /x/ = "g" "j"

> *"No se cogen truchas a bragas enjutas."* (refrán)

Ésta es la regla general.

> "g" = /x/ únicamente delante de "e", "i"
> "j" = /x/ en cualquier entorno, incluso en el de "g" = /x/ (o sea delante de "e", "i")

Aquí se trata de una **distribución complementaria** *frustrada* debido a que el grafema "g" = /x/ delante de "e", "i" pero el "j" lo hace también, además de ser el único que representa el fonema /x/ en todos los demás entornos. El problema, pues, es el entorno delante de "e" o "i": hay que aprender cuándo se escribe "g" y cuándo se escribe "j" en este entorno. Afortunadamente, existen los siguientes cuatro grupos grandes que nos facilitan la selección.

Predominio de "j"

1. -/xe/ = -"je" (verbos), -/xé/ = -"jé" (verbos)
Aquí se trata de algunas de las formas conjugadas de los verbos cuyos infinitivos terminan en -"jar". Todas estas formas representan -/xe/ con "je" (o -/xé/ con -"jé").

/tra-ba-xár/	/tra-ba-xé/	/tra-bá-xe/	etcétera
trabajar	trabajé	trabaje	

2. -/á-xe/ = -"aje" (sustantivos)
Hay más de 240 sustantivos que terminan en -/á-xe/. Todos ellos se escriben con -"aje".

coraje	lenguaje	traje
garaje	pasaje	viaje

Se usa sólo la "j" (1) en formas conjugadas de los verbos -"jar", y (2) en los sustantivos que terminan en /á-xe/.

Predominio de "g"

3. -/xí-a/, -/xia/ = -gía, -gia (sustantivos)

La gran mayoría de los 278 vocablos que incluyen los segmentos indicados se escriben con -"gía", -"gia":

antropología   hemorragia
biología   magia
sicología   nostalgia
sociología
tecnología

Son muy pocos los que se escriben con -"jía":

apoplejía   bujía   herejía

4. -/xír/ = -"gir" (verbos)

Hay 35 infinitivos verbales en los que la terminación -/xír/ se escribe -"gir" (*corregir, dirigir, elegir, exigir, fingir,* etcétera) y sólo tres que la representan con -"jir" (*brujir, crujir, grujir*). El grafema que se manifiesta en el infinitivo se mantiene a través de la **conjugación** (las diferentes formas de un verbo) si el grafema que sigue es "e", "i":

DIRIGIR	FRENTE A	*CRUJIR*
diriges		crujes
dirige		cruje
dirigí		crují
dirigiste		crujiste
etcétera		etcétera

(Por supuesto el "g" de un verbo como *dirigir* cambia forzosamente a "j" si la vocal que le sigue es "o" o "a" en vez de "e" o "i", por ejemplo, *dirijo, dirija, dirijas.*)

> Predomina la "g" en los sustantivos que terminan en /xí-a/ o /xia/ y en las formas conjugadas de los verbos -"gir".

Ejercicio 2.2

A. Explique con reglas ortográficas por qué son incorrectas las palabras en letra itálica de las siguientes oraciones.

1. ¿Por qué no quieres que la niña *brince* y salte como hacen las demás niñas?

2. Le *encargé* una bolsa de seda y me mandó una de plástico.

3. Ten en cuenta de que yo ya *manegé* tres horas y ahora estoy supercansada.

4. El año que viene vamos a hacer un *viage* a Buenos Aires.

5. A las nueve tengo que ir a mi clase de *geolojía*.

6. Siempre dice que yo le *exigo* demasiado, pero hubo un tiempo cuando él mismo me *exijía* mucho a mí.

B. Explique el significado del término lingüístico *distribución complementaria*. Dé dos ejemplos del fenómeno.

PROBLEMA ORTOGRÁFICO #5: EL FONEMA /j/ = "ll" "y"; EL FONEMA /i̯/ = "y" "i" EN UN DIPTONGO

> *"No hay olla tan fea que no halle su cobertura."* (refrán)

Ésta es la regla general.

> Predominio general del dígrafo "ll", que es el que se usa para representar al fonema /j/ en un 75 por ciento de los casos. (El grafema "y" lo representa casi con exclusividad en el 25 por ciento de los casos restantes.) El grafema "i" (y con menor frecuencia el "y") representa el fonema /i̯/ deslizádico diptongal.

El fonema /j/ puede iniciar una sílaba (ser el primer elemento de una sílaba) mientras que el fonema /i̯/ siempre forma parte de un diptongo y constituye por lo tanto un componente del **núcleo vocálico** de la sílaba.

El español tiene 14 diptongos y muchos se usan con gran frecuencia. Un **diptongo** es cualquier combinación monosilábica de una **vocal cerrada/alta** —la "i", la "u"— con una **vocal no cerrada** ("a", "e", "o") o con la otra vocal cerrada. Al igual que una letra vocálica sola, un diptongo forma el núcleo de una sílaba. La vocal cerrada —ya sea "i" o "u"— del diptongo es la **deslizada,** el elemento que se pronuncia con más rapidez que el elemento no deslizado. El elemento deslizado nunca constituye de por sí el núcleo de una sílaba. (Lo contrario de *diptongo* es **monoptongo,** o sea, una letra

[nota manuscrita: MW MW]

[nota manuscrita: 2 vocales en una sílaba.]

Un **diptongo** es cualquier combinación monosilábica de vocal cerrada y vocal *no* cerrada o de dos vocales cerradas distintas.

vocálica sola, sin deslizada que la acompañe. Las cinco vocales monoptongales son: *i e a o u.*) En la página siguiente (véase la Figura 2.2) se presentan los 14 diptongos del español.

> *"Cuando una puerta se cierra, cientos se abren." (refrán)*

Si el diptongo que termina en "i" se encuentra en posición final absoluta de palabra, la "i" forzosamente se escribe "y".

doy	ley	rey
estoy	maguey	soy
hay	mamey	voy
hoy	muy	

De igual manera, el grafema "i" átono (sin acento tónico) [unstressed] que de otra forma se encontraría en posición intervocálica se tiene que cambiar a "y", representando la "y" al fonema consonántico /j/. Esta regla afecta al gerundio y a ciertas formas verbales del pretérito e imperfecto de subjuntivo de los verbos cuyo infinitivo termina en vocal + **-er** o **-ir,** como *atribuir, caer, concluir, construir, creer, incluir, leer, oír.*

*caió → cayó	*construió → construyó
*caieron → cayeron	*construieron → construyeron
*caiera → cayera	*construiera → construyera
*caiendo → cayendo	*construiendo → construyendo

Los demás casos de la /j/ escrita con "y" (y no con "ll") necesitan aprenderse de memoria, ya que no hay regla lingüística que los explique bien. La próxima lista es de las palabras de uso frecuente en las que /j/ se escribe con "y".

apoyar	ensayo	rayar
apoyo	hoyo	rayo
arroyo	joya	soslayo
ayer	leyenda	subrayar
ayuda	mayo	suyo
ayudar	mayor	tocayo
ayuntamiento	mayoría	tuyo
cuyo	payaso	ya
desmayar	playa	yema
desmayo	proyectar	yerno
ensayar	proyecto	yo

Un caso algo especial es el constituido por el fonema /j/ que es representado ortográficamente por los grafemas "hi" seguidos por cualquier vocal que no sea "i". Dichas combinaciones de grafemas se limitan efectivamente a dos: "hie" y (en menor grado) "hia". En términos prácticos, las palabras que escriben /j/ con "hie" son ocho

Un 75 por ciento de las palabras que contienen la /j/ consonántica se escriben con "ll". El resto se escribe con "y".

Figura 2.2 Los 14 diptongos del español

vocales cerradas (las **deslizadas** del diptongo):   i   u
vocales no cerradas: e   o
a

*Cerrada en posición inicial (**diptongo creciente**):*

ie	sierra
ia	piano
io	idiota
ue	cuento
ua	cuadro
uo	cuota

*Cerrada en posición final (**diptongo decreciente**):*

ei/ey	reina/rey
ai/ay	traigo/caray
oi/oy	oigo/voy
eu	deuda
au	jaula
ou	genitourinario

*Dos cerradas distintas juntas (**diptongo acreciente**):*

iu	ciudad
ui/uy	buitre/muy

—*hiedra, hiel, hielo, hiena, hierba, hier(o), hierro* y *enhiesto*[3]— más sus derivados y variantes; los de *hierba*, por ejemplo, son *contrahierba, deshierba, hierbabuena, hierbal, hierbatero* y *hierbazal;* los de *hielo* son *deshielo, hielera, hielo*. Algunas de las seis que contienen "hia" son *hialino, hialografía, hialotecnia, hiato*.

Puede decirse con seguridad que en todas las demás palabras frecuentes, el fonema /j/ se escribe con "ll". Varios ejemplos de los muchos posibles son: *calle, hallar, llano, llegar, llevar, llorar.*

Ejercicio **2.3**

A. Explique con reglas ortográficas por qué son incorrectas las palabras en letra itálica de las siguientes oraciones.

1. Me lo regaló el *rei* de España.

2. Dijo que se lo había recomendado la *reyna.*

---

[3]Véase la nota 3 en el apéndice al final de este capítulo.

3. No me *incluió* en su lista.

incluyó

4. *Llo lla yoré aller.*

Yo ya lloré ayer

5. Échale dos cubitos de *llelo* a la bebida.

hielo

B. Diga cuáles de las palabras siguientes tienen diptongo y cuáles no.

	SÍ	NO
1. aceituna	☒	☐
2. maestro	☒	☒
3. ley	☒	☐
4. creer	☐	☒
5. cuerda	☒	☐
6. traen	☐	☒
7. otorrinolaringólogo	☐	☒
8. queso	☒	☐
9. pensar	☐	☒
10. quiero	☒	☒
11. pensamiento	☒	☐
12. arbitrario	☒	☐
13. cierran	☒	☐
14. cerrado	☐	☒
15. farmacia	☑	☐
16. policía	☐	☑
17. guerra	☐	☑

18. güera   SÍ ☑   NO ☐

PROBLEMA ORTOGRÁFICO #6: EL FONEMA /b/ = "b" "v"

> *"Ni a boda ni a bautizo vayas sin ser llamado."* (refrán)

Éstas son las reglas generales.

1. *Delante:* El fonema /b/ se representa exclusivamente con "b" delante de "l" o "r", así: bl, br.

¡Importur!

bloque   abrigo
blusa   brincar
hablar   ebrio
obligación   híbrido

Estas combinaciones con "b" y "v" son exclusivas: *bl, br, mb, nv, sub.*

2. *Detrás:* El fonema /b/ se representa exclusivamente con "b" detrás de "m" (combinación *mb*) pero con "v" detrás de "n" (combinación *nv*).

Behind! (handwritten annotation)

combinar	convenio
embarazada	convento
embargo	envenenar
hambriento	envidia

3. El prefijo /sub/- se escribe exclusivamente con "b": "sub"-.

Además de las tres reglas ya presentadas que sirven para explicar el empleo de "b" o "v" en miles de palabras, existen dos grupos grandes de semejanzas ortográficas.

1. -/í-bo/ = -"ivo"
En estas terminaciones adjetivales y sustantivales hay un gran predominio del grafema "v" —500 -"ivo" frente a 12 -"ibo":

activo	masivo	progresivo
agresivo	motivo	relativo
chivo	nativo	
digestivo	olivo	

2. -/bi-li-dád/ = -"bilidad"
Esta terminación sustantival se escribe casi siempre con el grafema "b".

debilidad	posibilidad
flexibilidad	probabilidad

Las seis excepciones a esta regla son *civilidad, movilidad* y sus cuatro derivados.

Un conocimiento de la ortografía del inglés ayuda considerablemente a escoger el grafema correcto para la representación del fonema /b/. Entre las palabras de uso más frecuente hay centenares de cognados que manifiestan la misma grafía en los dos idiomas. Siguen categorías y ejemplos.

"b" en español y "b" en inglés

abandonar	abstracto	bahía
absoluto	aburrido	etcétera

"v" en español y "v" en inglés

activo	avisar	cultivar
aventura	conservar	etcétera

"b" y "v" en español y "b" y "v" en inglés (y en el mismo orden)

brevedad	invisible	obvio
invencible	observar	etcétera

Donde no hay correspondencia entre la ortografía inglesa y la española y donde no se trata de palabras que pertenezcan a ninguno de los grupos grandes o que no acaten ninguna de las cuatro reglas, es donde hay que aprender de memoria el uso de

Casi no hay excepciones a las equivalencias -/í-bo/ -"ivo" y -/bi-li-dád/ -"bilidad".

"b" o "v" en determinada palabra. A continuación presentamos las palabras de mayor frecuencia cuya "b" o "v" se tiene que aprender de memoria. (En el caso de algunos cognados —*gobierno, taberna, automóvil*— la representación grafémica española de /b/ es lo opuesto de su representación inglesa. Es de notarse también que en las dos listas siguientes sólo presentamos uno de los miembros de cada grupo de derivados, es decir, de palabras como *gobernación, gobernar, gobernador* y *gobierno,* porque todas ellas van a escribirse con el mismo grafema.)

Las escritas con "b"

abeja	bigote	cubrir
abierto	billete	debajo
abuelo	boca	deber
acabar	boda	dibujar
aprobar	bolsa	gobierno
árbol	bondad	haber
bailar	bonito	jabón
bajar	borrar	labio
bandera	bosque	nube
barato	bueno	percibir
barco	burla	prueba
barrio	buscar	rabia
barro	caballero	recibir
bastante	cabello	rubio
baúl	caber	sábana
beber	cabeza	saber
belleza	cabo	soberbio
besar	cobarde	sabor
biblioteca	corbata	taberna

Las escritas con "v"

aprovechar	nieve	vela
atrever	noventa	venir
automóvil	novio	venta
avergonzar	nueve	verano
averiguar	olivar	vergüenza
calavera	olvidar	viajar
clave	porvenir	vidrio
clavel	primavera	viejo
devolver	provecho	viento
levantar	selva	vientre
llave	todavía	viernes
llevar	uva	viudo
llover	varón	volar
navaja	vecino	volver

PROBLEMA ORTOGRÁFICO #7: EL FONEMA /r̄/ = "r" "rr"; EL FONEMA /r/ = "r"

> *"A río revuelto, ganancia de pescadores."* (refrán)

> *"Por la plata baila el perro y el gato sirve de guitarrero."* (refrán)

Éstas son las reglas generales.

1. El fonema /r̄/ —el vibrante *múltiple*— se representa con el grafema "r" en posición inicial de palabra y detrás de "l", "n", "s".
2. El fonema /r̄/, vibrante múltiple, se representa con el dígrafo "rr" en todos los demás entornos (es decir, en posición intervocálica).
3. El fonema /r/ —vibrante *sencillo*— se escribe "r" siempre en todas las posiciones en las que se encuentra.

Una distribución casi complementaria   El fonema /r̄/, de repetidas y múltiples vibraciones, sólo se encuentra en tres posiciones: (1) a principio de palabra, (2) tras los grafemas "l", "n", "s" y (3) entre vocales. En cambio, el fonema /r/, de vibración sencilla (una sola), se encuentra en cualquiera de estas cuatro posiciones: (1) a final de palabra, (2) delante de cualquier consonante, (3) detrás de los fonemas consonánticos /p b t d k g f/ y (4) entre vocales. Como revela lo anterior, la distribución entre /r̄/ y /r/ es casi complementaria excepto en el entorno intervocálico. Si la vibrante múltiple se pronuncia de una manera marcadamente múltiple, es fácil determinar cuándo hay que escribir "rr" y cuándo "r" en la posición disputada o sea la intervocálica.

/pé-r̄o/ frente a /pé-ro/		/ká-r̄o/ frente a /ká-ro/	
perro	pero	carro	caro
/kó-r̄o/ frente a /kó-ro/		/bá-r̄i̯os/ frente a /bá-ri̯os/	
corro	coro	barrios	varios
/pá-r̄a/ frente a /pá-ra/			
parra	para		

Pero si la vibrante múltiple se debilita convirtiéndose en vibrante sencilla, hay que aprenderse de memoria la ortografía de las palabras que manifiestan el contraste entre "rr" y "r" en entorno intervocálico. En caso de debilitamiento, no hay regla lingüística que valga.

El vibrante múltiple /r̄/ se escribe "r" a principio de palabra y tras /l n s/. El vibrante sencillo /r/ se escribe "r" siempre.

PROBLEMA ORTOGRÁFICO #8: EL GRAFEMA "h" = ø

Como el grafema "h" es **mudo** (es decir, no representa ningún sonido), no es posible saber dónde escribirlo. De ahí que al alumno le toque aprender de memoria cuándo se escribe y cuándo no. No obstante, si un alumno determinado ya sabe escribir inglés, su dominio de la ortografía de ese idioma le ayudará considerablemente a dominar la "h" española, porque la tercera parte de las palabras españolas que se escriben con "h" tienen cognados en inglés que también se escriben con "h". A continuación presentamos una lista de algunos de los cognados españoles de uso más frecuente que se escriben con "h" en los dos idiomas.

La "h" siempre es muda, pero los cognados ayudan a saber dónde escribirla.

exhalar	hispánico	hostilidad
habitación	historia	hotel
habitante	historiador	humanidad
hábito	histórico	humano
habitual	Holanda	húmedo
heredar	holandés	humildad
herencia	honesto	humilde
héroe	honra	humor
hierba	horrible	prohibición
himno	hospital	vehículo
hipótesis	hostil	

El grafema "h" en todas las demás palabras españolas que lo llevan se tiene que memorizar. Siguen varios ejemplos de los muchos posibles. El alumno debe fijarse en palabras como *haber* que son homófonos con relación a otra(s), como *a ver*, de diferente grafía y significado. Estas palabras se presentan así: haber (≠ a ver).

ahora	hacer (≠ a ser)	hijo
ahorrar	hacia (≠ Asia)	hola (≠ ola)
almohada	hacía	hombre
bahía	hallar	hora
haber (≠ a ver)	hasta (≠ asta)	hoy
habilidad	hecho (≠ echo)	hueso
hablar	hermoso	

Ejercicio 2.4

A. En cada oración, encuentre todas las palabras escritas correcta o incorrectamente con los grafemas que se acaban de comentar ("b"/"v", "r"/"rr", "h").

B. Luego explique con reglas ortográficas por qué están correcta o incorrectamente escritas.

MODELO: Anoche Manuel se puso un poco evrio. →
La palabra *evrio* está incorrectamente escrita. La regla ortográfica dice que el fonema /b/ al encontrarse enfrente de "r" tiene que escribirse con el grafema "b".

1. Quiere comprar un vloque de hielo.
  bloque

2. Este año pasaré todo el imvierno en Puerto Rico.
  invierno

3. Mi casa está rodeada de árvoles.
  árboles

4. Él es un tipo muy pasibo que siempre se deja llevar por la coriente.
  pasivo *corriente*

5. A mí me gusta mucho observar a la gente. *?* No problema con esta frase

6. Este berano vuelve en avión de Guadalajara.
  verano

7. Rrebeca se acaba de cambiar de bario porque hay mucho crimen donde vivía.
  Rebeca *barrio*

8. Me gustaría mucho dar la vuelta alrrededor del mundo con Manrique.
  alrededor

9. Oy mismo camino asta Honduras.
  Hoy *hasta*

10. Hestábamos a punto de aser algo que nunca había echo nadie más.
  Estábamos *hacer* *hecho*

Ejercicio 2.5—Ejercicio general y de repaso

Explique con reglas ortográficas completas cuándo se usan los siguientes grafemas para representar los fonemas indicados.

[handwritten: Letter / Sound]

GRAFEMA	FONEMA		GRAFEMA	FONEMA
1. "g"	/x/ *gente*		**12.** "qu"	/k/ *quiero*
2. "g"	/g/ *gate* *otros casos*		**13.** "u"	∅ *que*
3. "c"	/s/ *cena*		**14.** "gu"	/g/ *guerra*
4. "c"	/k/ *casa*		**15.** "j"	/x/ *jamás*
5. "z"	/s/ *cerveza*		**16.** "b"	/b/ *bailar*
6. "rr"	/r̄/ *carro*		**17.** "v"	/b/ *verano*
7. "r"	/r̄/ *rosa*		**18.** "s"	/s/ *seis*
8. "r"	/r/ *cara*			*¡siempre!*
9. "y"	/j/ *rayo*			
10. "ll"	/j/ *calle*			
11. "ü"	/u̯/ (la "u" que no es muda) *lingüística*			

[handwritten margin note: cuando se escribe, cuando se pronuncia]

◆ **EN CAMBIO...**

La representación ortográfica de las consonantes inglesas no es tan complicada como la de sus vocales, pero de todos modos los fonemas consonánticos distan bastante de gozar de relaciones exclusivas con los grafemas que los representan y viceversa. El problema principal es la tendencia del inglés a usar **grafemas consonánticos duplicados** en algunos entornos y **grafemas mudos** en otros. Siguen varios ejemplos:

FONEMA	REPRESENTACIONES ORTOGRÁFICAS
/m/	emotion, mother; common, communicate; climbing, dumber
/n/	in, nice; inn, innovate; gnaw; know
/ŋ/	ring, wrong; think, wrinkle
/l/	lake, welcome; well, mill
/f/	faint, fat; off, staff; phosphate, staph; cough, tough
/θ/	bath, thin, with
/ð/	bathe, either, they
/s/	save, sit; mess, miss; cent, cereal; scent, science
/z/	easy, raise; amaze, sleazy
/š/	shall, she; appreciate, negociate; action; sure; cache
/ž/	leisure, treasure; garage, rouge
/p/	drip, drop; dripping, dropping
/t/	tell, waiter; kitten, written
/d/	deal, sadist; hidden, sadder
/k/	call, cost; keep, kill; rock, stick; quick, quiet; chlorine
/g/	get, go; drugged, struggle; brogue, plague
/č/	chance, choose; snatch, watch
/ǰ/	jealous, jury; gentle, gin; badge, budget; adjective

PRONTUARIO DE TÉRMINOS NUEVOS

Antes de proceder al próximo capítulo, cuídese de haber aprendido bien el significado de todos los términos siguientes, que en este capítulo se presentaron por primera vez.

- el aumentativo ✓
- el cognado / el par cognado / el par de palabras cognadas ╱
- la conjugación
- la deslizada
- el diptongo
- el diptongo creciente
- el diptongo decreciente
- el diptongo acreciente
- la distribución complementaria
- la distribución complementaria frustrada
- el grafema mudo
- el grupo grande a base de estadísticas
- el grupo grande de semejanzas ortográficas
- los homófonos ✓
- el monoptongo
- el núcleo vocálico
- la vocal cerrada
- la vocal no cerrada / la vocal no alta

NOTAS

[1]El español castellano no es afectado por este problema, ya que en dicha variante el fonema /s/ = "s" exclusivamente, mientras que los grafemas "z" en cualquier entorno y "c" delante de las vocales anteriores "i" y "e" representan el fonema /θ/. Véase los Capítulos 4, 5 y 8 para más detalles.

[2]El español castellano—sobre todo el de las tierras no urbanas del norte central de España— no es afectado por este problema tampoco, ya que en dicha variante el fonema /ʎ/ = "ll" exclusivamente. En cambio, el fonema /j/ es representado ortográficamente por los grafemas "y" por un lado, y por otro lado "hi" (delante de cualquier vocal que no sea la "i" misma), así que la representación ortográfica de /j/ es en parte tan problemática en el español castellano como lo es en otras variantes del español. Es decir, todo castellano distinguidor siempre sabe dónde escribir "ll", pero al igual que todos los demás hispanohablantes tiene que pensar en reglas ortográficas al decidir entre "y" e "hi" cuando quiere representar en la ortografía el fonema /j/.

[3]Dos de estas palabras tienen formas variantes en las que el fonema /j/ se escribe con "y": *yerba, yedra*. La palabra *yerro* no es variante de *hierro* sino es la primera persona singular del presente de indicativo del verbo *errar*.

EL SILABEO Y LA ACENTUACIÓN

EL SILABEO (LA DIVISIÓN EN SÍLABAS)

> *"El hacer bien a villanos es como echar agua al mar."* (refrán)

LA SÍLABA TÍPICA Y SU ESTRUCTURA SILÁBICA PREFERIDA

La sílaba española típica, igual que la sílaba típica de la gran mayoría de las lenguas naturales, siempre se concentra en una sola vocal o un diptongo. La vocal o el diptongo es el **núcleo silábico**: el núcleo o centro de la sílaba. Las consonantes se agrupan alrededor del núcleo.

Las vocales son los **núcleos** de las sílabas.

El español tiene una **estructura silábica preferida,** es decir, cierta manera preferida —la más común— de estructurar y configurar la sílaba. La estructura silábica preferida en español es ésta:

CV-CV... *sílaba abierta - ends in vowel*

Aquí la letra *C* mayúscula representa cualquier consonante mientras que la *V* mayúscula representa cualquier vocal. El guión (-) representa la división entre sílabas,

C = consonant
V = vowel.

sílaba cerrada - ends in consonant.

33

es decir, el final de la sílaba que queda inmediatamente a la izquierda y el comienzo de la sílaba a la derecha. (Algunos lingüistas prefieren un punto para el mismo propósito: CV.CV.) Los tres puntos (...) indican que la palabra que ejemplifica la estructura no tiene que limitarse a dos sílabas. A continuación se proporcionan unos cuantos ejemplos de la estructura silábica preferida CV-CV. (Como es la preferida, hay miles y miles de palabras que siguen esta pauta y, por lo tanto, la lista siguiente es forzosamente muy incompleta.) La sílaba española empieza con consonante cada vez que sea posible.

ba-jo	gue-rra
ba-ño	lla-ma-da
be-llo	lo-quí-si-mo
bo-ca	ma-ne-ra
ca-lle	me-xi-ca-no
ca-sa	mu-chí-si-mo
chi-co	mu-cho
dé-ci-mo	no-ve-la
de-re-cho	nú-me-ro
de-sa-pa-re-ce-rá	pá-ja-ro
ga-lli-na	se-pá-ra-me-lo

Nótese que los tres dígrafos "ch", "ll" y "rr" siempre cuentan como unidades consonánticas sencillas, como si fueran una sola letra, y por eso nunca se dividen (*mu-chí-si-mo* y no *muc-hí-si-mo).

La estructura silábica puede analizarse por medio del siguiente árbol en el que el símbolo σ representa "la sílaba":

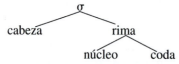

Se entiende por **núcleo** la vocal o el diptongo que constituye el "corazón" de la sílaba. La **coda** es la consonante (o la combinación de consonantes) que finaliza(n) la sílaba, a la vez que la **cabeza** consiste en la consonante (o la combinación de consonantes) que inicia(n) la sílaba. El término **rima** se usa para referirse simultáneamente al núcleo y a la coda. Siguen tres ejemplos de este modo de analizar la sílaba.

va:	v	a	
	cabeza	**rima/núcleo**	

van:	v	a	n
	cabeza	**rima/núcleo**	**rima/coda**

tren:	tr	e	n
	cabeza	**rima/núcleo**	**rima/coda**

La sílaba española admite, además, otras estructuras silábicas. Admite por ejemplo más de una consonante de cierto tipo en posición prevocálica o postvocálica.

-CCV-	(i-**gle**-sia)
-CCVCC-	(**trans**-por-ta-ción)

La sílaba que el español prefiere tiene la estructura CV- (o sea: Consonante Vocal -).

La sílaba española también puede empezar con vocal si no hay consonante con la que pueda empezar, o si se encuentran juntas dos vocales no cerradas. Esta estructura es menos común que la preferida.

-V-	(fe-**o,** le-**e, i**-lu-mi-na)
-VC-	(**al**-go, **an**-tes)
-VCC-	(**ins**-pi-ra-ción, **obs**-tan-te)
-CV-V-	(pe-tró-**le-o, te**-a-tro)

Admite también la presencia de un diptongo con diferentes configuraciones consonánticas. Aquí el símbolo D = deslizada, o sea el elemento cerrado o "débil" de la combinación diptongal.

[nota manuscrita: slide] *[nota manuscrita: weak i, u]*

-CDV-CV-	(**cie**-go, **quie**-re)
-CVD-CV-	(**jau**-la, **pei**-ne)
-CDVC-CV-	(**tien**-da, **sien**to)
-CCDV-CV	(**prue**-ba, **plie**-gue)

EL DIPTONGO Y SU ESTRUCTURA SILÁBICA

[nota manuscrita: futuro subjuntivo]

> *"Cuando a Roma fueres, haz lo que vieres." (refrán)*

Como ya se ha dicho (véase las páginas 21–23), los diptongos son monosilábicos y jamás se separan en sílabas diferentes.

a-**gua**	**ciu**-dad
ai-re	**cui**-da-do
au-tor	des-t**rui**-do
b**ai**-le	a-r**rie**s-ga-do
bue-no	de-sa-pa-re-c**ie**-ron
cie-lo	con-ti-**nua**-ción
pei-ne	t**roi**-ca

Muchos diptongos se encuentran en varias formas conjugadas de verbos cuyos infinitivos tienen vocales monoptongales, por ejemplo: *encontrar → enc**ue**ntro, enc**ue**ntras...* ; *despertar → desp**ie**rto, desp**ie**rtas; sentir → s**ie**nto, s**ie**ntes...* De igual manera los **triptongos** —las combinaciones monosilábicas de *tres* segmentos que siguen la pauta DVD— no se separan tampoco.

[nota manuscrita: vosotros!]

buey	U-ru-**guay**	con-ti-n**uáis**

[nota manuscrita: 3 vocales en una sílaba.]

LOS *ANTI*DIPTONGOS: OTRO TIPO DE ESTRUCTURA SILÁBICA

> *"Hay que poner los puntos sobre las íes." (refrán)*

Si a cualquier vocal no cerrada —"a", "e", "o"— le sigue o le antecede una "í" o una "ú" con acento ortográfico, ya no se trata de un diptongo sino de un **antidiptongo** o sea un **diptongo deshecho** (que también puede llamarse **adiptongo, hiato** o **diptongo quebrado**). En este contexto de vocal no cerrada más vocal cerrada con acento escrito, el acento ortográfico —el ′— arriba de la "í" o de la "ú" sirve para indicar que no hay diptongo. Hay tantos antidiptongos como diptongos. La Figura 3.1 compara los antidiptongos con sus diptongos correspondientes.

Como las dos vocales de un antidiptongo nunca se combinan en una sola sílaba, cada una forma un *núcleo silábico propio*.

El **antidiptongo** es un diptongo que se ha dividido en dos sílabas, así: [í-a].

re-*ú*-ne	R*a*-*ú*l	*o*-*í*s-te
bam-b*ú*-*es*	gr*ú*-*a*	M*a*-r*í*-*a*

Figura 3.1   Los antidiptongos del español

ANTIDIPTONGOS	EJEMPLOS	DIPTONGOS CORRESPONDIENTES
íe	te ríes	ie sierra
eí	me reí	ei/ey reina/rey
ía	María	ia Mariano
aí	país	ai/ay paisano/caray
ío	tío	io diosa
oí	oíste	oi/oy oigo/estoy
íu	guaipíu	iu ciudad
úi [sin ejemplos comunes]		ui cuidado
úo	dúo	uo cuota
oú	finoúgrio	ou genitourinario
úa	grúa	ua cuando
aú	Raúl	au Paula
úe	bambúes	ue cuento
eú	reúne	eu deuda

DOS CONSONANTES JUNTAS: LAS COMBINACIONES CONSONÁNTICAS

> *"Treinta monjes y un abad no pueden hacer cargar*
> *a un asno contra su voluntad." (refrán)*

Hay dos tipos de combinaciones consonánticas.

1. Unas nunca se separan y siempre inician la sílaba.

p		pl	a-**pli**-car	p		pr	a-**pro**-xi-mar-se
b		bl	ha-**blan**-do	b		br[1]	a-**bro**-char-se
f	+ l	fl	a-**fli**-gi-do	f		fr	en-**fren**-tar-se
c		cl	o-**clu**-si-vo	c	+ r	cr	in-**cre**-men-to
g		gl	a-rre-**gla**-ron	g		gr	a-le-**grí**-a
				t		tr	o-**tro**
				d		dr	al-men-**dra**

Éstas son las combinaciones consonánticas que nunca se separan: *pl, bl, fl, cl, gl; pr, br, fr, cr, gr, tr, dr.*

La "l" y la "r" de estas combinaciones tienen algo en común: son consonantes **líquidas.** Así que podemos concluir lo siguiente de las 12 combinaciones consonánticas inseparables e iniciales de sílaba: todas terminan en consonante **líquida.**

2. Las demás, cuando se encuentran entre vocales, siempre se separan y nunca inician una sílaba. A continuación damos varios ejemplos de los muchos que hay.

nt:	gen-te
st:	os-tra
ns, st:	in-sis-te
sc:	as-co
mp, rs:	com-pa-rar-se
ld:	fal-da
rt:	ar-te
tl:	At-las, At-lán-ti-co[2]
rg:	ar-gu-men-to

Se debe enfatizar que cualquier combinación consonántica que *no* pertenezca al primer grupo ("pl", "bl", "pr", "br", etcétera) sí se divide si se encuentra entre vocales

n-s:	in-sis-to

o se combina para formar el último elemento de una sílaba que está delante de otra sílaba que comienza con C o CC.[3]

ns:	cons-tan-te
	cons-truc-ción
bs:	obs-tan-te
	obs-tá-cu-lo

---

[1]Véase la nota 1 en el apéndice al final de este capítulo.

[2,3]Véanse las notas 2 y 3 en el apéndice al final de este capítulo.

....

A. Siga las respectivas instrucciones.

   1. Escriba de memoria (sin referirse al texto) las 12 combinaciones consonánticas que pueden iniciar una sílaba.

   2. Ahora escriba 12 palabras originales, no las que da el texto, que ejemplifiquen las 12 combinaciones consonánticas iniciales de sílaba.

   B. Silabee las siguientes palabras (sepárelas en sílabas).

1. pe|ro	**15.** es|car|ba|dien|tes 5 sílabas
2. cla|se	**16.** es|tig|ma|ti|za|dor
3. Pau|la	**17.** con|des|cen|der
4. a|pa|re|cie|ron	**18.** en|tre|te|ni|mien|to 6 sílabas en|tre|ten|i|mien|to
5. mur|cié|la|go 4 sílabas	**19.** des|cris|tia|ni|zar
6. tí|a	**20.** im|pa|cien|tar
7. re|ú|nen	**21.** ca|brio|lar 3 sílabas
8. ma|ra|vi|lla	**22.** per|fec|cio|na|mien|to
9. trans|lu|ci|dez	**23.** e|lec|tro|quí|mi|co
10. lán|gui|do	**24.** ex|tra|te|rri|to|rial 6 sílabas
11. que|rí|a|mos	**25.** re|lam|pa|gue|an|te 6 sílabas
12. ar|te|rios|cle|ro|sis 6 sílabas	**26.** sub|di|rec|tor
13. si|co|a|ná|li|sis 6 sílabas	**27.** in|cog|nos|ci|ble
14. que|bran|ta|pie|dras	**28.** o|to|rri|no|la|rin|go|lo|gí|a

C. Analice la siguiente lista de palabras sacadas del diccionario —las primeras 100 de la sección de la letra "b"— y luego cuente los diferentes tipos de estructuras silábicas para determinar cuáles son los más frecuentes y hasta qué punto. (Recuerde: **C** = cualquier consonante, **V** = cualquier vocal, **D** = cualquier deslizada.)

ex: VD = ei
DV = ie

baalita CV-V-CV-CV	baba	babada	babadero	babador
babanca CV-CVC-CV	babanco	babatel	babaza	babazorro
babeante CV-CV-VC-CV	babear	babel	babélico	babeo
babequía CV-CV-CDV-V	babera	babero	baberol	babi
Babia CV-CV-V	babiano	babieca	babilar	babilla
babilón CV-CV-CVC	babilonia	babilónico	babilonio	babirusa
babismo CV-CVC-CV	bable	baboquía	babor	babosa
babosear CV-CV-CV-VC	baboseo	babosilla	baboso	babosuelo
babucha	babuchero	baca	bacada	bacalada
bacaladero	bacaladilla	bacalao	bacallao	bacallar
bacanal	bacante	bácara	bacará	bacaray
bacaris	bacarrá	bacelar	bacera	baceta
bachata	bache	bachear	bacheo	bachicha
bachiche	bachiller	bachilleradgo	bachilleramiento	bachillerar
bacía	báciga	bacilar	bacillar	bacillo
bacilo	bacín	bacina	bacinada	bacinador
bacinejo	bacinero	bacineta	bacinete	bacinica
bacinico	bacinilla	bacisco	baconiano	bacoreta
bacteria	bacteriano	bactericida	bacteriemia	bacteriología
bacteriológico	bacteriólogo	bacteriostático	bactriano	báculo

EN CAMBIO...

La división silábica del inglés es menos complicada y, a la vez, más complicada que la española. Es menos complicada en el sentido de que la típica palabra inglesa es **monosilábica;** se ha calculado que más de la mitad de los vocablos ingleses de uso común son de una sola sílaba: *aunt, back, climb, doubt, east, fault, gang, help, ink, jail, kind, loud, man, no, old, pipe, quite, rain, still, tail, up, voice, wind, young, zip* y miles de otras más. Si la palabra es multisilábica y contiene dos segmentos consonánticos en entorno interno, la primera acaba la sílaba anterior y la segunda inicia la suya propia: *horse-whip, nap-kin, out-house, sis-ter, thumb-nail, ug-ly.* Son muchas las combinaciones consonánticas que pueden iniciar la palabra, sobre todo las que siguen la pauta de *s + p t k + r* y también la de *s + p + l;* por ejemplo: *spry, strike, scream, split.* En entorno final de palabra figuran otras tantas combinaciones consonánticas complicadas y, en términos generales, difíciles de articular, sobre todo las terminadas en *s + t,* como por ejemplo, *fixed* [fɪkst], *danced* [dænst], *divorced* [də-vɔɹst]. Donde la división silábica inglesa se vuelve más complicada es en el entorno "... VCV..." (es decir, en entorno interior de palabra de más de una sílaba). La lingüística inglesa ha tenido que recurrir al concepto de "la consonante ambisilábica" para explicar la división silábica de palabras como *canon, holy, very* y otras. Para algunos lingüistas el problema transcriptor sólo se resuelve procurando no hacer división silábica alguna: [vέɹì], [hólì], [kǽnən]. Hay diferencias importantes entre el silabeo inglés y el del español; por ejemplo: *con-stant* frente a *cons-tan-te.*

LA ACENTUACIÓN TÓNICA Y LA ACENTUACIÓN ORTOGRÁFICA

stressed (but not written).

spelling.

> *"El campo fértil no descansado, tórnase estéril."* (refrán)

El **acento tónico** (que también se llama el **acento prosódico**) es *oral;* es la fuerza o el golpe que recae en determinada sílaba al hablar. El **acento ortográfico** (que también se llama la **tilde**) es el *escrito,* el que se escribe en la ortografía normativa[4], el ′ , en palabras como las usadas en este párrafo —*tónico, prosódico,*

---

[4]Véase la nota 4 en el apéndice al final de este capítulo.

sílaba, ortográfico, también, ortografía, más— y miles de otras más. La diferencia entre *tónico* y *ortográfico* es muy importante; urge tenerla siempre presente.

Para algunas personas es fácil determinar dónde cae el acento tónico en la palabra que sea: lo oyen, lo reconocen y lo identifican como tal. En cambio, otras personas no "oyen" donde cae el acento tónico y necesitan seguir varias reglas fonéticas para poder identificarlo o para saber exactamente dónde se ha de colocar. A continuación se proporcionan las reglas que ayudan a identificar la posición del acento tónico. Luego se relaciona la acentuación tónica con la acentuación ortográfica. A grandes brochazos puede aceptarse la siguiente conclusión sobre la posición del acento tónico: la mayoría de las palabras españolas se acentúan en la **penúltima sílaba** (la anterior a la última). Sin embargo hay un fuerte núcleo de palabras en las que el acento tónico cae en la última sílaba. En caso de duda, pues, se da por sentado que el acento tónico cae en la penúltima sílaba o en la última.

paene = casi

La gran mayoría de las palabras españolas lleva el **acento tónico** en la penúltima sílaba o en la última.

REGLAS DE ACENTUACIÓN TÓNICA: LAS PALABRAS QUE *NO USAN* EL ACENTO ORTOGRÁFICO

"No hay tiempo que no se acabe, ni plazo que no se cumpla." (refrán)

Primero vamos a hablar de la acentuación tónica de las palabras que *no* llevan ni necesitan el acento ortográfico. Éstas son la mayoría. (Aunque el acento ortográfico se usa mucho, la mayoría de las palabras españolas no se acentúan en la ortografía normativa.) Todas las palabras multisilábicas tienen una sílaba que es tónica —la "fuerte"— y otras sílabas que son átonas. La sílaba átona es la "débil", la que no lleva acento tónico.

Hay dos reglas generales para saber dónde cae la acentuación tónica en una palabra que no usa el acento escrito ('). Ambas reglas nos obligan a fijarnos siempre en la última letra de la palabra.

En las palabras que no llevan el acento escrito, el acento tónico cae en la penúltima sílaba si la palabra termina en vocal, *n* o *s*.

1. *La regla número uno es la de las palabras que terminan en vocal, en "n" o en "s".* Si la palabra termina en vocal, "n" o "s", el acento tónico recae en la penúltima sílaba o sea la anterior a la última. Siguen varios ejemplos:

verbo conjugados.

ca-sa
2 1

puer-co
2   1

ma-**rra**-no
3   2   1

mu-cha-**chi**-ta
4   3   2   1

im-por-**tan**-te
4   3   2   1

a-rre-pen-**ti**-do
5 4   3   2   1

mu-**cha**-cha
3   2   1

Ju-lio
2   1

des-**cuen**-tan
3   2   1

a-rre-**gla**-ron
4 3 2   1

de-sa-rre-**gla**-ron
5 4 3 2   1

en-mas-ca-**ra**-da
5 4 3 2 1

Eu-**la**-lia
3 2 1

com-**pren**-des
3   2   1

a-pa-**re**-ces
4 3 2 1

de-sa-pa-**re**-ces
5 4 3 2 1

2. *La regla número dos es de las palabras que terminan en cualquier consonante que no sea "n" ni "s".* Si la palabra termina en cualquier consonante que no sea "n" ni "s" —principalmente en "d", "l", "m", "r", "x" o "z" (y en un grado mucho menor en "b", "c", "ch", "f", "g", "j", "k", "ll", "p", "t" o "y")— el acento tónico recae en la última sílaba. Siguen varios ejemplos:

En las palabras que no llevan el acento escrito, el acento tónico cae en la última sílaba si la palabra termina en consonante que no sea *n* ni *s*.

ciu-**dad**
2   1

cas-ca-**bel**
3   2   1

ca-ta-**plum**
3 2   1

pa-**pel**
2   1

co-**mer**
2   1

en-ten-**der**
3   2   1

a-na-li-**zar**
4 3 2 1

de-sa-pa-re-**cer**
5 4 3 2 1

a-rries-**gar**
3   2   1

fa-ci-li-**dad**
4 3 2 1

ha-**rem**
2   1

le-al-**tad**
3 2   1

gra-ma-ti-**cal**
4   3 2 1

fe-**liz**
2   1

in-ca-**paz**
3   2   1

de-li-ca-**dez**
4 3 2   1

e-lec-tro-mo-**triz**
5 4 3 2   1

en-deu-**dar**
3   2   1

REGLAS DE ACENTUACIÓN TÓNICA: LAS PALABRAS QUE *SÍ USAN* EL ACENTO ORTOGRÁFICO

En todas las palabras que se escriben con acento, el acento tónico recae en la sílaba de la vocal que lleva el acento ortográfico. No hay ninguna excepción a esta regla. Siguen varios ejemplos:

A	B	C
ESTAS PALABRAS ROMPEN LA REGLA NÚMERO UNO:	ESTAS PALABRAS ROMPEN LA REGLA NÚMERO DOS:	ESTAS PALABRAS SON ANTIDIPTONGOS Y SE ACENTÚAN POR ESA RAZÓN:
ma-**má**	**hués**-ped	Ma-**rí**-a
ca-**fé**	**cés**-ped	ma-**íz**
co-li-**brí**	**cár**-cel	**rí**-e
en-ten-**dió**	di-**fí**-cil	**tí**-o
bam-**bú**	**ál**-bum	o-**í**-mos
mi-li-ta-ri-za-**ción**	me-mo-**rán**-dum	**grú**-a
se-**rán**	re-**vól**-ver	a-ta-**úd**
in-te-**rés**	a-**zú**-car	bam-**bú**-es
sim-**pá**-ti-co	ac-**cé**-sit	re-**ú**-ne
ro-**mán**-ti-co	**Fé**-lix	**dú**-o
trái-ga-me-lo	Gon-**zá**-lez	**trí**-o

Nótese que las palabras de la columna A rompen la regla número uno porque todas terminan en vocal, "n" o "s". De igual manera las palabras de la columna B rompen la regla número dos porque terminan en consonantes que no son "n" o "s", es decir, en cualquiera de las consonantes "d l m r x z (etcétera)". Y las palabras de la columna C siguen la regla de los antidiptongos (véase la página 36). Así que podemos llegar a la conclusión siguiente: una de las funciones más importantes del acento ortográfico es indicar que se rompen las reglas 1 ó 2 o indicar que la palabra en cuestión contiene antidiptongo.

Dos razones importantes para usar el acento escrito son: (1) para romper las reglas 1 ó 2 y (2) para indicar que la palabra contiene un antidiptongo.

PALABRAS ESDRÚJULAS, LLANAS Y AGUDAS

Hay cuatro términos que se usan para describir las diferentes clases de palabras según su acentuación tónica. Si la acentuación tónica recae en la **antepenúltima sílaba** (por ejemplo, *simpático, déficit*), la palabra pertenece a la clase de las **esdrújulas.** (La antepenúltima es la tercera sílaba desde atrás, o sea, de derecha a izquierda.) Las **sobresdrújulas** llevan la acentuación en la cuarta sílaba desde atrás o raras veces en la quinta, por ejemplo, *tráigamelo, castíguesemelo.*[5] Si la acentuación tónica recae en la penúltima sílaba o sea la segunda desde atrás (por ejemplo, *casa, huésped*), la palabra es **llana.** Si la acentuación tónica recae en la última sílaba, la palabra es **aguda** (por ejemplo, *comer, condición*).

Para recordar la relación entre el término y la sílaba, conviene usar la siguiente mnemónica:

E(sdrújula)	**LL**(ana)	**A**(guda) = **ELLA**
3	2	1 3 2 1
antepenúltima	penúltima	última

Es importante saber que el español sólo permite que el acento tónico caiga en la última sílaba, en la penúltima sílaba o en la antepenúltima sílaba (por ejemplo, *depositó, deposito, depósito*) a menos que la palabra en cuestión termine en un(os) pronombre(s) personal(es) átono(s) como la sobresdrújula siguiente: *Depositemelo en el banco, por favor.* (Es decir, todas las sobresdrújulas son palabras que terminan en uno o más pronombres personales átonos.)

EN CAMBIO...

¡La de problemas que presenta el sistema acentual del inglés! Afortunadamente, la mayoría de las palabras de uso frecuente son monosilábicas (mientras que en español la inmensa mayoría son de dos, tres o cuatro sílabas), de modo que en inglés, el problema sólo empieza al tratar las palabras multisilábicas, sobre todo las de dos hasta seis sílabas. (Pocas hay de siete sílabas o más.)

Algunos de los factores que determinan (a veces conjuntamente) la posición del acento en inglés son (1) la naturaleza de la estructura silábica —la sílaba abierta (la que termina en vocal o deslizada) frente a la sílaba cerrada (la que termina en consonante)—, (2) el tipo de terminación y/o el tipo de prefijo del que se trata, (3) la naturaleza de la vocal que forma el núcleo de la sílaba en cuestión y (4) la clasificación gramatical de la palabra. Y lo que es más, mientras más multisilábica sea la palabra inglesa, más se producen acentos tónicos secundarios, como, por ejemplo: *ânticipàte, ànticipátion, àntícipatòry.* (En estas tres muestras hemos marcado los acentos tónicos con símbolos diacríticos que el inglés nunca usa excepto en préstamos de otros idiomas.) Aun cuando se ha dicho repetidamente que el acento tónico en inglés tiende a colocarse en la primera sílaba de la palabra (*abbess, abbey, abbot, abscess, absence, absinth* —nótese que en todas éstas la primera sílaba es "cerrada," o sea, que termina en consonante), la mayor

---

[5]Véase la nota 5 en el apéndice al final de este capítulo.

parte de estas palabras bisilábicas lo tienen en la última (*abase, abashed, abduct, abet, abhor, abide, abjure, ablaze, aboard*). Las palabras *absent/abstract* se pronuncian *ábsent/ábstract* si son adjetivos/sustantivos y *absént/abstráct* si son verbos. Entre las de tres sílabas, son de acentuación tónica antepenúltima (*abdicate, ablative, abrogate, absently ...*) y de penúltima (*abandon, abatement, abbreviate, abductor, abeyance ...*).

Una regla sin demasiadas excepciones es la de la colocación consistente del acento tónico en palabras que son de la misma familia léxica, como, por ejemplo, *abhór, abhórrence, abhórrent, abhórring; pérmanent, pérmanence, impérmanent.* (El español no funciona así; compárense las diferentes posiciones del acento tónico en estas palabras que son de la misma familia léxica y cuyas sílabas tónicas hemos subrayado: *habitabil<u>id</u>ad, habit<u>a</u>ble, habita<u>ción</u>, habitacio<u>nal</u>, habita<u>dor</u>, habit<u>ante</u>, habi<u>tar</u>.*) Otras reglas con pocas excepciones: los vocablos que terminan en -*sion* o -*tion* son penúltimos (*ablution, abrasion, absorption*); los terminados en -*ute* son antepenúltimos (*absolute, dissolute, resolute*); los terminados en -*ity* son antepenúltimos (*abnormality, activity, passivity, stupidity*). En fin, en comparación con la acentuación del español, la del inglés es un dolor de cabeza.

LAS PALABRAS MONOSILÁBICAS Y LA ACENTUACIÓN GRAMATICAL

"Yo como tú y tú como yo, el diablo nos juntó." (refrán)

"¿Qué santo quitaremos del altar para ponerlo a él?" (refrán)

Hay varias clases de palabras que necesitan escribirse con el acento ortográfico por razones estrictamente gramaticales. La primera clase consiste en diez pares de palabras mayormente **monosilábicas** (de una sola sílaba) y **homófonas** (que tienen los mismos sonidos) que se distinguen una de la otra por medio del acento escrito. Las otras clases consisten en palabras interrogativas y admirativas que llevan o no el acento escrito según la función gramatical que desempeñen. La primera clase —las monosilábicas— se examinará en esta sección, mientras que la segunda clase —las interrogativas y las admirativas— se examinará en la próxima.

Llevan acento ortográfico todas aquellas palabras monosilábicas que también llevan acentuación tónica que sirve para distinguirlas de otras palabras de sonido

Si hay dos palabras monosilábicas que tienen el mismo sonido, la que lleva el acento ortográfico es la que se pronuncia con acento tónico.

idéntico pero sin acento tónico. Es decir, las tónicas son también las acentuadas ortográficamente. Fíjese en el siguiente ejemplo.

/él/ → **él** (pronombre personal sujeto de tercera persona singular)
/el/ → **el** (determinante artículo definido masculino singular)

Los pronombres sujeto siempre se acentúan oralmente, al igual que los sustantivos, los adjetivos, los verbos, los adverbios, los numerales y otras categorías gramaticales. (Para más información véase la sección siguiente.) Por lo tanto el acento ortográfico se usa para distinguir a /él/, pronombre sujeto, de /el/, artículo definido, ya que los artículos definidos nunca se acentúan al hablar. La variante que se escribe con el acento ortográfico —*dé, él, más, mí, sé, sí, té, tú*— es precisamente la que se pronuncia con acento tónico. En cambio, la que no se escribe con el acento ortográfico —*de, el, mas, mi, se, si, te, tu*— no se pronuncia con acento tónico. Ésta es una generalización importante.

A continuación se presenta la lista de pares monosilábicos que se diferencian según el criterio ya articulado. El primer componente del par es siempre el que recibe la acentuación tónica y por lo tanto el que se escribe con el acento ortográfico ′.

1. dé (verbo: tercera persona singular del presente de subjuntivo del verbo *dar;* también imperativo de *dar*)

> No quiero que me *dé* nada sin firmar.
> *Dé* una vuelta.

de (preposición que demuestra origen o posesión)

> El tío *de* mi cuñada es *de* Guadalajara.

2. él (pronombre personal sujeto [y objeto de preposición] de tercera persona singular)

> Dicen que *él* ya no me quiere.

el (determinante artículo definido masculino singular)

> *El* libro está en la mesa.

3. más (adverbio que expresa cantidad)

> Yo soy *más* feo que el mismo demonio.

mas (sinónimo arcaizante, poético y poco usado de *pero*)

> Harta pena me da obedeceros, *mas* he de hacerlo.

4. mí (pronombre personal objeto de preposición)

> Dámelo a *mí,* no a él.

mi (adjetivo posesivo)

> *Mi* mamá me mima mucho.

5. sé (primera persona singular del presente de indicativo del verbo *saber;* también imperativo singular del verbo *ser*)

> Yo sólo *sé* que no *sé* nada.
> *Sé* bueno, hijito, y Dios te bendecirá.

se (pronombre reflexivo y "pronombre" impersonal que marca construcciones de voz media; también hace las veces de objeto indirecto en las construcciones de doble objeto pronominal cuando el objeto directo empieza por *l*)

> *Se* levantó, *se* vistió y *se* fue sin arrepentir*se*.
> No *se* nada en esta agua porque está contaminada.
> No voy a regalár*se*lo porque no quiero.

6. sí (adverbio afirmativo; pronombre personal objeto de preposición)

> *Sí* señor, *sí* lo pienso terminar a tiempo.
> Él lo quiere todo para *sí* mismo porque es muy tacaño.

si (conjunción hipotética, condicional o desiderativa)

> *Si* no viene hoy, viene mañana.

7. té (sustantivo que se refiere a la bebida de ácido tánico)

> Dame una taza de *té* con mucho azúcar.

te (pronombre objeto directo/indirecto/reflexivo)

> Ya *te* dije que *te* busco y *te* doy una buena paliza si no *te* portas bien.

8. tú (pronombre personal sujeto de segunda persona singular informal)

> Tengo entendido que fuiste *tú* quien lo ordenó.

tu (adjetivo posesivo antepuesto)

> Alguien me ha dicho que lo hizo *tu* primo.

El noveno par homófono de esta serie es **bisilábico** (de dos sílabas) y no monosilábico, pero se incluye en la presente lista por el parecido parcial que tiene con los demás.

9. sólo (adverbio limitativo, sinónimo de *solamente*)

> El drogadicto *sólo* piensa en su adicción.

solo (adjetivo, sinónimo de *a solas*)

> El pobrecito siempre está *solo*.

El décimo par no es homófono —por lo menos en el llamado "español salón de clase"— pero se ha incluido aquí porque se usa de modo semejante al de los demás de esta serie. Nótese que *aún* es palabra bisilábica —/a-ún/— y *aun* monosilábica —/áun/—, pero en el habla rápida la distinción se borra.

10. aún (sinónimo de *todavía*)

> Me han dicho que *aún* no se sabe si va a regresar o no.

aun (sinónimo de *hasta*)

> Continuaba trabajando *aun* cuando era viejo.

Ejercicio 3.2

 A. Identifique la sílaba tónica, subrayándola por escrito y luego pronunciándola en voz alta.

1. alfombra

14. tropical

2. techo

15. pistola

3. esperanza

16. pistolazo

4. pastel

17. aprendieron

5. pasteles

18. aprenderemos

6. entiendo

19. aprendió

7. matrimonio

20. continuo

8. recomendar

21. continúo

9. facilidad

22. continuó

10. revoluciones

23. célebre

11. reconcentraciones

24. celebre

12. amarillo

25. celebré

13. unanimidad

26. electroencefalografía

B. Explique por qué se escriben con acento cada una de las palabras siguientes. Ponga atención a los modelos que se dan a continuación. También se dan explicaciones alternativas que emplean los términos *esdrújula*, *llana* y *aguda*.

MODELOS: *atención* Lleva acento ortográfico porque tiene el acento tónico en la última sílaba y termina en *n*.
Explicación alternativa: Se acentúa por escrito porque es palabra aguda que termina en *n*.

cárcel Lleva acento ortográfico porque tiene el acento tónico en la penúltima sílaba y termina en *l*.
Se acentúa por escrito porque es palabra llana que termina en *l*.

simpático   Lleva acento ortográfico porque tiene el acento tónico en la antepenúltima sílaba.
Se acentúa por escrito porque es palabra esdrújula.

garantía   Lleva acento ortográfico para indicar que tiene un antidiptongo.

dé   Lleva acento ortográfico para indicar que es forma verbal y para distinguirlo de su homófono *de,* que es preposición.

1. papá

2. comíamos

3. bendición

4. Tráigamelos.

5. sazón

6. Ángel

7. mandón

8. Gutiérrez

9. Álvarez

10. carácter

11. desobedecerás

12. águila

13. césped

14. biología

15. Víctor

16. actuó

17. actúo

18. fío

19. contentísimo

20. cántaro

21. revólver

22. interés

23. enterarás

24. mármol

25. Yo sí me fui.

26. Pero él se quedó.

27. Dámelo a mí, no a ella.

28. A ti te quiero más que al té.

rompe la regla!

C. Ponga acentos donde hagan falta. Luego explique *por qué* los ha puesto, citando la regla apropiada. *esdrújula   acento ortográfico   acento ortográfico*

1. El catedrático Juan Ramón Gutierrez Candelaria abrió la ventana de par en par y gritó a viva voz: "¡Ya verás!"

2. Para sacar veintitrés fotografias con su cámara fotografica, el muchacho ingenuo subio aun mas a la piramide.

3. Esta tan gordo que lo tendran que poner a regimen.

4. Si yo no me caso es porque Hector, el unico amor de mi vida, ya se caso con otra.

5. A Alicia le gustaria la musica japonesa, no la hungara.

6. Yo practico el piano practicamente todos los dias.

7. Lloro muchisimo la distraida ancianita hasta que a ultima hora murio.

8. Siempre hago todo lo posible para que descanse, pero el se rehusa, diciendo: "Ya descanse."

9. Tambien se le ocurrio que debia estudiar mas para sus examenes.

10. El proximo año habra un dialogo entre la policia y los cholos de esta colonia.

11. En abril del año pasado dejo el ejercito y regreso a Panama.

12. Tomas y Ruben me decian que su papa no solo es alcoholico, sino tambien ladron.

13. Segun la informacion que lei en el periodico, todo se cancelo.

14. Joaquin ya anuncio que el anuncio saldria el sabado.

15. Se que venia de una familia aristocratica, pero hacia todo lo posible por ocultarmelo.

16. Y asi, sin mas ni mas, decidio gastar un millon de dolares.

17. Rene se caso con Maria Concepcion y ahora tienen tres bebes.

18. Mi tio es muy hipocrita: a todos les dice que si, pero en el fondo nunca esta de acuerdo.

19. A mi no me engaña ni el leon mas astuto.

20. Cuando lo conoci, pense que habia sido pobrisimo.

LA ACENTUACIÓN TÓNICA EN LA FRASE Y EN LAS PARTES DE LA ORACIÓN

> "No hay cosa secreta que tarde o temprano no se sepa." (refrán)

> "¿Cómo estará el infierno, que hasta los diablos se salen?" (refrán)

Cuando se pronuncian individualmente, todas las palabras del español tienen su propio acento tónico.

como	/kó-mo/
puesto	/pu̯és-to/
sin	/sín/
y	/í/
individuales	/in-di-bi-du̯á-les/
cualquiera	/ku̯al-ki̯é-ra/
otorrinolaringología	/o-to-r̄i-no-la-rin-go-lo-xí-a/

Sin embargo, al entrar en combinación con otras palabras para formar frases, cláusulas, oraciones, párrafos y unidades de discurso más extensas, no todas las palabras del español llevan su propio acento tónico. Hay ciertas **partes de la oración** (clasificaciones gramaticales como verbo, sustantivo, adjetivo, etcétera) que son siempre tónicas; hay otras, en cambio, que son siempre **átonas** (no tónicas). Es la clasificación gramatical lo que determina si una palabra lleva la acentuación tónica al entrar en combinación con otras palabras. Fíjese en los siguientes ejemplos.

Si la palabra lleva acentuación tónica en la oración es porque pertenece a determinada clasificación gramatical.

Como/cómo

Como él ya sabe todo lo que yo *como, cómo* podría ocurrírsele dejar de comprar comida?

1	2	3

/ko-mo-él-já-sá-be-tó-do-lo-ke-jó-kó-mo/ /kó-mo-po-drí-a-o-ku-r̄ír-se-le-de-xár-de-kom-prár-ko-mí-da/

1	2	3

En esta oración, el *como* #1 es conjunción y por eso no lleva acento tónico. El *como* #2, en cambio, es forma verbal (del verbo *comer*), que por lo tanto sí lleva acento tónico. El tercer *cómo* es adverbio interrogativo y como tal, lleva acento ortográfico además de tónico.

Puesto

Tú ya tenías el abrigo *puesto, puesto* que ya estabas por salir.

1	2

/tú-já-te-ní-a-se-la-brí-go-pu̯és-to/ /pu̯es-to-ke-já-es-tá-bas-por-sa-lír/

1	2

En esta oración, el *puesto* #1 es adjetivo y todo adjetivo lleva acentuación tónica. El *puesto* #2, en cambio, es conjunción y como tal es átona.

En términos generales, hay varias clasificaciones gramaticales cuyos integrantes siempre llevan la acentuación tónica. Son las siguientes.

1. los **sustantivos** (*pared, mansión, escritorio* ...)
2. los **adjetivos** (*inteligente, feliz, rencoroso* ...)
3. los **nombres propios** (*Alicia, Héctor, Fernández* ...)
4. los **verbos** (*aprendió, comes, atacarás* ...)
5. los **adverbios** (*rápidamente, recio, cómo* ...)
6. la *mayor parte* de los diferentes tipos de **pronombres,** a saber:
   —los pronombres personales sujeto y los objetos de preposición (*yo, tú ...; mí, ti* ...)
   —los pronombres relativos a base de *cual(es)* (*el cual, la cual, los cuales* ...)

En términos generales, lleva acentuación tónica en la oración cualquier palabra que *no* sea preposición, conjunción, pronombre personal objeto, pronombre relativo a base de *que*, artículo definido o determinante posesivo.

—los pronombres interrogativos y exclamativos (*¿quién?, ¿qué?, ¡quién! ¡qué!* ...)
—los pronombres indefinidos afirmativos y negativos (*alguien, nadie, algo* ...)
—los pronombres posesivos (*el suyo, la mía, los nuestros* ...)

7. los **demostrativos,** ya sean determinantes (*este, esa, aquellos* ...) o pronominales (*éste, ésa, aquéllos, esto* ...)
8. los **posesivos adjetivales pospuestos** (*suyo, mías, nuestros* ...)
9. los **numerales** (*cinco, quince, veintinueve* ...)
10. los **artículos indefinidos** (*un, unos, una, unas*)[6]

En cambio, y también en términos generales, las siguientes categorías *no* suelen llevar la acentuación tónica en la frase.

1. las **preposiciones,** las **conjunciones** y las demás palabras de coordinación o de subordinación (*para, sin, pero, y, que* ...)
2. los pronombres personales objeto (o sea los indirectos, los directos y los reflexivos [*me, les, se* ...])
3. los pronombres relativos a base de *que* (*que, el que, las que* ...)
4. los **artículos definidos** (*el, las* ...)
5. los **determinantes posesivos** (*mi, tus, nuestros* ...)

A continuación se presentarán las características más esenciales de cada una de estas clasificaciones gramaticales a fin de facilitar la identificación de las mismas en los ejercicios de transcripción. Ha de notarse que como *Camino oral* es un texto de fonética y fonología y no de morfología y sintaxis, las explicaciones siguientes omitirán muchos detalles y dejarán otros muchos sin comentar.

IDENTIFICACIÓN DE LAS CATEGORÍAS GRAMATICALES

Las tónicas. (Las categorías gramaticales que llevan acentuación tónica en la frase se detallan a continuación.)

Los sustantivos y los adjetivos

Características formales (de la forma que tienen):

* Tanto los sustantivos (N) como los adjetivos (ADJ) pueden pluralizarse.

    N: amor → amores, puerta → puertas
    ADJ: verde → verdes, loco → locos

* También pueden ir modificados por adjetivo(s)

    N: amores *apasionados*
    ADJ: democracias *europeas estables*

---

[6]Véase la nota 6 en el apéndice al final de este capítulo.

- o llevar un determinante.

> N: el amor, un amor, aquel amor, nuestro amor
> ADJ (que pasa a ser N cuando lo antecede un determinante): el rojo, un rojo, ese rojo, su rojo

Características semánticas (respecto a lo que significan):

- El sustantivo se refiere a cosas, lugares, personas, ideas y conceptos.

> la mesa, el valle, la señora, la democracia, el amor

- El adjetivo describe, limita, califica y se refiere a un sustantivo.

> la mesa *grande,* el valle *verde,* la democracia *frágil,* el amor *apasionado*

Los sustantivos, los nombres propios y los adjetivos siempre llevan acentuación tónica.

Los nombres propios   Pueden ser de personas (*Julieta, Martín, José Luis*) o de sitios (*Xalapa, Mayagüez, Villavicencio, El Escorial*). Esta clasificación incluye apellidos (*Vasconcelos, Benavides, Rodríguez, García Núñez*) y apodos (*El Fantasma, La Flaca*).

 (Debe notarse que en los nombres propios combinados, ya sean nombres de pila [*José Luis*] o apellidos [*García Núñez*], es siempre el *segundo elemento* el que lleva el acento tónico: /xo-se-lu̱ís/, /gar-si-a-nú-ñes/.)

Los verbos   El verbo es la única categoría que se conjuga (cambia de forma) según el sujeto —ya sea sustantivo, pronombre o nombre propio— que lo rija. El verbo puede expresar esencia, estado, condición y, sobre todo, acción. El verbo español típico tiene 34 formas diferentes que se organizan en 7 tiempos sencillos y 21 tiempos compuestos más las 3 formas atemporales, o sea, el infinitivo, el gerundio y el participio pasado. La conjugación de todo verbo siempre empieza con la forma base del verbo; la forma base se llama el *infinitivo,* que siempre termina con -*r.*

INFINITIVO:	aprend e r
FORMAS CONJUGADAS	aprend e ré
(una muestra de las	aprend e rá s
muchas posibles):	aprend e rá
	aprend e re mos
	aprend e rá n

Los adverbios   El adverbio puede modificar y regir una forma verbal ("Everardo estudia *constantemente*"). También puede modificar como intensificador o atenuador un adjetivo ("Everardo es *muy* estudioso"; "Everardo es *poco* estudioso") u otro adverbio ("Josefina trabaja *bastante* rápido"). Lo califica en cuanto a tiempo, lugar y modo. El adverbio contesta preguntas como las que empiezan con *¿Cómo?, ¿Cuándo?, ¿Dónde?, ¿Por qué?* y otras. Muchos adverbios terminan con -*mente* y muchos de los demás pueden ser sustituidos por el adverbio correspondiente que termina en -*mente.*

> Rebeca trabaja *rápido/rápidamente.*
> Vicente maneja *lento/lentamente.*

Pero

María Luisa llegó *tarde/*tardemente.*

Conviene tener presente que los adverbios terminados en *-mente* son las únicas palabras españolas que tienen dos acentos tónicos: el que le corresponde a la penúltima sílaba de *-mente,* y el que se coloca debidamente en la parte restante del adverbio, a saber: /de-bì-da-mén-te/. Como el símbolo **ì** lo indica, el acento tónico que se coloca en el antiguo adjetivo se subordina al colocado en **-mente.**

Siempre llevan acentuación tónica los verbos y los adverbios.

La mayor parte de los diferentes tipos de pronombres llevan acentuación tónica

- Los pronombres sujeto

    yo, tú, usted (Ud.), él, ella, ello, nosotros/nosotras, ustedes (Uds.), ellos y ellas además de los pronombres vos, vosotros/vosotras

- Los pronombres objeto de preposición

    mí, ti, sí, Ud., él, ella, ello, nosotros/nosotras, etcétera (o sea las formas sujeto restantes)

- Los cinco pronombres relativos a base de *cual*

    el cual, los cuales, la cual, las cuales, lo cual

- Los pronombres/adverbios interrogativos y exclamativos

    qué, quién, dónde, cuándo, cuál, cuánto ...

Los pronombres/adverbios interrogativos y exclamativos siempre llevan acento escrito y por eso son fáciles de identificar como elementos tónicos.

- Los pronombres indefinidos afirmativos y negativos

    algo, alguien, alguno   nada, nadie, ninguno

- Los pronombres posesivos

Son las combinaciones que se forman juntando la forma apropiada del artículo definido (*el, los, la* y *las* más *lo*) con los siguientes posesivos.

    mío(s), mía(s), tuyo(s), tuya(s), suyo(s), suya(s), nuestro(s), nuestra(s) (además de vuestro[s], vuestra[s])

La mayoria de los diferentes tipos de pronombres siempre llevan la acentuación tónica.

Las 27 formas de los demostrativos (determinantes y pronominales)

    este libro →   *éste*
    adj   pro

Y así sucesivamente:

DETERMINANTES

    este, estos; esta, estas
    ese, esos; esa, esas ·
    aquel, aquellos; aquella, aquellas

éste, éstos; ésta, éstas
ése, ésos; ésa, ésas
aquél, aquéllos; aquélla, aquéllas
esto, eso, aquello

Los posesivos adjetivales pospuestos

mío(s), mía(s), tuyo(s), tuya(s), suyo(s), suya(s), nuestro(s), nuestra(s),
(además de vuestro/a[s])

Los numerales   En esta categoría se incluyen tanto los cardinales —*uno, dos, tres, noventa y nueve, ciento cincuenta*— como los ordinales, que además de numerales son adjetivos y llevan acentuación tónica por esa razón también: *primero, segundo, octavo, vigésimo.*

Los artículos indefinidos

un, unos, una, unas

Sin embargo, éstos son átonos si dan un valor aproximado a lo que les sigue, por ejemplo: "Tienen unas quinientas cabras en el rancho", que se transcribe así: /tié-ne-nu-nas-ki-nién-tas-ká-bra-se-nel-r̄án-čo/. (Véase la nota 6 al final de este capítulo.)

Las átonas. (Las categorías gramaticales que *no* llevan acentuación tónica en la frase se detallan a continuación.)

Adjetivos posesivos antepuestos   Son los posesivos que se anteponen a los sustantivos que modifican.

mi(s), tu(s), su(s), nuestro(s), nuestra(s), (más vuestro[s], vuestra[s])

Artículos definidos

DEFINIDOS
el, los, la, las

PRONOMINALIZADOR
lo: No me hables de *lo* ridículo que se ve.

Conjunciones

o, ni, pero, que, si, sino, y
a menos que, antes (de) que, aunque, con tal (de) que, de manera que, en caso de que, hasta que, mientras que, para que, porque, puesto que, sin que, ya que

No quiero *que* te vayas a las cinco.

Siempre llevan la acentuación tónica los demostrativos y los posesivos adjetivales pospuestos.

Se acentúan tónicamente los numerales y, en la mayoría de los casos, los artículos indefinidos.

Preposiciones   Pertenecen a la categoría de las llamadas "palabras funcionales". Las más comunes son las siguientes preposiciones *sencillas* (de una sola palabra).

> a, ante, bajo, con, contra, de, desde, durante, en, entre, excepto, hacia, hasta, mediante, para, por, salvo, según, sin, sobre, tras

Sirven para indicar lugar, posición, tiempo, etcétera.

> Estaba *bajo* la mesa.
> Todos están *contra* él.
> Te esperamos *hasta* las dos.
> Van a pasar *por* ti.

Son las palabras "chicas" que indican función gramatical las que no llevan acentuación tónica.

También hay unas 30 preposiciones **compuestas** que consisten en dos o tres palabras.

> a causa de, a excepción de, a fuerza de, a pesar de, a través de, acerca de, además de, alrededor de, antes de, cerca de, conforme a, contrario a, (por) debajo de, delante de, dentro de, después de, (por) detrás de, en cuanto a, en vez de, en virtud de, (por) encima de, enfrente de, frente a, fuera de, junto a, lejos de, luego de, por causa de, por medio de, por razón de, respecto a, tocante a

El elemento más largo de muchas de las preposiciones compuestas suele llevar el acento tónico en la frase, sobre todo si ya se escribe con acento ortográfico (*además, después, detrás*) o si funciona como sustantivo (*causa, excepción, fuerza, razón, vez*), verbo (*pesar*) o adjetivo o adverbio (*contrario, encima, fuera*).

Pronombres personales objeto directo, indirecto y reflexivo

> OBJETOS DIRECTOS
> me, te, lo, la, nos, os, los, las
>
> OBJETOS INDIRECTOS
> me, te, le/se, nos, os, les/se
>
> OBJETOS REFLEXIVOS
> me, te, se, nos, os

Como los pronombres personales objeto directo, indirecto y reflexivo *nunca* llevan la acentuación tónica, tiene que agregársele a la oración una frase preposicional si se desea enfatizar la persona a la que se refiere el pronombre. Ejemplo: "No me lo van a dar *a mí,* sino *a él.*" Ya que el pronombre objeto indirecto *me* no puede llevar el acento tónico, se le tiene que añadir la frase *a mí* para darle énfasis a la persona que se menciona en la primera cláusula, contrastándola con la mencionada en la segunda (*a él*).

Pronombres relativos a base de *que*

> el que, los que, la que, las que, lo que; que

LA DIVISIÓN SILÁBICA Y LA ACENTUACIÓN TÓNICA EN LA FRASE

> *"Está como pez en el agua."* (refrán)

Tres reglas muy importantes a seguir cuando se divide en sílabas una frase/cláusula/oración entera son:

1. Para dividir bien en sílabas una frase entera, escriba la frase como si fuera una sola palabra. *Toda la frase se tiene que conceptuar como una sola palabra,* así:

   todalafrasesetienequeconceptuarcomounasolapalabra.

   Conviene saber que las divisiones silábicas no siempre coinciden con las divisiones léxicas (las divisiones entre palabras en la ortografía normativa). Note los ejemplos siguientes. (En ellos, muchas "codas" se convierten en "cabezas," o sea, muchas letras finales se hacen letras iniciales.)

 Este señor es un amigo mío
esteseñoresunamigomío
/és-te-se-**ñó-ré-sú-na**-mí-go-mí-o/

 El español en los Estados Unidos es un idioma en auge.
elespañolenlosestadosunidosesunidiomaenauge
/e-**les**-pa-**ñó-len-lo-ses**-tá-**do-su**-ní-**do-se-su-ni**-di̯ó-ma-**e-náu̯**-xe/

2. Los diptongos no sólo se dan dentro de las palabras. También *puede formarse un diptongo entre dos palabras.*

 Juan y Ernesto insisten mucho.
/xu̯á-ni̯er-nés-**toi̯**n-sís-tem-mú-čo/

3. La acentuación tónica en la vocal cerrada prohíbe terminantemente la formación de diptongos, tanto entre palabras como dentro de ellas.

 Pedro hizo dos viajes a Indio, California.
/pé-dr**o-í**-so-dós-bi̯á-xe-s**a-ín**-di̯o/ /ka-li-fór-ni̯a/ y no
*/pé-dr**oi̯**-so-dós-bi̯á-xe-s**ai̯**n-di̯o/ /ka-li-fór-ni̯a/

Para silabear bien una frase, toda ella debe entenderse como una sola palabra.

Ejercicio **3.3**

A. Escriba cada una de las siguientes oraciones como si fuera una sola palabra y luego divida en sílabas su nueva "palabra."

MODELO: Mañana van a venir a las ocho para celebrar el aniversario. ⟶
           mañanavanaveniralasochoparacelebrarelaniversario.
           ma-ña-na-va-na-ve-ni-ra-la-so-cho-pa-ra-ce-le-bra-re-la-ni-ver-sa-

Word Boundaries shift in Spanish.

videoele.com

1. Coquis y Pati salen a las once para Monterrey.

   Co-qui-sy-pa-ti-sa-le-na-la-soA-ce-pa-ra-mon-te-rey

2. Entonces a él y a su novia les regalaron unos elefantes indonesios.

   En-ton-ce-sa-é-lya-su-no-via-les-re-ga-la-ro-nu-no-se-le-fan-te-sin-do-ne-sios.

3. Alguien ha dicho ingenuamente que lo útil es para usarse.

   Al-gui-en-ha-di-cho-in-ge-nua-men-te-que-lo-u-ti-les-pa-ra-u-sar-se

4. Mi antiguo novio ya no insiste en que lo salude cuando nos encontramos.

   miantiguonovioyanoinsisteenquelosaludecuandonosencontramos

5. Ana Isabel entendió perfectamente que una ingenua no va a ningún lado.

   anaisabelentendióperfectamentequeunaingenuanovaaningunlado.

6. En ese entonces arribaron a la isla tres hombres orientales.

   Eneseentoncesarribaronalaislatreshombresorientales.

7. Los otros aceptaron esa situación y hasta la recibieron con alegría.

   Losotrosaceptaronesasituaciónyhastalarecibieronconalegría.

8. Tal es el interés indicado por el público que la película va a producir una fortuna.

   Taleselinterésindicadoporelpúblicoquelapelículavaaproducirunafortuna

9. El español en el estado de Tejas es hablado por unos tres millones y medio de hispanos.

   ElespañolenelestadodeTejaseshabladoporunostresmillonesymediodehispanos.

B. Primero (1) cambie la transcripción fonémica a su ortografía normativa correspondiente. Luego (2) ponga acentos tónicos —′— donde correspondan en la transcripción fonémica; después (3) explique (dando la clasificación gramatical apropiada)
por qué ha determinado Ud. que tal o cual palabra debe llevar acento tónico.

MODELO: La transcripción fonémica que el texto da:
           /xuan-fue-a-la-tien-da-a-kom-prar-pan/

1. La versión en ortografía normativa:
   Juan fue a la tienda a comprar pan.

2. Lo que Ud. agrega a la transcripción fonémica:
   /xuán-fué-a-la-tién-da-a-kom-prár-pán/

3. Su explicación respecto a la acentuación tónica:
   Juan es nombre propio. *Fue* es verbo. *Tienda* es sustantivo. *Comprar* es verbo.
   Pan es sustantivo.

escribir la frase en español

1. /na-dje-sa-bi-a-si-mar-ta-te-ni-a-kan-ser/
   Nadie sabía si marta tenía cáncer.

2. /es-te-se-ɲo-re-su-na-mi-go-mi-o/
   Éste señor es un amigo mío.

3. /ma-nue-li-xu-ljo-te-kje-re-nin-bi-ta-ra-a-kom-pa-ɲar-lo-sa-pa-ri-se-na-gos-to/
   manuel y Julio te quieren invitara a compañar los a Paris en agosto.

4. /el-su-po-de-los-tre-sa-man-tes-de-la-es-po-sa-de-xor-xe/
   El supo de los tres amantes de la esposa de Jorge.

   /la-kual-des-pues-se-es-ka-po-de-la-ka-sa/
   La cual despues se es capo de la casa.

5. /el-la-dron-se-es-kon-djo-de-tras-de-le-di-fi-sjo-gran-de-del-sen-tro/
   El ladron se escondio detras del edificio grande del centro.

6. /ten-go-u-na-ti-a-ke-es-la-ke-a-di-bi-no-ko-rek-ta-men-te-la-ber-dad-del-ka-so/
   Tengo una tía que es la que a divino correctamente la verdad del caso.

7. /jo-si-se-ke-no-le-da-re-na-da-a-el/
   Yo si se que no le dare nada a él.

   /as-ta-ke-el-me-de-al-go-de-lo-ke-me-de-be-a-mi/
   Hasta que él me dé algo de lo que me debe a mí.

8. /a-ki-ai-al-gien-ke-te-a-pre-sja-tre-men-da-men-te/
   Aquí hay alguien que te apresia tremendamente.

9. /pe-ro-ko-mo-la-po-li-si-a-lo-es-pe-ra-xun-to-a-la-puer-ta/

Pero como la policía lo espera junto a la puerta.

/lo-pu-die-ro-na-tra-par-sin-nin-gu-na-di-fi-kul-tad/

Lo pudieron atrapar sin ninguna dificultad.

10. /per-mi-ta-me-a-ka-ba-res-te-fas-si-nan-te-ar-ti-ku-lo-ke-es-toi-le-jen-do/

PRONTUARIO DE TÉRMINOS NUEVOS

Antes de proceder al próximo capítulo, cuídese de haber aprendido bien el significado de todos los términos siguientes, que en este capítulo se presentaron por primera vez.

- el acento ortográfico/escrito
- el acento tónico
- el adjetivo
- al adverbio
- el antidiptongo / el adiptongo / el hiato / el diptongo deshecho
- el artículo definido
- el artículo indefinido
- el bisilábico
- la conjunción
- el demostrativo
- el determinante posesivo
- la estructura silábica preferida
- el nombre propio
- el núcleo silábico
- el numeral
- la palabra aguda
- la palabra esdrújula
- la palabra llana
- la palabra monosilábica
- las partes de la oración
- el posesivo adjetival pospuesto
- la preposición
- el pronombre
- la sílaba abierta
- la sílaba antepenúltima
- la sílaba átona
- la sílaba cerrada
- la sílaba penúltima
- la sobresdrújula
- el sustantivo
- el triptongo
- el verbo

NOTAS

[1]Si el grafema "b" o "t" constituye el último elemento de los prefijos latinos *sub* - o *post*- de una combinación relativamente reciente, ni "b" ni "t" forma grupos indivisibles con la "r" o "l" siguiente: *subrayar* "su**b-r**a-yar", *postrevolucionario* "pos**t-r**e-vo-lu-cio-na-rio".

[2]En palabras de origen amerindio, es decir, precolombino, la combinación "tl" sí puede iniciar una sílaba: **Tl**al-te-lol-co, **Tl**ax-ca-la, **Tl**al-ne-pan-**tl**a. (Éstos son topónimos mexicanos.)

[3]El grafema "x" constituye un caso excepcional a cualquier regla de división silábica en el sentido de que como **grafema,** es *único,* pero cuando se encuentra entre vocales, la "x" representa una **combinación consonántica** *doble.* Como grafema, pues, la "x" siempre inicia una sílaba nueva, pero como sonido doble ([ks]) se tiene que dividir en dos. De modo que una palabra como *taxi* se separa en sílabas así: [ták-si]. Lo que es más, si la "x" antecede a cualquier grafema que representa el sonido [s], los dos sonidos [s] se funden en uno solo, así: *excepción* (ek$\cancel{s}$-sep-si̱ón].

[4]La palabra *normativo* se emplea como término técnico en la lingüística con un significado que va de 'lo usual, lo acostumbrado' hasta 'lo establecido por la Real Academia Española de la Lengua, las grandes casas editoriales, la prensa, etcétera, como norma o pauta a seguir'. *Normativo* también se usa en el presente libro de texto en el sentido siguiente: 'de determinada lengua, cualquier geolecto educado que se use como base de instrucción en el salón de clase'. La *ortografía normativa* es la que todos debemos emplear al escribir; así que es obligatorio escribir *lección* en vez de, por ejemplo, **lecsión* o **lexión*.

[5]Los adverbios que terminan en *-mente* pueden dar la falsa impresión de que son sobresdrújulos o esdrújulos porque su acento ortográfico recae en una sílaba bastante anterior a la penúltima. Sin embargo, aquí se trata de un caso especial. El adverbio que termina en *-mente* siempre conserva el acento ortográfico original del adjetivo que es la base del adverbio mismo, por ejemplo, *rápidamente (rápida + mente),* cf. *felizmente (feliz + mente).*

[6]El significado primitivo del artículo indefinido es numérico: por eso, el típico lingüista tradicional ha tendido a determinar que al igual que los números, los artículos indefinidos también son tónicos. Esto es cierto siempre y cuando el artículo indefinido pueda interpretarse numéricamente como "uno solo" (por ejemplo, "Mi hermana tiene una hija y mi prima tres"). En otras circunstancias, sin embargo, la interpretación numérica del artículo sería imposible o por lo menos un poco artificial (por ejemplo, "Se conocieron en un bar cualquiera de una ciudad perdida en la neblina"). Pero dada la dificultad de distinguir en muchos casos una función numérica de una que no lo es (o que no lo es tanto), se ha optado por recomendar que todo artículo indefinido lleve acento tónico en cualquier transcripción fonémica o fonética que en este libro se haga.

CAPÍTULO 4

EL APARATO FONADOR Y LA FONÉTICA: Modos de articulación y puntos de articulación de vocales, consonantes y deslizadas

LAS ZONAS DONDE LA VOZ HUMANA PRODUCE SUS SONIDOS

> *"En boca cerrada no entran moscas (y de boca cerrada no salen coplas)."*
> *(refrán actualizado)*

Vocal apparatus.

El **aparato fonador** abarca todas aquellas zonas del cuerpo humano donde de alguna manera u otra producimos los sonidos que emitimos al hablar. Dicho aparato fonador comienza "abajo" en la parte inferior de los pulmones y termina "arriba" en la parte *oral cavity / nasal cavity* superior de dos aberturas: la de la **cavidad bucal** (la boca misma, desde detrás de los dientes hasta el comienzo de la garganta) y la de la **cavidad nasal** (la pequeña cavidad que queda detrás de la nariz). La base de todo sonido es una espiración de aire. Este aire es el que respiramos de la atmósfera a fin de que nos entre a los pulmones y nos proporcione dos cosas: (1) oxígeno, y (2) el aire que necesitamos para la espiración al hablar. Una vez que el aire entra a los pulmones, se hace posible la producción de sonidos. Cuando hablamos, hacemos que el aire salga de los pulmones y pase (ascienda) primero por los bronquios, luego por la **tráquea,** después por la **laringe** (en medio de la cual se *Tráchea / larynx / pharynx* encuentran las cuerdas vocales), luego por la **faringe** y finalmente por la cavidad bucal y/o la cavidad nasal para salir por fin del cuerpo humano, regresando así otra vez a la atmósfera. Todos los sonidos del español se articulan en la amplia zona que abarca el espacio que va de los labios a la cavidad bucal y de ésta a la faringe; tal área comprende también la cavidad nasal y las cuerdas vocales. (Véase la Figura 4.1.)

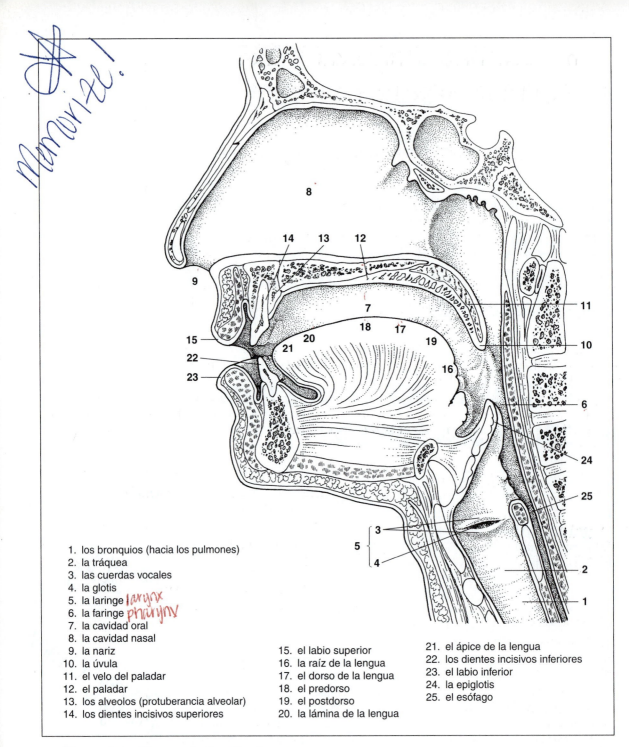

1. los bronquios (hacia los pulmones)
2. la tráquea
3. las cuerdas vocales
4. la glotis
5. la laringe *larynx*
6. la faringe *pharynx*
7. la cavidad oral
8. la cavidad nasal
9. la nariz
10. la úvula
11. el velo del paladar
12. el paladar
13. los alveolos (protuberancia alveolar)
14. los dientes incisivos superiores

15. el labio superior
16. la raíz de la lengua
17. el dorso de la lengua
18. el predorso
19. el postdorso
20. la lámina de la lengua

21. el ápice de la lengua
22. los dientes incisivos inferiores
23. el labio inferior
24. la epiglotis
25. el esófago

Figura 4.1   El aparato fonador humano

LAS CUERDAS VOCALES Y LOS SONIDOS SONOROS Y SORDOS

"Abracadabra, patas de cabra, que la puerta se abra." (refrán)

Las **cuerdas vocales** (Figura 4.2) desempeñan un papel de suma importancia en la articulación de los sonidos. Estas cuerdas consisten en dos tendones musculares que pueden estar juntos o separados. Cuando los tendones están separados, el aire espirado pasa por la **glotis** (el espacio abierto creado por la separación de los tendones musculares). La glotis apenas afecta al aire espirado, y casi no produce sonido alguno excepto el de un leve susurro. Sin embargo, cuando tenemos los tendones musculares en posición semicerrada, podemos hacerlos vibrar. Las **vibraciones** de los tendones musculares producen lo que se llama *sonoridad*. Cuando hay **sonoridad,** las vibraciones se extienden por el aire que se encuentra en la laringe, la faringe y las cavidades bucal y nasal y lo hacen vibrar armónicamente. Este proceso de vibración (la sonoridad) amplifica los sonidos que se producen en las diferentes partes de la amplia zona antes mencionada (la que abarca el espacio que va de los labios a la cavidad bucal y de ésta a la faringe). Puede hacerse aquí una sencilla analogía musical: la sonoridad amplifica los sonidos producidos igual que las vibraciones de las cuerdas de un violín hacen vibrar el aire contenido en la caja de madera de dicho instrumento.

Todos los sonidos del español (o de cualquier idioma) son sonoros o sordos. ¿Cuál es la diferencia? Todo **sonido sonoro** va siempre acompañado por la vibración antes mencionada (la sonoridad) de los tendones musculares de la laringe (las cuerdas vocales). Por contraste, a un **sonido sordo** *no* lo acompaña la vibración de las cuerdas vocales. Puesto que no hay vibración, no hay sonoridad, y el sonido es sordo. El contraste entre un sonido sonoro (cuya abreviatura en la lingüística es [+ son]) y uno sordo (cuya abreviatura es [− son]) puede percibirse físicamente haciendo un pequeño experimento: Primero póngase los dedos en la manzana o nuez de Adán (la cual es la protuberancia frontal de la laringe, o sea, la "caja" que protege los tendones musculares / las cuerdas vocales). Luego pronuncie la siguiente secuencia de sonidos en los que hay alternancias entre sonidos sonoros ([+]) y sordos ([−]).

Todos los sonidos del español son o **sordos** o **sonoros.**

Pepe vs. *bebe*	/pé-pe/	/bé-be/
	− + − +	+ + + +
tata vs. *dada*	/tá-ta/	/dá-da/
	− + − +	+ + + +
coco vs. *gogo*	/kó-ko/	/gó-go/
	− + − +	+ + + +

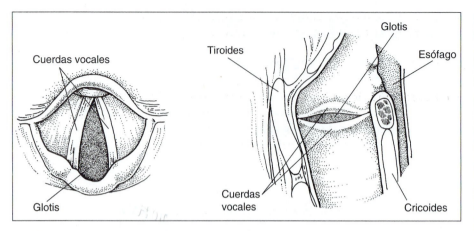

Figura 4.2 Las cuerdas vocales y la glotis

Cuando se pronuncia el sonido sonoro ([+]) sus dedos sienten la vibración que emana de las cuerdas vocales, pero cuando se pronuncia el sonido sordo ([−]) no se siente nada.

Hay cientos de pares de palabras españolas que ejemplifican el contraste sonoro/sordo: *boca/poca, base/pase, gasa/casa, cava/capa,* etcétera.

Ejercicio **4.1**

A. Diga cuáles de los siguientes sonidos son sonoros y cuáles sordos.

voiced   *silent*

1. las /k/, /a/ y /s/ de **/ká-sa/**

2. las /p/ e /i/ de **/pá-pi/**

3. la /g/ de **/á-ga/**

4. la /s/ de **/má-sa/**

5. la /f/ de **/fó-fo/**

6. la /r/ de **/au̯-ró-ra/**

7. las /d/, /o/, /n/ y /e/ de **/dón-de/**

8. la /j/ de **/ká-je/**

9. la /l/ de **/lá-lo/**

10. las /w/ y /u/ de **/we-sú-do/**

11. la /m/ de **/ma-má/**

12. la /t/ de **/gó-ta/**

13. la /č/ de **/čó-čo/**

14. la /ɲ/ de **/ɲó-ɲo/**

B. En una hoja de papel aparte, dibuje de perfil el aparato fonador humano e identifique todas sus partes de abajo a arriba (desde los pulmones hasta los labios y la cavidad nasal).

··

Como ya habrá descubierto Ud. en el Ejercicio 4.1 que acaba de hacer, todas las cinco vocales (/a e i o u/) y las dos deslizadas (/i̯ u̯/) son *sonoras*. De las consonantes, son *sordas* siete (/p f t s č k x/); son *sonoras* las demás (la mayoría). Como la mayoría de las consonantes son sonoras y como todas las vocales y deslizadas son sonoras, puede decirse con certeza que en el español predominan los segmentos sonoros.

Son sonoras las vocales, las deslizadas y la mayoría de las consonantes.

MODOS DE ARTICULACIÓN Y PUNTOS DE ARTICULACIÓN DE LOS SONIDOS

ARTICULADORES ACTIVOS Y PASIVOS

> *"Vamos arando, dijo la mosca al buey."* (refrán)

Cuando el aparato fonador produce los sonidos de la voz humana, lo hace mediante un manejo muy hábil de entidades que pueden moverse (los **articuladores activos**) y entidades que no pueden moverse (los **articuladores pasivos**). En la articulación de las consonantes son los articuladores activos los que forman "obstáculos" (oclusiones o estrechamientos) poniéndose en contacto con los articuladores pasivos o aproximándose a ellos y así modificando la onda sonora, o sea, las vibraciones y onduluciones producidas por las cuerdas vocales al vibrarse. En la articulación de las vocales, la circulación del aire pulmonar se hace libremente, sin obstáculos, en "espacios" creados por la configuración de la cavidad bucal.

Entre los articuladores activos figuran los *labios,* la *lengua,* la **mandíbula inferior** y la **úvula** (que también se llama *campanilla*). (Véase la Figura 4.1 para localizar éstos y todos los demás articuladores activos y pasivos.) Los labios pueden abrirse o cerrarse además de redondearse o alargarse. La lengua puede tener una gran variedad de posiciones en la cavidad bucal: se sube, se baja, se retrae, se adelanta, se arquea, se encorva, etcétera. La mandíbula inferior puede desplazarse hacia abajo para ampliar la cavidad bucal. La úvula normalmente se extiende hacia atrás o se baja.

Los articuladores activos son los labios, la lengua, la mandíbula inferior y la úvula.

Los articuladores pasivos son los que no se mueven. Son las llamadas "**áreas pasivas de contacto**" porque no producen el contacto, sino que lo reciben. Consisten en los **dientes incisivos superiores,** la **protuberancia alveolar** y todo el **paladar,** que a su vez se clasifica según su grado de cercanía a la parte anterior o la parte posterior de la cavidad bucal.

Los articuladores pasivos son los dientes superiores y las zonas alveolares y palatales.

VOCALES Y CONSONANTES

> *"Se parece al chicle: todos lo mastican, pero nadie lo traga."* (refrán)

[handwritten: No tiene restricción.]

La diferencia entre vocal y consonante es ésta: una **vocal** (V) se articula sin ningún obstáculo a la salida del aire espirado de los pulmones a la atmósfera, mientras que una **consonante** (C) se articula con algún obstáculo. Hay gran variación en cuanto al grado de obstaculización, desde la espiración de aire apenas canalizada u obstaculizada por el ascenso de la lengua, hasta la oclusión completa de la cavidad bucal por la lengua o por los labios.

[margin note: En la pronunciación de las vocales, el aire pasa libremente, mientras que en la pronunciación de las consonantes, siempre hay algún obstáculo.]

LAS VOCALES MONOPTONGALES

> *"Se hace que la Virgen le habla, pero ni señas le hace."* (refrán)

Las **vocales monoptongales** —*i, e, a, o, u*— son todas aquéllas que tienen un solo timbre y una sola posición en la cavidad bucal, en contraste con las vocales diptongales, que combinan dos timbres y dos posiciones (por ejemplo, *ie, ei, ia, ai, io, oi, ue, eu*). *[handwritten: Ring]*

Como en la articulación de las vocales no hay obstáculos, el **timbre** depende de (1) la posición de la lengua en la cavidad bucal, y (2) el redondeamiento de los labios. (El timbre es las calidad de resonancia que la articulación de cada vocal produce.)

Hablemos primero de la posición de la lengua. La lengua se desplaza en relación a dos *ejes:* el **eje vertical** (para arriba o para abajo) y el **eje horizontal** (hacia adelante o hacia atrás). *[handwritten: Vertical axis]* *[handwritten: Horizontal axis]*

En cuanto al eje vertical, todo ascenso o descenso de la lengua es siempre relativo a su posición *media,* que es donde se articulan la /e/ y la /o/. Por lo tanto, cualquier posición superior a la de /e/, /o/ es *alta,* es decir, *cerrada.* Así es, por ejemplo, la de las vocales /i/, /u/, ya que la lengua para articular estas vocales está "alta" en la boca mientras la configuración bucal es "cerrada" o menos amplia que la de las otras vocales. *[handwritten: drop]* En cambio, cualquier posición inferior a la de /e/, /o/ es **baja** o sea **abierta,** como, por ejemplo, la de la vocal /a/, ya que para articular la /a/ la lengua está "baja" en la boca mientras la configuración bucal es "abierta" o más amplia que la de las otras vocales. En resumidas cuentas: respecto a la posición de las vocales en su eje vertical son **altas/cerradas** la /i/ y la /u/; son **medias** la /e/ y la /o/; y la **baja/abierta** es la /a/.

En cuanto al eje horizontal, todo desplazamiento de la lengua hacia adelante o hacia atrás está en relación con su posición promedio o sea *central,* que es donde se articula la **vocal central** /a/. Por lo tanto, cualquier posición delante de la /a/ es *anterior* (son **vocales anteriores** /i/, /e/), y cualquier posición detrás de la /a/ es *posterior* (son **vocales posteriores** /o/, /u/).

Estas zonas articulatorias de las vocales se resumen en la Figura 4.3. (Es de notarse que la zona articulatoria de /i/ es un poco más elevada que la de /u/, aún siendo altas

[margin note: Las vocales se clasifican en relación a dos ejes: el vertical (alta, media, baja) y el horizontal (anterior, central, posterior).]

Figura 4.3   Zonas articulatorias de las vocales monoptongales

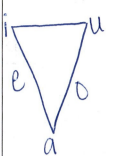

	anteriores	centrales	posteriores
altas/cerradas	i		
			u
medias	e		
			o
bajas/abiertas		a	

Figura 4.4   Matriz de oposiciones binarias de las vocales

	/i	e	a	o	u/
anterior	+	+	−	−	−
posterior	−	−	−	+	+
alto	+	−	−	−	+
bajo	−	−	+	−	−
redondeado	−	−	−	+	+

las dos. Lo mismo se aplica a las dos vocales medias: la lengua se encuentra en una posición un poco más elevada al articularse /e/ que /o/.)

Los labios se redondean —hay **redondeamiento de labios**— al articularse las dos vocales posteriores /o/ y /u/.

Todas estas características pueden resumirse en la **matriz de oposiciones binarias** (Figura 4.4), donde el signo + representa la presencia de cualquier característica y el signo − la ausencia de ella. Este esquema tiene la ventaja de la brevedad. Nótese, por ejemplo, que el término descriptor "medio" no tiene que indicarse, porque el concepto de "lo medio" se puede expresar mediante dos signos negativos: lo que no es alto ni bajo (− alto / − bajo) es forzosamente medio.

LA ARTICULACIÓN NORMATIVA DE LAS VOCALES MONOPTONGALES /i e a o u/

> *"Mastín el padre, mastina la madre, harto será que el hijo no ladre." (refrán)*

La vocal española monoptongal tiene tres características que la distinguen de la vocal inglesa o la de varias otras lenguas: (1) Es corta y tensa. (2) Como consecuencia de su duración corta y su tensión, siempre se mantiene como monoptongo, sin adquirir jamás las tendencias que caracterizan a los diptongos. (3) Siempre se mantiene íntegra

Las vocales españolas son cortas, tensas y monoptongales siempre.

y nunca se reduce a **schwa** (el sonido vocálico medio central que en la ortografía del inglés se puede representar con la combinación de grafemas "uh" y que en la fonética se representa con el símbolo [ə]).

En la articulación de una vocal monoptongal, la posición de la lengua no cambia. Es decir, al articularse por ejemplo la /e/, la lengua ya está en posición delantera (posición anterior en el eje horizontal), ya se encuentra exactamente entre el punto más alto y el punto más bajo (posición media en el eje vertical), y no se mueve ni un centímetro de estas dos configuraciones durante todo el período de la articulación de la /e/. No se le agrega ninguna deslizada a la /e/; la /e/ española nunca termina en deslizada (por ejemplo en (/i̯/) como lo hace la /e/ inglesa); y la vocal monoptongal /e/ española contrasta con el diptongo español /ei̯/ (compárese el contraste entre pares mínimos como *vente* y *veinte, pena* y *peina*). Lo mismo puede decirse de las otras vocales: son monoptongos puros; a ninguno se la agrega una deslizada, ya sea /i̯/ en el caso de las dos vocales anteriores o /u̯/ en el de las dos vocales posteriores. Es decir: las /i/ y /e/ españolas son siempre /i/ y /e/, no */ii̯/ y */ei̯/, y la /u/ y /o/ españolas son siempre /u/ y /o/, no */uu̯/ y */ou̯/.

En cuanto a la deseable evitación de toda reducción de /i e a o u/ a schwa, que como vocal átona reducida se encuentra con gran frecuencia no sólo en los idiomas germánicos y especialmente en el inglés sino también en varias lenguas neo-latinas como el portugués, el francés, el catalán y el rumano (aunque no en el italiano), hay una norma firme: *el español no permite que ninguna vocal átona se convierta en schwa.* (Al contrario, el inglés tiende a la reducción vocálica, tendencia según la cual las vocales átonas se convierten en schwa.) En español, una /a/ átona tiene exactamente el mismo timbre que cualquier /á/ tónica. Por ejemplo, en una oración como la siguiente donde la vocal /a/ aparece, exageradamente, 22 veces:

Mañana a la una alabará mamá a Amanda Ana Alaniz en Ávila.

16 /a/es son átonas y sólo seis son tónicas, pero ninguna de las 16 átonas se convierte en schwa en el español normativo.

Ejercicio **4.2**

A. Haga una lista de todos los articuladores pasivos.

B. Haga una lista de todos los articuladores activos.

C. Diga cuál es la diferencia esencial entre una vocal y una consonante.

D. Describa por completo, basándose en los dos ejes, las siguientes vocales españolas:

/e/

/u/

/a/

/i/

/o/

F. Llene los espacios en blanco de las dos tablas siguientes con los descriptores y los símbolos que faltan.

TABLA DE VOCALES

	Anteriores	centrales	_Posteriores_
altas/ _cerradas_		i	
medias		e	u
bajas /abiertas		a	o

▼▼▼▼▼▼▼▼▼▼▼▼▼▼▼▼▼▼▼▼▼▼▼▼▼▼▼▼▼▼▼▼

EN CAMBIO...

El sistema vocálico del inglés es más complicado que el del español en lo que a vocales plenas se refiere, pero es más sencillo respecto a diptongos. Examinemos primero las doce vocales plenas inglesas que conjuntamente con los tres diptongos plenos se presentan a continuación.

VOCALES Y DESLIZADAS INGLESAS

vocales plenas			diptongos plenos
i		u	
I		U	
e	ə	o	
ɛ	ʌ	ɔ	oi
æ	ɑ		ai au

El inglés americano normativo tiene once vocales que se dividen entre **tensas y relajadas.** Sólo las seis más tensas —/i/, /e/, /a/, /ɔ/, /o/, /u/— se emplean comúnmente en posición final de sílaba y de palabra, según indican los ejemplos siguientes: *see* /si/, *say* /se/, *pa* /pɑ/, *saw* /sɔ/, *so* /so/, *sue* /su/. Las cinco más relajadas —/I/, /ɛ/, /æ/, /ʌ/, /ʊ/— apenas se emplean en posición final de sílaba/palabra y se usan preferentemente en sílabas que terminan en consonante: *sit* /sIt/, *set* /sɛt/, *sat* /sæt/, *such* /sʌč/, *book* /bUk/. La décimosegunda vocal, /ə/, la schwa, ya se ha descrito como el producto de la reducción vocálica que se lleva a cabo cuando no hay acento tónico en el núcleo vocálico en cuestión: *alienation* /è-lì-ə-né-šən/, *disability* /dÌs-ə-bÍl-ə-tì/.

De las cinco vocales españolas plenas, ***ninguna*** se pronuncia exactamente como su aparente equivalente inglés. La /i/ española, por ejemplo, es tan cerrada y anterior como la /i/ inglesa; sin embargo, la /i/ inglesa termina en deslizada, es decir, no se mantiene en una sola posición y se hace aún más cerrada y anterior al finalizarse los movimientos articulatorios que la definen, como revelan las varias transcripciones fonéticas posibles de una palabra como *see:* [sii̯], [sij] o [siy]. Lo mismo puede decirse de la /u/ inglesa, que se hace aún más cerrada y posterior al acabarse de articular. Las dos vocales inglesas plenas /e/ ([ei̯] en su transcripción fonética) y /o/ (fonéticamente [ou̯]) sí tienen equivalentes en español, pero son los diptongos *ei/ey* y *ou,* respectivamente, que no son vocales plenas. Las vocales inglesas /I/, /ɛ/, /æ/, /ɔ/, /ʌ/ y /ʊ/ carecen por completo de equivalentes españoles. Tampoco se articula la /ɑ/ inglesa donde se articula la /a/ española, ya que la española es vocal abierta ***central*** y la inglesa es vocal abierta ***posterior.*** También hay que comentar otra característica interesante de cualquier vocal inglesa: se hace bastante más larga al encontrarse inmediatamente delante de cualquier consonante sonora, como se nota por ejemplo, en *bead* [bi:d] frente a *beat* [bit] y *laid* [le:d] frente a *late* [let].

Sin embargo, sí es más sencillo el sistema inglés de diptongos verdaderos. Como ya se sabe, el sistema español de diptongos consiste en estos catorce: *ie, ia, io, ue, ua, uo, ei/ey, ai/ay, oi/oy, eu, au, ou, iu, ui,* que se transcriben como sigue, tanto en lo fonológico como en lo fonético (véase la nota 3 del primer capítulo): i̯e, i̯a, i̯o, u̯e, u̯a, u̯o, ei̯, ai̯, oi̯, eu̯, au̯, ou̯, i̯u, u̯i. Los primeros seis son diptongos crecientes, los seis siguientes son diptongos decrecientes y los dos últimos —*iu, ui*— podrían llamarse diptongos "acrecientes" (o sea, ni creciente ni decreciente).

En el sistema inglés, a diferencia, sólo hay tres diptongos decrecientes: *night* /nait/, *voice* /vois/ y *house* /haus/. Otra gran diferencia entre los dos idiomas es que, en muchos geolectos, y con bastante frecuencia, las vocales tensas cerradas y medias del inglés parecen ser diptongos decrecientes: la articulación más común de /e/ es [ei̯], la de /o/ es [ou̯], la de /i/ es [ii̯] y la de /u/ es [uu̯]. El inglés tiene una sola combinación de segmentos que podría entenderse como diptongo acreciente, la /i̯u/, en palabras como *human, cute, putrid, few.* Los pocos diptongos crecientes ingleses involucran siempre la deslizada /u̯/, y son representados por palabras como *quaint* y *quota,* mientras que el español tiene diptongos crecientes a calderadas.

LAS CONSONANTES: MODOS DE ARTICULACIÓN Y PUNTOS DE ARTICULACIÓN

"Quien sin culparse se excusa, su conciencia le acusa." (refrán)

Hay tres factores que tienen que tomarse en cuenta cuando se describe la articulación de las consonantes del español.

1. la sonoridad (ya comentada en las páginas 65–66)
2. el modo de articulación
3. el punto de articulación

Como ya se ha comentado la sonoridad (y ya se ha dicho que siete consonantes son sordas y las demás son sonoras),[1] a continuación se comentará primero el modo de articulación y después el punto de articulación.

El modo de articulación de las consonantes

"Cuando digo que la burra es parda, es porque traigo los pelos en la mano." (refrán)

Nótese: De aquí en adelante, los sonidos consonánticos mismos[1] se encerrarán entre *corchetes* [ ] por razones que se harán evidentes más adelante.

¿Qué es el modo de articulación de cualquier consonante? **El modo de articulación** es la especial disposición en que están los órganos articulatorios al pasar el aire espirado por el canal bucal. Una disposición que obstaculiza la salida del aire produce los sonidos consonánticos. Como ya es sabido, el obstáculo puede ser total, parcial o una combinación de ambos. Toda modificación **moldea** o canaliza la forma de la cavidad bucal.

Modo oclusivo: Obstáculo total

"De que la partera es mala, le echa la culpa al niño." (refrán)

Si el obstáculo es total, la corriente de aire se bloquea momentáneamente y el aire queda acumulado detrás del obstáculo. Al desbloquearse, el aire se escapa, produciendo un efecto parecido a una pequeña explosión. Las consonantes **oclusivas** se producen de este modo. Son las siguientes.

Toda consonante se describe según su **sonoridad,** su **modo de articulación** y su **punto de articulación.**

En la articulación de las **oclusivas** se produce un obstáculo total.

---

[1]Véase la nota 1 en el apéndice al final de este capítulo.

STOPS.

CONSONANTES OCLUSIVAS

[− son]	p	t	k
	[pí-pa]	[tí-ta]	[kí-ka] ← *sordas*
	pipa	Tita	Kika
[+ son]	b	d	g
	[bá-ka]	[dá-me]	[gó-les] ← *sonoras*
	vaca	dame	goles

Las oclusivas [p] y [b] son *equivalentes* porque su modo de articulación y su punto de articulación son idénticos. Lo mismo se aplica a la [t] y [d] (modo y punto idénticos) y a la [k] y [g]. Lo único que distingue la [p] de la [b], etcétera, es la sonoridad: [p t k] son sordas, mientras que [b d g] son sonoras.

Modo fricativo: Obstáculo parcial

> *"Cuídate de los buenos, que los malos ya están señalados."* (refrán)

Si el obstáculo, o sea, el cierre es parcial, la corriente de aire es afectada por una especie de fricción o turbulencia cuando pasa por el obstáculo que pueden formar, por ejemplo, los labios parcialmente cerrados, el labio inferior al aproximarse a los dientes superiores, y la lengua al acercarse a los **alveolos** (que son la parte de enfrente del paladar). Las consonantes que son producidas pasando por un obstáculo parcial se llaman **fricativas,** y son las siguientes.

friction

CONSONANTES FRICATIVAS

[− son]	f	s	x			
	[fó-fo]	[sé-so]	[xé-fa]			
	fofo	seso	jefa			
[+ son]	β	ð	z	γ	ž	j
	[á-βas]	[á-ðas]	[déz-ðe]	[á-γas]	[á-žas][2]	[á-jas][3]
	habas	hadas	desde	hagas	hallas	hallas

Las tres fricativas sordas pueden subclasificarse como **hendidas** (no sibilantes) como la [f] o la [x] (en las que la corriente de aire pasa por una grieta o quiebra) o como **acanaladas** (sibilantes) como la [s] (donde el aire pasa por una estrechez en forma de canal).

Modo africado: Obstáculo total + obstáculo parcial

> *"A lo hecho, pecho."* (refrán)

Hay un obstáculo parcial cuando se articulan las **fricativas.**
friction

[2,3]Véanse las notas 2 y 3 en el apéndice al final de este capítulo.

Si se produce primero un obstáculo total y en seguida un obstáculo parcial, el resultado es un tipo de modo de articulación que se llama el **modo africado.** El español tiene solamente dos africadas; sólo la primera se usa en el habla normativa.

En las **africadas** el obstáculo inicial es total y el final es parcial.

Africate: combo of stop + fricative (handwritten)

CONSONANTES AFRICADAS

[− son]	č
	[čó-čo]
	chocho
[+ son]	ǰ
	[eɲ-ǰe-sá-ðo]
	enyesado

Modo nasal y modo líquido

Dos modos de articulación que se definen según sus respectivas modificaciones del aparato fonador son las consonantes nasales y las consonantes líquidas.

Modo nasal

> *"Porque se muera un sargento no se deshace un regimiento,*
> *ni por la muerte de un fraile su convento." (refrán)*

En la articulación de las **nasales,** se usa la cavidad nasal como resonador. Al articular una consonante nasal, la úvula baja y permite que la corriente de aire pase a la cavidad nasal; mientras tanto, la cavidad bucal se cierra debido al contacto entre el articulador activo y el pasivo. Los alófonos nasales son siete; todos son sonoros. Cada uno de estos siete alófonos (o sea los sonidos mismos en su representación concreta) goza de un punto de articulación diferente (véase las páginas 76–78).

La cavidad nasal se usa como resonador en las consonantes **nasales.**

Nasal (handwritten)

CONSONANTES NASALES

[+ son]	m	ɱ	n̪	n	ń	ɲ	ŋ
	[mó-mo]	[éɱ-fa-sis]	[di̯én̪-te]	[e-ná-no]	[lén-čo]	[ɲó-ɲo]	[téŋ-go]
	momo	énfasis	diente	enano	Lencho	ñoño	tengo

Modo líquido

> *"Ladrón que roba a ladrón, de Dios alcanza perdón." (refrán)*

Todas las líquidas son sonoras. Se conocen mejor por sus dos subcategorías: la líquida lateral (el español tiene sólo una) y las líquidas vibrantes.

En la **líquida lateral** la forma de la cavidad bucal es modificada por el contacto entre el **ápice** (la punta) de la lengua con los alveolos.

líquida (handwritten)

CONSONANTE LÍQUIDA LATERAL

[+ son]	l
	[lá-lo]
	Lalo

En las **vibrantes,** el ápice toca brevemente los alveolos y **vibra** al tocarlos. Vibra una sola vez al articularse la **vibrante sencilla** [r], y vibra varias veces al articularse la **vibrante múltiple** [r̄]. (La articulación de las vibrantes se explica profusamente en las páginas 154–162.)

CONSONANTES LÍQUIDAS VIBRANTES

[+ son]   r   r̄

                    [pé-ro]   [pé-r̄o]

                    pero   perro

El punto de articulación de las consonantes

Hay dos cosas que considerar cuando se describe un punto de articulación.

1. los articuladores que forman el obstáculo parcial o completo
2. la zona del aparato fonador, o los puntos de articulación, donde el obstáculo se forma

Para repasar los diferentes **puntos de articulación,** o sea, las zonas del aparato fonador donde los obstáculos se forman, refiérase otra vez al perfil del aparato fonador humano que ya se presentó en la Figura 4.1 (página 64).

Es tradicional empezar la lista de los siete puntos de articulación con los que se encuentran más al exterior (los puntos labiales o sea los labios) y acabarla con los que se encuentran más al interior (los velares).

Puntos bilabial y labiodental

> *"Bien está lo que bien acaba." (refrán)*

Si los dos labios obstaculizan el sonido, éste es forzosamente **bilabial.**

CONSONANTES BILABIALES

[− son]   p

                [pé-pa]

                Pepa

[+ son]   b   β   m

                [bé-la]   [sá-βe]   [mé-mo]

                vela   sabe   Memo

El sonido es **labiodental** si se articula mediante el contacto de los dientes superiores con el labio inferior.

CONSONANTES LABIODENTALES

[− son]   f

                                     [fó-fo]

                                     fofo

[+ son]   ɱ

                                     [éɱ-fa-sis]

                                     énfasis

El sistema consonántico español tiene siete puntos de articulación.

Punto dental

Aquí se trata del contacto del ápice de la lengua con la cara interior de los dientes incisivos superiores. El ápice los toca brevemente, formando un obstáculo completo como en el caso de [t] y [d] oclusivas, o se les aproxima bastante, formando así un obstáculo parcial como en el caso de la [ð] fricativa.

CONSONANTES DENTALES

[− son]	t		
	[tá̪n-to]		
	tanto		
[+ son]	d	ð	n̪
	[dá̪n-do]	[ná-ða]	[xé̪n-te]
	dando	nada	gente

Punto alveolar

Al articularse la [s] o la [z], la lámina de la lengua se apoya en los alveolos mientras que el ápice toca los incisivos inferiores. El ápice y los alveolos también entran en el mecanismo de la articulación de la [l], la [n], la [r] y la [r̄].

CONSONANTES ALVEOLARES

[− son]	s				
	[sén-so]				
	censo				
[+ son]	z	l	n	r	r̄
	[déz-ðe]	[lo-lí-ta]	[né-na]	[kó-ro]	[kó-r̄o]
	desde	Lolita	nena	coro	corro

Punto alveopalatal

Los sonidos [č] y [ñ] son los únicos representantes de esta categoría, en la que la lámina de la lengua toca la zona que queda *entre* los alveolos y el paladar.

alveo-palates - farther back.

CONSONANTES ALVEOPALATALES

[− son]	č	
	[čó-čo]	
	chocho	
[+ son]		ń
		[léń-čo]
		Lencho

Punto palatal

> *"Ni amor ni señoría quieren compañía."* (refrán)

Cuando la lengua toca el paladar, principalmente con el predorso mismo, se producen los sonidos [ɲ], [j], [ǰ] y [ž]. (Estos últimos tres son alófonos del fonema /j/, que se llama **yod.**) Todas las **palatales son sonoras.**

Palates

CONSONANTES PALATALES

[+ son]	ɲ	j	ǰ	ž
	[á-ɲo]	[iɲ-jek-tár]	[iɲ-ǰek-tár]	[iɲ-žek-tár]
	año	inyectar	inyectar	inyectar

Punto velar

> *"Gato con guante no caza ratón."* (refrán)

Para producir las consonantes velares, la parte dorsal de la lengua se eleva hacia el **velo del paladar;** de ahí el término **velar.**

Throat.

CONSONANTES VELARES

[− son]	k	x	
	[ko-ka-í-na]	[ó-xo]	
	cocaína	ojo	
[+ son]	g	γ	ŋ
	[gó-les]	[í-γa-ðo]	[téŋ-go]
	goles	hígado	tengo

Ejercicio **4.3**

A. Escriba la tabla de los alófonos de las consonantes del español según los descriptores de los *puntos* de articulación que se dan a continuación. (Son 27 en total.)

	BILABIALES	LABIO-DENTALES	DENTALES	ALVEOLARES
[− son]	p	f	t	s
[+ son]	b β m	m̩	d ð n̪	z̧ l n r r̄

	ALVEO-PALATALES	PALATALES	VELARES
[− son]	č		k x
[+ son]	ń	ɲ j y̌ z̆	g ɣ ŋ

B. Diga cuáles de los alófonos de la tabla de la parte A pertenecen a las siguientes descripciones de los *modos* de articulación.

1. oclusivos:

2. fricativos:

3. africados:

4. nasales:

5. líquidos laterales:

6. líquidos vibrantes:

fonema: group of phonetically similar sounds that do not contrast in similar environments

C. Escriba la descripción articulatoria que corresponda a cada uno de los siguientes alófonos. Siga el modelo "punto/modo/sonoridad" (primero el punto, después el modo y por fin la sonoridad).

MODELO: Alófono	Punto de articulación	Modo de articulación	Sonoridad
[ð]	dental	fricativo	sonoro
1. [β]	Bilabial	fricativo	sonoro
2. [p]	Bilabial	oclusivo	sordo
3. [m]	Bilabial	nasal	sonoro
4. [f]	Labiodental	fricativo	sordo

5. [č]   Alveopalatal   Africado   sorda
6. [s]   Alveolar   fricativo   sorda
7. [ŋ]   velar   nasal   sonoro
8. [l]   Alveolar   Líquida lateral   sonoro
9. [g]   velar   oclusivo   sonoro
10. [ɣ]   velar   fricativo   sonoro
11. [d]   dental   oclusivo   ~~dental sonoro~~ sonoro
12. [n̪]   dental   nasal   sonoro
13. [z]   Alveolar   fricativo   sonoro
14. [n]   Alveolar   nasal   sonoro
15. [r]   Alveolar   Líquida vibrante sens   sonoro
16. [ǰ]   Palatal   Africado   sonoro
17. [j]   Palatal   fricativo   sonoro
18. [r̄]   Alveolar   Líquida vibrante mult   sonoro
19. [x]   velar   fricativo   sorda
20. [k]   velar   oclusivo   sorda

D. Escriba el alófono que corresponda a cada una de las descripciones siguientes.

DESCRIPCIÓN	ALÓFONO
1. labiodental fricativo sordo	f
2. alveopalatal africado sordo	č
3. velar oclusivo sonoro	g
4. alveolar nasal sonoro	n
5. alveolar líquido lateral sonoro	l
6. bilabial oclusivo sordo	p
7. dental fricativo sonoro	ð (d)
8. palatal fricativo sonoro	j
9. bilabial nasal sonoro	m
10. velar fricativo sordo	x
11. alveolar líquido vibrante múltiple sonoro	r̄
12. velar fricativo sonoro	ɣ (g)

13. palatal africado sonoro

14. velar oclusivo sordo

15. alveolar líquido vibrante sencillo sonoro

16. labiodental nasal sonoro

17. palatal nasal sonoro

18. bilabial oclusivo sonoro

19. dental oclusivo sonoro

20. alveolar fricativo sordo

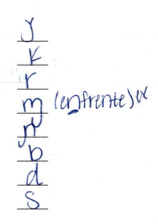

EN CAMBIO...

En comparación con las vocales del inglés, que varían mucho de dialecto en dialecto, las consonantes inglesas casi no admiten variación dialectal: con la excepción de la /r/, son esencialmente idénticas de región en región. A continuación se presenta una tabla completa de las consonantes inglesas. Las escritas en letra negrilla no tienen equivalentes en el español hispanoamericano normativo de salón de clase. En cambio, las que aparecen entre paréntesis representan las consonantes españolas que no tienen equivalentes en inglés.

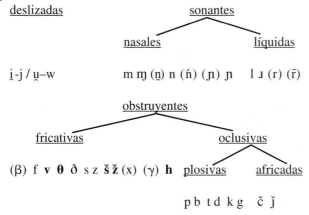

Por lo visto, y sin tomar en cuenta los muchos detalles articulatorios que distinguen un sistema del otro y que se analizarán en el Capítulo 7, los dos sistemas consonánticos se traslapan bastante, cosa que no puede decirse con respecto a los dos sistemas vocálicos.

LAS DESLIZADAS: NO SON NI VOCALES NI CONSONANTES

[handwritten: deslizada: glide: weak vowel in dipthong]

> *"Cuando el pobre tiene medio para carne, es vigilia." (refrán)*

Cuando forman parte de cualquiera de las 14 combinaciones diptongales (*ie, ei, ia, ai, io, oi, iu, ui, ue, eu, ua, au, uo, ou*), las dos vocales altas/cerradas *i, u* dejan de ser vocales y se convierten en sonidos que no son ni vocales ni consonantes: las deslizadas. Las **deslizadas** no son vocales plenas sino breves movimientos semi-vocálicos o semiconsonánticos rápidos. Por consiguiente, no pueden constituir el centro del núcleo vocálico. El nombre *deslizada* proviene del hecho de que estos segmentos se "deslizan" rápidamente hacia (o en dirección contraria a) aquella parte del diptongo que sin la deslizada seguiría siendo vocal plena: la vocal media o baja (*a, e, o*) o la otra vocal alta/cerrada.

Las deslizadas pueden participar tanto en diptongos **crecientes** como en diptongos **decrecientes**.

La deslizada es el primer elemento de un **diptongo creciente;** el segundo elemento, el más "crecido" de mayor peso, es la vocal media o baja o la otra vocal alta.

ie
[ki̯é-ro]
quiero

[handwritten: dipthong: 2 vowels in 1 syllable: strong vowel + glide]

ue
[pu̯és-to]
puesto

[handwritten: u + i : weak vowels. weak vowel in dipthong = glide.]

ia
[se-les-ti̯ál]
celestial

ua
[ku̯á-tro]
cuatro

io
[i-ði̯ó-ta]
idiota

uo
[ku̯ó-ta]
cuota

La deslizada también es el primer elemento de un **diptongo acreciente;** el segundo elemento es la otra vocal cerrada que es la de mayor peso.

iu
[si̯u-ða-ðá-no]
ciudadano

ui
[su̯í-so]
suizo

La deslizada es el segundo elemento de un **diptongo decreciente;** el primer elemento es la vocal media o baja.

ei̯
[a-séi̯-te]
aceite

eu̯
[seu̯-ðó-ni-mo]
seudónimo

ai	au
[pai̯-sá-no]	[eɲ-xau̯-lá-ðo]
paisano	enjaulado
oi	ou
[es-tói̯]	[es-ta-ðou̯-ni-ðén-se]
estoy	estadounidense

Tanto los diptongos crecientes como los acrecientes y los decrecientes pueden formarse *entre palabras* con el final de una palabra y el principio de la palabra siguiente, al igual que dentro de ellas. En los ejemplos que siguen hay dos diptongos [i̯ó] y dos [ói̯]. En la primera columna los diptongos se forman entre palabras, mientras que en la segunda se forman dentro de la palabra.[4]

ENTRE PALABRAS	DENTRO DE UNA PALABRA
mi honra	aprendió
[mi̯ ón-r̄a]	[a-preṉ-di̯ ó]
habló intensamente	Zoila
[a-βlói̯ ṉ-tén-sa-méṉ-te]	[sói̯-la]

La formación de combinaciones vocálicas entre palabras da lugar a la inmensa mayoría de los relativamente pocos triptongos que se encuentran en el español. (Como ya se sabe, un **triptongo** es cualquier combinación monosilábica que empieza con deslizada, tiene por núcleo una vocal media o abierta y termina con otra deslizada.)

ENTRE PALABRAS

ciencia humana: [si̯ én-si̯ au̯-má-na]

anuncio irresponsable: [a-nún-si̯ oi̯ -r̄es-pon-sá-βle]

fue imposible: [fu̯éi̯ m-po-sí-βle]

antiguo irlandés: [aṉ-tí-ɣu̯oi̯ r-laṉ-dés]

Debido al uso del pronombre sujeto *vosotros* y sus formas verbales correspondientes, el español de la mayor parte de España es el geolecto que proporciona más ejemplos de los triptongos que se forman dentro de una palabra.

continuáis: [koṉ-ti-nu̯ái̯ s]

cambiáis: [kam-bi̯ ái̯ s]

No es que en el español hispanoamericano no haya triptongos que se forman dentro de una sola palabra, pero son relativamente pocos. Siguen tres ejemplos (que también forman parte del español universal).

---

[4]Véase la nota 4 en el apéndice al final de este capítulo.

buey: [bu̯éi̯]

Uruguay: [u-ru-ɣu̯ái̯]

Paraguay: [pa-ra-ɣu̯ái̯]

Ejercicio 4.4

Cambie las siguientes transcripciones fonéticas a sus versiones ortográficas norma-
tivas. Luego, lea cada oración en voz alta, asegurándose de articular como diptongos o
triptongos las combinaciones diptongales o triptongales.

1. [sé-ke-βo-só-tro-sa-pre-θi̯ái̯z-mú-čo-e-lár-tei̯n-dú]

Sé que vosotros apreciáis mucho el arte hindú.

2. [kwán-do-oz-ɣra-ðu̯ái̯z-ðe-la-pre-pa-ra-tó-ri̯ai̯n-de-pen-di̯én-te]

¿Cuándo os graduáis de la preparatoria independiente?

3. [si̯en-ti̯én-dei̯-ta-li̯á-noi̯-ɣri̯é-ɣo] [por-ké-nó-es-tú-ði̯au̯-kra-ni̯á-no-tam-bi̯én]

Si entiende italiáno y griego,¿ por qué no estudia ukraniano también?

4. [lai̯s-tó-ri̯ai̯n-dus-tri̯á-le-sún-té-mai̯n-te-re-san-tei̯-βa-le-ró-so]

La historia industrial es un tema interesante y valeroso.

5. [é-sa-mu-čá-čai̯n-te-li-xén-tei̯-ta-len-tó-sa-se-já-ma-ɣló-ri̯au̯-li-βa-rí]

Esa muchacha inteligente y talentosa se llama Gloria Ulivari.

6. [mi-ɣé-li̯an-tó-ni̯ou̯-jé-ron-de-la-xén-te-po-li-si̯á-kou̯-ru-ɣu̯á-jo]

miguel y Antonio nuj~~fieron~~ de la gente policiaco uruguayo.

7. [sói̯-la-βá-ka] [ki̯en-se-ka-só-ko-nan-tó-ni̯o-ðel-kám-po] [a-ó-ra-se-já-ma-sói̯-la-βá-ka-ðel-kám-po]

Soy la vaca quien se casó con antonio del campo.
Ahora se llama soy la vaca del campo.

PRONTUARIO DE TÉRMINOS NUEVOS

Antes de proceder al próximo capítulo, cuídese de haber aprendido bien el significado de todos los términos siguientes, que en este capítulo se presentaron por primera vez.

- el alveolo
- el aparato fonador
- el ápice
- el área pasiva de contacto
- los articuladores activos
- los articuladores pasivos
- la cavidad bucal
- la cavidad nasal
- la consonante
- las cuerdas vocales
- los dientes incisivos superiores
- el eje horizontal
- el eje vertical
- la faringe
- el fricativo acanalado
- el fricativo hendido
- la glotis
- la laringe
- la líquida lateral
- la líquida vibrante
- la mandíbula inferior
- la matriz de oposiciones binarias
- el modo africado
- el modo de articulación
- el modo fricativo
- el modo líquido
- el modo nasal
- el modo oclusivo
- moldear
- el paladar
- la protuberancia alveolar

- el punto alveolar
- el punto alveopalatal
- el punto bilabial
- el punto de articulación
- el punto dental
- el punto labiodental
- el punto palatal
- el punto velar
- el redondeamiento de labios
- el schwa
- el sibilante
- el sonido sonoro
- el sonido sordo
- la sonoridad
- el timbre
- la tráquea
- el triptongo
- la úvula
- el velo del paladar
- la vibración
- la vibrante múltiple
- la vibrante sencilla
- vibrar
- la vocal
- las vocales altas/cerradas
- las vocales anteriores
- las vocales bajas/abiertas
- las vocales centrales
- las vocales medias
- las vocales monoptongales
- las vocales posteriores

NOTAS

[1]La siguiente información sobre dos sonidos consonánticos adicionales —propios casi exclusivamente del español castellano— puede utilizarse en aquellas clases que emplean el geolecto castellano del español, o que, desde el principio optan por presentarlo al lado del geolecto que predomina en el texto presente, que es el hispanoamericano normativo y educado de tierras altas.

El primero sonido, [θ], es fricativo de modo, interdental de punto de articulación y sordo. En el español castellano es el que corresponde al grafema "c" delante de las dos vocales anteriores "e", "i", más el grafema "z" dondequiera que se encuentre. Siguen varios ejemplos: *cena* [θé-na], *centavo* [θe̞n-tá-βo], *cine* [θí-ne], *ciencia* [θi̞é̞n̞-θi̞a], *zorro* [θó-r̄o], *paz* [páθ]. El segundo sonido, [ʎ], es líquido de modo, lateral palatal de punto de articulación y sonoro. En el español castellano (aunque hoy en día, principalmente en los geolectos no urbanos del norte central) más en algunos geolectos de la región andina peruana y boliviana (en la que el español está en contacto con el quichua) el dígrafo "ll" en cualquier entorno es el representante del sonido [ʎ]. Siguen varios ejemplos: *llamada* [ʎa-má-ða], *calle* [ká-ʎe], *hallaron* [a-ʎá-ron].

[2]Ésta es la pronunciación de la *ll* o de la *y* consonántica en algunos geolectos, así que la transcripción [á-žas] representaría *hallas* o *hayas,* según el caso.

[3]A través del resto del presente texto se ha hecho todo lo posible por emplear los símbolos transcriptores que presenta la versión más actualizada (1989) del AFI (Alfabeto Fonético Internacional —en inglés "IPA", o sea, *International Phonetic Alphabet*—, disponible en la siguiente dirección en el Internet: www.arts.gla.ac.uk/IPA/fullchart.html). Sin embargo, el deseo de utilizar un alfabeto transcriptor que emplee símbolos que no pueden confundirse con otros debido a semejanzas visuales, que utilice un solo símbolo para cada segmento y que se ajuste plenamente a las realidades de la lengua española, nos ha obligado en un **número limitado de ocasiones** a usar símbolos que no figuran en el AFI o a usar variantes de ellos. Los seis símbolos son:

AFI	*Camino oral*
ʃ	š
ʒ	ž
tʃ	č
dʒ	ǰ
ɾ	r
r	r̄

También se ha hecho uso de un símbolo —ń— para un punto de articulación nasal (el alveopalatal sonoro) que el AFI parece desconocer, ya que de ninguna manera figura en su tabla.

Para la versión completa de los símbolos que este texto usa en la transcripción del español, véase la Figura 1 del Capítulo 5.

[4]Precisa recordar lo que ya se viene comentando desde la nota 3 del Capítulo 1: que en el hablar lento y pausado no siempre se forman diptongos y triptongos entre palabras. Nótese, por ejemplo: [mi-ón-r̄a] en vez de [mi̞ón-r̄a], [a-βló-in̞-tén-sa-mén-te] en vez de [a-βlói̞n̞-tén-sa-mén̞-te], [fu̞é-im-po-sí-βle] en vez de [fu̞éi̞m-po-sí-βle].

CAPÍTULO 5

LA FONOLOGÍA: Los fonemas y sus respectivos alófonos

LA FONOLOGÍA: LOS FONEMAS DEL ESPAÑOL

> *"Por un clavo se pierde una herradura, por una herradura, un caballo y por un caballo, un caballero."* (refrán)

Ud. ya se habrá familiarizado con los símbolos que se han venido empleando desde el primer capítulo para representar los sonidos del español. También habrá notado que en algunas ocasiones un símbolo que se llama "fonema" se encuentra escrito entre diagonales (/ /) mientras que otras veces se coloca un símbolo que se llama "alófono" entre corchetes ([ ]). Ha llegado el momento de aclarar exactamente qué quieren decir los términos *fonema* y *alófono*. ¿Qué significa precisamente la palabra *fonema* y cómo se determina qué sonido tiene valor fonémico y qué sonido no lo tiene? ¿Qué cosa es un alófono, y cuál es la relación que puede tener con un fonema?

Un **fonema** puede entenderse como la representación abstracta y generalizada de varios sonidos específicos o de un solo sonido específico. El sonido específico lleva el nombre de **alófono.** A recapitular: — miembro del fonema.

Fonema: representación abstracta y generalizada de sonido(s) específico(s)
Alófono: el sonido específico mismo

Por ejemplo:

FONEMA   ALÓFONO

/d/   [d] el sonido oclusivo (véase la página 98)
              [ð] el sonido fricativo (véase la página 98)

El **fonema** es la unidad abstracta. El **alófono** es su realización concreta y específica.

87

Los dos alófonos se oyen como dos tipos de sonido diferente según sus respectivos modos de articulación y, por lo tanto, el efecto acústico que producen. Esto se puede demostrar poniendo atención en la articulación de la *d* en las dos palabras siguientes.

celda   [sél-da]
seda   [sé-ða]

En la [d] de *celda* la lengua toca los dientes superiores e interrumpe el aire que de otra forma continuaría saliendo de la boca. En la [ð] de *seda* el aire continúa saliendo, pero de forma canalizada, ya que la lengua, sin tocar los dientes superiores, se acerca a ellos lo suficiente para producir un efecto acústico parecido a la fricción. Si el hablante se equivocara y pusiera la [ð] donde debe ir la [d], sería entendido de cualquier manera aunque sonaría raro. Es decir, la [d] oclusiva y la [ð] fricativa pueden intercambiarse sin que se confundan. En cambio, ninguna *d* de las dos podría sustituirse por otro sonido sin que sí hubiera confusión o hasta un cambio total de significado. Tomemos por ejemplo la secuencia de sonidos *cada* en su transcripción alofónica/fonética.

[ká-ða]

Al sustituir la [ð] por cualquier otro sonido que no sea [d], el significado de la transcripción cambia por completo. El cambio de un sonido a otro produce una palabra distinta que tiene un significado distinto.

[ká-pa]

β

m

t

n

č

ɲ

l

j

x

s

r

Esto demuestra que estos sonidos —alófonos todos— también tienen valor fonémico, porque la prueba de que algún sonido/alófono es fonema es precisamente la que se acaba de dar: si la sustitución efectúa un cambio de significado, el sonido sustituido tiene **valor fonémico.** En cambio, si la sustitución *no* efectúa ningún cambio de significado, el sonido sustituido *no* tiene valor fonémico y es solamente el alófono de algún fonema. (Lo que tiene valor fonémico y lo que no tiene valor fonémico varía mucho de un idioma a otro. Por ejemplo, en español la [d] y la [ð] son alófonos de un fonema común, /d/, mientras que en inglés cada uno de estos sonidos constituye un fonema

Algunos fonemas consonánticos tienen un solo alófono. Otros tienen de dos a siete alófonos.

distinto: /d/ frente a /ð/. Esto es demostrado en inglés por los siguientes contrastes léxicos, ya que al cambiar de un sonido a otro se cambia de un significado a otro: *den* frente a *then* —/dɛn/ frente a /ðɛn/; *Dan* frente a *than* —/dæn/ frente a /ðæn/.)

Como ya se ha dicho, un fonema es la representación abstracta de un solo alófono o de varios alófonos. En la Figura 5.1 se presenta la lista completa de los fonemas del español y sus respectivos alófonos: primero los 18 fonemas consonánticos,[1] luego los 2 fonemas deslizádicos y al final los 5 vocálicos. A esta lista la acompaña una descripción articulatoria parcial de cada alófono en la que primero se da el modo de articulación o la sonoridad (cuando éstos difieren), y luego el punto de articulación de cada alófono. A la extrema izquierda se incluyen los correspondientes grafemas como punto de referencia.

Figura 5.1   Los 25 fonemas

GRAFEMA(S)	FONEMA	ALÓFONO(S) CORRESPONDIENTE(S)	DESCRIPCIÓN ARTICULATORIA
		Los 18 fonemas consonánticos	
p	/p/	[p]	bilabial
b, v	/b/	[b] oclusivo ~ *after nasal*	bilabial
		[β] fricativo *phrase initi*	bilabial
		& elsewhere.	
m	/m/	[m]	bilabial
		[ɱ]	labiodental
f	/f/	[f]	labiodental
t	/t/	[t]	dental
d	/d/	[b] oclusivo	dental
		[ð] fricativo	dental
n	/n/	[m] *p b m*	bilabial
		[ɱ] *f*	labiodental
		[n̪] *t, d*	dental
		[n] *before vowel, r*	alveolar
		[ń] *before ch*	alveopalatal
		[ɲ] *ñ*	palatal
		[ŋ] *k, g, x*	velar
s, z, c *ce, ci*	/s/	[z] sonoro	alveolar
		[s] sordo	alveolar
l	/l/	[l]	alveolar
r	/r/	[r] vibrante sencillo	alveolar

---

[1]Véase la nota 1 en el apéndice al final de este capítulo.

Figura 5.1 *(continued)*

alófono o alginiafuer L

r, rr	/r̄/	[r̄] vibrante múltiple	alveolar
ch	/č/	[č]	alveopalatal
ñ	/ɲ/	[ɲ]	palatal
c, qu, k	/k/	[k]	velar
g, gu	/g/	[g] oclusivo	velar
		[ɣ] fricativo	velar
j, g	/x/	[x]	velar
ll, hi + vocal, y (consonántica)	/j/	[j], [ž], [ǰ]	(varios)
hu + vocal, w	/w/	[w], [ɣu̯], [gu̯]	labiovelar

(El grafema "x" = /ks/ o sea **dos** fonemas, /k/ + /s/, cuando está entre vocales.)

Los 2 fonemas deslizádicos (en diptongos o triptongos)

i, y	/i̯/	[i̯]	palatal
u, ü	/u̯/	[u̯]	velar bilabializado

Los 5 fonemas vocálicos

i, í, y	/i/	[i]	alta anterior
e, é	/e/	[e]	media anterior
a, á	/a/	[a]	baja central
o, ó	/o/	[o]	media posterior
u, ú	/u/	[u]	alta posterior

Ejercicio **5.1**

A. Conteste las siguientes preguntas.

1. ¿Cuántos fonemas *consonánticos* tienen sólo un alófono? ¿Cuáles son?

10: p, f, t, ʎ, č, ɲ, k, x, ɣ, r̄

2. ¿Cuáles son los fonemas *consonánticos* que tienen más de un alófono?

/b/ /m/ /d/ /n/ /s/ /g/ /j/

3. ¿Cuántos fonemas *deslizádicos* y *vocálicos* tienen un solo alófono? ¿Cuáles son?

deslizádicos: 2   /i̯/ /u̯/

vocálicos: 5 /i/ /e/ /a/ /o/ /u/

4. ¿Cuáles son los fonemas *deslizádicos* y *vocálicos* que tienen más de un alófono?

Ninguno

5. ¿Cuáles son los fonemas que tienen más de dos alófonos? ¿Cuántos alófonos tiene cada uno?

El fonema /n/ tiene siete alófonos. y /j/ /w/

B. Lea en voz alta las siguientes transcripciones fonémicas. Luego escríbalas, empleando la ortografía normativa.

MODELO: /xu̯án-se-fu̯é-de-la-ká-sa-ko-r̄i̯én-do/ /i-je-gó-tár-de-al-tra-bá-xo/
Juan se fue de la casa corriendo y llegó tarde al trabajo.

1. /a-lí-si̯a-kí-so-es-tu-di̯ár-xe-o-me-trí-a-pe-ro-nó-a-bí-a-klá-ses/

Alicia quiso estudiar geometría pero no había clases.

2. /e-les-pa-ɲól-ti̯é-ne-di̯e-si̯ó-čo-fo-né-mas-kon-so-nán-ti-kos/

El español tiene dieciocho fonemas consonánticos.

3. /r̄a-món-tra-ba-xá-ba-en-la-kom-pa-ɲí-a-fe-r̄o-bi̯á-ri̯a-pu̯er-to-r̄i-ké-ɲa/

Ramón trabajaba en la compañía ~~ferro~~ puertorriqueña.

ferroviaria - railroad.

4. /mer-sé-des-nó-en-ti̯én-de-por-ké-le-ki-tá-ro-nel-per-mí-so-de-kon-du-sír/

Mercedes no entiende porque le quitaron el permiso de conducir.

5. /en-r̄í-ke-ki̯é-re-ún-bá-so-de-á-gu̯a-ko-nú-nas-go-tí-tas-de-xa-rá-be/

Enrique quiere un vaso de agua con unas gotitas de jarabe.

6. /kan-se-lá-ron-la-fun-si̯ón-de-las-sín-ko-por-ke-fa-je-si̯ó-la-ar-tís-ta-prin-si-pál/ *main artist died*

Cancelaron la funsión de las cinco porque fajesió la artista principal.

7. /ó-čo-ča-bá-los-to-má-ron-la-pru̯é-ba-de-kí-mi-ka/ /pe-ro-só-lo-séi̯s-la-a-pro-bá-ron/ *(guys)*

Ocho chavalos tomaron la prueba de química pero sólo seis la a probaron.

8. /kon-kién-bói̯-a-bi̯a-xá-ra-be-ne-su̯é-la-el-bei̯n-ti-dós-de-a-gós-to/

¿con quien voy a viajar a venezuela el veintidos de agosto?

9. /a-bí-a-tán-ta-xén-te-e-nel-pá-ti̯o/ /ke-nó-de-xá-ro-nen-trá-ra-ná-di̯e-más/

Había tanta gente en el patio que no dejaron entrar a nadie más.

10. /xor-xe-xú-li̯o-me-pi-di̯ó-ke-le-tra-xé-ra-ún-dúl-se-fran-sé-si-ú-na-tá-sa-de-ka-fé/

Jorge Julio me pidió que le trajera un dulce francés y una tasa de café.

C. Escriba las siguientes oraciones en transcripción fonémica.

MODELO: Anastasia ya no tiene tiempo para el resto de la familia.
/a-nas-tá-si̯a-já-nó-ti̯e-ne-ti̯em-po-pa-ra-el-r̄és-to-de-la-fa-mí-li̯a/

1. Mi mamá me mima mucho en Medellín los miércoles en la mañana.

/mi-ma-má-me-mi-ma-mu-čo-en-me-de-jín-los-mi̯ér-ko-le-sen-la-ma-ɲá-na/

2. Tacho tiene un millón de problemas con su clase de antropología.

/Tá-čo-ti̯é-ne-ún-mi-jón-de-pro-blé-mas-kon-su-klá-se-de-an-tro-po-lo-xí-a/

3. Todos los chicos de la villa trataron de conseguir boletos para la función.

/Tó-dos-los-či-kos-de-la-bí-ja-tra-tá-ron-de-kon-se-gír-bo-lé-tos-pa-ra-la-fun-si̯ón/

4. Estoy tan fastidiado que ya no aguanto más y me voy a pegar un tiro.

/Es-toi̯-tan-fas-ti-di̯a-do-ke-já-noa̯-guan-to-ma-si-me-voi̯̯a-pe-ɣa-run-ti-ró/

5. Miguel y Patricia van de vacaciones al lindo pueblo de Humacao.

/mi-ɣé-li-pa-trí-si̯a-bán-de-ba-ka-si̯o-ne-sal-lin-do-pu̯e-blo-deu̯-ma-ka-o/

6. Pepina ha de tenerme envidia porque siempre me mira de soslayo.

/pe-pí-na-a-de-te-nér-me-en-bí-di̯a-por-ke-si̯ém-pre-me-mí-ra-de-sos-la-ʝo/

7. Esa niña, que padecía de verborrea, sólo se calló la boca cuando se cayó de la silla sin querer.

/é-sa-

8. Yo quisiera saber cuál de los dos le gusta más a Chayo.

9. Magdalena no puede hacer nada por la pobre ancianita que se está muriendo de leucemia en el hospital.

Mag-da-le-na-no- pue-de-a-ser-na-da-por-la-pobre-an-cia-ni-ta -ke-se-est ta-mu-rien-do-de-leu-ski-mia-en-el-os-pi-tal.

10. Yolanda Ollague se casó con Julián Jiménez en una ceremonia religiosa en la parroquia de San Ángel.

11. Rubén siempre llega de la casa de Isela Enríquez a eso de las diez de la mañana.

12. Quique se ha quitado la chaqueta porque hace mucho calor afuera.

13. Si tuviéramos miles y miles de marcos alemanes, nos iríamos a vivar al oeste de Francia.

14. Carlos Jáuregui ha bajado tanto de peso que está en los puros huesos.

15. Ese maestro constantemente está metido en algún tipo de lío innecesario.

D. Dé el fonema al que corresponde cada uno de los siguientes alófonos.

1. [b] y [β]: /b/

2. [p]: /p/

3. [f]: /f/

4. [m] y [ɱ]: m / n

5. [s] y [z]: /s/ t, c

6. [t]: /t/

7. [d] y [ð]: /d/

8. [n̪], [n], [ń], [ɲ] y [ŋ]: /n/

9. [l]: /l/

10. [r]: /r/

11. [j], [y̆] y [ž]: /y/

12. [č]: /č/

13. [k]: /k/

14. [g] y [γ]: /g/

15. [r̄]: /r̄/

16. [x]: /x/

PROCESOS FONOLÓGICOS: LOS FONEMAS Y LA DISTRIBUCIÓN DE SUS ALÓFONOS

"Del agua mansa me libre Dios, que de la bronca me libro yo." (refrán)

Ahora nos toca describir los procesos fonológicos del español normativo, es decir, los cambios de pronunciación que producen los diferentes alófonos de un fonema y por qué. Esta tarea es mucho más fácil de lo que parece ser, puesto que la mayor parte de los fonemas consonánticos (diez en total) tienen un solo alófono.

FONEMA	ALÓFONO
/p/	[p]
/f/	[f]
[t]	[t]
/l/	[l]
/r/	[r]
/r̄/	[r̄]
/č/	[č]
/ɲ/	[ɲ]
/k/	[k]
/x/	[x]

Esto deja sólo ocho fonemas que tienen dos o más alófonos según las circunstancias.

GRUPO 1:	ALTERNANCIA OCLUSIVA/FRICATIVA	Los procesos fonológicos se pueden clasificar en cuatro grupos.
/b/	[b] oclusiva	
	[β] fricativa	
/g/	[g] oclusiva	
	[ɣ] fricativa	
/d/	[d] oclusiva	
	[ð] fricativa	
GRUPO 2:	ASIMILACIÓN NASAL[2]	
/m/		
	[m ɱ n̪ n ń ɲ ŋ]	
/n/		
GRUPO 3:	ASIMILACIÓN/SONORIZACIÓN	
/s/	[z] sonora	
	[s] sorda	
	VARIACIÓN GEOLECTAL	
GRUPO 4:	O PARCIALMENTE LIBRE	
/j/	[j ž ǰ]	
/w/	[w ɣw gw]	

Cada uno de estos cuatro grupos se examinará según las características que manifiestan sus respectivos procesos fonológicos.

GRUPO 1: ALTERNANCIA OCLUSIVA/FRICATIVA

> *"Desnudo nací, desnudo me hallo, ni pierdo ni gano."* (refrán)

---

[2]Véase la nota 2 en el apéndice al final de este capítulo.

La alternancia caracteriza al primer grupo, en el que a cada uno de los tres fonemas le corresponden exactamente dos alófonos. Uno es oclusivo y el otro fricativo; se alternan los dos alófonos. (La **alternancia** se da cuando X entidades emparentadas se presentan en distintos entornos.)

En términos generales, los alófonos *oclusivos* se dan en entornos de mayor tensión articulatoria, por ejemplo cuando principian una frase. También se dan detrás de segmentos nasales (y, en el caso de [d], detrás de /l/). Los alófonos *fricativos* se encuentran en todos los demás entornos:

- entre vocales (V ___ V [así se representa este entorno en la lingüística])
- en posición final de palabra
- detrás de cualquier consonante que no sea /m n/ (o /l/ si se trata de /d/)

La distribución entre el alófono oclusivo y el fricativo es siempre complementaria. La *distribución complementaria* quiere decir esto: que en los entornos en los que el oclusivo se da, el fricativo *no* se da, y viceversa. El concepto de la distribución complementaria, que se presentó por primera vez en el Capítulo 2 (página 19), puede expresarse mediante el esquema siguiente.

La alternancia entre oclusivos y fricativos presenta una distribución complementaria.

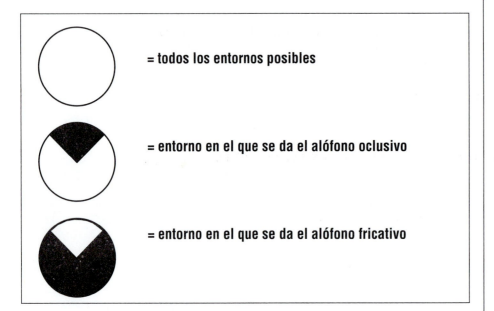

El último entorno también puede describirse con la frase **en cualquier otro entorno,** es decir, en cualquier entorno que no sea el anterior (o los anteriores). Es lo que queda de la tarta después de que se sirve una porción.

Todo esto puede expresarse mediante la siguiente fórmula, o sea, regla fonológica en la que el símbolo " ‖ " representa una pausa.

behind *period or comma.*

$$/b/ \rightarrow [b] \ / \ \left\{ \begin{array}{l} \| \\ /n/ \\ /m/ \end{array} \right\} \ \underline{}$$

$\rightarrow [\beta]$ / en cualquier otro entorno

Se puede leer esta fórmula así: el fonema /b/ se realiza concretamente como su alófono [b] oclusivo detrás de una pausa (‖) o detrás de cualquier consonante nasal (/n/, /m/). Otra manera de expresar la fórmula es ésta: /b/ → [β] **excepto** detrás de una pausa o detrás de cualquier consonante nasal.

A continuación se presentan por separado cada uno de los cuatro entornos del fonema /b/: (1) detrás de ‖ (pausa), (2) detrás de /n/, (3) detrás de /m/ y (4) en cualquier otro entorno.

1. /b/ → [b] / ‖ ____

> *"Barriga llena, corazón contento."* (refrán)

Vamos a la tienda.
/bá-mo-sa-la-ti̯én-da/ →
[bá-mo-sa-la-ti̯én̪-da]

El fonema /b/ está detrás de una pausa (‖), o sea al principio de una frase/un grupo respiratorio. Los **grupos respiratorios** siempre comienzan detrás de una pausa; cualquier pausa siempre inicia un grupo respiratorio nuevo. Muchas veces, la pausa se señala con un signo de puntuación como la coma, el punto y coma, el punto, los dos puntos, etcétera.

2. /b/ → [b] / /n/ ____

> *"Quien bien quiere a Beltrán, bien quiere a su can."* (refrán)

Me tienen envidia en vez de aprecio.
/me-ti̯é-ne-nen-bí-di̯a-en-bés-de-a-pré-si̯o/ →
[me-ti̯é-ne-nem-bí-ði̯a-em-béz-ðe-a-pré-si̯o]

El fonema /b/ viene detrás del fonema /n/.

3. /b/ → [b] / /m/ ____

> *"Lo mío, mío y lo tuyo de entrambos."* (refrán)

Éste es el memorándum viejo.
/és-te-é-sel-me-mo-rán-dum-bi̯é-xo/ →
[és-te-é-sel-me-mo-rán̪-dum-bi̯é-xo]

El fonema /b/ viene detrás del fonema /m/.

4. /b/ → [β] / en cualquier otro entorno

> *"¿Adónde va Vicente? Adonde va la gente."* (refrán)

 Un joven del Brasil brincaba en la bañera del club.
/un-xó-ben-del-bra-síl-brin-ká-ba-en-la-ba-ɲé-ra-del-klúb/ →
[un-xó-βeṇ-del-βra-síl-βriŋ-ká-βa-en-la-βa-ɲé-ra-ðel-klúβ]

Todas las manifestaciones del fonema /b/ se encuentran "en cualquier otro
entorno" que no es el de los descritos anteriormente.

 El siguiente par de oraciones comprueba lo ya aprendido: que determinada
palabra tiene **un** alófono al encontrarse en un entorno, y **otro** alófono al encontrarse en otro entorno.

  Bárbara viene mañana.
[bár-βa-ra-βi̯é-ne-ma-ɲá-na]   *fricativa*

Viene Bárbara mañana.
[bi̯é-ne-βár-βa-ra-ma-ɲá-na]

La regla fonológica perteneciente a /g/ es idéntica a la de /b/ en todos sus detalles.

$$/g/ → [g] / \begin{Bmatrix} \| \\ /n/ \\ /m/ \end{Bmatrix} \text{behind} \underline{\quad}$$

→ [ɣ] / en cualquier otro entorno

> *"En casa de Gonzalo, más puede la gallina que el gallo."* (refrán)

 Gustavo me dijo: "Tengo un garaje fangoso."
/gus-tá-bo-me-dí-xo/ /tén-go-ún-ga-rá-xe-fan-gó-so/
[gus-tá-βo-me-ðí-xo] [téŋ-go-úŋ-ga-rá-xe-faŋ-gó-so]

El gordo goloso agarró otra galleta global.
/el-gór-do-go-ló-so-a-ga-r̄ó-ó-tra-ga-jé-ta-glo-bál/
[el-ɣór-ðo-ɣo-ló-so-a-ɣa-r̄ó-ó-tra-ɣa-jé-ta-ɣlo-βál]

La regla fonológica del fonema /d/ le agrega otro segmento a la lista de los que
determinan el entorno de los oclusivos —el segmento /l/.

$$/d/ → [d] / \begin{Bmatrix} \| \\ /m/ \\ /n/ \\ /l/ \end{Bmatrix} \text{behind} \underline{\quad}$$

→ [ð] / en cualquier otro entorno

> *"Algún día mi gato comerá sandía."* (refrán)

La relación entre
fonema y alófonos
es idéntica para /b/
y /g/.

La relación entre el
fonema /d/ y sus
alófonos es casi
idéntica a la que hay
entre /b/ y /g/ y sus
alófonos.

Daniela anda diciendo que le darán faldas danesas que están de moda.

/da-nié-la-án-da-di-sién-do-ke-le-da-rán-fál-das-da-né-sas-ke-es-tán-de-mó-da/

[da-nié-la-án-da-ði-sién-do-ke-le-ða-rám-fál-daz-ða-né-sas-ke-es-tán-de-mó-ða]

GRUPO 2: ASIMILACIÓN NASAL

> *"Quien bien busca, algo encuentra." (refrán)*

Cuando hay **asimilación,** a un sonido determinado lo influyen las características articulatorias de un sonido vecino. Si la influencia procede de derecha a izquierda (←) se trata de una **asimilación regresiva.** Si por el contrario la asimilación pasa de izquierda a derecha (→) se trata de una **asimilación progresiva.** La asimilación de las consonantes nasales en posición final de sílaba es regresiva (←), como demuestran los ejemplos siguientes.

1. "un barco"

 /ún-bár-ko/

[úm-bár-ko]

En este ejemplo el fonema /n/ da como alófono el sonido [m], bilabial, porque el segmento [b] es bilabial. Su cualidad bilabial retrocede al segmento anterior, la /n/, haciendo que éste se convierta en bilabial también.

2. "en Finlandia"

 /en-fin-lán-dia/

[em-fin-lán-dia]

Aquí hay tres asimilaciones nasales:

/nf/ se convierte en [ɱf] (nasal labiodental)
/nl/ se convierte en [nl] (nasal alveolar)
/nd/ se convierte en [n̪d] (nasal dental)

La regla de la asimilación nasal en su totalidad es la siguiente. (Recuerde que la C mayúscula representa [cualquier] consonante, así que *C bilabial* significa cualquier consonante bilabial, es decir, /b p m/.)

/m/
/n/
{
[m] / _____ C bilabial
[ɱ] / _____ C labiodental
[n̪] / _____ C dental *Dit*
[n] / _____ C alveolar
[ń] / _____ C alveopalatal
[ɲ] / _____ C palatal
[ŋ] / _____ C velar
}

n/m

invitar
[im-bi-tar]

Los fonemas /m/, /n/ tienen un total de siete alófonos.

GRUPO 3: ASIMILACIÓN/SONORIZACIÓN

> *"Mientras menos burros más olotes." (refrán)*

El fonema /s/, consonante sibilante, se realiza como [z] (alveolar fricativo *sonoro*) al
encontrarse delante de cualquier consonante sonora. Este proceso fonológico es otra
manifestación de *asimilación regresiva:* produce **sonorización,** es decir, el paso de
una consonante de sorda a sonora.

desde	rasgo
/dés-de/	/r̄ás-go/
[déz-ðe]	[r̄áz-ɣo]

[nota manuscrita: s/z — S followed by voiced consonant turns to z.]

La regla fonológica es la siguiente.

/s/ → [z] / _____ C sonora

(Así se entiende esta regla: El fonema /s/ se realiza como [z] cuando se encuentra
delante de cualquier consonante sonora.)

La sibilante /s/ se realiza como [z] cuando la sigue una consonante sonora.

GRUPO 4: EL FONEMA /j/ Y EL FONEMA /w/

> *"A boda ni bautizo vayas sin ser llamado." (refrán)*

El comportamiento del fonema /j/ (el llamado *yod*) varía según el geolecto (es decir,
según la región). En este texto hemos optado por declarar "normativo" el comportamiento de /j/ que caracteriza a los geolectos mexicanos y centroamericanos, pero
también mencionaremos brevemente las variantes de /j/ en los demás geolectos. (Para
más datos sobre estas variantes, véase las páginas 208–209 del Capítulo 8.)

1. Lo normativo (geolectos mexicanos y centroamericanos)

/j/ → [j] en cualquier entorno. (El alófono [j] es un aproximante palatal sonoro,
muy parecido a la deslizada [i̯] en cuanto a su manera de articularse y el
efecto acústico que produce.)

Urge recordar que el fonema /j/ representa el dígrafo "ll" en cualquier entorno
(*llama, calle*), el grafema "y" cuando es consonántico (*yunque, cónyuge, cuyo,
leyes, reyes,* pero nunca la "y" deslizádica de *ley, rey* ni la conjunción "y") y la "i"
de las combinaciones "hie", "hié", "hia", "hiá", "hio" y "hió" (*hierro, hiel, hiato,
hioides*).

Siguen varios ejemplos de cómo transcribir este segmento.

El alófono normativo de /j/ es [j], aproximante palatal.

A boda ni bautizo vayas sin ser llamado.
/a-bó-da-ni-bau̯-tí-so-bá-jas-sin-sér-ja-má-do/
[a-βó-ða-ni-βau̯-tí-so-βá-jas-sin-sér-ja-má-ðo]

Crece mucha hierba allá en la Calle Ayala.
/kré-se-mú-ča-jér-ba-a-já-en-la-ká-je-a-já-la/
[kré-se-mú-ča-jér-βa-a-já-en-la-ká-je-a-já-la]

2. Los geolectos andaluces, argentinos, chilenos y uruguayos

/j/ → ([ǰ] (africado alveopalatal sonoro) en entorno inicial de palabra, tras
      pausa, tras nasal y tras /l/
→ ([ž] (fricativo alveopalatal sonoro) en cualquier otro entorno

3. Otros geolectos

/j/ → [ɟ] (oclusivo palatal sonoro) en entorno inicial de palabra, tras pausa,
      tras nasal y tras /l/
→ [ʝ] (fricativo palatal sonoro) en cualquier otro entorno

> *"Tanto peca el que roba la huerta como el que se queda en la puerta."* (refrán)

El fonema /w/ (el llamado *wau*) tiene un alófono normativo más dos alófonos complementarios.

/w/ → [w] en cualquier entorno dondequiera (éste es el alófono normativo)
     [gu̯] labiovelar reforzado oclusivo (tras pausa o nasal)
     [ɣu̯] labiovelar reforzado fricativo (en cualquier otro entorno)

La [w] labiovelar normativo se articula así: se aproxima el dorso de la lengua al velo del paladar, sin tocarlo, a la vez que se redondean los labios como si se pronunciara la vocal [u]. De los tres alófonos de /w/, el normativo es el primero, [w], aunque es marcada la prevalencia de [ɣu̯], sobre todo si la manera de hablar es lenta. Examinemos la oración siguiente, primero en su versión ortográfica, después en transcripción fonémica y luego en transcripción alofónica usando el alófono normativo.

Huereque el huésped dice que tiene un hueso huero con hueco.
/we-ré-ke-el-wés-ped-dí-se-ke-tié̯-ne-ún-wé-so-wé-ro-kon-wé-ko/
[we-ré-ke-el-wés-peð-ðí-se-ke-tié̯-ne-úŋ-wé-so-wé-ro-koŋ-wé-ko]

El que emplea la variante [ɣu̯] la pronunciaría así: *los huesos* [loz-ɣu̯é-sos], *los huevos* [loz-ɣu̯é-βos]. Lo que vale para el fonema /g/ vale también para el fonema /w/: si la variante [gu̯]/[ɣu̯] se escoge, el alófono [gu̯] es el que se emplea tras pausa o nasal, y el alófono [ɣu̯] el que se usa en cualquier otro entorno. Examinemos una transcripción alofónica de la muestra de "Huereque" en boca de una persona que utiliza [gu̯] y [ɣu̯]:

[gu̯e-ré-ke-el-ɣu̯és-peð-ðí-se-ke-tié̯-ne-úŋ-gu̯é-so-ɣu̯é-ro-koŋ-gu̯é-ko]

¿Cuál grafema representa mayormente el fonema /w/? El grafema "w" se limita a unas 80 palabras de origen extranjero y de baja frecuencia de uso (por ejemplo, *wagneriano, wagon-lit, watercloset, wélter, wínchester*) o a gentilicios o topónimos también de origen extranjero (*Wáshington, Worms, Würtemburgo*, etcétera). Hoy en día, muchas "w" se pronuncian como si se escribieran con "v" (es decir, como /b/ → [b], [β]); por ejemplo: *wolframio* /bol-frá-mi̯o/. La /w/ también es representada por la combinación "hu" + vocal, que en la práctica tiene un uso que se limita a las 10 palabras *hueco, huelga, huella, huérfano, huero, huerta, huerto, hueso, huésped* y *huevo* más sus derivados (*ahuecar, deshuesar, enhuertado*, etcétera) y a varias de las formas conjugadas de verbos como *oler* (*huelo, hueles*, etcétera).

CÓMO HACER UNA TRANSCRIPCIÓN

Cualquier transcripción *fonémica* (con fonemas) que Ud. hace puede basarse en la Figura 5.1, "Los 25 fonemas", que se encuentra en las páginas 89–90. Esta misma figura también le es útil al que hace una transcripción *fonética,* ya que la figura no sólo empareja grafemas con fonemas, sino que también relaciona cada fonema con su(s) alófono(s) correspondiente(s). Además, al hacer su transcripción, Ud. puede repasar lo aprendido en el Capítulo 1 sobre la relación entre grafemas y fonemas.

Si no sabe cuál símbolo *fonémico* usar en su transcripción, mire primero la columna de los grafemas, que queda a la extrema izquierda de la Figura 5.1. Cada grafema está relacionado con un fonema, que se encuentra en la segunda de las cuatro columnas, la de los fonemas mismos.

Como ejemplo de cómo proceder, considere la palabra *Victoria.* Primero que nada se hace la división silábica (Vic-to-ria) y se subraya la sílaba tónica (Vic-to-ria). En seguida se busca el grafema "v" en la sección "Los 18 fonemas consonánticos", de la Figura 5.1. Resulta que la "v" se encuentra conjuntamente con la "b" como grafemas que representan un solo fonema: /b/. El fonema a usarse para la representación del grafema "v", pues, es el /b/. Luego viene el grafema "i", que se encuentra en la sección "Los 5 fonemas vocálicos". Como la "i" es fonema vocálico en esta sílaba (es decir, no es fonema deslizádico, ya que no lo sigue ni lo antecede en la misma sílaba ninguna otra vocal), se escoge el símbolo /i/. Luego viene el grafema "c", que como se pronuncia [k] y no [s] en este entorno, corresponde al fonema /k/ y no al fonema /s/. En seguida aparece "t", que sólo puede corresponder a /t/. (Recuerde la Figura 1.1 [página 2] que presenta la secuencia "a,ch,d,e,f,l,o,p,t" de los nueve grafemas/dígrafos que gozan de una correspondencia perfecta, o sea, recíproca, con sus respectivos fonemas y viceversa.) Ahora viene la "o", que por la misma razón corresponde al fonema /o/ y no a ningún otro. Como también aprendió Ud. en el Capítulo 1, el grafema "r" sólo rinde /r̄/ (= [r̄], vibrante múltiple) en cuatro entornos —inicial de palabra y detrás de la "l", de la "n" o de la "s"— así que la "r" de "Victoria" corresponde al fonema /r/ (= [r], vibrante sencillo]) y no a la /r̄/. Ahora se presenta otra "i", pero como esta "i" va seguida de una vocal diferente en la misma sílaba, es deslizada /i̯/ y no vocal plena. Y la "a" que finaliza la palabra es /a/ por la regla de "a,ch,d,e,f,l,o,p,t". De modo que ya tiene la transcripción fonémica completa: /bik-tó-ri̯a/.

La transcripción puramente fonética, o sea, alofónica (con **alófonos**) puede basarse en la Figura 5.1 (páginas 89–90). Aquí se presentan dos palabras como ejemplos de cómo proceder: *Victoria* /bik-tó-ria/ y *entendió* /en-ten-dió/. El fonema /b/ de *Victoria* será [b] o [β] según el entorno en el que se encuentre en la frase: [b] si la frase fuera algo así como *Victoria empezó a bajar de peso,* [β] si fuera *Es Victoria quien empezó a bajar de peso* o cosa semejante. El fonema /i/ tiene un solo alófono que es [i], y lo mismo puede decirse de /k/, /t/, /o/, /r/, /i̯/ y /a/. La transcripción alofónica de /bik-tó-ria/, pues, es [bik-tó-ria] o [βik-tó-ria], según el entorno. La palabra /en-ten-dió/ tiene tres segmentos problemáticos: los dos fonemas /n/ y el fonema /d/. (Son problemáticos porque a cada uno de estos fonemas le corresponde más de un solo alófono, como se ve en la Figura 5.1) Repasando la parte de la sección "Grupo 1: Alternancia oclusiva/fricativa" que trata el fonema /d/ (página 98), se recuerda que la /d/ tiene dos alófonos: el oclusivo [d] que se produce en el entorno "después de pausa" (es decir, inicial de oración o de cualquier grupo respiratorio), tras nasal ("n", "m") o tras lateral ("l"). Como la /d/ de /en-ten-dió/ se halla detrás de una nasal, el alófono de /d/ es el [d] oclusivo. En cuanto a las dos /n/ de /en-ten-dió/, cada una se encuentra delante de una consonante dental ([t] y [d], respectivamente), así que cada una rendirá el mismo alófono: el [n̪] dental, producto de una asimilación regresiva. La transcripción fonética, o sea, alofónica, de /en-ten-dió/, pues, es: [en̪-ten̪-dió].

Ejercicio 5.2

A. Explique con palabras las siguientes fórmulas.

1. /d/ → [d] /

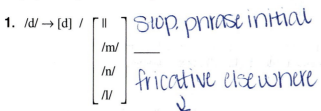

stop, phrase initial

|| = y

fricative elsewhere

→ [ð] / en cualquier otro entorno

2. /b/ → [b] /
$$\begin{bmatrix} || \\ /m/ \\ /n/ \end{bmatrix} \_\_\_\_$$

→ [β] / en cualquier otro entorno

3. /n/ → [m] /_____ C bilabial
[ɱ] /_____ C labiodental
[n̪] /_____ C dental
[n] /_____ C alveolar
[ń] /_____ C alveopalatal
[ɲ] /_____ C palatal
[ŋ] /_____ C velar

assimilate point of articulation of subsequent consonant.

¡assimilación regresiva!

m @ end of word is pronounced w/ n

PanAm = PanAn.

B. Transcriba (1) con fonemas y luego (2) con alófonos las siguientes frases y oraciones. Luego pronuncie en voz alta todo lo que acaba de transcribir.

1. tengo diez dardos

[ten-go-ðieȥ-ðar-ðos]

2. eran pobres y desamparados

[e-ram-po-βre-si-des-am-pa-rad-os]

3. recogiste mucha basura

[r̃e-ko-xís-te-mú-ȶa-βá-su-ra]

4. enfatizar lo bueno

[em-fa-ti-sar-lo-bue-no]

5. son ñoños todos

[soɲ-ɲo-ɲos-to-ðos]

6. envilecer dando voces

[em-bi-le-ser-ðan-ðo-βo-ses]

7. condescendientes e ignorantes

[kon-ðes-sen-ðien-te-seɣ-no-ran-tes]

8. un garaje bien colocado

[uŋ-ga-ra-xe-βien-ko-lo-ká-ðo]

9. varios barrios hundidos en la pobreza

[ba-r̃ios-βa-r̃io-sun-di-ðo-sen-la-po-βre-sa]

10. para absorberlos

[pa-raβ-sor-βer-los]

11. un chico padrísimo

[un-ǰi-ko-pa-ðrí-si-mo]

12. No entendiste nada.

[no-eṇ-ten̯-dís-te-na-ða]

Pg. 52 for accents!

13. Aquel infeliz habla con mucha precaución.

[A-kel-im-fe-li-sa-bla-kon-mu-ča-pre-ka-sιon]

14. Insistiremos repetidamente que así no puede ser.

[in-sis-ti-re-mos-re-pe-ti-ða-meṇ-te-ke-a-sí-no-pμe-ðe-ser]

15. En vano van a viajar a Veracruz el viernes.

[em-ba-no-ba-na-bιa-ja-ra-be-ra-krusel-bιer-nes]

16. Mi abuela fumaba muchos puros todos los días.

[mιa-βμe-la-fu-ma-ba-mu-čos-pu-ros-to-ðos-los-dιas]

17. Yo en seguida llamé a Yáñez después de encontrarlo en la calle.

[jo-en-se-gui-ða-ja-mé-a-ja-ɲez-des-pμes-de-eɲcoṇ-trar-lo-en-la-ka-ɟe]

18. Seguro que mañana ellos tendrán una clasecilla facilísima.

[se-ɣu-ro-ke-ma-ɲa-na-eɟos-ten-dra nu-na-kla-se-si-ja fa-si-lí-si-ma]

19. Armando y Ricardo me regalaron dos libros nuevos.

[Ar-man-do-i-ri-kar-ðo-me-r̄e-ɣa-la-ron-dos-li-βros-nμe-βos]

20. Isabel Magallanes le pegó a una chava bonita y brava.

C. Transcriba (1) con representación fonémica y luego (2) con representación fonética las siguientes oraciones.

1. Esos dos idiotas siguieron el sendero para su aldea.

[é-sσt-ðo-si-ðιo-tas-si-ɣιe-ro-nei-seṇ-dé-ro-pá-ra-sμal-dé-a]

2. Nos saludó amarga y renegadamente cuando nos vio.

3. En una boda triste y lúgubre, Juan Jorge y Julieta se han casado en Bilbao.

4. Siempre les llevo un galgo nuevo cuando voy de visita los domingos.

5. Manuel es más gordo que Gregorio, pero no es tan fofo como Fidel.

6. Algunas veces estando ebrio, me he caído de los balcones obscuros.

7. Mi bisabuelo fue un general en el ejército finlandés el siglo pasado.

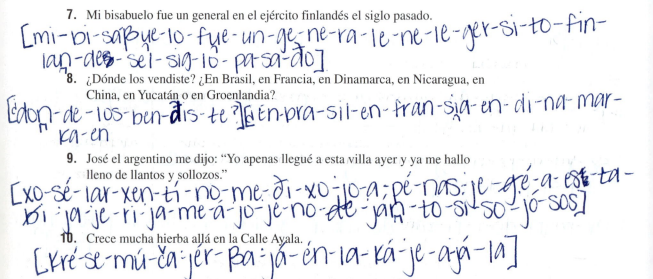

[mi-bi-saβye-lo-fye-un-ge-ne-ra-le-ne-le-jer-si-to-fin-lan-deṣ-sel-sig-lo-pa-sa-ðo]

8. ¿Dónde los vendiste? ¿En Brasil, en Francia, en Dinamarca, en Nicaragua, en China, en Yucatán o en Groenlandia?

[don-de-los-ben-dis-te?][en-pra-sil-en-fran-sĩa-en-di-na-mar-ka-en

9. José el argentino me dijo: "Yo apenas llegué a esta villa ayer y ya me hallo lleno de llantos y sollozos."

[xo-sé-lar-xen-tí-no-me-ði-xo-jo-a-pé-nas-je-gé-a-es-ta-βi-ja-je-ri-ja-me-á-jo-je-no-de-jan-to-si-so-jó-sos]

10. Crece mucha hierba allá en la Calle Ayala.

[kré-se-mú-ča-jér-βa-já-én-la-ká-je-a-já-la]

11. Al llegar Yáñez llovía tanto que nunca hallaron al yugoslavo cuya hierbabuena querían comprar.

[al-je-gar-ja-ñes-jo-vḭa-tan-to-ke-nuŋ-ka-ja-ro-nal-ju-gos-la-βo-ku-ja-jer-βa-βwe-na-ke-ri-aŋ-kom-prar]

12. El perro huero deshuesaba un hueso en la jaula del sabueso huérfano que pertenecía al boxeador wélter.

[el-pe-ro-we-roðes-we-sa-βaṵn-we-so-en-la-xaṵ-la-ðel-saβ-we-so-wer-fa-no-ké-per-te-ne-sí-al-bok-se-a-ðor-wel-ter]

LAS DESLIZADAS /i̯/ Y /u̯/: VARIOS COMENTARIOS

> *"Cuando llueve y hace sol, muere un diablo y nacen dos."* (refrán)

Como ya se sabe, la *deslizada* no es ni vocal ni consonante. Toda deslizada siempre forma parte de un diptongo o de un triptongo. La deslizada no puede constituir de por sí el núcleo de la sílaba, pero siempre pertenece al núcleo de la sílaba, acompañando a la vocal plena en una de estas 14 combinaciones diptongales.

ie ei o (en entorno final de palabra) *ey*
ia ai o (en entorno final de palabra) *ay*
io oi o (en entorno final de palabra) *oy*
ue eu
ua au
uo ou
iu ui

Las palabras que terminan en cualquiera de los diptongos *ey, ay, oy* o *uy* pueden pluralizarse si son sustantivos y adjetivos. (Hay unas 120. Las más usadas son: *batey, buey, grey, ley, maguey, rey, convoy, cucuy*. Con la excepción de *Uruguay* y *Paraguay*, las muchas que terminan en *-ay* se usan poco: *aguaribay, curibay, ñandubay, pacay*... [estos cuatro son nombres de árboles sudamericanos].) Al pluralizarse o al pasar de nombre propio a adjetivo, sucede un fenómeno que se llama **consonantización:** la deslizada /i̯/ tiene como alófono la consonante yod ([j]). El proceso de la consonantización consiste en dos pasos.

PASO 1: /léi̯/ = [léi̯] (*la ley*, singular)
PASO 2: *[léi̯es] → [lé-jes] (*las leyes*, plural)

PASO 1: /u-ru-gu̯ái̯/ = [u-ru-ɣu̯ái̯]
PASO 2: *[u̯uru̯ɣu̯ai̯o] → [u-ru-ɣu̯á-jo]

[handwritten: plural: i = j]

En el paso 1, la /i̯/ (la /u̯/) es forzosamente deslizada porque se encuentra en posición final de núcleo silábico y en combinación monosilábica en diptongo decreciente. En el paso 2, sin embargo, el mismo segmento acaba por hallarse en posición inicial de sílaba debido a la imposibilidad de que un triptongo mal formado —***eie, *aio,** etcétera— constituya una sola sílaba. (El triptongo bien formado empieza siempre con una deslizada y termina en otra. Por eso, en las combinaciones ***eie, *aio,** etcétera, la /i̯/ se convierte en una [j] consonántica mediante el proceso de la consonantización.)

Lo anterior no se lleva a cabo entre palabras. Es decir, la /i̯/ de final de palabra de *ley, rey, convoy, cucuy*, etcétera, *no* llega a ser consonante nunca si permanece en posición final de palabra.

 Hoy es lunes.
/ói̯-és-lú-nes/ y no **/ó-jés-lú-nes/

La **conjunción** *y* es deslizada o vocal (pero nunca consonante) cuando entran en vigor los efectos de la división en sílabas. Examínese el siguiente ejemplo.

Cuando la deslizada se hace consonante, eso se llama **consonantización.**

Juan y Alicia se van a casar.

TRANSCRIPCIÓN FONÉMICA: /xu̯á-ni̯a-lí-si̯a-se-bá-na-ka-sár/

TRANSCRIPCIÓN FONÉTICA: [xu̯á-ni̯a-lí-si̯a-se-βá-na-ka-sár]

Al encontrarse en *posición intervocálica* o *interconsonántica* la conjunción *y* es también deslizada o vocal (y nunca consonante).

Fuiste y ordenaste pan.

/fu̯ís-tei̯-or-de-nás-te-pán/

[fu̯ís-tei̯-or-ðe-nás-te-pán]

Trabajo con Pérez y Valdez.

/tra-bá-xo-kon-pé-re-si-bal-dés/

[tra-βá-xo-kom-pé-re-si-βal-dés]

Figura 5.2   Resumen de símbolos fonéticos

SÍMBOLOS CONSONÁNTICOS

Puntos de articulación

	bilabial	labiodental	interdental	dental	alveolar	alveopalatal	palatal	velar	labio-velar
Modos de articulación									
oclusivo	p b			t d				k g	
fricativo	ɸ	f	θ					x	
hendido	β		ð̪	ð			j	ɣ	w
fricativo acanalado					s ś z ź	š ž			
africado						č ǰ			
nasal	m	ɱ		ņ	n	ń	ɲ	ŋ
lateral					l		ʎ		
vibrante sencillo					r				
vibrante múltiple					r̄				

SÍMBOLOS VOCÁLICOS Y DESLIZÁDICOS

Vocales

	anteriores	centrales	posteriores
altas/cerradas	i		u
medias	e		o
bajas/abiertas		a	

Deslizadas

	anteriores	centrales	posteriores
altas/cerradas	i̯		u̯
medias			
bajas/abiertas			

Las consonantes inglesas: Fonemas y alófonos

En inglés, la pronunciación de las consonantes casi no varía de dialecto en dialecto. La misma falta de variabilidad tipifica los procesos fonológicos que son propios de las consonantes inglesas: hay muy pocos. El inglés tiene sólo tres procesos de cierto interés: (1) el que afecta a los fonemas /p/, /t/ y /k/ conjuntamente, (2) el que afecta al fonema /l/ y (3) el que afecta tanto a /t/ como a /d/. De los tres, el más interesante es el tercero. Vamos a examinar cada proceso por su lado.

1. Cada uno de los fonemas /p t k/ tiene dos pares de alófonos: el aspirado y el no aspirado. Emplearemos el fonema /p/ como ejemplificación del proceso (cuyo funcionamiento es idéntico en todos los tres fonemas). Si /p/ se encuentra inmediatamente detrás del fonema /s/, el alófono de /p/ es el no aspirado [p], por ejemplo *spot* [spɑt], *spit* [spɪt]. En cualquier otro entorno (mayormente inicial o final de palabra/sílaba), la /p/ se aspira, [pʰ], por ejemplo *pot* [pʰɑt], *pit* [pʰɪt], *drop* [dɹɑpʰ]. (Lo mismo vale para /t/ y /k/: al encontrarse inmediatamente detrás del fonema /s/, los alófonos de /t/ y /k/ son los no aspirados [t] y [k], pero en cualquier otro entorno se aspiran.)

2. El fonema /l/ tiene dos alófonos: [ɫ], el velarizado, o sea, el que se articula alzándose el dorso, bajándose la lámina y alzándose ligeramente el ápice de la lengua a fin de que ésta asuma la forma de una cuchara; y [l], el no velarizado, el que se articula alzándose la parte anterior y bajándose la parte posterior de la lengua. El alófono [ɫ] se emplea en los entornos final de sílaba y final de palabra: *full* [fʊɫ], *well* [wɛɫ]. El alófono [l] se usa en cualquier otro entorno, sobre todo en el inicial de palabra o en el seguido de consonantes con las que forma grupos indisolubles: *late* [let], *play* [pʰle].

3. Además de los alófonos [tʰ] y [t] que ya se comentaron arriba, el fonema /t/ (grafemas *t, tt*) tiene otro alófono que suele representarse en la lingüística inglesa con el símbolo [D]. La misma [D] es también alófono del fonema /d/ (grafemas *d, dd*). El sonido [D] es muy semejante a la [ɾ] alveolar vibrante sencilla sonora del español en palabras como *para, pero* y *pura*. (Véase el Capítulo 7 [páginas 141–142 y 154–160] para los usos pedagógicos de este parecido entre lenguas.) En inglés, la [D] se da detrás de una sílaba tónica y entre vocales, o entre /ɹ/ y vocal; así, por ejemplo: *dating* [dé-Dɪ̀ŋ], *pretty* [pɹɪ́-Dì], *ready* [ɹé-Dì], *bedding* [bɛ́-Dɪ̀ŋ].

Las vocales y las deslizadas inglesas

La gran variabilidad de las vocales y los diptongos ingleses ya se ha comentado (Capítulo 4, páginas 71–72). Sólo falta mencionar aquí que dicha variabilidad es mucho más un producto de factores sociales (clases) o geográficos (regiones), que de factores lingüísticos (entornos). En los Estados Unidos, por ejemplo, el que pronuncia el núcleo vocálico de *right* o *fine* como [ɹa:t], [fa:n] (el símbolo [:] indica alargamiento de vocal), revelará que es del sur, mientras que el que los pronuncia [ɹai̯t], [fai̯n] nos muestra que es del norte. Otra variante muy comentada en el inglés del mundo anglófono entero es la "r". En los geolectos *r-less*, o sea, "sin *r*", la "r" no se pronuncia en los entornos final de sílaba, final de palabra, posvocálico y preconsonántico, como por ejemplo, *parking* [pá:-kìŋ], *car* [ká:], *course* [kó:s]. En los demás entornos, la "r" de la mayoría de los geolectos de los Estados Unidos es un líquido sonante retroflejo en el que la lengua se echa hacia atrás, aproximándose a la úvula sin tocarla. Cuando se pronuncia la [ɹ] del inglés, existe cierta tendencia al redondeamiento de labios como característica colateral.

Ejercicio 5.3

A. Transcriba con fonemas las frases y oraciones siguientes. Luego transcríbalas fonéticamente (con alófonos).

1. allá en el rancho grande

[a-já-e-nel-rán-čo-γráŋ-de]

2. Mariano y Pablo tienen novias.

[ma-rįa-noį-pa-βlo-tįé-nen-nó-βįas]

3. Ellos llegaron allí en el avión de las diez.

[é-joz-je-γa-ro-na-jí-e-ne-la-βįóŋ-de-las-dįez]

4. Ya le vendieron unas hierbas medicinales.

[ja-le-βeņ-dįe-ro-nú-naz-jér-βaz-me-ði-si-ná-las]

5. Julio se interesó intensamente en el proyecto interesante.

[xu-lįo-seįn-te-re-sóįn-ten-sa-meņ-te-e-nel-pro-jek-toįn-te-re-saņ-te]

6. El típico taxi uruguayo es viejo e impresionante.

[el-tí-pi-ko-tak-sįu-ru-ɣųa-ja-ez-βįé-xo-eįm-pre-sįó-naņ-te]

7. Voy a ir a la tienda hindú del barrio italiano.

[boį-ja-ir-a-la-tįen-daįņ-du-ðel-βa-rɾįoį-ta-lįa-no]

8. Alfonso y Antonio nos hirieron a todos anteayer a las seis.

[al-fóņ-soį-An-to-nio-no-si-rįe-ro-na-to-ðo-saņ-te-a-je-ra-las-seįs]

110 • Capítulo 5

9. Todos ellos son una bola de idiotas inocentoides e infantiles.

[To-ðose-jos-so-nu-na-бo-la-ðe̞ɪ-ðɪo-ta-si-no-
sen̞-ta̞-ðe-se̞im-fán-tɪ-le̞s]

10. Te voy a enseñar una interesantísima lección de historia griega.

[te-бo̞i-a-en̞se-ɲa-ru-na̞in-te-ɾe-san̞-tɪ-si-ma-
le̞k-sɪon-de̞is-to-ria-gɾ̞e̞-ga]

11. A Chayo la eligieron reina del concurso de belleza internacional.

[a-čo-jo-la-e-li-xɪe̞-ron-ɾe̞̞ɪ-na-ðel-kon̞-kúr-so-
ðe-бe-je-sa̞ɪn̞-ter-na-sɪo-nal]

12. La vendedora de hierbabuena quiere un Cuba libre con hielo y unas pastillas de hierro.

[la-бen-de-ðo-ra-de̞i̞ бa-бw̞e-na-kɪe-reu

13. Juan Antonio es dueño de una huerta en la provincia de Huelva.

14. El huérfano suizo se declarará en huelga un buen día de éstos.

15. El huésped no dejó huella alguna en el huerto.

16. Hay un gran hueco en el camino que va de la fuente al puente.

PRONTUARIO DE TÉRMINOS NUEVOS

Antes de proceder al próximo capítulo, cuídese de haber aprendido bien el significado de todos los términos siguientes, que en este capítulo se presentaron por primera vez.

- el alófono
- la alternancia
- la asimilación
- la asimilación progresiva
- la asimilación regresiva
- la consonantización
- en cualquier otro entorno

- el fonema
- el grupo respiratorio
- la sonorización
- el valor fonémico
- la variación libre
- la variación regional

NOTAS

[1]La siguiente información sobre dos fonemas consonánticos adicionales —propios casi exclusivamente del español castellano— puede utilizarse en aquellas clases que emplean el geolecto castellano del español, o que, desde el principio optan por presentarlo al lado del geolecto que predomina en este texto, que es el hispanoamericano educado normativo de tierras altas.

El primer fonema, /θ/, tiene dos alófonos. El primero de ellos, [θ], es fricativo de modo, interdental de punto de articulación y sordo; el segundo, [ð̠], es fricativo de modo, interdental de punto de articulación y sonoro. (Nótese que el símbolo que se emplea para representar el alófono [ð̠] es el mismo —[ð̠]— que se viene empleando para representar el alófono *dental* fricativo sonoro del fonema /d/, excepto que el [ð̠] va subrayado.) El alófono [ð̠] no se usa mucho en el español, ya que hay sólo 150 palabras que lo emplean; las más comunes son *cabizbajo, juzgado, noviazgo, hallazgo, padrinazgo, compadrazgo, liderazgo, mayorazgo, juzgar, eficazmente, mordazmente, felizmente, velozmente, jazmín, diezmo, hazmerreír, llovizna, gozne, gaznate, espeluznante, durazno, rebuznar.* En la ortografía, el fonema /θ/ es representado por el grafema "c" delante de las dos vocales anteriores "e", "i" y el grafema "z" dondequiera que se encuentre. El fonema /θ/ se relaciona con sus dos alófonos de la siguiente manera: /θ/ → [ð̠] // ____ C [+ son] ("el fonema /θ/ rinde [ð̠] al encontrarse delante de cualquier consonante sonoro"); /θ/ → [θ] en cualquier otro entorno.

El segundo fonema, /ʎ/, tiene un sólo alófono, [ʎ], que es líquido lateral de modo, palatal de punto de articulación y sonoro. Todavía se usa en el español castellano, no urbano, del norte central más en algunos geolectos de la región andina en la que el español está en contacto con el quichua. En la ortografía, el dígrafo "ll" en cualquier entorno es el único representante del sonido [ʎ]. Siguen ejemplos: *llamada* /ʎa-má-da/ [ʎa-má-ða], *calle* /ká-ʎe/ [ká-ʎe], *hallaron* /a-ʎá-ron/ [a-ʎá-ron].

[2]Otra manera de explicar el proceso fonológico del Grupo 2 es por medio del concepto de la **neutralización** de los fonemas /m/ y /n/ en un solo "archifonema", /N/ (o sea, la "N" mayúscula). La neutralización se produce típicamente al encontrarse los fonemas /m/, /n/ en el entorno preconsonántico. La explicación neutralicista da por sentado que al hallarse en dicho entorno, tanto la /m/ como la /n/ primero "se convierte en" /N/ y sólo después se generan los consabidos alófonos [m ɱ n̪ n̟ ñ ɲ ŋ]. Esta explicación tiene la ventaja de simplificar la primera etapa del proceso que el presente texto prefiere (según el cual hay *dos* fonemas que generan la misma serie de alófonos), pero tiene la desventaja de obligar al usuario a pensar en un par de fonemas distintos en unos entornos y un solo archifonema en otros.

CAPÍTULO 6

LA SINALEFA. EL RITMO SILÁBICO. LA LÍNEA MELÓDICA

LA SINALEFA

> *"El dinero hace al hombre entero." (refrán)*

La sinalefa, palabra de origen griego que en dicho idioma quiere decir 'mezcla', es un fenómeno de extrema importancia para la comprensión de cómo funcionan las deslizadas y las vocales españolas. En términos generales, la **sinalefa** es la ausencia, o sea, la falta, de pausa entre vocales.[1]

Dicha pausa a su vez se ha llamada **hiato** en la lingüística clásica; de ahí que la sinalefa sea un recurso antihiático. Nunca hay hiato entre dos vocales españolas en el mismo sentido que entre dos vocales inglesas. Sin embargo, en español puede pronunciarse bien separada cada vocal de una palabra como *teatro* en la que se encuentran yuxtapuestas dos vocales monoptongales, y es esto lo que en español se entiende como hiato.

De ahí que la sinalefa se manifiesta como cualquiera de las etapas intermedias entre el hiato y la mezcla de dos vocales, ya sea por la fusión de dos vocales en una sola o por la diptongación de una de dos vocales contiguas.

---

[1]Véase la nota 1 en el apéndice al final de este capítulo.

un diptongo sin una deslizada

La sinalefa puede darse dentro de una palabra o entre dos palabras contiguas. La sinalefa se puede representar con una medialuna invertida, así: ‿, por debajo de las dos vocales afectadas. Siguen varios ejemplos de sinalefa.

LA SINALEFA

DENTRO DE UNA PALABRA	ENTRE DOS PALABRAS CONTIGUAS

realidad
[r̄e‿a-li-ðáð]

caotiquísimo
[ka‿o-ti-kí-si-mo]

gente antigua
[xén̯-te‿an̯-tí-ɣu̯a]

mata o traumatiza
[má-ta‿o-trau̯-ma-tí-sa]

En los efectos de la sinalefa influyen fuertemente los siguientes factores.

1. la velocidad con que se habla
2. el cuidado con que se pronuncian las palabras

Si el habla es lenta, la sinalefa consiste solamente en la falta de pausa entre dos vocales contiguas al articularse éstas.

Quiero que entre otro artista.
[ki̯é-ro-ke‿én̯-tre‿ó-tro‿ar-tís-ta]

En el habla moderada, la sinalefa resulta en una sola vocal larga si las dos vocales contiguas son idénticas. Otras manifestaciones de la sinalefa, sobre todo las diptongaciones, se dan con mucho menos frecuencia en un habla moderada que en un habla rápida.

Tanto la rapidez como la falta de cuidado articulatorio pueden convertir en diptongo las combinaciones vocálicas.

El poeta Pedro Enríquez se acomodó en una almohada en el teatro.

Versión normativa del habla lenta y cuidada:

[el-po‿é-ta-pé-ðro‿en-r̄í-kes-se‿a-ko-mo-ðó‿e-nú-na‿al-mo‿á-ða‿e-nel-te‿á-tro]

Versión del habla rápida y un poco descuidada:

[el-pwé-ta-pé-ðru̯en-r̄í-kes-si̯a-ko-mo-ðói̯-nú-na:l-mwá-ðai̯-nel-ti̯á-tro]

El símbolo " : " indica que se han fundido dos vocales idénticas en una sola vocal larga.

En el habla rápida y un poco descuidada, no la normativa que típicamente se le enseña a un principiante, la vocal media —e, o— es la que puede cerrarse un grado más para convertirse en las respectivas vocales [i], [u] y luego en la deslizada correspondiente. El proceso es como sigue.

1. Estado inicial (cada vocal se pronuncia por separado sin que haya hiato):

Se acomodó.

[se‿a-ko-mo-ðó]

2. Las etapas intermedias de la sinalefa (la *e* empieza a portarse como si compartiera la misma sílaba con la *a*):

*[se̯a-ko-mo-ðó]

Esta transcripción se marca con asterisco porque la unión en una sola sílaba de dos vocales no cerradas como la *e* y la *a* va en contra de las reglas de la división en sílabas. La sílaba *[sea], pues, representa sólo una etapa intermedia ficticia que sirve de transición entre el estado inicial [etapa 1] y la diptongación, que es un tipo de sinalefa [etapa 3].

*[sia-ko-mo-ðó]

Esta transcripción también es ficticia e intermedia, puesto que no puede darse una [i] vocálica en la misma sílaba con otra vocal.

3. La diptongación como producto de sinalefa:

[si̯a-ko-mo-ðó]

Aquí la [i] de *[sia-ko-mo-ðó] se ha convertido en plena deslizada, es decir, en la parte inicial de un diptongo creciente.

> La diptongación es uno de los posibles productos finales de la sinalefa.

Si dos vocales del mismo grado de altura están juntas, como por ejemplo, las dos vocales medias (*e, o*), es la átona la que suele cerrarse un grado, haciéndose deslizada en el habla rápida.

poeta	acomodó en una
[po-é-ta]	[a-ko-mo-ðó-e-nú-na]
*[poé-ta]	*[a-ko-mo-ðóe-nú-na]
*[pué-ta]	*[a-ko-mo-ðói-nú-na]
[pu̯é-ta]	[a-ko-mo-ðói̯-nú-na][2]

Si ninguna de las dos vocales contiguas del mismo grado es tónica, las dos se mantienen como vocales sin convertirse en deslizadas, excepto en un habla muy rápida, donde la sinalefa puede producir diptongación.

Pedro Enríquez
[pé-ðru̯en-r̄í-kes] (en un habla muy rápida)

Si las dos vocales contiguas son idénticas ([a-a, e-e, o-o, i-i, u-u]), el resultado puede ser una sola vocal larga en cuya transcripción se emplean los dos puntos (:) para indicar su longitud. Mientras más descuidada sea el habla, más se tiende a reducir la vocal larga (por ejemplo, [a:]) a una sola vocal normal, es decir, [a].

una almohada	le entró miedo
[ú-na:l-mo-á-ða]	[le:n̯-tró-mi̯é-ðo]
[ú-nal-mo-á-ða]/	[len̯-tró-mi̯é-ðo]
[ú-nal-mu̯á-ða]	

> La fusión de dos vocales en una sola es uno de los productos de la sinalefa.

----
[2] Véase la nota 2 en el apéndice al final de este capítulo.

vengo ocasionalmente   entendí irritado
[béŋ-go:-ka-si̯o-nál-mén̪-te]   [en̪-ten̪-dí:-r̄i-tá-ðo]
[béŋ-go-ka-si̯o-nál-mén̪-te]   [en̪-ten̪-dí-r̄i-tá-ðo]

Conviene recordar una vez más que todas estas manifestaciones de la sinalefa son, o pueden ser, *producto de un habla rápida,* no algo que se dé obligatoriamente (excepto —y con cierta frecuencia— en la música). Por eso es recomendable transcribir todas las vocales en un entorno de sinalefa como si el hablante hablara lentamente y las pronunciara de una manera cuidadosa. A continuación damos una vez más la norma que debe seguirse en la transcripción.

El poeta Pedro Enríquez se acomodó en una almohada en el teatro.
[el-po-é-ta-pé-ðro‿en-r̄í-kes-se‿a-ko-mo-ðó‿e-nú-na-al-mo-á-ða‿e-nel-te‿á-tro]

También interesa recordar lo aprendido en el Capítulo 3: la vocal alta tónica nunca forma diptongo en posición interléxica (entre palabras), ni tampoco dentro de una sola palabra.

ENTRE PALABRAS   DENTRO DE UNA PALABRA
viví en Caracas   se ríe de ella
[bi-βí‿en-ka-rá-kas]   [se-r̄í‿e-ðe-é-ja]

Ejercicio **6.1**

A. Escriba una frase que ejemplifique cada una de las siguientes transcripciones. (El símbolo " + " representa el fin de una palabra y el comienzo de otra.)

1. [e + a]   **10.** [e + o]

2. [a + e]   **11.** [o + e]

3. [í + o]   **12.** [ó + e]

4. [o + í]   **13.** [a + o]

5. [a + a]   **14.** [o + é]

6. [o + o]   **15.** [e + e]

7. [o + i]   **16.** [é + e]

8. [u + a]   **17.** [e + é]

9. [a + u]   **18.** [i + o]

B. Transcriba fonéticamente las siguientes frases u oraciones.   No se olvide de incluir medialunas para marcar la sinalefa.

1. corre agitadamente

[ko-r̄e‿a-xi-ta-a-men-te]

2. comenzaba a entender

[ko-men-sa-βa‿en-ten-der]

3. viví otra vida

[bi-βi‿o-tra-βi=a]

4. casi ideal

[ka-si‿i=de-al]

5. un taxi ordinario

[un-tak-sior-di-na-ri̯o]

6. una clase originalísima

[u-na-kla-se‿o-ri-xi-na-li-si-ma]

7. gente agresiva

[xen-te‿a-gre-si-βa]

8. Guillermo Hernández

[gi-yer-mo‿er-nan-des]

9. Guillermo Héctor

[gi-yer-mo‿ec-tor]

10. Ha matado a once hondureños.

11. La biología es una ciencia.

12. Estudié química en la preparatoria.

13. ¿Por qué no me escribe una carta a las diez?

14. Ya le hablé a mi hermano Eduardo que está en Antioquia.

15. Él ha hecho algo que me da envidia y me hace llorar a la vez.

16. Lo importante es que Elena entienda eso.

17. María Elena entró alegremente en el patio antiguo.

18. Álvaro Hinojosa y su esposa Rocío invitaron a los Ortega ayer.

19. El niño abrió un ojo y luego abrió el otro inocentemente.

20. Un indio iba camino a su aldea cuando una víbora lo atacó iracunda y feroz.

EL RITMO SILÁBICO

"Al muerto y al consorte a los tres días no hay quien los soporte." (refrán)

Lo que determina el ritmo (el compás) del español es la sílaba misma. Las sílabas españolas tienen casi la misma duración; esto quiere decir que cada sílaba española tiende a durar o prolongarse casi el mismo número de milisegundos, el cual no varía

Cada sílaba española tiene más o menos la misma duración.

mucho de una sílaba a otra. La misma duración silábica produce un ritmo de efecto parejo, uniforme y nivelado.

Como cada sílaba es de una duración más o menos igual, la duración silábica *no* ayuda mucho para determinar cuál es la sílaba tónica de un **enunciado** (cualquier sonido, palabra, frase o cláusula que tenga sentido). Este hecho hace que sea más difícil identificar la sílaba tónica en español que en una lengua como el inglés cuyo ritmo es acentual y se basa en el número de acentos tónicos que se dan a intervalos típicamente equidistantes. La relativa dificultad de identificar la sílaba tónica española y la relativa facilidad de identificar la inglesa se ha notado en la recitación en el salón de clase de estudiantes bilingües en los dos idiomas: no tienen grandes dificultades en encontrar la tónica inglesa, pero sí batallan mucho para encontrar la española, que se distingue principalmente de la átona por su **volumen** (su intensidad sonora, o sea, la fuerza del volumen). Por lo tanto, el estudiante típico necesita aprovecharse de reglas sobre la colocación del acento tónico como las que se explicaron en el Capítulo 3.

Mientras más sílabas tiene el enunciado español, más largo es el tiempo que se necesita para pronunciarlo. Servirá cualquier par de oraciones de longitud dispareja para ilustrar este efecto. Por ejemplo la oración siguiente —*Se fueron a casa*— tiene sólo seis sílabas y dura exactamente la mitad del tiempo en pronunciarse que la oración *Manuel y su hermano fueron a la tienda,* que tiene doce.

En inglés, en cambio, puesto que la duración de un enunciado depende de cuántos acentos tónicos tenga, cualquier par de enunciados como los dos siguientes será de una duración esencialmente igual: (1) "I tríed to léave éarly" frente a (2) "I tríed to léave him in the róom." La primera tiene seis sílabas y la segunda tiene ocho, pero como cada una de las dos tiene sólo tres acentos tónicos fuertes, la duración de cada una es idéntica.[3]

Son muy significativas las diferencias entre el **ritmo silábico** del español, cuyo "ritmo de cada sílaba" se ha comparado al sonido de una metralleta en cuanto al efecto acústico que produce, y el **ritmo acentual** del inglés, ritmo parecido en cuanto a su efecto acústico al galope de un caballo. Estas diferencias de ritmo tienen una gran resonancia para el estudiante no hispanohablante que quiera lograr una pronunciación más nativa en el español. (Eso se verá en el Capítulo 7, que se dedica a la aplicación práctica de todas estas secciones teóricas.)

El español tiene un **ritmo silábico**; el inglés tiene un **ritmo acentual**.

Ejercicio 6.2

A. EJERCICIO DE REPASO: Identifique la posición del acento tónico subrayándolo. Luego diga si la palabra en cuestión es aguda, llana, esdrújula o sobresdrújula.

1. prep<u>a</u>ro *llano*
2. prepar<u>ó</u> *agudo*
3. cuestione

4. cuestioné
5. vómito
6. vomito

---

[3]Véase la nota 3 en el apéndice al final de este capítulo.

7. vomitó	**14.** urgencia
8. dé	**15.** eutanasia
9. déme	**16.** ferrocarril
10. démelo	**17.** ferrocarriles
11. tráigamela *sobresdrújula*	**18.** ferrocarrilero
12. catástrofe *esdrújula*	**19.** otorrinolaringólogo
13. racionamiento	**20.** anticonstitucionalismo

B. Saque un reloj que tenga segundero o, mejor todavía, cronómetro, y mida los segundos que necesita para articular cada uno de los siguientes enunciados. Luego trate de establecer una relación entre el número de sílabas que tiene el enunciado y su duración.

1. Nada.

2. Nada hiciste.

3. No hiciste nada.

4. No hiciste nunca nada.

5. sé

6. José

7. Fue José.

8. José no fue.

9. José ya se fue.

10. José se fue ayer.

11. José se fue rápido.

12. José se fue de mal humor.

13. José se fue contentísimo.

14. José se fue contentísimo ayer.

15. José se fue contentísimo a casa.

16. José se fue contentísimo a casa ayer.

17. José se fue contentísimo a casa el jueves.

18. José se fue contentísimo a casa el miércoles.

19. José se fue contentísimo a casa el domingo pasado.

20. José se fue contentísimo a su casa el domingo antepasado.

EN CAMBIO...

El inglés es un idioma hiático. Es decir, no se aplica al inglés el concepto de la sinalefa; tampoco se aplica el concepto de que todo el grupo respiratorio tiene que conceptuarse como una sola palabra larga. Por lo tanto, el inglés es un idioma en el que —en términos generales— el final de la palabra es el final de la sílaba. El inglés también es un idioma que se organiza a base del **pie métrico,** o sea, *metric foot.* En inglés, todo enunciado —séase palabra suelta, frase, cláusula u oración— se divide en X número de pies métricos según el número de acentos tónicos principales que el enunciado tenga. (Cada pie métrico empieza con la sílaba que lleve el acento tónico principal.)

Vamos a aplicar estos principios a una oración inglesa como la siguiente: "John and Alice insisted on arriving early." En esta oración de siete palabras, las primeras seis terminan en sonido consonántico (*John, and, Alice, insisted, on, arriving*) y las últimas seis empiezan con sonido vocálico (*and, Alice, insisted, on, arriving, early*). En boca de alguien que habla el inglés con fuerte acento español, la oración se silabea así: **Joh-nan-dA-li-cein-sis-te-do-na-rri-vin-gear-ly.* La transcripción de esta oración correctamente pronunciada por un anglohablante, en cambio, revela que no sólo se separa en sílabas de una manera distinta sino que el símbolo | la divide en pies métricos, división que también señala el principio de una sílaba nueva: [ʤá:n-n̩ | æ-lÌs-n̩ | sÍs-təd-ùn-ə | ɹái-vÌŋ | ɹ-lì].

Nótese que muchas de las sílabas empiezan con vocal o con consonante que funciona como si fuera vocal, cosa inaudita en español. (En inglés las cuatro consonantes que pueden servir de núcleos silábicos son las dos líquidas —/l/, /r/— más dos de las nasales —/m/, /n/. Lo nucleosilábico se señala por medio del símbolo ˌ por debajo de la letra, así: l̩ ɹ m̩ n̩. Siguen cuatro ejemplos del fenómeno: *middle* [mÍD-l̩], *liver* [lÍv-ɹ̩], *button* [bʌ́t-n̩], *got 'em* [gáD-m̩].) Lo mismo pasa con respecto a los efectos —en inglés inexistentes— de la sinalefa en esta oración: "Is Norma already earning two extra hours of credit?" La transcripción antisinaléfica (de la pronunciación de un anglohablante nativo) no incluye medialuna alguna, pero sí incluye el símbolo ʔ que representa el golpe de glotis —cierre breve y momentáneo de la glotis que acaba bloqueando todo espiración de aire— que funciona como mecanismo hiático o sea antisinaléfico: [Ìz-nɔ́ɹ-mə ʔ ɔ́l-ɹé-Dì ʔ ɹ-nÌŋ-tú ʔ éks-tɹə ʔ á-wɹz ʔ əv-kɹé-dÌt].

LA LÍNEA MELÓDICA (LA ENTONACIÓN)

> *"Vive su vida con cronométrica regularidad."* (refrán)

> *"¿Qué tal su vida?—Lo mismo que mi bajada."* (viejo juego de palabras)

La **línea melódica** resulta de subidas y bajadas que son como las melodías musicales.

La línea melódica que se produce al hablar es como las variaciones de altura de las melodías musicales que se producen al cantar: en la escala musical hay notas altas (las de una soprano), medias (las de un tenor) y bajas (las de un bajo). Estas variaciones de altura de melodía se deben a las variaciones que se dan en la vibración de las cuerdas vocálicas. En términos generales, mientras más rápido vibran las cuerdas, más alto es el tono (la "nota"). La curva melódica que resulta de estas variaciones de altura es la **línea melódica,** es decir, la **entonación.** La entonación varía en términos relativos, no absolutos; esto se debe a la variación de tono de un hablante a otro, como por ejemplo la variación estereotipada entre la voz de una niña chiquita y la de un gordo cincuentón.

Empleamos los términos **nivel bajo** (nivel 1), **nivel medio** (nivel 2) y **nivel alto** (nivel 3) para analizar y representar la entonación española que se enseña generalmente en los salones de clase. El nivel 3 sólo se emplea en las preguntas confirmativas del tipo "sí/no" o cuando el que habla quiere enfatizar lo que enuncia, es decir, para contradecir lo antedicho, para llamar mucho la atención, para bromear, con fines sarcásticos, etcétera. Quedan pues los dos niveles restantes: el bajo (nivel 1) y el medio (nivel 2). El hecho de que en el español sólo se usen comúnmente dos niveles de entonación nos lleva a una importantísima conclusión: **en términos generales, la línea melódica del español es plana; tiene menos altibajos;** es como una vasta meseta por la que la gente camina casi sin subir o bajar.

En la transcripción de la línea melódica, los números de nivel o sea de altura musical se complementan por medio de puntos suspensivos que señalan (de izquierda a derecha) la dirección de la curva que toma la melodía.

curva ascendente (de 1 a 2):	....
curva plana (de 1 a 1 o de 2 a 2):	....
curva descendente (de 2 a 1):	....

Hay cinco líneas melódicas que son típicas del español. La primera línea melódica tiene por nombre la línea A, la segunda la B, y así sucesivamente.

Línea melódica A: Oraciones enunciativas y preguntas informativas

[handwritten note: start @ 1 - moves to 2 @ first stressed syllable.]

....

(......)   (......)

La línea melódica A es la usada en **oraciones enunciativas** y **preguntas informativas.**

Esta primera línea melódica es la que se emplea en las **oraciones enunciativas/declarativas,** es decir, cualquier oración que exprese la presentación de un hecho, de una descripción, etcétera, en un solo grupo respiratorio. La línea melódica empieza en el nivel 1 y sólo sube al 2 al llegar a la primera sílaba tónica. Si la primera sílaba del grupo respiratorio es tónica, la línea melódica empieza en el nivel 2. Una vez alcanzado, el nivel 2 se mantiene hasta llegar a la última sílaba tónica, la cual vuelve a descender hasta el nivel 1. Siguen unos ejemplos de la línea melódica A.

```
            ..................................................   2
..................                              .....           1
```
En el minucioso análisis de los detalles se perdió el agente.
```
..........................................       2
                        .....   1
```
Dime con quién andas y te diré quién eres.
```
..................................................   2
                             ....  1
```
Corren diariamente todos los hombres del pueblo vecino.
```
        ...........................   2
...........                          1
```
Se enfermó gravemente en Veracruz.

La línea melódica A también se emplea en **preguntas informativas** (de contenido), es decir, aquellas preguntas que empiezan con *¿Dónde... ?* o con cualquier palabra interrogativa /k/ tónica, es decir: *por qué, qué, quién, cómo, cuándo, cuánto/a(s), cuál(es).*

```
        ..................................................   2
.....                                        ...             1
```
¿Adónde vas a ir después de que termine esta clase tan interesante?
```
        ..................................................   2
.........                                                    1
```
¿Con cuál de los dos se casó por fin tu prima Ester que vive en Tucsón?

.... 2
1

¿Dónde estacionaste el coche de mi tío Juan?

Si se cambian a preguntas eco, estas mismas preguntas informativas tienen una línea melódica *ascendente,* que asciende al final del tono 2 al tono 3. La **pregunta eco** es cualquier pregunta que no hace sino repetir, con los cambios de forma necesarios, otra pregunta que alguien más acaba de hacer. Cuando la primera pregunta se repite como pregunta eco a fin de expresar sorpresa, coraje o asombro y hasta sarcasmo, la pregunta eco muchas veces empieza con la conjunción *que.* Sigue un ejemplo en que hablan José y Chefa.

.... 2
.... 1

CHEFA: Llueve mucho. ¿Por qué no sacas tú al perro a pasear?

..... 3
.... 2
.... 1

JOSÉ: ¿Que por qué no saco *yo* al perro a pasear?

La pregunta de José es una pregunta eco que expresa sorpresa a la vez que cierto enojo ante la petición de Chefa.

Esta línea melódica *ascendente* es idéntica a la de tipo B, que se presenta a continuación.

LÍNEAS MELÓDICAS B: PREGUNTAS CONFIRMATIVAS SÍ/NO

> *"¿Quieres que te siga el can? Dale pan."* (refrán)

..... 3
.... 2
(......) (......) 1

La línea melódica B asciende ligeramente de 2 a 3 al final de las **preguntas confirmativas sí/no,** es decir, cualquier pregunta que típicamente se contesta con un simple sí o no. (Las preguntas confirmativas sí/no no son como las preguntas informativas de contenido —véase arriba— que nunca pueden contestarse con sí o no.)

..... 3
.... 2
.... 1

¿Me estás mintiendo cuando dices que me quieres con toda tu alma?

Las líneas melódicas B son las que se usan en **preguntas confirmativas sí/no.**

```
              .......       3
...............................   2
                              1
```

¿Vas a la tienda por pan?

LÍNEAS MELÓDICAS C: PREGUNTAS CONFIRMATIVAS SÍ/NO DE ASOMBRO O DE MUCHO ÉNFASIS

```
            ......       3
.........................  2
(.....)        .......   1
```

Si la pregunta sí/no expresa gran sorpresa o es muy enfática, la línea melódica asciende hasta el tono 3 en la última sílaba tónica y en seguida puede bajar al tono 1. (Alternativamente, la pregunta confirmativa sí/no de asombro o de mucho énfasis **baja** un grado de tono en la última palabra antes de subir de tono —en la misma palabra— al mero final.) El resultado es como sigue.

```
                          .....      3
..............................................   2
                         (.....)    1
```

¿Quieres pasar tu año sabático en el Polo Norte?

```
                       ...       3
...............................................  2
                    (...)       1
```

¿Dices que mañana te vas a jubilar?

Las líneas melódicas C se usan para expresar **asombro o mucho énfasis.**

LÍNEA MELÓDICA D: MÚLTIPLES GRUPOS RESPIRATORIOS DE CLÁUSULA

> *"Antes que te cases, mira lo que haces, porque no es nudo que así deshaces." (refrán)*

```
        ........./     ........./    .........
(....)        (....)        (....)      (....)
```

Si la oración consiste en varios grupos respiratorios donde cada grupo constituye su propia **cláusula** (con su propio sujeto y predicado), la frontera entre cada grupo respiratorio se entiende como una continuación del enunciado, la cual se indica mediante una línea melódica que asciende un poco en la última sílaba del grupo. Ésta es la línea melódica de tipo D. Siguen varios ejemplos.

..../ ..../ 2
....   1
La mitad de la clase se entusiasmó un poco, la otra mitad se hizo la sorda,
....   2

....   1

y al fin de cuentas no se resolvió nada.

LÍNEA MELÓDICA E: ENUMERACIÓN MÚLTIPLE (FRASES)

> *"Me casé por las tres leyes: por el civil, por la iglesia y por lo tonto."* (refrán)

                                            3
....   2
(....)   ...., (....)   ...., (....)   ....   (....)   1

Esta línea melódica se emplea en cualquier oración donde sucesivamente se enumeran cosas, personas, ideas, temas, etcétera, casi en forma de lista. En este tipo de oración la línea melódica de cada enunciado desciende hasta que el hablante llega al penúltimo group respiratorio, en el que la línea asciende a fin de indicar que el grupo siguiente será el último. En las oraciones de este tipo el enunciado de enumeración *no* es una cláusula. (Compárese la línea melódica D donde sí lo es.)

                                            3
....   2
                          .., ..., ...   1
Quiero que me traigas café, azúcar, leche y masa para tortillas.

LÍNEA MELÓDICA F: SALUDOS Y VOCATIVOS

> *"¿En qué piensas, Lorenzo? —En lo que pienso, pienso."*

El **saludo** es la frase con la que saludamos a la gente. Muchas veces es una frase hecha o estereotipada, como por ejemplo "Buenos días", "Buenas tardes", "Buenas noches" y otras por el estilo. El **vocativo** es el nombre propio (o el título [más el nombre propio]) con el que llamamos a la gente al hablarles de cara a cara: "¡María Elena, vente para acá!", "¿No quieres, José Antonio?", "Pero maestro González, ¿qué pasó?", "Madre Teresa, ¡cuánto gusto me da!" Muchas veces se combinan un saludo y un vocativo en una sola oración: "Buenos días, señora Méndez", "Hola, Rubencito." El saludo suele ir primero y el vocativo segundo, como en los ejemplos que acabamos de ver, pero el orden alternativo es también una posibilidad: "Señora Méndez, ¡buenos días!"

La línea melódica del **saludo** es parecida a la entonación 'A' con esta excepción: el tono puede subir medio nivel más alto en el último acento tónico. Siguen unos ejemplos.

```
        {....}        3
        {....}        2
...........     ....  1
```
Buenas noches.
Buenas tardes.

La línea melódica del **vocativo** no se parece a ninguna otra entonación, ya que se mantiene del todo plana si se encuentra detrás de un saludo, mientras que sube considerablemente al hallarse como elemento único en la frase.

```
        ....                    2
...........     ...., ................... 1
```
Buenas tardes, María Elena.

```
        ...   3
        ...   2
...........   1
```
¡María Elena!

La última sílaba del vocativo suele alargarse mucho si el que lo articula está enojado, o si grita mucho para hacerse entender.

```
        ...........................   3
        ...                          2
...........                          1
```
¡María Elenaaaaaaaaaaaaaa!

Ejercicio 6.3

A. Escriba dos oraciones o preguntas originales que correspondan a cada una de las cinco líneas melódicas.

LÍNEA MELÓDICA A

1.

2.

LÍNEA MELÓDICA B

1.

2.

LÍNEA MELÓDICA C

1.

2.

LÍNEA MELÓDICA D

1.

2.

LÍNEA MELÓDICA E

1.

2.

LÍNEA MELÓDICA F

1.

2.

B. Dibuje la línea melódica que corresponda a cada una de las siguientes oraciones y preguntas.

1. ¿Con quién fuiste a la quinceañera de Lourdes?

2. Este semestre tomo francés, cálculo, biología, ciencias políticas e inglés.

3. Tres tristes tigres se tragaron todo el trigo que tenía Teto Trillo.

4. Ya se preparaban todos para salir, pero de repente se dieron cuenta de que algo faltaba.

5. ¿Lo invitas a una copa? —¿Que lo invito a una copa?

Echo question

6. ¿Dónde dejaste tu certificado de nacimiento?

7. En la enseñanza de lenguas, se hace popular una metodología, después se hace popular otra, pero la profesión sigue siempre adelante.

8. _So_
Conque a las tres de la tarde sale el vuelo a Córdoba.

9. Para la fiesta tengo que comprar aguacates, tortillas, plátanos y peras.

10. ¿Te molesta si fumo?

EN CAMBIO...

En términos generales, la línea melódica inglesa está llena de los mismos altibajos que la línea melódica española no tiene. Un buen análisis de la entonación del inglés necesitaría no sólo tres, sino hasta cuatro niveles distintos para su representación. En inglés existe una fuerte dependencia entre la posición del acento tónico y la subida —o la bajada— de la línea melódica. Para más información sobre estos fenómenos, véase las páginas 164–172 del Capítulo 7.

PRONTUARIO DE TÉRMINOS NUEVOS

Antes de proceder al próximo capítulo, cuídese de haber aprendido bien el significado de todos los términos siguientes, que en este capítulo se presentaron por primera vez.

- la cláusula
- la curva ascendente
- la curva descendente
- la curva melódica plana
- la entonación
- la enumeración múltiple
- el enunciado
- el hiato
- la línea melódica
- el nivel alto
- el nivel bajo
- el nivel medio
- la oración enunciativa/declarativa
- el pie métrico
- la pregunta confirmativa sí/no
- la pregunta eco
- la pregunta informativa
- el ritmo acentual
- el ritmo parejo
- el ritmo silábico
- la sinalefa
- el volumen

NOTAS

[1]Existe cierta confusión entre lo que significan los siguientes tres términos: *enlace, sinalefa* y *sinéresis.* El presente texto ha optado por emplear la palabra *sinalefa* como término que abarca cualquier significado que se le haya atribuido a cualquiera de estos tres términos. El término *sinalefa,* por lo tanto, se entenderá como (1) **proceso** (la realización de la ausencia de pausa entre vocales, es decir, la incidencia de una falta de hiato) y se entenderá también como (2) **producto** (es decir, cualquier entidad que resulte de dicha ausencia de pausa y falta de hiato). Como el presente capítulo explica, entre los diferentes procesos y/o productos de la sinalefa se encuentran la cerrazón a "i" o "u" de las correspondientes vocales medias, la diptongación y la fusión de dos vocales idénticas en una sola.

[2]También puede darse otro producto sinaléfico de este mismo proceso: [a-ko-mo-ðu̯é-nú-na]. Aquí es la /o/ la que se cierra un grado para convertirse en deslizada, a pesar de su estatus como vocal tónica. Al convertirse la /o/ en [u̯], el acento tónico se desplaza hacia la derecha para ir a dar en /e/. El producto final es el diptongo creciente [u̯é] tónico.

[3]Las dos oraciones ejemplares se han escrito con acentos ortográficos para indicar la posición de los tres acentos fuertes. Las únicas palabras inglesas que en la ortografía normativa se escriben con acentos son aquéllas que provienen de otras lenguas, como el francés y el español, que sí los usan.

CAPÍTULO 7

CÓMO MEJORAR SU PROPIA PRONUNCIACIÓN:
Aplicación y práctica de todo lo anterior

where there's a will, there's a way.

> *"Más hace el querer que el poder." (refrán)*

El presente capítulo no pretende presentar más teoría lingüística, sino facilitar la aplicación de la teoría ya aprendida, con copiosas referencias a términos y conceptos ya presentados en los capítulos anteriores. Su fin es de efectuar cambios beneficiosos en la pronunciación del español en aquellos alumnos que deseen que su articulación se aproxime más a una norma hispanohablante nativa. En este capítulo se harán comentarios de índole contrastiva entre el español y el inglés a fin de hacer ver al estudiante anglófono las respectivas diferencias entre éste y aquél.

Se comienza con un análisis del sistema vocálico del español, desde el punto de vista de las dificultades que puede tener en su manejo normativo el típico alumno anglófono. Luego se analizan temas relacionados con la articulación normativa de varios segmentos consonánticos individuales. Entonces se tratan cuestiones de acentuación tónica, de ritmo y de línea melódica, siempre queriendo seguir una norma articulatoria. Al final del capítulo, se presentan varios ejercicios de conjunto a fin de que puedan ponerse en práctica los consejos normativos de este capítulo.

Este capítulo facilita la adquisición de un acento español libre de cualquier interferencia de otro idioma.

131

LA ARTICULACIÓN NORMATIVA DE LAS VOCALES

1. EL MONOPTONGO NUNCA SE CONVIERTE EN DIPTONGO

La vocal española monoptongal es siempre corta y tensa, un monoptongo puro. Nunca se hace diptongo; por eso nunca termina en deslizada. En cambio, la vocal inglesa tensa sí tiene fuertes tendencias diptongales, lo cual hace que pueda convertirse en vocal larga. Las vocales inglesas se dividen en dos categorías: las **vocales relajadas** ['lax' en inglés] y las **vocales tensas.** Las tensas incluyen vocales cuya pronunciación normativa deja ver sus tendencias diptongales: la /e/ de *say, hey, plate;* la /i/ de *tree, sea, Pete;* la /o/ de *go, low, bone;* y la /u/ de *threw, do, pool.* Dado el hecho de que el sistema vocálico inglés diptongue todas las vocales tensas tónicas, no es sorprendente que el inglés tenga sólo tres diptongos verdaderos que son: /ai̯/ *flight, spy, mine;* /oi̯/ *joy, soil, boyish* y /au̯/ *house, cow, loud.* En español, en cambio, hay cientos de ejemplos de pares de palabras —*le/ley, celos/cielos, casa/causa, gata/gaita*— en los que se manifiestan contrastes entre las cinco vocales puramente *mono*ptongales, es decir, de un solo elemento vocálico —*i, e, a, o, u*— y las 14 combinaciones monosilábicas que son *di*ptongales o sea de dos componentes: *ie, ei, ia, ai, io, oi, iu, ui, ue, eu, ua, au, uo, ou.*

2. NO HAY REDUCCIÓN VOCÁLICA A SCHWA

La vocal española siempre se mantiene íntegra; cualquier grafema "e", por ejemplo, siempre se transcribe /e/, que a su vez representa siempre el sonido vocálico anterior medio [e], y nunca se reduce a la *schwa* —sonido vocálico central medio— que es tan característico del inglés. El inglés tiene una regla de reducción vocálica que funciona así: cualquier vocal que no tenga ningún tipo de acentuación tónica tiene que convertirse en *schwa,* el sonido que se transcribe [ə], por ejemplo, *ability* [ə-bÍ-lə-tì]. (En cambio, la primera sílaba de la palabra *able,* que es obviamente de la misma familia léxica que *ability,* sí es tónica; por lo tanto, su grafema "a" no es [ə], sino [é]. Compárense estos dos cognados españoles: *hábil* y *habilidad.* Aun cuando la primera /a/ de *habilidad* no es tónica, tiene el mismo timbre que la /á/ de *hábil,* que sí es tónica.) Debe evitarse rigurosamente toda reducción vocálica en la articulación del español. (El español tiene una sola vocal que es muda, la "u", y eso solamente en las combinaciones *que, qui, gue* y *gui.* Lo que el español no tiene nunca es la reducción vocálica a [ə] que es tan típica del inglés.

Hay que hacer todo lo posible para evitar la reducción vocálica a schwa.

A continuación se presentan diez de los miles de palabras inglesas en las que hay una vocal átona —la que aquí va escrita en negrilla para realzarla— que por ser átona se tiene que reducir a schwa (el acento tónico más fuerte se marca con ´): anxíety, astónishing, áutomobile, díctionary, lexicógraphy, oblígatory, obstréperous, órdinary, secretárial, zoológical.)

3. NO HAY GOLPES DE GLOTIS

throat sounds

En ningún momento entra en la articulación de la vocal española el **golpe de glotis** ('glottal stop' en inglés). El golpe de glotis también pudiera llamarse "cerradura de glotis", porque cuando se produce se cierra por completo la **glotis** (la abertura anterior de la laringe), lo cual hace que por varios milisegundos no haya ninguna vibración de las cuerdas vocales. El efecto más notable del golpe de glotis, que en la transcripción se reproduce con el símbolo [ʔ], se manifiesta en posición final de palabra. En inglés suele terminarse la sílaba cuando termina la palabra; es decir, los límites de la palabra marcan los límites de la sílaba. (Sigue un ejemplo —*Joe and Tom knew they could easily invite Oliver*— que se transcribe así: [ĵóṵ-n̩-tʰám–nú-ðêi̯-kʰʊ̀D–í-zə-lì̯ʔĬn-vái̯Dá-lə-vì̯].) Dichos límites pueden marcarse con una pequeña pausa; el golpe de glotis puede formar parte de dicha pausa. En español no sucede esto nunca. Así que la producción de golpes de glotis en posición final de palabra —*[losʔotrosʔanimalesʔhanʔescapadoʔdelʔataque]— debe evitarse a toda costa. Una buena manera de evitar la producción de los golpes de glotis es conceptuando al grupo respiratorio entero como si fuera una sola palabra, así: [losotrosanimaleshanescapadodelataque], porque eso facilita la división de esta "palabra" en sílabas: [lo-só-tro-sa-ni-má-le-sá-nes-ka-pá-ðo-ðe-la-tá-ke], lo cual ayuda a no añadir el [ʔ] a la frase.

4. EL DIPTONGO NUNCA SE DIVIDE EN DOS SÍLABAS

Como el diptongo es cualquier combinación *monosilábica* (de dos vocales cerradas o de una cerrada y otra no cerrada), es de por sí incorrecta la división en dos sílabas de algo que debe ser monosilábico. En un español en el que influye el inglés, esta división incorrecta se da principalmente en diptongos crecientes, es decir, *ie, ia, io, ue, ua, uo* y, en grado menor, los diptongos acrecientes *iu, ui,* donde el primer elemento es la deslizada. El inglés no tiene diptongos crecientes, así que la tendencia del anglófono al hablar español es dar por sentado que el primer elemento del diptongo creciente ha de ser una vocal monoptongal independiente y no una deslizada, así: *sierra* *[si-é-r̄a], *cuenta* *[ku-én-ta], *nación* *[na-si-ón]. El resultado es un diptongo deshecho y una sílaba de más.

Esta tendencia no se da cuando el diptongo es decreciente —*peine, paisano, oigo*— ya sea porque el diptongo español decreciente es casi idéntico a cualquiera de los tres diptongos ingleses verdaderos [au̯], [ai̯], [oi̯], o porque el diptongo español decreciente se parece bastante a la articulación inglesa de vocales tensas tónicas como e → [ei̯], o → [ou̯].

El diptongo español se mantiene íntegro siempre.

Ejercicio 7.1

A. Pronuncie lenta y cuidadosamente las palabras siguientes. Trate de mantener siempre cortas y tensas las vocales monoptongales y de no convertirlas en diptongos. Evite todo uso de schwa.

1. mamá	17. domina	33. case
2. mama	18. dominara	34. casi
3. mandará	19. dominará	35. cosa
4. nena	20. corta	36. coso
5. niña	21. cortara	37. dale
6. ñoña	22. cortará	38. dile
7. beba	23. Memo	39. dilo
8. mancha	24. mima	40. dámelo
9. manchara	25. mime	41. levántese
10. manchará	26. mimo	42. procúrese
11. nada	27. mimara	43. lárgate
12. nadara	28. mimará	44. recógelo
13. nadará	29. queso	45. ocotillo
14. canta	30. quiso	46. Felipe
15. cantara	31. quise	47. Vicente
16. cantará	32. casa	48. hermanita

B. Pronuncie lenta y cuidadosamente las palabras siguientes. Todas ellas contienen diptongos crecientes. Trate de *no* convertir en vocal monoptongal el primer elemento del diptongo creciente.

1. tierra	11. embriaguez
2. rascacielos	12. escuadra
3. cuentagotas	13. eslabonamiento
4. inaguantable	14. gerundio
5. preciosidades	15. guardamuebles
6. idioteces	16. justiciero
7. pianísimo	17. ciencia
8. cuestionario	18. materialización
9. cubierta	19. quiebra
10. defienden	20. siempretieso

C. Fíjese bien en los siguientes pares o frases cuyo propósito es contrastar monoptongos y diptongos. Al pronunciarlos, trate de no confundir los dos tipos de núcleos vocálicos: el monoptongo debe pronunciarse como monoptongo y el diptongo como diptongo.

arar = to plow   are = plow

1. aire / are
2. baile / vale
3. Cairo / caro
4. traiga / traga
5. peina / pena

6. la ley / se le cayó
7. seso siete / seis o siete
8. se te cayeron / siete cayeron
9. veinte / vente
10. deudo / dedo
11. auto / ato *atar=to tie ato=I tie*
12. peinado / penado
13. causa / casa
14. hoy / o
15. reino / reno *reno=reindeer.*
16. maula / mala

LA ARTICULACIÓN NORMATIVA DE LAS COMBINACIONES SINALÉFICAS

> *"Después de ahogado el niño se ha tapado el pozo." (refrán)*

Cada segmento de una combinación sinaléfica—*ea, eo, ae, oe,* etcétera (véase el Capítulo 6, p. 114)—se pronuncia íntegro pero sin golpe de glotis. En el habla normativa lenta y cuidada, cada elemento de la combinación sinaléfica mantiene su integridad vocálica: la *e* sigue siendo *e,* la *a* sigue siendo *a,* y así sucesivamente. Pero a la misma vez, la transición entre una vocal y otra nunca conlleva golpe de glotis ni ausencia de vibración de las cuerdas vocales. De ahí que en el habla normativa, la combinación sinaléfica *ea* de una palabra como *lealtad* se pronuncia [le̯-al-táð] y no *[leʔal-tád] ni *[ləal-tád] ni *[li̯al-táð].[1] Tampoco debe intervenir la tendencia—innata en las vocales tónicas medias y cerradas del inglés (véase la sección A del presente capítulo)—a la diptongación vocálica, así que *lealtad* nunca se pronunciaría *[le̯i-al-táð] con diptongación impropia en la primera sílaba.

Ejercicio 7.2

A. Pronuncie lenta y cuidadosamente cada uno de los siguientes enunciados. Procure evitar tanto el golpe de glotis como la reducción o la diptongación de cualquiera de los segmentos que integren la combinación sinaléfica. Recuerde que la vibración de las cuerdas vocales no cesa cuando se pasa de una sílaba a otra.

---

[1]Véase la nota 1 en el apéndice al final de este capítulo.

1. leeré; leerás; leerá; leeremos; leerán

2. caeré; caerás; caerá; caeremos; caerán

3. paella española

roer = knaw

4. roe otro animal

5. trae algo enorme

6. Vicente Alejandro

7. Leonora Hernández

8. Ileana Olivares

A-vey-a-neda

9. Juan Pedro Avellaneda Enríquez

10. María Elena Osorio Herrera

(Marí-Elena)

11. una atrevidísima osa alemana elegante

12. otro alto en el camino oriental

13. una elefanta embarazada extraordinariamente ansiosa

14. Siempre les leo la antigua anécdota sobre aquella holgazana extremeña que se ahogó en el Océano Atlántico en el mes de enero.

ves-del-orno

15. Juanito Oviedo se ha olvidado otra vez del horno argentino.

16. No le he hecho nada en todo el día.

17. Otra hermana analizó esa historia andaluza empleando alguna que otra palabra que al público le era enteramente desconocida.

18. El europeo típico entiende algo de geometría además de álgebra.

Ele-uropeo

19. A mí se me ha eliminado otra vez del campeonato occidental de ajedrez.

I have been eliminated another time from w. championship of chess.

20. Alicia era entusiasta honesta en cuestiones de etiqueta holandesa.

LA DIVISIÓN SILÁBICA DE LA FRASE ENTERA Y LA PRONUNCIACIÓN NORMATIVA

> *"Con el tiempo y la esperanza todo se alcanza."* (refrán)

Recuérdese lo indicado en la sección al final del Capítulo 3: para dividir bien las sílabas de una frase entera, toda la frase se tiene que conceptuar como una sola palabra. Sigue un ejemplo.

 Juan es el argentino más indicado para escribir un memorándum elegante. Juaneselargentinomásindicadoparaescribirunmemorándumelegante.

Esto posibilita una división silábica:

Jua-ne-se-lar-gen-ti-no-má-sin-di-ca-do-pa-ra-es-cri-bi-run-me-mo-rán-du-me-le-gan-te

Dicha división silábica toma en cuenta este reconocido hecho: cada vez que sea posible, la última consonante de la palabra anterior sirve como primer segmento de la palabra siguiente. El más típico de este tipo de combinaciones abarca una situación como ésta: la última letra de la palabra anterior es consonante —sobre todo *d, l, m, n, r, s, z*— y la primera letra de la palabra siguiente es vocal, así que "Juan es" [xu̯á-nés]; "es el argentino" [é-se-lar-xen̯-tí-no]; "escribir un" [es-kri-βí-rún], etcétera.

Las consecuencias para la pronunciación normativa de la imprescindible **división silábica** *entre palabras* son éstas: el que aprende a articular un español normativo se tiene que fijar, en términos generales, en la estructura silábica de un enunciado entero y, en términos específicos, en las últimas y luego en las primeras letras de cada par de palabras en secuencia. Hay que fijarse de antemano en las palabras que terminan en las siete consonantes indicadas (*d, l, m, n, r, s, z*). En general las que terminan en *d* son sustantivos: *ciudad, voluntad.* Las que terminan en *l* pueden ser adjetivos —*leal, genial*— además de sustantivos —*hotel, volibol.* Todas las que terminan en *m* son sustantivos: *álbum, ultimátum.* Las innumerables palabras que terminan en *n* son formas verbales (*cantan, ríen, comen*), sustantivos (*contaminación, sostén*) o preposiciones (*en, con, sin*). Las palabras que terminan en *r,* que también son muchas, son infinitivos verbales —*correr, anticipar, sentir*— o son sustantivos, algunos de los cuales pueden usarse como adjetivos (*agresor, contador*). La *s* es de gran utilidad morfológica, ya que marca el plural de los sustantivos y los adjetivos, además de la segunda persona singular familiar de los verbos: *personas, enfermos, hablas, comes, vives.* El grafema *z* figura como último elemento en adjetivos (*feliz, veloz*) y sustantivos (*capataz, institutriz*), pero su papel más importante quizás sea el de finalizar unos cien apellidos, incluyendo a muchos de uso muy frecuente: *González, Hernández, Rodríguez, López, Enríquez, Valdez.*

Para dividirse en sílabas, toda la frase se entiende como una sola palabra.

Ejercicio 7.3

A. Pronuncie lenta y cuidadosamente cada uno de los enunciados de la sección B de este ejercicio. Procure conceptuar cada enunciado como una palabra entera. Fíjese con atención (1) en la última letra de cualquier palabra, y (2) en la primera letra de la palabra que la sigue. (Recuerde que, si la última letra de una palabra es consonante y la primera letra o el primer sonido de la que la sigue es vocal, las dos forman su propia sílaba, dándose siempre una combinación sinaléfica e incluso una diptongal si la última letra es vocal y la primera lo es también.)

B. Luego *describa* todos los fenómenos que acaba de realizar, como la división silábica entre palabras, la sinalefa y la formación de un diptongo.

> MODELO: "Manuel estaba intensamente enfermo." *Manuel estaba* produce esta división silábica entre palabras: [ma-nué-les-tá-βa]; *estaba intensamente* produce esta combinación diptongal: [es-tá-βain̯-tén-sa-mén̯-te]; *intensamente enfermo* produce esta sinalefa: [in̯-tén-sa-mén̯-te-em-fér-mo].

1. Héctor es un aviador español alegre que está altamente interesado en aprender alemán.

[ek-to-ré-sú-na-βɹa-ɗo-res-pa-ɲo-la-ié-ɑre-ke-es-tá-al-ta-mén-teɪɗa-te-re-sa-ɗo-e̯-na-preɲ-de-ra-le-mán]

2. Escriba esa letra en el otro renglón o en algunos de los espacios indicados.

3. Isabel y Miguel escogieron un automóvil enorme y costoso.

[i-sa-βe-li-mi-ɗe-les-ko-xié-roɗa-nu-nay̯-to-mó-βi-le-nor-meɪ-kos-to-so]

4. Luego robaron un banco para conseguir el dinero del enganche.

[lué-ɣo-ro-βa-ro-num-baɲ-ko-pa-ra-kon-se-ɣi-rel-di-ne-ro-ɗe-leɲ-gan̯-če]

5. Te he dicho que no me van a poner una nota alta en esta clase.

6. Vuestras actividades antisociales os han convertido en unos inútiles harapientos.

7. Mis aspiraciones más honradas hasta la fecha no han eliminado los odiosos obstáculos que tanto me hacen enojar.

ey-

8. Toda la maldad internacional era otra manifestación obvia de su poder infernal amargo. *—amargo*

9. Rodríguez y Gálvez entraron infelizmente en el aula con intenciones hostiles y antagónicas.

/s/ /s/ /s/ ow

10. Ellos anduvieron audazmente armados hasta las cachas tras un ávido cazador andaluz.

ow /s/ /s/ /s/

LA ARTICULACIÓN NORMATIVA DE LAS CONSONANTES

1. NO SE ASPIREN LAS CONSONANTES [p], [t], [k]

> *"De músico, poeta y loco, todos tenemos un poco."* (refrán)

A la articulación normativa, lenta y cuidadosa de las consonantes inglesas /p/, /t/, /k/ le acompaña una pequeña aspiración,[2] que se representa con la siguiente "h" especial, [^{h}], cuando se encuentran a principio de sílaba. Es decir, en inglés las /p t k/ iniciales de sílaba se aspiran. Siguen varios ejemplos: *please* [p^{h}líz], *tell* [t^{h}ɛɫ], *clean* [k^{h}lín]. En cambio, al encontrarse estas consonantes inglesas tras /s/, *no* se aspiran: *spin* [spÍn], *still* [stÍɫ], *skim* [skÍm]. El contraste entre los alófonos oclusivos aspirados y los no aspirados se hace aún más patente al comparar los siguientes pares de palabras mínimos.

ASPIRADOS
pin [p^{h}Ín]
tie [t^{h}ái]
kill [k^{h}Íɫ]

NO ASPIRADOS
spin [spÍn]
sty [stái]
skill [skÍɫ]

---

[2]Véase la nota 2 en el apéndice al final de este capítulo.

En español nunca se aspiran las tres consonantes sordas oclusivas /p/, /t/, /k/. De ahí que la articulación alofónica de /p t k/ sea siempre [p], [t], [k] y nunca [pʰ], [tʰ], [kʰ]. Los tres alófonos [p], [t], [k] españoles se comportan por lo tanto como los tres alófonos [p], [t], [k] ingleses que se encuentran en el entorno postsibilante [spÍn] / [stái̯] / [skÍɫ]. La articulación normativa de toda /p/, /t/, /k/ española consistirá por lo tanto en extender los parámetros de los alófonos [p], [t], [k] ingleses a todo entorno español, y sobre todo a la posición inicial de sílaba o de palabra.

La articulación normativa del alófono [t] representa además otro desafío para el estudiante anglófono. Como se verá con más detalles en las secciones 2 y 9 de este capítulo, el fonema /t/ inglés se realiza en posición intervocálica y postónica como [D], que es un alófono casi idéntico a la [r] alveolar de vibración sencilla española. Así que en boca de un neófito anglófono una palabra española como, por ejemplo, *pato* [pá-to] se pronunciaría *[pʰá-Dṵ]. Hay que articular toda /t/ española como el alófono [t] sordo oclusivo dental que es y nunca como el alófono [D] inglés sonoro alveolar de vibración sencilla.

No se aspiran nunca las consonantes [p], [t], [k].

Ejercicio **7.4**

A. Pronuncie en voz alta cada uno de los siguientes enunciados por lo menos tres veces: primero muy lentamente, dividiendo con esmero el enunciado en sus respectivas sílabas, luego con un poco más de prisa y por último a un ritmo normal. Tenga cuidado siempre de *no aspirar* (de no pronunciar con [ʰ]) ninguno de los alófonos [p], [t], [k] españoles y de no convertir ninguna [t] en la [D] inglesa.

1. papa	**18.** petate	**35.** caqui
2. papá	**19.** Tecate	**36.** caquéctico
3. Pepe	**20.** petaca	**37.** característico
4. Pepa	**21.** pétalo	**38.** castañeta
5. pipa	**22.** petición	**39.** católico
6. papi	**23.** petimetre	**40.** capirotada
7. pope	**24.** petrificar	**41.** capataz
8. Pepita	**25.** petroquímico	**42.** capacitación
9. Teto	**26.** petróleo	**43.** capítulo
10. Tati	**27.** coca	**44.** testículo
11. tata	**28.** ataca	**45.** tauromaquia
12. teta	**29.** cacao	**46.** tatuaje
13. Tita	**30.** cacto	**47.** tataranieto
14. pepenar	**31.** cacatúa	**48.** taquigráfico
15. pequeño	**32.** cacique	**49.** taquimetría
16. pequeñez	**33.** cacofonía	**50.** tapaboca
17. peste	**34.** cachalote	

2. CONSÉRVESE LA DENTALIDAD DE [t] Y [d]

> *"Acuéstate a las siete, levántate a las seis y vivirás diez veces diez." (refrán)*

Como se comentó a grandes rasgos en la sección anterior, la articulación normativa del alófono [t] representa un desafío más para el estudiante anglófono. Los fonemas /t/ y /d/ ingleses se representan en posición intervocálica postónica por un alófono alveolar, [D], que es casi idéntico en cuanto a su punto y modo de articulación y su sonoridad al [r] alveolar de vibración sencilla del español. En el inglés norteamericano, este alófono [D] (sonoro, alveolar y de vibración sencilla, muy parecido al alófono [r] español) es el que se usa para pronunciar las combinaciones gráficas "t" y "tt", "d" y "dd" cuando se encuentran en **posición intervocálica** (detrás de una vocal y delante de otra) y la primera de las dos vocales es tónica. La [D] también se da tras "r." Este fenómeno en la lingüística inglesa se llama "*t*" *flapping*—**golpecillo vibrante de la "*t*."**

eating	[í-DÌŋ]	bedding	[bé-DÌŋ]
pretty	[pʰɹÍ-Dì]	betting	[bé-DÌŋ]
ready	[ɹɛ́-Dì]	sordid	[sór-DÌd]

Por consiguiente, en boca de un neófito anglófono que aplica las reglas fonotácticas del inglés a su español incipiente, la palabra española *matemáticas* se pronunciaría algo así como *[ma-De-má-Di-kas]*, *dudo* *[dú-Do]* y así sucesivamente. Por lo tanto, hay que tener mucho cuidado de articular la /t/ española como el alófono [t] sordo oclusivo dental y nunca como la [D] inglesa sonora alveolar de vibración sencilla. Es muy importante que el estudiante recuerde que la [t] española es *dental,* y que para articular una consonante dental oclusiva la punta de la lengua tiene que tocar la parte media de los dientes superiores. También hay que tener mucho cuidado de pronunciar los alófonos del fonema /d/ español como deben pronunciarse —la [d] dental oclusiva o la [ð] dental fricativa— y no como la [D] inglesa alveolar de vibración sencilla. Como esta [D] inglesa se parece mucho a la [r] vibrante sencilla española, puede darse cierta confusión si la [D] inglesa es sustituida por la [t] o por la [d] española, como indican los siguientes pares mínimos.

PALABRA ESPAÑOLA #1 (con /t/ o /d/)	INTERFERENCIA INGLESA (con [D])	PALABRA ESPAÑOLA #2, o sea, el producto de la interferencia del inglés
mota	*[mó-Da]	mora
foto	*[fó-Do]	foro
todo	*[tó-Do]	toro
cada	*[ká-Da]	cara

A las consonantes [t] y [d] españolas nunca les sucede lo que a la "t" y "d" inglesas en posición intervocálica.

Ejercicio 7.5

Pronuncie en voz alta cada uno de los siguientes enunciados por lo menos tres veces, primero muy lentamente, dividiendo con esmero el enunciado en sus respectivas sílabas, luego con un poco más de prisa y por último a un ritmo normal. El enfoque del presente ejercicio es la articulación normativa de los alófonos [t], [d] y [ð] españoles. Tenga cuidado de no sustituir la [D] inglesa por ninguno de ellos.

1. pato	**15.** banqueta	**28.** chato *subbed nose*
2. meta	**16.** mita	**29.** patronáto
3. mito	**17.** Tita	**30.** barato
4. admito	**18.** hablada	**31.** boléto
5. todo	**19.** cada	**32.** tostada
6. yodo *iodine*	**20.** oda	**33.** tomada
7. dudo	**21.** seda	**34.** gastada
8. lodo	**22.** amáda	**35.** privada
9. gata	**23.** patáta	**36.** maldito
10. veta	**24.** tomate	**37.** regalito
11. rata	**25.** molcajete	**38.** señorito
12. data	**26.** filete	**39.** circuito *sirkuitu*
13. lata	**27.** jinete	**40.** tecolote
14. chupete		

3. PRONÚNCIESE [β], [ð], [γ] COMO FRICATIVAS

> *"A boca de borracho, oídos de cantinero." (refrán)*

Ya se estudiaron en el Capítulo 5 las reglas fonológicas que explican la producción de los alófonos sonoros fricativos [β] (del fonema /b/), [ð] (de /d/) y [γ] (de /g/), pero se repiten a continuación a fin de repasarlas.

/b/ → [b] (el alófono oclusivo) // $\begin{Bmatrix} m \\ n \\ \| \end{Bmatrix}$ *embarazo*
    envanecido
    ¡Vámonos!

/b/ → [β] (el alófono fricativo) // en cualquier otro entorno

    cable, abierto, club

/d/ → [d] (el alófono oclusivo) // $\begin{Bmatrix} m \\ n \\ \| \\ l \end{Bmatrix}$ *álbum danés*
    matando
    Dámelo a mí.
    falda

/d/ → [ð] (el alófono fricativo) // en cualquier otro entorno   *Pedro, todo, ciudad*

/g/ → [g] (el alófono oclusivo) //
$$\left\{ \begin{array}{l} m \\ n \\ \| \end{array} \right.$$
álbum griego
fangoso
Goyo me lo prestó.

/g/ → [ɣ] (el alófono fricativo) // en cualquier otro entorno   *agradecido, haga*

¿Cuáles son los parámetros de estos "otros entornos"? Es decir, ¿dónde se suelen encontrar los alófonos fricativos? El alófono fricativo típico [β ð ɣ] se encuentra en posición intervocálica (V __ V) o postvocálica (V __ C).

[β]:	[ð]:	[ɣ]:
acabo	cada	iguana
rabón	aduana	pegajoso
tabú	odómetro	agonizar
evita	comprado	traigo
uvas	vivido	egocéntrico
tablero	hidroeléctrico	aglomeración
absoluto	admirar	signo

Como los sonidos [β] y [ɣ] no existen en inglés, la producción española de los mismos requiere un esfuerzo y una vigilancia constantes. La fonología del inglés sí manifiesta un sonido sonoro *inter*dental fricativo, [ð], que se escribe con *th* en la ortografía normativa y se encuentra en palabras inglesas como *these, those, either, rather* y *bother*. El [ð] se parece mucho a la [ð] *dental* fricativa española. Pero el sonido interdental inglés es de una frecuencia bastante limitada en comparación con el sonido dental español [ð], que es uno de los sonidos consonánticos más frecuentes del español.

La diferencia articulatoria principal entre los oclusivos —[b], [d], [g]— y los fricativos [β], [ð], [ɣ] es su *grado de oclusión,* es decir, hasta qué punto se aproxima el articulador X al articulador Z o al punto de articulación Z. Examinemos, por ejemplo, el contraste entre la articulación de la oclusiva [b] y la de la fricativa [β]. En el caso de la [b] oclusiva, los labios inferiores tocan plenamente los labios superiores, produciendo así una oclusión total que cierra completamente el paso del aire: *Vámonos, en vano, embargo.* En el caso de la [β] fricativa, por el contrario, los labios inferiores no alcanzan a tocar del todo los labios superiores. El resultado de esta oclusión frustrada, o acercamiento parcial, es la canalización de la corriente del aire: *Ávila, Evaristo, abogado.*

La diferencia entre los dos pares oclusivos/fricativos restantes ([d] y [ð], [g] y [ɣ]) es análoga. El sonido [d] se produce mediante una oclusión completa del ápice de la lengua (el articulador activo) contra el lado interior de los dientes superiores (el articulador pasivo): *Dámelo, entiendo, falda.* El sonido [ð], en cambio, se produce mediante un acercamiento de los mismos articuladores: *me lo das, padecimiento, acabado.* El sonido [g] se produce por medio de una oclusión del dorso (la parte posterior de la lengua) y la parte blanda del paladar (el velo): *Ganemos el partido, tengo, englobar.* El sonido [ɣ] en cambio se produce mediante un acercamiento de los mismos articuladores activos y pasivos: *ahogar, salgo, ruego.*

Siempre se les da una articulación *fricativa* a los segmentos [β], [ð], [ɣ].

Ejercicio 7.6

A. Identifique como fricativo u oclusivo cada uno de los ejemplos de /b/, /d/ o /g/ que se dan en las oraciones 1 a 20 de la sección B.

B. Pronuncie en voz alta cada uno de los siguientes enunciados por lo menos tres veces, primero muy lentamente, dividiendo con esmero el enunciado en sus respectivas sílabas, luego con un poco más de prisa y por último a un ritmo normal. (El enfoque del presente ejercicio es la articulación normativa de los alófonos fricativos [β], [ð] y [ɣ] españoles y el contraste entre éstos y los correspondientes alófonos oclusivos [b], [d] y [g].)

1. Tengo nueve dardos de madera pero no te los doy.

2. Dice Rigoberto: "Soy bilingüe y valgo por dos."

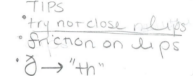

3. El lobo anduvo todo el día con Andrés y Esteban.

4. Había mucha sangre derramada en la sábana blanca.

5. El sicólogo glotón engulló una gran cantidad de garbanzos.

6. Un colega ciego se tragó un galón entero de agua del lago lodoso.

7. El mendigo sudaba de puro gusto ante la posibilidad de trabajar algo.

8. Sigue igual de nervioso el nadador danés que ya ha dejado de ganar.

9. La bonita vaca nicaragüense se baja al lado de la alberca muy seguido.

10. Que no haga nada con mi dedo adolorido hasta que le pongan una gota de yodo.

11. Un vaso de ginebra vale dos dólares en San Diego pero veintidós escudos en Lisboa.

12. Verónica y Benigno bailaron toda la tarde al compás de un tambor.

13. El banco de mi barrio se declaró en bancarrota un viernes del febrero pasado.

14. Sin embargo, tengo entendido que el presidente voló hasta Venezuela para evitar a que descubrieran el robo.

15. Súbele otra botella al buen bebé de Elizabeth para que deje de fastidiar.

16. En vano ganó un güero esa guerra tan sangrienta entre Grecia y Hungría.

17. El esbelto andaluz combinó varias gotas de vinagre con veinte vasos de vino valenciano antes de volver a Huelva.

18. Vivamente vendió Benjamín Benítez su bicicleta vieja en Viena el viernes veintinueve de abril.

19. David Durán y Daniel Dávalos me dieron un dólar dorado que duramente habían duplicado en Durango.

20. Graciela Gómez guarda gustosamente a un galán gringo en la guardería de Guadalajara.

4. NO SE EMPLEE EL ALÓFONO SONORO [z] EXCEPTO ANTE CONSONANTES SONORAS

"El huésped y el pez a los tres días apestan." (refrán)

En inglés se da con suma frecuencia la "sibilante sonora" (el sonido consonántico alveolar fricativo sonoro [z]), siendo ésta el único alófono del fonema inglés /z/. El inglés tiene, además, el fonema /s/, cuya única representación alofónica es la "sibilante sorda" (la alveolar fricativa sorda [s]). El contraste entre la [z] y la [s] inglesas se manifiesta en múltiples pares mínimos como los siguientes.

zeal/seal, prize/price, maze/mace, plays/place, phase/face, raising/racing, rise/rice, zoo/sue, lazy/lacey, etcétera

El sonido [z] inglés se usa con muchísima frecuencia; en cambio, este mismo sonido casi no se emplea en español. En primer lugar, la [z] española es alófono del fonema /s/. En segundo lugar, la distribución de [z] se limita a un solo entorno, el preconsonántico cuando el sonido consonántico que sigue es sonoro, como por ejemplo:

rasgo, desde, mismo, Erasmo, mayorazgo

En español el alófono [z] tiene una distribución muy restringida.

En tercer lugar, hay geolectos del español, en particular el mexicano, en los que el alófono [z] se da esporádicamente. Es decir, no siempre se cumple la regla normativa que convierte /s/ a [z] delante de una consonante sonora, esté dentro de una palabra o dentro de un grupo respiratorio.

Dadas estas realidades, la tarea articulatoria varía según la lengua dominante del alumno. Al alumno hispanohablante que estudia el inglés le toca expandir considerablemente el dominio de un sonido, la [z], que apenas se usa en español. Al alumno anglófono, en cambio, le corresponde la tarea de hacer todo lo posible por restringir su uso de [z] y expandir su uso de la sibilante sorda [s], sobre todo en posición intervocálica (donde en inglés parece tener un poco más de vigencia la sibilante sonora que la sorda), al emplearse el grafema "z," o en palabras cognadas como *rosa, resistir, física, música, revisar, residencia* y más. Unas de las muchas palabras españolas en las que el anglófono corre el riesgo de darle incorrectamente el valor de [z] al fonema /s/ son:

zorro, pozo, choza, zabra, zapato, zanahoria, zangoloteo, zarzuela, zoológico, zumbar, zurcir, perezoso, calzado, llevadizo, garbanzo

Ejercicio 7.7

A. Identifique como sordo [s] o sonoro [z] cada uno de los ejemplos de los grafemas "s" y "z" que se dan en las oraciones 1 a 9 de la sección B.

B. Pronuncie en voz alta cada uno de los siguientes enunciados por lo menos tres veces, primero muy lentamente, dividiendo con esmero el enunciado en sus respectivas sílabas, luego con un poco más de prisa y por último a un ritmo normal. (El enfoque del presente ejercicio es la articulación normativa de los alófonos sibilantes sordos y sonoros españoles.)

1. La moza más hermosa de Zaragoza siempre cazaba zorros con la mano izquierda.

2. Desde las dos menos diez los Rodríguez han estado visitando el jardín zoológico.

3. Zoila la Zurda es la misma que nos quiso cortar el zacate el lunes dieciséis de marzo.

4. Empezó a caer granizo de lo más macizo mientras Ezequiel nos escandalizaba a todos los presentes.

5. Los Zúñiga rezaron para que el limosnero de la plaza sanara de sus heridas sangrientas.

6. Toda la fuerza que poseían los Cortez atemorizaba a los de la Zona Rosa.

7. No deseaban que comenzáramos a diezmar a los zarabandistas zurdos de Zalamea.

8. Asesinaron a Zapata con un balazo en el cuartelazo de Zacatecas y después depositaron sus restos en un pozo espantoso.

9. Rosa no quiso estudiar física ni música en su residencia.

5. EVÍTESE LA PALATALIZACIÓN [š], [ž] O [č] DE LOS GRAFEMAS "ci," "si" Y "ti" EN LAS COMBINACIONES "-ción"/"-sión"/"-tión"

> *"La ocasión abre la puerta a la tentación." (refrán)*

En inglés hay una regla fonética que convierte en [š], en [ž] o en [č] toda combinación grafémica "ci", "(s)si" y "ti" que encabeza la última sílaba de los sustantivos que terminan en "ion", por ejemplo:

action, coercion, conversion, destruction, digestion, division, friction, immersion, mansion, mission, passion, suspicion, etcétera

(La [š] es una sibilante sorda alveopalatal o sea la "sh" de *show, should, shallow,* la [ž] es la sibilante sonora alveopalatal de *measure, treasure, vision,* y la [č] es la sibilante africada sorda alveopalatal de *question, congestion, suggestion.*)

Ahora bien, en español no existen dichos sonidos sibilantes alveopalatales [š] y [ž] (aunque sí se encuentran como alófonos de /č/ y /j/, respectivamente, en varios geolectos). Lo que es más, en español nunca se convierten en [š], [ž] o [č] alveopalatales las combinaciones grafémicas "ci", "si" y "ti" más "ón." Es todo lo contrario: la "c" y la "s" son siempre [s], mientras que la "t" es siempre [t], como queda ilustrado en los siguientes sustantivos españoles, todos cognados.

acción, conversión, cuestión, destrucción, digestión, división, fricción, immersión, mansión, misión, pasión

El mismo problema suele surgir en las formas plurales de las mismas palabras "ión" y por las mismas razones, así que el estudiante anglófono debe cuidarse de pronunciar, por ejemplo, *divisiones* como [di-β-si-ó-nes] y no *[di-βí-žənz] o algo parecido.

Las combinaciones de letras "-ción", "-sión" y "-tión" nunca se pronuncian con [š], [ž], [č].

Ejercicio 7.8

A. Identifique como [s], [z] o [t] cada uno de los siguientes ejemplos de los grafemas "c", "s" y "t" que se dan en las oraciones 1 a 6 de la sección B.

B. Pronuncie en voz alta cada uno de los siguientes enunciados por lo menos tres veces, primero muy lentamente, dividiendo con esmero el enunciado en sus respectivas sílabas, luego con un poco más de prisa y por último a un ritmo normal. (El enfoque del presente ejercicio es la articulación normativa como [s] o [t] de los grafemas "c", "s" y "t" cuando van seguidas de "ión.")

1. La persecución de toda una generación fue la misión de esa revolución.

2. Las invasiones de las divisiones pánzer facilitaron la creciente militarización de esas naciones.

3. La proliferación de la educación nos ha llevado a la destrucción contrarrevolucionaria del país.

4. Déle una transfusión de sangre al prisionero de su predilección siempre y cuando sea de su entera satisfacción.

5. La salvación de la tribu se debió a su rápida cristianización a manos de los misioneros.

6. Hay que proporcionarle una nueva evaluación a la creciente industrialización para que no constituya una excepción a la incorporación de nuevas tecnologías.

6. EL GRAFEMA "U" NUNCA SE PRONUNCIA [i̯u] (CON DESLIZADA INICIAL)

> *"Si dinero tuviera Hugo, don Hugo lo llamaría todo el mundo."* (refrán)

En las combinaciones ortográficas inglesas "bu", "cu", "fu", "hu", "mu" y "pu" existe una tendencia a agregarle una deslizada inicial —la [i̯]— al sonido de la "u" ([u]). El resultado es que "bu" se pronuncia [bi̯u] (como en *bugle, butane*), "cu" se pronuncia [ki̯u] (como en *cute, cure*), "fu" se pronuncia [fi̯u] (*fumigate, fuel*), "hu" es [hi̯u] (*Hugh, huge*), "mu" es [mi̯u] (*mule, mutilate*) y "pu" es [pʰi̯u] (*pure, putrid*). Esta tendencia es inexistente en español. A menos que sea muda (como en las combinaciones *que, qui, gue, gui*), la "u" se pronuncia [u] siempre, no *[i̯u]. Así, a la *mule* [mi̯uɫ] inglesa le corresponde la *mula* ([mú-la]) española, al *Hugh* ([hi̯u]) en inglés, el *Hugo* ([ú-ɣo]) español, y así sucesivamente.

Ejercicio 7.9

Pronuncie en voz alta cada uno de los siguientes enunciados por lo menos tres veces, primero muy lentamente dividiendo con esmero el enunciado en sus respectivas sílabas, luego con un poco más de prisa y por último a un ritmo normal. (El enfoque del presente ejercicio es la articulación normativa el grafema "u" como [u] y no como [i̯u].)

1. De Cuba salió una culebra cubierta de cucarachas que comían cuchifritos.

2. Fulminaba fuertemente el Fulano que fundó la funeraria en Fuenterrabia.

3. Sale mucho humo cuando fumo puros cubanos que han traído los que han huido a hurtadillas del país.

4. El hurón huraño hurtaba húmeros humanos húmedos cuando había huracanes.

5. La mula de la mucama del museo municipal que estaba muy mustia, musitaba mucho la música de las canciones.

6. La impureza del pupilo pusilánime hizo que punzara a puñetazos el pupitre del pueblo.

7. EL GRAFEMA "h" NUNCA TIENE SONIDO

> *"Hilda ya halló la horma de su zapato." (refrán)*

Como ya es sabido, este grafema no equivale a ningún fonema; por lo tanto, no puede haber alófono que lo represente.

Ya que la "h" es muda, el primer sonido de las combinaciones "hue" y "hui" es siempre la consonante [w], a saber: *hueco* [wé-ko], *huelga* [wél-ɣa], *hueso* [wé-so], *huipil* [wi-píl]. La misma advertencia se aplica a la combinación "hie", donde el primer sonido es siempre la consonante [j]: *hierba* [jér-βa], *hierro* [jé-r̄o].

Ejercicio 7.10

Pronuncie en voz alta cada uno de los siguientes enunciados por lo menos tres veces, primero muy lentamente, dividiendo con esmero el enunciado en sus respectivas sílabas, luego con un poco más de prisa y por último a un ritmo normal. (El enfoque del presente ejercicio es concientizar al estudiante de no pronunciar el grafema "h.")

1. Héctor Hinojosa habitaba con su hermano Hugo en harmonía en un hotel.

2. El héroe hambriento estaba hecho un harapo por la horrible hepatitis que había sufrido en aquel hospital de Honduras, donde hasta el hígado se le hinchó.

3. Las hazañas del hombre del helicóptero honraban a todos los habitantes del Hemisferio Occidental.

4. Mi hijo Hilario tiene un horario horroroso: en una hora hace más que una hormiga haitiana.

5. Muchos hispanoamericanos histéricos se ahogaron en el huracán de las islas Bahamas.

6. Se hinchó horriblemente el hipopótamo hipocondríaco que habían herido en el hombro durante la huelga.

8. EL FONEMA /l/ NO TIENE ALÓFONOS VELARIZADOS COMO EN INGLÉS

> *"Al que no quiere la col, le colman el plato."* (refrán)

El fonema /l/ *inglés* tiene dos alófonos principales: el alófono lateral alveolar, *no velarizado,* que se parece bastante a la [l] lateral alveolar del español, y el alófono lateral alveolar *velarizado,* que se distingue considerablemente de ésta. En inglés, el alófono no velarizado —el parecido al español— se produce alzándose la parte anterior y bajándose la parte posterior de la lengua. Este alófono se da en posición inicial de palabra o de sílaba:

 long, belong, lose, unlike, release, leisure

En cambio, el otro alófono inglés, el velarizado, se articula con la lengua retraída hacia atrás y en posición baja, articulándose así en posición final de palabra

 tall, kill, bull, pal

o final de sílaba (a solas o seguida de otro segmento consonántico).

 hulking, silk, kilt, melted, helm

Aunque el fonema /l/ *español* admite cierta variabilidad alofónica dental o alveopalatal, su alófono principal es el alveolar no velarizado, en el que el ápice de la lengua toca la región alveolar. La diferencia principal entre el alófono no velarizado español y su equivalente más próximo inglés es que en la articulación de la [l] española, los dos bordes de la lengua se elevan hacia el paladar, cubriéndolo casi en su totalidad. En la articulación de la [l] inglesa, en cambio, los dos bordes de la lengua no se elevan tanto. El alófono español es por consiguiente más tenso que su equivalente inglés y tiene un sonido aún más parecido al de la vocal [i], mientras que el efecto acústico de la l inglesa es el de la vocal [u].

Puede servir de ejemplo del alófono [l] español, ya sea alveolar (el principal), dental o alveopalatal, cualquier palabra que se escriba con el grafema "l."

 leche, alto, alumno, palco, algo, late, mental, papel, lingüística, elevador, aleluya, celda, árbol, árboles, Lozano

Nótese que el alófono [l] que se encuentra en posición final de sílaba (*palco, algo, celda*) o final de palabra (*metal, papel, árbol*) es tan elevado y tan tenso como el que se encuentra en posición inicial de sílaba: *leche, alumno, late, elevador, Lozano.*

La [l] española se parece a la [l] no velarizada del inglés y no a la [l] velarizada.

Ejercicio 7.11

Pronuncie en voz alta cada uno de los siguientes enunciados por lo menos tres veces, primero muy lentamente, dividiendo con esmero el enunciado en sus respectivas sílabas, luego con un poco más de prisa y por último a un ritmo normal. (El enfoque del presente ejercicio es la articulación normativa del alófono español [l], que en ningún momento debe pronunciarse como el alófono velarizado inglés.)

 1. Lalo y Lola leyeron algo lacrimoso y luego lloraron hasta las altas horas de la noche.

2. Lázaro se lastimó la pelvis con la linterna volcada junto a la palma artificial de la sala principal del palacio.

3. Un ángel malcriado declaró que el salón estaba totalmente revuelto y por lo tanto se declararía en huelga en el momento menos ideal.

4. Luchis y Lulú se largaron el lunes a la una a la playa de Cozumel donde alquilaron un largo automóvil de lujo.

5. Algún labrador lujurioso y malintencionado les alteró maliciosamente la velocidad del automóvil, desarreglando el volante y los cables.

6. Elsa Beltrán le lanzó violentamente una bola esmaltada a Laura Delgado, lo cual resultó en última instancia en una pelea.

7. Lencho volvió a la parte central del hotel para lamerse la sal y el alcohol que alguien le lanzó en silencio desde el portal.

8. El ladrón falso salpicó calmadamente la alfombra de la alcoba con algo que alba no nos fue fácil palpar.

9. LA EXTENSIÓN DE [ɾ] A TODOS SUS ENTORNOS APROPIADOS

> *"Cualquier madera sirve para leña." (refrán)*

En esta sección se hará al revés lo que ya se hizo en la sección 2 del capítulo presente: se pondrá mucha atención en pronunciar el sonido inglés [D] (vibrante alveolar sencillo) que se encuentra en la típica pronunciación norteamericana de los grafemas "t", "tt", "d" y "dd" en palabras como *beater, better, beady* y *bedding*. A continuación se repite la información dada sobre el tema en la sección 2.

> Los fonemas /t/ y /d/ ingleses son representados en posición intervocálica postónica por el alófono alveolar, [D], que es casi idéntico al [ɾ] alveolar de vibración sencilla del español en cuanto a punto de articulación, modo de articulación y sonoridad. En el inglés norteamericano, este alófono [D] ... es el que se usa para pronunciar las combinaciones grafémicas "t" y "tt", "d" y "dd" cuando se encuentran en **posición intervocálica** (delante de una vocal y detrás de otra), sobre todo cuando la primera de las dos vocales es tónica. La [D] también se da tras "r."

Por lo tanto, la articulación del alófono español [ɾ] no ha de representar problema alguno para el estudiante que habla el inglés norteamericano. Sin embargo, hay un hecho importantísimo que al anglófono le dificulta la articulación de las [ɾ] españolas en la mayoría de las palabras en las que se encuentran: la distribución de [D] en inglés es muy limitada, limitándose prácticamente al entorno ya descrito, el intervocálico postónico. Es decir, las ya mencionadas combinaciones grafémicas "t", "tt", "d" y "dd" no producen [D] en otros entornos, como *in̲telligent* (ambiente postconsonántico y pretónico), *in̲tellectual* (postconsonántico y átono), *hi̲t* (final de palabra), *be̲trayed* (preconsonántico). Por lo tanto, al anglófono le es difícil realizar el alófono [ɾ] del español en cualquier entorno que no sea el intervocálico postónico, es decir, "V́__V".

¿Cómo se llega a dominar el "difícil" sonido de [ɾ] en todos sus entornos?

Así, no es difícil que el anglófono articule correctamente palabras en las que se da la [ɾ] española en el entorno intervocálico postónico: *para, pero, cara, quiero, mero, cero, espero, Sara, admiro, hablara*, etcétera. La dificultad nace con la articulación de palabras donde el entorno de [ɾ] no es el intervocálico postónico: *verdad, parte, comer, tribu, entrenar, hablará, admiración, prisión, miércoles*, etcétera. Otra dificultad proviene de la frecuencia del alófono [ɾ]: pueden encontrarse varios ejemplos de [ɾ] en un solo enunciado, mientras que la [D] inglesa no es tan frecuente.

La solución a estos problemas consiste principalmente en una lenta pero segura expansión de entorno en entorno del sonido [D] = [ɾ] que Ud. ya puede articular. Se comienza primero con un riguroso examen de la presencia del alófono [D] en el inglés norteamericano. Luego se practica —esta vez en español— el entorno intervocálico postónico ya dominado (*para, pera, pura*). De ahí se procede a los demás entornos no difíciles para la articulación de [ɾ]: el segundo, el intervocálico no postónico (*paranoia, paracaídas*), y el tercero, que es el final de palabra (*comer, entender*).

Finalmente, se procede a los entornos más difíciles de todos: el preconsonántico (*parte, perla*) y el postconsonántico (*triste, bravo*). En la organización de los ejercicios de la presente sección se toma en cuenta esta jerarquía de dificultades.

A través de todos estos ejercicios, se sobreentenderá que de ninguna manera se pronuncia la [r] española —alveolar vibrante sencilla sonora— como se pronuncia la [ɹ] inglesa, en cuya articulación retrofleja y velarizante la lengua se amontona y se echa hacia atrás, inclinándose hacia el velo del paladar, pero sin tocarlo. Otro problema que presenta la [ɹ] inglesa es que, al igual que las consonantes [l], [m] y [n], la [ɹ] puede emplearse como núcleo silábico, es decir, como consonante que sustituye a la vocal en el núcleo de la sílaba. Por ejemplo, en palabras como *color, fielder, perverse, urgent* e *international*, muchos hablantes del inglés norteamericano convierten las subrayadas combinaciones "or", "er" y "ur" en la [ɹ] nuclear silábica que se transcribe [ɹ̩]. Otros anglohablantes pronunciarán las palabras *color, fielder, perverse*, etcétera, con un sonido que, más que consonante, es vocal que se parece bastante al sonido de la schwa y que se transcribe con el símbolo [ɚ]. Pero comoquiera que el anglohablante pronuncie la "r" en su inglés nativo, tal pronunciación tiene que olvidarse por completo a favor de la articulación de la alveolar vibrante sencilla [r].

Ejercicio **7.12**

A. Practique primero la articulación *en inglés* del alófono [D], repitiendo los enunciados siguientes hasta estar bien consciente de la existencia de dicho sonido en el inglés.

1. Be<u>tt</u>y was ge<u>tt</u>ing rea<u>d</u>y for Fre<u>dd</u>y and Te<u>dd</u>y.

2. Rea<u>d</u>ing and wri<u>t</u>ing are kno<u>tt</u>y problems for Pa<u>tt</u>y.

3. I'm be<u>tt</u>ing that the be<u>dd</u>ing is soaked with bu<u>tt</u>er.

4. Her hair all ma<u>tt</u>ed, Ma<u>dd</u>y star<u>t</u>ed se<u>tt</u>ing the table.

5. I or<u>d</u>ered E<u>dd</u>y to begin visi<u>t</u>ing a shrink.

6. He's ri<u>d</u>ing his mo<u>t</u>orcycle with rapi<u>d</u>ity.

7. Kitty suffers from a deep-seated attitudinal disorder.

8. It's neater to have an atavistic Oedipus complex.

9. Get it outta here! Hit it over the head of the right fielder!

10. The editor edited everything neater after reading the latest article by Mary Leader.

B. Ahora practique la articulación de los siguientes enunciados que se encuentran en el primer entorno de nuestra jerarquía de dificultad, el intervocálico postónico.

1. Eran puras peras las que Vera me dio para la comida.

2. Ya mero viene Tere para buscar el aro de oro que abandonaron.

3. En esa era las horas eran mejores pero la gente era la misma.

4. Más vale que labores duro pero que pares a las seis.

5. El coro de los moros cantara más si pudiera pero la ira no los deja.

6. Sara y Mario quieren un toro que los adore más que una fiera.

7. Mira, no te lo quiero echar en cara, pero Teodora se separa de su esposo Turi en enero.

8. La señora se llama Cora Lara de Mihura y es de la mera Guadalajara.

9. Llegaron, se sentaron, bailaron, comieron, platicaron, se cansaron, y al fin se levantaron y se fueron.

10. Ha durado cuarenta y tres años la dictadura del proletariado en las catorce provincias de la isla.

C. Ahora practique la articulación de los siguientes enunciados en los que se encuentran los demás entornos de nuestra jerarquía de dificultad: los intervocálicos *no* postónicos, los preconsonánticos, los postconsonánticos y los finales de palabra. (Primero practique las palabras o frases sueltas. Luego pase a practicar las oraciones enteras.)

EL ENTORNO INTERVOCÁLICO *NO* POSTÓNICO

Evita Perón	mejorando	colaborarán
darán	dureza	durarás
harán	buró	mejoraré *i will get better.*
cantarán	pajarito	enamorados
venderán	esperaremos	duradero
horario	manufacturaba	jurado
comerás	arena	bienaventurados
bailarás	giraba	nos casaremos
duró	mejoró	me enamoré

EL ENTORNO PRECONSONÁNTICO

harto	Armando	Alberto
parte	arneses	huerta
argumento	arpa	suerte
árbol	Arsenio	mortalidad
arco iris *rainbow*	artístico	Horténsia
ardiente	curva	jardín
huérfano	marzo	parque

| Argentina | impertinente | sin embargo |
| borlote | Berta | urgente |

EL ENTORNO POSTCONSONÁNTICO

bromista *joker*	trabalénguas *tongue twister*	oprimído
crísis	democrático	desprecio
drogadicción	Sócrates	dragón
desenfrenádo	encrudecído	brutalidád
engrandéce	empobrecído	embrutecído
préso	apreciádo	agrávio
tríste	impresionó	grasiénto
tragicomédia	destréza *skill*	desgraciádo
entristéce	destrozádo	desagradáble

EL ENTORNO FINAL DE PALABRA

amór	jaguár	peor
compadecer	quehacér	mejor
altár	cáncer	descalificar
almíbar	chofer	desintoxicar
azúcar	carácter	holgazanear
dólar	nadador	desencabalgar
celular	despoblador	desjerarquizar
mar	vitivinicultor	dar
veintenar	anatematizador	ir

ana-tema-tisador

1. Siempre hornearán tortas francesas para la mayoría de los vecindarios.

2. Otros investigadores examinaron las cuatro cartas que fueron escritas por varios señores portugueses poderosos que se habían muerto hace muchos lustros.

3. La preparación de Marta para la prueba de álgebra del miércoles entrante tomará varios días.

4. Héctor y Arturo partirán a las tres de la tarde este viernes veinticuatro de febrero.

5. Tres tristes tigres tragaron trágicamente treinta toneladas de trigo del trigal de Tristán Trillo Treviño.

6. El feroz vampiro le pegará una tremenda mordida en la parte superior del brazo izquierdo.

7. El gobierno militar desincorporará la comarca de Candelaria de la Frontera del resto de El Salvador.

8. Era un drama pobre y transparentemente trivial el que se presentó ayer en el anfiteatro universitario Francisco Carbajal Urquiza.

9. Hicieron un esfuerzo sobrehumano los marineros ecuatorianos al ser sorprendidos por la fuerza aérea irlandesa en alta mar.

10. El bravo e intrépido toro no se atrevió a quebrar la fuerte puerta de madera que el control había construido detrás de la arena.

11. Para pronunciar acertadamente las palabras de este ejercicio, hay que practicar arduamente hora tras hora en el laboratorio.

12. Armando vendrá armado de un armazón argentino que no dejará pasar ni al arquitecto más arbitrario.

13. El chofer le cobró un dólar de entrada a la mujer del general del ejército uruguayo para que dejara de llorar.

14. Un veintenar de prisioneros embrutecidos cruzaron a trote el ardiente desierto sonorense con destino a la perversa cárcel de Hermosillo.

10. EL ALÓFONO [r̄]: LOS PORRAZOS HACEN AL JINETE

"Que el récord lo rompa Roque, conque a Ricardo no le toque." (refrán)

La articulación de la [r̄] alveolar vibrante múltiple, único alófono del fonema /r̄/, siempre ha representado un problema serio para el estudiante anglófono. Mientras que el alveolar vibrante sencillo [r] tiene un sonido fuertemente análogo en el repertorio fonético inglés, el sonido [D] (véase la sección 9 del presente capítulo), el alveolar vibrante múltiple [r̄] no tiene equivalente inglés alguno. De ahí que sea tan problemática su articulación.

Lo curioso es que al estudiante anglófono que de adolescente o adulto se le dificulta la articulación de la [r̄], de pequeño la dominaba. La [r̄] es el sonido que hacen los niños cuando juegan con carritos, camioncitos, avioncitos, etcétera, para imitar el ruido del motor de los mismos. Hacen "[r̄r̄r̄r̄r̄r̄r̄r̄r̄r̄r̄uummmmm], [r̄r̄r̄r̄r̄r̄r̄r̄r̄r̄r̄uummmmm]" al jugar. Pero luego, a eso de los cinco o seis años, los niños gradualmente van perdiendo los sonidos que no son del inglés, y así las [r̄r̄r̄r̄r̄] se pierden.

La cuestión palpitante es si después de la infancia se puede recuperar este sonido, lo cual es posible en muchos casos. A continuación se presentará una forma muy práctica de recuperarlo. Este método consiste en cuatro etapas, cada una de las cuales se tiene que seguir fielmente.

1. Pronuncie la [r] —el vibrante *sencillo*— varias veces pero *sin sonorizarlo*. Es decir, el resultado debe ser una [r̥] sorda. (El pequeño círculo indica que la consonante es sorda.)

2. Mantenga la lengua exactamente donde se tiene que mantener para la articulación de una [r] sorda.

3. Ahora *exhale* tensa y fuertemente una larga corriente de aire. La corriente hará vibrar múltiples veces la lengua en la posición en la que se ha mantenido.

4. Ya puede Ud. *sonorizar,* o sea, añadirle las vibraciones de las cuerdas vocales a la articulación, que se ha convertido en una vibración múltiple, creada al seguir las tres etapas anteriores. El resultado es el sonido alveolar vibrante múltiple sonoro, la [r̄].

Aún más difícil es la [r̄]. Solución: recuerde los ruidos que hacía cuando tenía cinco años.

Como Ud. ya sabe (o véase la sección Problema ortográfico #7 del Capítulo 2), el fonema /r̄/, cuyo único alófono normativo es la [r̄] que ha venido practicando en esta sección, tiene dos representaciones ortográficas: (1) la "rr" en posición intervocálica y (2) la "r" al comienzo de cualquier palabra y detrás de cualquier "l", "n" o "s." Siguen ejemplos de estos entornos: (1) *perro, carro, barril;* (2) *Rafael, rico; alrededor, alrota; Enrique, enredo; Israel, israelí.* En cualquier otro entorno preconsonántico o postconsonántico, el grafema "r" representa al fonema /r/ (alófono único [r] = vibrante sencillo): *triste, arte, crisis, acrónimo, drogas, ardiente,* etcétera. Es únicamente en el entorno intervocálico donde /r/ y /r̄/ contrastan; es decir, éste es el único entorno en el que pueden aparecer los dos fonemas: *caro, carro; coro, corro; pero, perro; encerar, encerrar.*

Ejercicio 7.13

A. Diga cuáles de los grafemas "r" de los enunciados de la sección B del presente ejercicio deben articularse con el alófono vibrante múltiple [r̄] y cuáles no.

B. Pronuncie en voz alta cada uno de los siguientes enunciados por lo menos tres veces, primero muy lentamente, dividiendo con esmero el enunciado en sus respectivas sílabas, luego con un poco más de prisa y por último a un ritmo normal. (El enfoque del presente ejercicio es la articulación normativa del alófono español [r̄].)

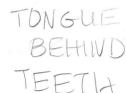

1. Enrique y Rigoberto me agarraron el gorro rápidamente.

2. Curro raras veces se reúne con el resto de sus primos.

3. Alrededor de cien rusos robaron revólveres en Rumania.

4. No es correcto decir que el terrorismo se restringe a la sierra.

5. El rabino se rompió la pierna en una carrera terrestre.

6. Rodrigo roncó ruidosamente mientras rodaba cerro abajo.

7. Un raro rito rústico ridiculiza la riqueza de la tierra.

8. Un terrible rinoceronte rugió rabiosamente rumbo a Roma.

9. El ribereño rescató del río residuos del requesón revuelto.

10. El serrano arregló el hierro en su carro y arrancó sin respeto.

11. Ya querrán que se amarren los reos arriba del restaurante para que no les ocurra nada.

12. Erre con erre cigarro, erre con erre barril, rápido corren los carros cargados de azúcar del ferrocarril.

11. EL ALÓFONO [X] ES VELAR, NO GLÓTICO

> *"Del viejo el consejo y de la vieja la conseja." (refrán)*

El fonema /x/ tiene un solo alófono, la [x], que es sordo, fricativo y velar. Es importante destacar este último calificativo —**velar**— para que quede claro el contraste entre la [x] española y la [h] inglesa. El alófono [h] inglés es sordo, fricativo y glótico. (Lo **glótico** se articula en la glotis, que se encuentra por debajo de la parte posterior de la cavidad bucal, ya dentro de la garganta misma. Véase el perfil de la cavidad bucal del Capítulo 4 [Figura 4.1]). Como ya se sabe, la zona velar está localizada entre el velo del paladar y la parte posterior del dorso ya dentro de la lengua, en la parte posterior de la boca, arriba de la glotis. La glotis se encuentra más abajo aún.

Por ser velar, el sonido [x] español se articula exactamente en la misma parte de la boca que los alófonos [g] y [ɣ] del fonema /g/ y que el sonido [k], alófono único de /k/. Son cuatro, pues, los sonidos velares del español: [k], [g], [ɣ] y [x]. Urge recalcar que tanto el sonido [x] como el sonido [k] son **velares sordos** y que lo único que los

La [x] española y la [h] inglesa tienen diferentes puntos de articulación.

distingue es su modo de articulación —fricativo (la [x]) frente a oclusivo (la [k]). Los siguientes pares mínimos contrastan los dos sonidos: *cojo/coco, roja/roca, Tajo/taco, baja/vaca, jarro/carro, atajar/atacar.*

El sonido [x], como es sabido (véase el Problema ortográfico #4 en el Capítulo 2), se representa ortográficamente con el grafema "j", que representa a /x/ en todo entorno, y con el grafema "g", que representa a /x/ sólo delante de las dos vocales anteriores, es decir: "e", "i." Recuerde que en el español hispanoamericano se escribe el fonema /x/ con el grafema "x" en el topónimo *México* y sus derivados (*mexicano, Mexicali, Mexiquito,* etcétera). Lo mismo ocurre con muchos topónimos mexicanos y centroamericanos de origen indígena como *Xalapa, Xaragua, Xemal, Xinantécatl, Xipetotec.*

Ejercicio 7.14

A. Diga cuáles de los grafemas "g" de los enunciados de la sección B del presente ejercicio deben articularse como [x] y cuáles no.

B. Pronuncie en voz alta cada uno de los siguientes enunciados por lo menos tres veces, primero muy lentamente, dividiendo con esmero el enunciado en sus respectivas sílabas, luego con un poco más de prisa y por último a un ritmo normal. (El enfoque del presente ejercicio es la articulación normativa del alófono español [x]. Trate de pronunciarlo siempre [x], no [h].)

1. Jocosamente le trajeron los gemelos Jurado jarros de ginebra el jueves a mucha gente joven.

(handwritten: Cheerfully) *(handwritten: gin)*

2. El gigante genovés gesticulaba generosamente ante el gitano gimnasta que giraba la cesta de girasoles argelinos.

3. Jorge Julio Jiménez Jaramillo se enojó exageradamente con un genial jinete argentino en Guadalajara, Jalisco, México.

4. Mi tía Gimena Gijón es generala del ejército mexicano y hace ejercicio en junio en el Gimnasio Jarquín.

5. La mujer de José, Juana Julieta Jáuregui de Grijalva, es muy floja y majadera y siempre escoge las joyas más lujosas.

6. Los judíos jamaicanos cojos han juntado trabajosamente muchos relojes de Bélgica.

7. El jefe genioso recogió gigantescos jarros geológicos y fajas mojadas de los jardines de Ciudad Juárez.

8. Ya te dije que era injusto que jugaras con cajas de jabón de la agencia de viajes Mi Tajo Lejano de Jerez de la Frontera.

LA ACENTUACIÓN TÓNICA, EL RITMO Y LA LÍNEA MELÓDICA

Esta sección comenzará con dos poemas—uno en inglés y otro en español—para hacer resaltar una distinción básica y clave entre los dos idiomas: la distinción de ritmo, que en inglés es acentual y en español es silábico. Al leer los dos poemas, concéntrese en su acentuación tónica, su ritmo y su línea melódica.

"BONY"
Baby, baby, naughty baby
Hush, you squalling thing, I say
Peace this moment, peace, or maybe
Bonaparte will pass this way

Baby, baby, he's a giant
Tall and black as Monmouth steeple
And he breakfasts, dines and suppers
Every day on naughty people

Baby, baby, if he hears you
As he gallops past the house
Limb from limb at once he'll tear you
Just as pussy tears a mouse

And he'll beat you, beat you, beat you
And he'll beat you all to pap
And he'll eat you, eat you, eat you
Every morsel snap snap snap!

(Autor inglés desconocido, principios del siglo XIX durante las guerras napoleónicas)

"SALMO PLUVIAL"

Tormenta

Érase una caverna de agua sombría el cielo;
el trueno, a la distancia, rodaba su peñón;
y una remota brisa de conturbado vuelo,
se acidulaba en tenue frescura de limón.

Como caliente polen exhaló el campo seco
un relente de trébol lo que empezó a llover.
Bajo la lenta sombra, colgada en denso fleco,
se vio al cardal con vívidos azules florecer.

Una fulmínea verga rompió el aire al soslayo;
sobre la tierra atónita cruzó un pavor mortal;
y el firmamento entero se derrumbó en un rayo,
como un inmenso techo de hierro y de cristal.

Lluvia

Y un mimbreral vibrante fue el chubasco resuelto
que plantaba sus líquidas varillas al trasluz,
o en pajonales de agua se espesaba revuelto,
descerrajando al paso su pródigo arcabuz.

Saltó la alegre lluvia por taludes y cauces;
descolgó del tejado sonoro caracol;
y luego, allá a lo lejos, se desnudó en los sauces,
transparente y dorado bajo un rayo de sol.

Calma

Delicia de los árboles que abrevó el aguacero.
Delicia de los gárrulos raudales en desliz.
Cristalina delicia del trino del jilguero.
Delicia serenísima de la tarde feliz.

Plenitud

El cerro azul estaba fragante de romero,
y en los profundos campos silbaba la perdiz.

(Leopoldo Lugones, argentino, 1874–1938)

Las distinciones de ritmo que revelaron estos dos poemas ya se examinaron en la sección del Capítulo 6, pero las volvemos a enfatizar en la presente sección de enfoque práctico por la siguiente razón.

Entre el inglés y el español, no hay diferencia más importante que la diferente forma que cada lengua tiene de conceptuar el ritmo y la acentuación.
Ante las diferencias rítmica y acentual, palidecen todas las demás. Son los efectos que producen la combinación de ritmo y acento los que más distinguen el español del inglés.

Compárese el ritmo del poema popular inglés "Bony" con el de "Salmo pluvial." En "Bony" se sigue fielmente uno de los ritmos más usados en la poesía escrita en inglés, el tetrámetro trocaico (*trochaic tetrameter*), en el que a cada acento tónico le

Las diferencias entre el ritmo del español y el del inglés son importantísimas.

sigue uno átono, así: ´-´-´-. De los 16 versos del poema, diez siguen absolutamente el ritmo trocaico (´-´-´-) y seis siguen un ritmo (´-´-´´), que es idéntico excepto por la falta de la sílaba átona en posición final de verso. A continuación se dan los patrones rítmicos de "Bony", verso por verso.

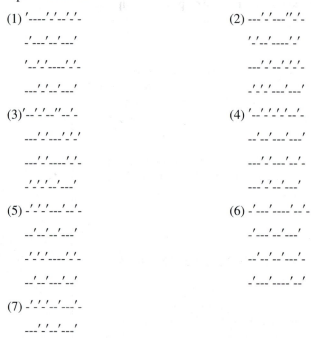

(1) ´-´-´-
    ´-´-´´
    ´-´-´-
    ´-´-´´

(2) ´-´-´-
    ´-´-´´
    ´-´-´-
    ´-´-´´

(3) ´-´-´-
    ´-´-´´
    ´-´-´-
    ´-´-´´

(4) ´-´-´-
    ´-´-´´
    ´-´-´-
    ´-´-´´

En cambio, los versos de "Salmo pluvial" manifiestan un patrón rítmico muy diferente, típico del **verso alejandrino,** en que cada verso tiene catorce sílabas (o las más de las veces trece, si la última palabra del verso termina en consonante). La siguiente representación de los patrones rítmicos del poema revela que realmente no hay uniformidad de patrón rítmico; si se encuentra alguna que otra coincidencia de ritmo, es por casualidad.

(1) ´----´-´--´-´-
    -´---´-´-´-´
    ´--´-´----´-´-
    ---´-´-´-´

(2) ---´-´---´´-´-
    ´-´--´----´-´
    ---´-´-´-´-´-
    -´-´-´---´---´

(3) ´--´-´--´´--´-
    ---´-´-´---´-´´
    ---´-´----´´-
    -´-´-´-´--´-´

(4) ´--´-´-´-´-´-
    --´-´-´-´-´´
    ---´-´---´-´-
    ---´-´-´--´

(5) -´-´-´---´--´-
    --´-´-´-´-´´
    -´-´-´----´´-
    --´-´---´-´´

(6) -´---´----´--´-
    -´---´-´--´´
    --´-´-´-´-´-
    -´---´----´-´´

(7) -´-´-´--´---´-
    ---´-´--´---´´

El apego inglés al ritmo poético trocaico se debe a que la poesía en inglés refleja el ritmo acentual de la lengua misma, cuya distribución de acentos tónicos suele ser trocaica o yámbica (cuyo ritmo es -´-´), porque *en inglés no se suelen dar más de dos*

En inglés predomina la acentuación frecuente y pareja.

sílabas átonas en secuencia. Esto se desprende de que el inglés hablado, y no sólo el inglés poético, prefiera uno de los siguientes patrones rítmicos:

(CASI) CADA SÍLABA ES TÓNICA
‴-″-″ Súe tóld Ánn to stóp smóking ríght nów

CADA OTRA SÍLABA ES TÓNICA
-′-′-′-′ I sóld the mán a lóvely hóme
(el verso yámbico, otro de los más populares de la poesía en inglés)

′-′-′-′- Téll them nót to stóp and lísten
(el verso trocaico ya mencionado)

CADA TERCERA SÍLABA ES TÓNICA
--′--′--′-′ He had góne to the bár for a gláss of our wíne
(este verso es el llamado anapéstico)
′--′--′--′- Jóhn would have tóld you to shóp at the márket
(este verso es el llamado dactílico)

Una selección más larga de prosa inglesa puede comprobar nuestro análisis. Antes de comenzar, es importante recordar que el inglés tiene *tres* tipos de acentuación tónica: el fuerte [′], el mediano (que es representado por el símbolo circunflejo [ˆ]) y el débil (que es representado por el acento grave, así: ì, è, à, ò, ù). Cualquier vocal que no se escribe con acento es inacentuada, como la segunda "e" de *règárdless,* o muda, como la segunda "e" de *tápe.* La siguiente selección de prosa no emplea transcripción fonética, la cual nos obligaría a hacer una presentación de la fonética inglesa, sino la ortografía normativa de la lengua.

Sóme of the cáddies were póor as sín and líved in óne-rôom hóuses wìth a nêurasthénicców ìn the frónt yárd, but Déxter Gréen's fáther ówned the sécond bêst grócery-stôre in Blâck Béar (the bést ône wàs "The Húb," pátronîzed bỳ the wéalthy péople from Shêrry Ísland) and Déxter cáddied ónly for pócket-mònèy.

Ìn the fáll whèn the dáys becâme crísp and gráy, ànd the lóng Mínnesôta wínter shûte dówn lìke the whîte líd of a bóx, Déxter's skís móved ôver the snów that híd the fáirwàys of the gólf côurse. Át thése tímes the cóuntry gáve hìm a féelìng of pròfóund mélanchôlỳ.

(F. Scott Fitzgerald, Winter Dreams, *1926)*

Éste es el patrón rítmico de la selección de Fitzgerald (en el que cualquier tipo de acentuación es representado por el acento agudo).

′--′--′-′-′-″‴′-′-′-″-′, -′-″-′-″-′- (-″--′, ′-′-′-′-′-′) ′-′-′-′-.
-′-′-′-′, -′-′-′-″-′--, ′-″--′-′--″-. ″-′-″-″-′′--.

A modo de comparación se presenta la siguiente selección en español, en la que también se pondrán acentos agudos para marcar la acentuación tónica de muchas palabras cuya ortografía normativa no los permitiría.

Los dolóres que mi brázo herído me causában éran tán grándes, que los soldádos de la escólta viéndo mis ójos encendídos por la fiébre, y mi róstro de céra, y mis bárbas sombrías, que en pócas hóras simulában habér crecído como en algúnos cadáveres, guardában ún siléncio lléno de respéto. El dolór cási me nubláva los ójos, y como mi cabállo corría abandonáda sobre el borrén la riénda, al cruzár úna aldéa faltó póco para que atropelláse a dós mujéres que caminában júntas, enterrándose en los lodazáles. Gritáron al apartárse, fijándome los ójos asustádos: Úna de aquéllas mujéres me reconoció.

(Ramón del Valle-Inclán, Sonata de invierno, *1905)*

Éste es el patrón rítmico de la selección de Valle-Inclán:

--'---'--'---'´'´''-, ---'----'-'--'---'---'-, --'--'-, --'--'-, --'-'---'--'-'----'--'--, '´'´'´'---
'-. --''---'--'-', -----'--'----'----'-'´'-, --''--'--''------'--'-'----'´'-, --'------'-. -'----'-, -
'---'---'-: '---'--'-----'.

La comparación de estas dos selecciones demuestra una diferencia obvia y marcada entre los dos idiomas en cuanto al número de sílabas átonas juntas que se permiten: la selección de Valle-Inclán ha revelado once ejemplos de tres sílabas átonas juntas, cuatro ejemplos de cuatro, cuatro de cinco, un ejemplo de seis e incluso un ejemplo de siete sílabas átonas juntas. La selección de Fitzgerald, en cambio, sólo revela once ejemplos de dos sílabas átonas juntas y ni un sólo ejemplo de tres o más.

En español pueden aparecer juntas hasta siete (o más) sílabas átonas. En inglés no.

Es por eso que al estudiante anglófono que procura adquirir una pronunciación normativa del español, le corresponde poner mucha atención a la siguiente serie de conclusiones que se derivan de todo lo que se ha dicho en este capítulo y en el Capítulo 6 con respecto a la acentuación y ritmo del español y la comparación de éstos con el inglés.

1. **Hay más acentos tónicos en inglés que en español.** Las palabras inglesas de tres sílabas suelen llevar más de un acento tónico, uno fuerte y otro débil (por ejemplo, *lócalìze*), mientras que las de más de tres sílabas pueden llevar uno fuerte y uno medio, además del débil (por ejemplo, *îndivídualìze*).

2. Como en español son menos frecuentes los acentos tónicos, es más frecuente **el número de sílabas átonas que pueden estar juntas.** El español permite hasta siete o más sílabas átonas yuxtapuestas. Esto sería imposible en inglés, donde es raro encontrar tres.

En comparación con el inglés, el español tiene menos acentos tónicos, más sílabas átonas yuxtapuestas, y pone más énfasis en la clasificación gramatical.

3. **Es muy diferente el papel que juega la clasificación gramatical de una palabra.** En el español la clasificación gramatical (sustantivo, adjetivo, verbo, adverbio, preposición, conjunción, todos los diferentes tipos de pronombres, etcétera) determina si dicha palabra lleva acento tónico en la frase. Las partes de la oración que se clasifican como átonas (véase el Capítulo 3) rara vez se convierten en tónicas y viceversa. Esto ocurre también con el inglés, pero sólo como conse-cuencia del uso frecuente de acentos tónicos: son tan frecuentes en el inglés que es

casi inevitable que las palabras de mayor peso semántico (sustantivos, adjetivos, verbos, adverbios, etcétera) lleven acento, aunque éste sea débil.

4. **En inglés se convierte en** *schwa* **la vocal de una sílaba átona. En español esto no sucede nunca.** Por lo tanto, es necesario que el anglófono que está aprendiendo la pronunciación española **sea siempre consciente de la tendencia a convertir en** *schwa* **las vocales átonas.**

5. Parece haber una **correlación entre la igualdad de tiempo de articulación de las sílabas españolas y la invariabilidad de su línea melódica.** Es decir, es tan pareja la una como la otra. Un repaso de la sección "La línea melódica" del Capítulo 6 revela que, con la excepción de la línea melódica C (la de las preguntas confirmativas sí/no que expresan asombro), en cuyo final la línea asciende hasta el nivel 3 (el más alto) para descender en seguida al nivel 1 (el más bajo), la melodía del español se limita esencialmente al nivel 2. En cambio, la línea melódica del inglés asciende y desciende dos o tres notas en la escala musical al compás de los varios acentos tónicos. Al darse un acento tónico, la melodía asciende, y al dejar de darse el acento, la melodía desciende para ascender otra vez tan pronto se dé el siguiente acento tónico.

A diferencia del inglés, el español (a) no tiene schwa y (b) refleja su ritmo invariable en su melodía.

Ejercicio **7.15**

Experimente este fenómeno de las subidas y bajadas en la escala musical de la línea melódica del inglés, leyendo en voz alta la tercera estrofa del poema "Bony." Por debajo de cada sílaba está escrita la letra que corresponde a su respectiva nota en la escala musical, donde las notas en una octava van de la más baja hasta la más alta: C D E F G A B C.

Baby, baby, if he hears you
F C   FC FD   F   D

As he gallops past the house
F C F C   F C   D

Limb from limb at once he'll tear you
 F   C   F C F   D E   D

Just as pussy tears a mouse
F C F C   E C   F

    Como puede observarse en el Ejercicio 7.15, la línea melódica del inglés está llena de altibajos, mientras que la española es una larga meseta llana. (La línea melódica del español no es tan llana como para que toda sílaba tenga exactamente la misma nota en la escala musical. Sin embargo, la variación raras veces pasa de una nota a otra —de E a D, por ejemplo— a menos que se trate de la melodía final de una línea tipo C que se describe en el punto 5 de la lista que precede el ejercicio.)

Ejercicio **7.16**

Ensaye lo que ya se sabe de la "larga meseta llana" de la línea melódica del español, leyendo en voz alta la primera estrofa de "Salmo pluvial." Haga todo lo posible para que no haya "altibajos" en su línea melódica. Manténgala lo más plana posible.

Érase una caverna de agua sombría el cielo;
EE EE EE E E E EE E ED

el trueno, a la distancia, rodaba su peñón;
D E EDD DE D D EE E E

y una remota brisa de conturbado vuelo,
 E EE EE E E E EE E EF

se acidulaba en tenue frescura de limón.
 D DDE E EE E EE EE

Ejercicio **7.17**

Practíquese lo que ya se sabe sobre la diferencia de acentuación tónica y de ritmo entre el español y el inglés por medio de un análisis de varias palabras cognadas. Primero, identifique la sílaba o sílabas donde recae el acento tónico en la cognada inglesa. Después identifique la sílaba (una sola) en la que recae el acento tónico en la cognada española. Luego lea las dos palabras en voz alta para mejor percibir la diferencia en cuanto a la posición del acento tónico y la frecuencia de la acentuación tónica.

MODELO: INGLÉS   ESPAÑOL
         presentation   presentación
En la cognada inglesa el acento tónico más fuerte recae en la penúltima sílaba. En la cognada española recae en la última sílaba. La lectura de las dos palabras en voz alta es como sigue: . . . [*Ahora se pronuncian las dos palabras.*]

	INGLÉS	ESPAÑOL
1.	kleptomaniac	cleptomaníaco
2.	ignorance	ignorancia
3.	adolescence	adolescencia
4.	indifference	indiferencia
5.	introduce	introducir
6.	infanticide	infanticidio
7.	multitude	multitud

8.	personage	personaje
9.	unpardonable	imperdonable
10.	intolerable	intolerable
11.	discipline	disciplina
12.	telephone	teléfono
13.	architecture	arquitectura
14.	excommunicate	excomulgar
15.	necessitate	necesitar
16.	demagogue	demagogo
17.	interrogative	interrogativo
18.	administrative	administrativo
19.	photograph	fotografía
20.	grammatical	gramatical
21.	dictatorial	dictatorial
22.	perfectionism	perfeccionismo
23.	pseudonym	seudónimo
24.	simplification	simplificación
25.	remilitarization	remilitarización
26.	cardiovascular	cardiovascular
27.	singular	singular
28.	professor	profesor
29.	administrator	administrador
30.	operator	operador

31.	religious	religioso
32.	insignificant	insignificante
33.	immigrant	inmigrante
34.	intelligent	inteligente
35.	temperament	temperamento
36.	aristocracy	aristocracia
37.	efficiency	eficiencia

COMBINÁNDOLO TODO: EJERCICIOS DE SÍNTESIS SOBRE LA ARTICULACIÓN NORMATIVA

"Casa mía, casa mía, por pequeña que seas vales más que una abadía." (refrán)

Los siguientes ejercicios se han preparado con el propósito de hacer que quien usa este texto, aplique acertadamente todo lo que ha aprendido sobre la articulación normativa del español. Ya no hay necesidad de explicaciones ni de ejemplos de los fenómenos ya estudiados y practicados. Antes de que Ud. empiece a practicar lo que se presenta a continuación, escriba una lista que resuma todos los problemas articulatorios que sabe que aún tiene o que su maestro le ha señalado. Y después de pronunciar en voz alta o de grabar el contenido de estos ejercicios, podría hacerse una examinación del contenido fonético de lo pronunciado a fin de encontrar cualquier articulación que todavía manifieste rasgos de una pronunciación no normativa.

Ejercicio 7.18

"¿Cuál dijo?" En la audiocinta / el CD escuchará una voz que leerá una de las palabras de cada par, procediendo al azar sin patrón evidente. Ud. identificará cuál componente del par fue pronunciado en cada caso, respondiendo "English" (si la voz pronunció el componente inglés) o "español" (si la voz pronunció el componente español).

INGLÉS	ESPAÑOL		INGLÉS	ESPAÑOL
1. may	me	**15.** Dee	di
2. cone	con	**16.** Don	dan
3. bay	ve	**17.** chews	chus
4. toga	toga	**18.** El	él
5. pasta	pasta	**19.** Fay	fe
6. know	no	**20.** he's	gis
7. opera	ópera	**21.** lay	le
8. tea	ti	**22.** low	lo
9. bah	va	**23.** me	mí
10. bee	vi	**24.** knee	ni
11. Kay	que	**25.** canyon	cañón
12. a key	aquí	**26.** say	sé
13. Cole	col	**27.** see	sí
14. day	dé	**28.** two	tú

Ejercicio 7.19

Imitando la voz de la audiocinta / del CD, repita Ud. cada una de las palabras siguientes a fin de acostumbrarse a pronunciar con **un solo acento tónico** cualquier palabra que tenga muchas sílabas. (Las siguientes tienen de seis a diez.)

1. electroencefalografía
2. electroencefalograma
3. hispanoamericanista
4. radiotelecomunicación
5. gastroenterología
6. automedicamentarse
7. internacionalización
8. antirrevolucionario
9. microelectrónica
10. sicopatología
11. vicesecretaría
12. colaboracionista
13. heterosexualidad
14. sobrealimentación
15. cinematográfico
16. interdisciplinario
17. neoliberalismo
18. rejuvenecimiento
19. internacionalizar
20. termodinámica
21. insignificancia
22. autobiografía

23. sinvergüencería

24. ametralladora
machine gun

25. primogenitura

26. hipoalergénico

Ejercicio 7.20

Pronuncie en voz alta cada uno de los siguientes enunciados de estas tres selecciones por lo menos tres veces, primero muy lentamente, dividiendo con esmero el enunciado en sus respectivas sílabas, luego con un poco más de prisa y por último a un ritmo normal. En seguida haga una transcripción fonética completa —alófonos, sílabas, sinalefas, acentos tónicos, ritmos, líneas melódicas— de todos los enunciados para determinar si ha logrado articular, según la norma, los segmentos y los suprasegmentos del español.

PRIMERA SELECCIÓN

 Cuando María Camino bajó a desayunar, ya estaban sentadas en el comedor su

madre y su hermana Clara. Pero la señora Camino no empezaba a comer si sus

dos hijas no estaban a la mesa. María llegó silenciosamente. Al salir de su

cuarto había escuchado sus propios pasos y le pareció que hacía mucho ruido

al caminar. Y no quería llamar la atención ni que la notaran ese día: nadie debía

sospechar lo que le pasaba. Cuando se dio cuenta de que su madre y su her-

mana ya estaban en el comedor sintió un gran malestar. Su madre le pregun-

taría por qué se había retrasado y las había hecho esperar. Entró en el comedor

bastante cohibida. Al inclinarse para besar a su madre vio su propio rostro re-

flejado en el gran espejo italiano: estaba muy pálida y ojerosa. Pronto se darían

cuenta de ello su madre y su hermana. Sintió que un viento frío le corría por la espalda. La señora Camino no le preguntó nada, pero en cualquier momento lo

haría y ella tendría que tener preparada alguna excusa. Diría que el reloj se le

había parado. Mientras mondaba una manzana sabía que su madre y Clara la

peel

estaban observando; tal vez ya habían sospechado; bajó la mirada y supo que

había enrojecido. Pero afortunadamente Clara Camino empezó a hablar en ese

blushed

momento de una exhibición de modas, que con fines benéficos preparaba su

club. —Me gustaría mucho que fueras con nosotras —le dijo de pronto a

María. —Claro que irá —se apresuró a asegurar la señora Camino, antes de

que María pudiera decir algo. María sonrió débilmente a su madre y siguió

tomando el chocolate. También ella tendría que hablar de algo, conversar con

su madre y con su hermana; pero temía que su voz la delatara y que ellas se

dieran cuenta que algo le sucedía.

(Amparo Dávila, "La celda" [de su Tiempo destrozado, 1978])

SEGUNDA SELECCIÓN

No te conoce el toro ni la higuera,

ni caballos ni hormigas de tu casa.

No te conoce el niño ni la tarde

porque te has muerto para siempre.

No te conoce el lomo de la piedra,

ni el raso negro donde te destrozas.

No te conoce tu recuerdo mudo

porque te has muerto para siempre.

El otoño vendrá con caracolas,

uva de niebla y montes agrupados,

pero nadie querrá mirar tus ojos

porque te has muerto para siempre.

Porque te has muerto para siempre,

como todos los muertos de la tierra,

como todos los muertos que se olvidan

en un montón de perros apagados.

No te conoce nadie. No. Pero yo te canto.

Yo canto para luego tu perfil y tu gracia.

La madurez insigne de tu conocimiento.

Tu apetencia de muerte y el gusto de su boca.

La tristeza que tuvo tu valiente alegría.

Tardará mucho tiempo en nacer, si es que nace,

un andaluz tan claro, tan rico de aventura.

Yo canto su elegancia con palabras que gimen

y recuerdo una brisa triste por los olivos.

(Federico García Lorca, "Alma ausente" [del poema "Llanto por Ignacio Sánchez Mejías", Canciones, *1927])*

TERCERA SELECCIÓN

 Llegué a la Corte de Estella, huyendo, disfrazado con los hábitos que

ahorcara en la cocina de una granja un monje contemplativo, para echarse al

campo por Don Carlos VII [Séptimo]. Las campanas de San Juan tocaban

anunciando la misa del Rey, y quise oírla todavía con el polvo del camino en

acción de gracias por haber salvado la vida. Entré en la iglesia cuando ya el

sacerdote estaba en el altar. La luz vacilante de una lámpara caía sobre las

gradas del presbiterio donde se agrupaba el cortejo. Entre aquellos bultos

oscuros, sin contorno ni faz, mis ojos sólo pudieron distinguir la figura prócer del Señor, que se destacaba en medio de su séquito, admirable de gallardía y de nobleza, como un rey de los antiguos tiempos. La arrogancia y brío de su persona, parecían reclamar una rica armadura cincelada por milanés orfebre, y un palafrén guerrero paramentado de malla. Su vivo y aguileño mirar hubiera fulgurado magnífico bajo la visera del casco adornado por crestada corona y largos lambrequines. Don Carlos de Borbón y de Este es el único príncipe soberano que podría arrastrar dignamente el manto de armiño, empuñar el cetro de oro y ceñir la corona recamada de pedrería, con que se representa a los reyes en los viejos códices.

Terminada la misa, un fraile subió al púlpito, y predicó la guerra santa en su lengua vascongada, ante los tercios vizcaínos que, acabados de llegar, daban por primera vez escolta al Rey. Yo sentíame conmovido: Aquellas palabras ásperas, firmes, llenas de aristas como las armas de la edad de piedra, me causaban impresión indefinible: Tenían una sonoridad antigua: Eran primitivas y augustas, como los surcos del arado en la tierra cuando cae en ellos la simiente del trigo y del maíz. Sin comprenderlas, yo las sentía leales, veraces,

adustas, severas.

(Ramón del Valle-Inclán, Sonata de invierno, *1905)*

PRONTUARIO DE TÉRMINOS NUEVOS

Antes de proceder al próximo capítulo, cuídese de haber aprendido bien el significado de todos los términos siguientes, que en este capítulo se presentaron por primera vez.

- la aspiración (del inglés)
- la división silábica entre palabras
- la glotis
- el golpe de glotis (del inglés)
- el golpecillo vibrante de la "t" (del inglés)
- la posición intervocálica
- el sonido glótico (del inglés)
- las vocales relajadas (del inglés)
- las vocales tensas (del inglés)

NOTAS

[1]Esta última pronunciación —[li̯al-táđ]— se da con frecuencia en el habla rápida y descuidada, pero no es la que se le recomienda al estudiante que todavía está en vías de adquirir la pronunciación normativa del español.

[2]La *aspiración* es una momentánea salida de aire que acompaña la articulación de consonantes como [p], [t] y [k], posponiendo el momento en que la sonoridad del segmento siguiente se manifiesta. Para comprobar la realidad de la aspiración de los alófonos [pʰ], [tʰ] y [kʰ] y para convencerse a sí mismo de que sí se aspiran en todo entorno que no sea el postsibilante, haga un pequeño experimento. Tome una hoja de papel y póngala a unos centímetros delante de sus labios. Luego pronuncie en voz alta las siguientes palabras, observando cómo se agita el papel al salir de la boca el aire de los sonidos consonánticos aspirados: *pill, pal, Paul, pull, team, Tim, Tom, tomb, keen, kin, can, Connie.*

geolecto : geography.
sociolecto: social groups.
etnolecto: ethnic groups.
idiolecto: each person.

LOS PROCESOS DIALECTALES

INTRODUCCIÓN A LA DIALECTOLOGÍA ESPAÑOLA

> *"En todos partes cuecen habas y en mi casa a calderadas." (refrán)*

La **dialectología** es el estudio de los diferentes dialectos de un idioma. Los **dialectos** son los diferentes modos de hablar de todas las personas que afirman ser hablantes nativos o nativizantes (casi nativos) de determinado idioma.

Hoy en día los lingüistas tienden a dividir lo conocido por *dialecto* en geolecto, sociolecto e incluso etnolecto e idiolecto. Un **geolecto** es cualquier modo de hablar que puede definirse en términos geográficos, por ejemplo el español de Puerto Rico, el español del sur de Colorado, el español de Castilla, etcétera. Un **sociolecto** es cualquier modo de hablar que puede definirse en términos de clase o grupo social, por ejemplo el español hablado por una persona de la clase media urbana, el español de la gente del campo, etcétera. Puede hablarse también de **etnolectos,** modos de hablar de determinado grupo étnico fácilmente identificable como tal, por ejemplo el judezmo (el español de los judíos sefardíes), el español gitano, el español de los indios tarahumara del estado mexicano de Chihuahua, el español de los colombianos descendientes de africanos. Se habla incluso de **idiolectos,** el modo de hablar que se dice ser típico de una sola persona, por ejemplo el español que habla su maestro.

Al analizarse las diferencias entre un modo y otro, también deben tenerse en cuenta la **velocidad** (la rapidez) con la que se habla en determinada situación y el **ámbito** (la situación misma, es decir, el lugar donde se lleva a cabo la conversación más la gente que participa en ella).

El propósito principal de la dialectología española es establecer las diferencias entre el español que se ha venido examinando hasta este capítulo (el español normativo, el que se enseña en los salones de clase de Estados Unidos y Canadá) y el español "de verdad", o sea todas las diferentes variedades del español que usan los 410 millones de hispanohablantes nativos o nativizantes a través del mundo. A este fin se comentarán en la sección B del capítulo algunos de los fenómenos dialectales de mayor importancia en el mundo hispanohablante. Antes de llegar a lo específicamente lingüístico, importa dar un poco de contexto y trasfondo con respecto a la dialectología del español.

LOS PROCESOS DIALECTALES Y LA GEOGRAFÍA: LOS GEOLECTOS

> *"Juzgan los enamorados que todos tienen los ojos vendados."* (refrán)

Todos hablamos cierto dialecto de un idioma. No hay nadie que no hable un dialecto, es decir, el habla de cada persona siempre puede definirse según sus características dialectales (geolectales y sociolectales). Todos creemos que nuestra propia habla está libre de toda característica dialectal y que sólo "otros" hablan un dialecto, pero eso no es cierto. Por supuesto, en todas las comunidades lingüísticas del mundo hay por lo menos una manera de hablar que se considera la forma más prestigiosa de dicho idioma. Sin embargo, no todos los hablantes están de acuerdo con respecto a cuál de las variantes del idioma X sea el modo más prestigioso de hablarlo.

Tómese, por ejemplo, el caso del español. El español tiene muchos geolectos, entre ellos el castellano de la parte central de España, el porteño argentino (de Buenos Aires), el capitolino mexicano (de la Ciudad de México), el cubano de La Habana, el chileno, el de Bogotá (o de alguna otra zona colombiana), el puertorriqueño, el centroamericano (pero ¿de cuál de sus seis países?), el venezolano, el dominicano, el ecuatoriano, el peruano (¿el de la capital o el de la sierra?), el uruguayo, el paraguayo, el boliviano, el del norte de Nuevo México, el andaluz, el extremeño, el canario, el judezmo (el llamado "judeoespañol" de los judíos expulsados de España en 1492), el castellano que se habla en las zonas bilingües de España (Cataluña, el País Vasco, Asturias, Galicia) o en la Guinea Ecuatorial, etcétera. ¿Cuál de estos geolectos es "el mejor", en el sentido de que goza de mayor prestigio y reconocimiento universal?

Lo que se entiende por **dialecto** también puede entenderse como **geolecto, sociolecto, etnolecto** o **idiolecto.**

Desde la Edad Media, el español de Castilla, la parte central de España, fue la variante de mayor prestigio. Lo fue también en Hispanoamérica durante más de tres siglos, desde 1492, año del principio de la colonización española de la mitad del territorio del Hemisferio Occidental (las Américas), hasta 1821, año en que, tras una década de lucha armada, lograron independizarse casi todas las antiguas colonias españolas del continente americano. Pero con la separación política de los países del continente (la de las islas caribeñas se consiguió un tiempo después), los valores empezaron a cambiar. En cada nuevo país iba naciendo un espíritu nacionalista de fuerte apego a lo suyo: tradiciones, costumbres, literatura y lengua. De ahí a considerarse superior el habla de cada región fue un paso corto y fácil de dar. (Lo mismo ocurrió en el mundo anglohablante con la separación de los Estados Unidos de Inglaterra.)

Hoy en día el español es un idioma internacional hablado como lengua única, principal o adicional por aproximadamente 400 millones de personas. Al igual que el inglés, el español es **pluricéntrico** en cuanto a cuestiones de prestigio. Esto quiere decir que actualmente hay múltiples centros de prestigio, no uno solo. (Compárese esta situación con la monocéntrica del francés, que todavía tiene un solo centro de prestigio lingüístico: París.)

En términos generales se puede decir que gozan del mayor prestigio todos los geolectos que habla la gente culta de los mayores centros de difusión cultural y comunicación radiotelevisiva. Entre éstos se destacan en primer plano la Ciudad de México, Madrid y Buenos Aires y en segundo plano otras ciudades como Bogotá, Caracas, La Habana, Lima, Santiago de Chile, Santo Domingo y San Juan (de Puerto Rico). (En Estados Unidos hay tres metrópolis, Los Ángeles, Miami y Nueva York, desde las cuales la difusión cultural en español —libros, revistas, programación radiofónica, televisada y hasta cinematográfica— ya ha ascendido a proporciones impresionantes. Sin embargo los geolectos que en estas tres ciudades se emplean para la producción cultural siguen siendo los de prestigio de los países de origen —en general hispanohablantes monolingües— de cada locutor o director. Así que el español prestigioso de, por ejemplo, Los Ángeles es el mexicano culto, el de Miami el cubano educado, etcétera.)

Es natural que cada país hispanohablante estime como más prestigioso su propio geolecto culto cuidadosamente hablado. Siempre va a haber discusiones entre los hispanos con respecto a qué geolecto es "el mejor" desde varios puntos de vista, por ejemplo, cuál geolecto debe emplearse en un libro de texto para la enseñanza del español como lengua extranjera. En cuanto a dichos libros de texto, sus autores suelen optar por un **"dialecto de sala de clase"** que hasta cierto punto es sintético, pero que en muchos casos se orienta al español culto de México y se parece a él, en gran parte por ser éste el país más populoso, con unos 97,563,000 habitantes, del mundo hispanófono. (Véase la Tabla 8.1 que se da a continuación.) El segundo país más populoso, España, tiene 39,244,000 de habitantes.[1] Colombia ocupa el tercer lugar con 37,418,000 de personas. En cuarto lugar está la Argentina con 35,798,000.

El español es un idioma pluricéntrico.

México tiene el mayor número de hispanohablantes. En segundo lugar se encuentra España.

---

[1] Véase la nota 1 en el apéndice al final de este capítulo.

Figura 8.1a   El mundo hispanohablante: El hemisferio occidental

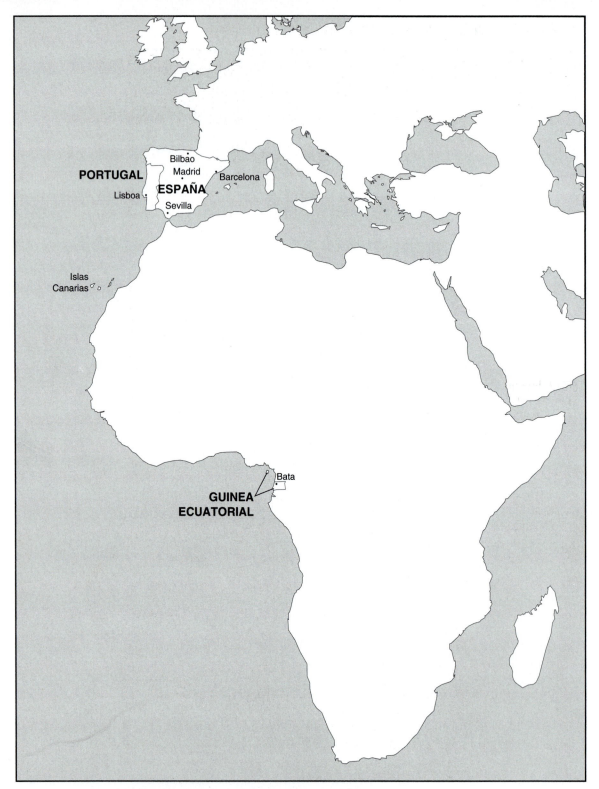

Figura 8.1b   El mundo hispanohablante: Europa y África

Tabla 8.1   Cuántos hispanohablantes hay y dónde viven

PAÍSES DONDE EL ESPAÑOL ES EL IDIOMA OFICIAL, O DONDE SE HABLA PROFUSAMENTE SIN QUE SEA OFICIAL	NÚMERO DE HISPANOHABLANTES NATIVOS O NATIVIZANTES
la Argentina	35,798,000
Belice	ca. 175,000 (de 225,000)
Bolivia	ca. 4,000,000 (de 7,670,000
el Canadá	ca. 293,000 (de 29,123,000)
Chile	14,508,000
Colombia	37,418,000
Costa Rica	3,534,000
Cuba	10,999,000
el Ecuador	ca. 10,200,000 (de 11,691,000)
El Salvador	5,662,000
España	39,244,000
Estados Unidos de América	ca. 19,000,000 (de 267,955,000)
las Filipinas	ca. 1,250,000 (de 76,104,000)
Guatemala	ca. 7,000,000 (de 11,558,000)
Guinea Ecuatorial	ca. 150,000 (de 443,000)
Honduras	5,751,000
México	ca. 93,000,000 (de 97,563,000)
Nicaragua	4,386,000
Panamá	2,693,000
el Paraguay	ca. 4,000,000 (de 5,652,000)
el Perú	ca. 17,000,000 (de 24,950,000)
Puerto Rico	3,783,000
la República Dominicana	8,828,000
el Uruguay	3,262,000
Venezuela	22,396,000

Todo lo anterior llevaría a concluir que las diferentes zonas geolectales, en las que está dividido el mundo hispanohablante, coinciden siempre con fronteras nacionales, pero en muchos casos esto no es cierto. En términos muy generales, se puede decir que el mundo hispanohablante se divide en tres grandes zonas geolectales: (1) la castellana, que se limita al centro de España, (2) la alteña (la de las tierras altas de América) y (3) la bajeña (la de las tierras bajas de América junto con dos regiones españolas: Andalucía, que está localizada en el sur del país, y las islas Canarias). Hay, además, muchas zonas de transición que comparten características de geolectos adyacentes, tales como la América Central, el extremo sur de México, Extremadura (el suroeste de España), Aragón (entre Castilla y Cataluña) y Murcia (en el sureste de España). Considérese una por una estas tres grandes zonas geolectales (véase la Figura 8.2).

Hay tres grandes zonas geolectales: la castellana, la alteña y la bajeña.

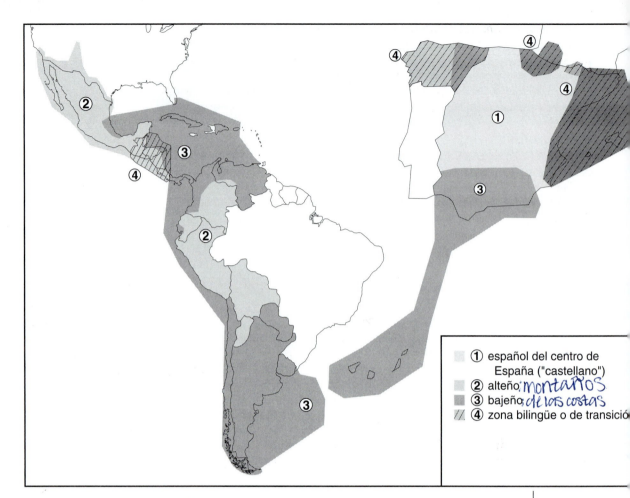

Figura 8.2   El mundo hispanohablante: Zonas geolectales

Legend:
- ① español del centro de España ("castellano")
- ② alteño, *montañas* (handwritten)
- ③ bajeño, *de las costas* (handwritten)
- ④ zona bilingüe o de transición

La zona castellana

La zona **castellana** (véase la Figura 8.3) comprende toda la parte central monolingüe de España: Castilla-León, Madrid, Castilla-La Mancha, Santander, La Rioja y parte de Navarra, Extremadura, Aragón y Murcia. El geolecto castellano ha sido históricamente uno de prestigio en dos zonas monolingües: Andalucía y las islas Canarias, y en las demás tierras españolas, que son bilingües. Éstas comprenden Galicia (donde el idioma materno de la mayor parte del pueblo es el gallego, geolecto del portugués), Asturias (donde aún se conserva en el campo el "bable", o sea, el asturiano-leonés), Euzkadi (el País Vasco, donde el idioma materno de muchos vascos es uno de los dialectos del *euskera,* o vascuence) y, sobre todo, Cataluña, Valencia, Alicante y las islas Baleares, donde la lengua materna de la mayor parte de la población es algún geolecto del catalán.

En la España de hace 600 años se hablaban cinco idiomas, derivados todos ellos del latín vulgar, el idioma hablado por el pueblo. (El latín clásico, el de los grandes escritores, es el que todavía se estudia en las escuelas y universidades y se usa en el Vaticano.) Del oeste al este se distribuían: el gallego-portugués, el asturiano-leonés, el castellano, el aragonés y el catalán. Hoy en día el aragonés se encuentra al borde de la extinción, y el asturiano-leonés se limita al campo de Asturias y el extremo noroeste de León. Los tres idiomas romances o neolatinos restantes (el gallego-portugués, el castellano y el catalán) se han convertido en grandes vehículos de cultura.[2]

La zona geolectal castellana se caracteriza por cuatro diferencias lingüísticas que se describen con detalle (páginas 210, 216–220) en el capítulo presente. (Los números de identificación —1, 2, 3, etcétera— se refieren a las subsecciones de la sección B de este capítulo.) Las características del geolecto castellano son el refuerzo de la fricatividad velar de la [x] (11), la distinción entre /θ/ y /s/ (17), la apicalización de la [s] → [ś] (18) y la distinción entre la /ʎ/ y la /j/ (19).

Las características del castellano son el refuerzo de [x], la distinción entre /θ/ y /s/, la apicalización de la [s] y la distinción entre la /ʎ/ y la /j/.

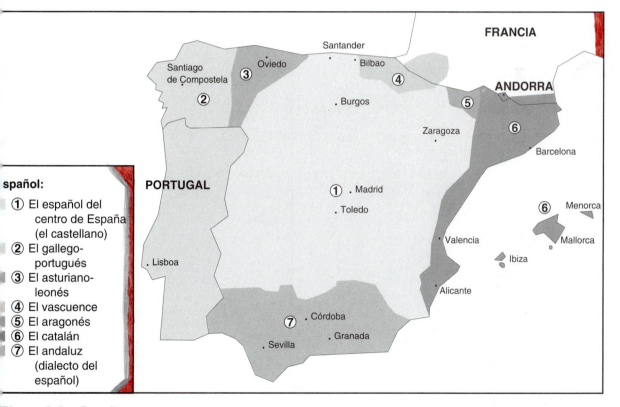

español:

① El español del centro de España (el castellano)
② El gallego-portugués
③ El asturiano-leonés
④ El vascuence
⑤ El aragonés
⑥ El catalán
⑦ El andaluz (dialecto del español)

Figura 8.3   España

_____

[2]Véase la nota 2 en el apéndice al final de este capítulo.

La zona alteña

La zona geolectal **alteña** (véase la Figura 8.4) comprende todas las tierras "altas" del Nuevo Mundo, es decir, las que se encuentran a cierta altura sobre el nivel del mar: casi todo México, todo Guatemala, la altiplanicie de Colombia, los altos occidentales de Venezuela, y la gran mayoría del territorio de los países andinos (el Ecuador, el Perú, Bolivia y el norte montañoso de la Argentina). El alteño representa en términos muy generales el geolecto que trajeron al Hemisferio Occidental los primeros colonizadores españoles, la mayoría de ellos oriundos de Andalucía, comenzando con el segundo viaje de Cristóbal Colón en 1493–1496. (El geolecto que trajeron fue el que en aquel momento constituía el dialecto andaluz en su primera fase, cuando ya se había distinguido del español de Castilla en varios particulares. El andaluz más evolucionado de siglos posteriores fue el que formó la base de los geolectos de las zonas bajeñas [véase a continuación].)

Figura 8.4   La zona alteña

El alteño se caracteriza particularmente por diferencias como las siguientes: el seseo (véase el 17), la ausencia de distinción entre /ʎ/ y /j/ (19)[3] y cierta tendencia, más marcada en el Valle de México que en otras partes, a la pérdida o debilitamiento vocálico en posición postónica cerrada (15). También en términos generales, se puede decir que la zona alteña se caracteriza por un consonantismo fuerte en el que las consonantes en posición final de sílaba o palabra no se pierden ni se alteran.

La zona bajeña

La zona **bajeña** (véase la Figura 8.5) comprende la gran mayoría de las tierras "bajas", o sea, las cercanas al mar, en particular al Atlántico (Andalucía, las islas Canarias) y al Caribe, y sobre todo los países isleños de habla española (Cuba, la República Dominicana, Puerto Rico). También son bajeñas gran parte de las tierras costeñas o cercanas a la influencia de la costa de la América del Sur (un 75 por ciento de Venezuela, todo Chile, el Río de la Plata —Buenos Aires y sus pampas, el Uruguay, el Paraguay— la costa ecuatoriana y las dos costas colombianas), y un 75 por ciento de los estados mexicanos de Veracruz y Tabasco. El territorio rayado de la América Central constituye una zona de transición que comparte varias características de la zona bajeña al igual que de la alteña.

Figura 8.5   La zona bajeña

---

[3]Véase la nota 3 en el apéndice al final de este capítulo.

Puede decirse que la zona dialectal bajeña representa la segunda fase —la más moderna— del dialecto andaluz en una forma mucho más evolucionada y radicalizada (es decir, llevada a un extremo) que la inicial. Hay muchas diferencias que caracterizan las hablas de la zona bajeña, entre ellas un consonantismo débil que se manifiesta en la aspiración o la pérdida de /s/ (2), la velarización nasal de /n/ (3), la lambdaización de /r/ (4) o el rotacismo de /l/ (5), la fricatización velar de /r̄/ (12), la glotización de /x/ (13) y la yodización, geminación o pérdida de consonantes en posición final de sílaba (6). Al igual que el geolecto alteño, el bajeño tiene seseo (17) y no distingue entre /ʎ/ y /j/ (19), excepto en las zonas andinas donde el español está en contacto con idiomas indígenas en los que la /ʎ/ tiene valor fonémico. En comparación con el alteño, el bajeño se caracteriza por un consonantismo débil, en el que muchos sonidos consonánticos se cambian o incluso se pierden por completo en posición final de sílaba o de palabra.

De los tres geolectos, los que tienen más hablantes son el alteño, sobre todo por el gran número de habitantes de México, y el bajeño. El bajeño, sin embargo, se encuentra bastante fragmentado en cuanto a divisiones subdialectales. Por ejemplo, aunque tanto el chileno como el argentino porteño se consideran bajeños, hay diferencias notables entre los dos. También son sustanciales las distinciones entre los geolectos bajeños del Cono Sur (Chile, la Argentina, el Uruguay y el Paraguay) y los bajeños de las islas del Caribe (Cuba, Santo Domingo y Puerto Rico) y del Panamá, de Venezuela y de Colombia. Una característica que distingue al argentino porteño de muchos otros geolectos bajeños, por ejemplo, es el refuerzo consistente de la [j] → [ž]. Todos los geolectos bajeños "aspiran" (convierten en [h]) la [s] en posición final de sílaba o palabra pero el resultado no es siempre el mismo: los dominicanos y puertorriqueños la aspiran hasta incluso perderla completamente, mientras que los cubanos además de aspirar la [s] la pierden geminando luego la consonante que la sigue. (También puede alargarse o nasalizarse la sílaba tónica de la palabra afectada.) Donde la lambdaización de la [r] en posición final de sílaba o de palabra se da con mayor frecuencia, e incluso sistemáticamente, es en Puerto Rico. Dicho proceso se da también en otras partes de la zona bajeña pero con diferentes resultados.

Casi todos los fenómenos que caracterizan a los distintos dialectos de una lengua se pueden explicar mediante una razonada aplicación de la ciencia lingüística. En su gran mayoría, los desarrollos radicales que afectan a los geolectos, siempre los bajeños, que han cambiado más que los otros en lo que al distanciamiento entre lo ortográfico y lo fonético se refiere, tienen una explicación muy sencilla. La explicación es que estos geolectos tratan de acercarse lo más posible a la *estructura silábica preferida* (CV-CV) del español. Como ya se sabe (véase el Capítulo 3), la estructura silábica CV-CV es la que predomina a través de la lengua: hay más palabras sueltas de estructura silábica CV-CV (o CV-CV-...) como *casa, queso, Beto, bella, mañana, matadero, sevillano, Samalayuca,* etcétera, que cualquier otro tipo de estructuración. El peso preponderante de la lengua, pues, se inclina hacia la estructura CV-CV siempre que es posible (e incluso cuando *no* lo es según las normas prescriptivas de la lengua). Todo cambio en dirección a la estructura silábica CV-CV, pues, es un **cambio analógico** (un cambio que se ha hecho para regularizar la lengua por analogía con la estructura silábica preponderante). Sigue un ejemplo de tal cambio: al aspirarse (es decir, al debilitarse) la [s] de *disco,* palabra que según la norma tiene por estructura silábica CVC-CV, la estructura pasa a ser CVc-CV ([díh-ko]), donde el símbolo "c" minúsculo representa una consonante debilitada. Este proceso aspiratorio-debilitante puede ir un paso más allá al convertirse en un proceso eliminador, es decir, al resultar en una eliminación total del segmento en cuestión.

El acercamiento a la estructura silábica preferida explica las radicales tendencias fonéticas de los dialectos bajeños.

[dís-ko] →

[díh-ko] →

[dí:-ko] (el símbolo [:] representa el alargamiento de la vocal)

Así, con la realización de la pronunciación [dí:-ko], la lengua ha llegado a la estructura silábica preferida.

Nótese que varios de los cambios típicos del deseo de ajustarse a la estructura silábica preferida son cambios aproximatorios que se acercan a la estructura CV-CV sin llegar a ella. Cada cambio representa un **debilitamiento consonántico** de la articulación, es decir, un proceso articulatorio que se realiza con menos fuerza y más facilidad. Un ejemplo es la lambdaización de la [r] → [l] (el fenómeno 4). Aquí se sustituye un segmento líquido de dificultad articulatoria relativamente alta, la [r], por otro cuya dificultad es más baja, la [l]. Por lo tanto, una palabra como [pu̯ér-ta] → [pu̯él-ta] con alteración (debilitamiento), pero no pérdida, del segmento consonántico. Sin embargo, se puede perder dicho segmento al evolucionarse [pu̯ér-ta] a [pu̯é-ta], pasando por los cambios [pu̯éi̯-ta] y [pu̯ét-ta], es decir, según el fenómeno 6 (yodización, geminación, pérdida o eliminación, intercambio de consonantes, aspiración, etcétera, en posición débil [final de sílaba o final de palabra]).

Donde más se experimentan estos cambios analógicos y estos debilitamientos de articulación hacia la estructura silábica preponderante es en *posición final de sílaba o final de palabra*. Estos cambios siempre afectan a una consonante que se encuentra en uno de estos dos entornos. Dichas posiciones se llaman **posiciones débiles** por prestarse tan fácilmente a cambios consonánticos. Las otras posiciones (las iniciales de sílaba, por ejemplo) raras veces se prestan a este tipo de cambio y por lo tanto se llaman **posiciones fuertes** o *posiciones no débiles*. A continuación se examinan unos cambios o eliminaciones consonánticos en cualquiera de las dos posiciones débiles. Todos estos fenómenos son típicos, aunque no exclusivos, de los geolectos bajeños.

Es en posición final de sílaba o palabra donde más se experimentan los cambios analógicos radicales.

PROCESOS QUE SE PRODUCEN EN POSICIONES DÉBILES

LA NORMA   LA DIFERENCIA GEOLECTAL

1. Simplificación de grupos consonánticos

kons-truk-si̯ón   kos-tru-si̯ón

ins-truk-tór   is-tru-tór

2. Aspiración de /s/

fi̯és-ta   fi̯éh-ta

                                     fi̯é:-ta

mú-čas-ká-sa-san̯-tí-ɣwas   mú-čah-ká-sa-han̯-tí-ɣwah

                                     mú-ča-ká-sa-an̯-tí-ɣwa

és-tos-se-ñó-res   éh-toh-se-ñó-reh

                                     é-to-se-ñó-re

3. Velarización de /n/ → [ŋ]

xén̯-te   xéŋ-te

kó-men   kó-meŋ

tán̯-tem-prá-no   táŋ-tem-prá-no

4. Lambdaización de la /r/ → [l]

fu̯ér-te	fu̯él-te
bol-βér	bol-βél

5. Rotacismo de la /l/ → [r]

sol-dá-ðo	sor-ðá-ðo
ál-to	ár-to

6. Yodización, geminación, pérdida o eliminación, intercambio de consonantes, aspiración, etcétera, en posición débil

YODIZACIÓN

a-sep-tár	a-sei̯-tár
ez-βél-to	ez-βéi̯-to

GEMINACIÓN

déz-ðe	[déd-de] o [déð-ðe]
el-ɣór-ðo	[eg-gór-ðo] o [eɣ-ɣór-ðo]

ELIMINACIÓN DE CONSONANTES

su-pu̯és-to	[su-pu̯é:-to] o [su-pu̯é-to]
las-tréz-mu-xé-res	[la:-tré:-mu-xé-re:] o [la-tré-mu-xé-re]

Hay una sola pérdida consonántica que se produce en una posición que no es la débil y que no se presta a la explicación de la estructura silábica preferida. Es la diferencia 7: "Debilitamiento y pérdida de fricativas (en particular de la [ð])" que puede ocasionar una estructura silábica que **no es** la preferida. Según este fenómeno, las consonantes [β], [ð], [ɣ] fricativas, pueden debilitarse al encontrarse en posición intervocálica V—V, por ejemplo: [á-βa], [á-ða], [á-ɣa] (*haba, hada, haga*). La pérdida de [ð] es la más común, sobre todo en los participios pasados de verbos de la primera conjugación, como por ejemplo *comprado, helado, hablado, andado, sentado*, etcétera. Un debilitamiento extremo que lleva a la pérdida de una consonante puede dar lugar a combinaciones como éstas: [kom-prá-o], [e-lá-o], [a-βlá-o], [an̪-dá-o] y [sen̪-tá-o], cuyas dos últimas sílabas tienen la estructura (C)CV-V en vez de la (C)CV-CV normativa y preponderante.

Los demás fenómenos geolectales más extendidos pueden explicarse, a muy grandes brochazos, como intentos de simplificación de la tarea articulatoria (8, 12, 14), como refuerzos de algún sonido (9, 10, 11), como esfuerzos que se orientan a mantener una distinción que existía en el latín y que ya estaba a punto de desaparecer (17, 18, 19), como productos de una situación de contacto entre dos idiomas (16), como consecuencia de otro cambio en el sistema fonológico (13) o como producto de un fortísimo apego al mantenimiento de la integridad normativa del sistema consonántico (15). El cambio (13) ha respondido a un desajuste en el sistema, que a su vez ha sido el producto de un cambio anterior.

El debilitamiento de la [ð] es el único cambio que no simplifica la estructura silábica.

OTRAS FUENTES DE DIFERENCIAS DIALECTALES: LA VELOCIDAD, EL ÁMBITO Y LA CLASE SOCIAL

La velocidad

Al estudiar los fenómenos sinaléficos del Capítulo 6, se notó el importante papel que desempeña la *velocidad* con que se habla. Ciertos fenómenos de la sinalefa sólo se producen si se habla rápidamente. Los diferentes tipos de velocidad se pueden reducir a tres: **velocidad lenta, velocidad moderada** y **velocidad rápida.** El que habla *lentamente* también suele hablar con gran claridad articulatoria, pronunciando con cuidado cada segmento y dividiendo el enunciado en un número de grupos respiratorios más alto de lo normal. En cambio, el que habla *rápidamente* puede disminuir esta claridad articulatoria. Un resultado de esta disminución es un porcentaje más alto de lo normal en las diferencias dialectales que se acaban de examinar.

Al hablar rápidamente, la probabilidad de producir los cambios sinaléficos ya descritos en el Capítulo 6 aumenta considerablemente. A continuación se encuentra una nueva versión de lo más esencial de dicha sección a fin de repasar la influencia de la velocidad del habla en los sonidos.

Si el habla es lenta, la sinalefa consiste solamente en la falta de pausa entre dos vocales contiguas al articularse éstas:

> Quiero que entre otro artista.
> [ki̯é-ro-ke‿én‿tre‿ó‿tro‿ar-tís-ta]

En el habla moderada, la sinalefa resulta en una sola vocal larga si las dos vocales contiguas son idénticas. Otras manifestaciones de la sinalefa, sobre todo las diptongaciones, se dan con mucho menos frecuencia en un habla moderada que en un habla rápida.

Tanto la rapidez como la falta de cuidado articulatorio pueden convertir en diptongo las combinaciones vocálicas.

> "El poeta Pedro Enríquez se acomodó en una almohada en el teatro."

(a) (versión normativa del habla lenta y cuidada)
[el-po-é-ta-pé-ðro‿en-r̄í-kes-se‿a-ko-mo-ðó‿e-nú-na-al-mo-á-ða‿e-nel-te-á-tro]

(b) (versión del habla rápida y un poco descuidada)
[el-pu̯é-ta-pé-ðru̯en-r̄í-kes-si̯a-ko-mo-ðói̯-nú-na:l-mu̯á-ðai̯-nel-ti̯á-tro]

(El símbolo " : " se emplea para indicar que se han fundido dos vocales idénticas en una sola vocal larga.)

En el habla rápida y descuidada, la vocal media —*e, o*— es la que puede cerrarse un grado más para convertirse en las respectivas vocales [i], [u] y luego en la deslizada correspondiente. El proceso es como sigue.

La sinalefa es afectada por la velocidad y el cuidado con que se habla.

1. ESTADO INICIAL (cada vocal se pronuncia por separado sin que haya hiato)

> Se acomodó
> [se-a-ko-mo-ðó]

2. LAS ETAPAS INTERMEDIAS DE LA SINALEFA (la *e* empieza a portarse como si compartiera la misma sílaba con la *a*)

> *[sea-ko-mo-ðó] (Esta transcripción se marca con asterisco porque la unión en una sola sílaba de dos vocales no cerradas como la *e* y la *a* es inaceptable desde el punto de vista de las reglas de la división en sílabas. La sílaba *[sea], pues, representa sólo una etapa intermedia ficticia que sirve de transición entre el estado de hiato [etapa # 1] y la diptongación [etapa # 3].)

> *[sia-ko-mo-ðó] (Esta transcripción también es ficticia e intermedia, puesto que no puede darse una [i] vocálica en la misma sílaba con otra vocal.)

3. LA DIPTONGACIÓN COMO PRODUCTO DE SINALEFA

> [si̯a-ko-mo-ðó]

> (Aquí la [i] de *[sia-ko-mo-ðó] se ha convertido en plena deslizada [i̯].)

Si dos vocales del mismo grado de altura están juntas, por ejemplo, las dos vocales medias (*e*, *o*), es la átona la que suele cerrarse un grado, haciéndose deslizada en el habla rápida.

poeta	acomodó en una
[po-é-ta]	[a-ko-mo-ðó-e-nú-na]
*[poé-ta]	*[a-ko-mo-ðóe-nú-na]
*[pué-ta]	*[a-ko-mo-ðói-nú-na]
[pu̯é-ta]	[a-ko-mo-ðói̯-nú-na][4]

Si ninguna de las dos vocales contiguas del mismo grado es tónica, las dos se mantienen como vocales sin convertirse en deslizadas, excepto en un habla muy rápida, donde la sinalefa puede producir diptongación.

> Pedro Enríquez
> [pé-ðru̯en-r̄í-kes]

El ámbito

> *"Donde la cabra está atada ha de pastar."* (refrán)

La palabra *ámbito* se refiere a la situación articulatoria en la que se encuentra el que conversa: la *gente* que participa en la conversación, el *lugar* donde ésta se lleva a cabo, y el *tema* y el *propósito* de la conversación. Dadas las posibilidades casi innumerables

La diptongación es uno de los posibles productos finales de la sinalefa.

El ámbito —gente, lugar, tema, propósito— influye fuertemente en el tipo de lenguaje que se produce.

---

[4]Véase la nota 4 en el apéndice al final de este capítulo.

que resultarían de esta configuración, el término *ámbito* debe entenderse en un sentido muy amplio. Abarca todas las gamas de participantes, lugares, temas y propósitos: dos profesores que dan la misma clase y que hablan de la lección del día ante sus alumnos en el aula; uno de los profesores que inmediatamente después de la clase contesta una pregunta que le dirige un alumno, cuatro amigos íntimos que son alumnos en dicha clase y que hablan de la misma lección después de clase, estos mismos cuatro amigos que se reúnen unas horas después en un bar con la intención de pasarlo bien y olvidarse de sus estudios por un rato, los padres de uno de estos cuatro amigos al darse cuenta la mañana siguiente de que su hijo ha pasado toda la noche fuera de casa, etcétera. En cada caso, el ámbito determina el tipo de lenguaje apropiado, es decir, se habla de una manera con los amigos en un bar, de otra manera con un profesor dentro de clase o después de ella, y así sucesivamente.

Ahora bien, las ramificaciones del concepto *ámbito* no se limitan en absoluto a la pronunciación; abarcan todos los componentes de la lingüística: la morfología, la sintaxis, la selección léxica, la semántica, el discurso, etcétera. Sin embargo, el ámbito ejerce una poderosa influencia sobre la pronunciación, en el sentido de que mientras más informal sea el ámbito, más se manifiestan las diferencias dialectales de que el presente capítulo trata. Por ejemplo, es en los ámbitos más informales donde el caribeño aspira más las eses, o el mexicano de la altiplanicie central debilita o elimina las vocales postónicas, o el argentino porteño refuerza aún más la [j] → [ž] consonántica.

Otra consideración que hay que tener en cuenta al describir y analizar la pronunciación de un hablante es el factor social, o sea, la clase social de la que proviene y a la que pertenece. Se tratará de esto en la sección siguiente.

La clase social

"The pot called the kettle black"

> *"Dijo la sartén a la caldera: 'Quítate de allá, rabinegra'." (refrán)*

Un *sociolecto* es cualquier habla que puede definirse en términos de clase social: clase alta, media alta, media/media baja ('mediera'), trabajadora, campesina, etcétera. La relación entre "habla" y "clase social" nace de la división de la típica sociedad moderna en diferentes grupos, determinados por ingresos anuales, prestigio de empleo, poderío efectivo, abolengo. Es sabido que en cualquier sociedad la norma lingüística de prestigio —la que se enseña en la escuela, la que se procura usar en los medios de comunicación, la que se considera culta— es siempre la norma de las clases más influyentes. Mientras más distanciamiento hay entre las diferentes clases sociales de una sociedad, más tienden a reflejarse estas diferencias en el habla de cada clase. En ciertas comunidades lingüísticas, como por ejemplo la inglesa, todavía existen diferencias notables entre el habla de un alto ejecutivo de la banca y el habla de un minero, o entre la del primer ministro y la de un lavaplatos. En otras comunidades no son tan marcadas las diferencias lingüísticas que se deben a desigualdades de clase, pero en todas partes las hay. (Recientemente la lingüística hispánica ha empezado a analizar lo que algunos llaman "el fenómeno del *generolecto*", o sea, la diferencia entre el habla de la mujer y la del hombre. Se ha determinado, por ejemplo, que en varias partes el hombre aspira más la /s/ mientras que la mujer la aspira menos.)

Hay factores lingüísticos que sólo se entienden si se tiene en cuenta la clase social del hablante.

Lo comentado con respecto al ámbito también tiene validez en cuanto al socio-lecto: mientras más "baja" sea la clase social, más se manifiestan las diferencias dialectales que trata este capítulo. Es más probable, por ejemplo, que un jíbaro (campesino) puertorriqueño emplee con más frecuencia toda la gama de tendencias dialectales conocidas como típicas de la isla (aspiración o pérdida de [s], lamb-daización, velarización de [n], etcétera) a que las emplee el director puertorriqueño de una gran empresa o una sicoanalista puertorriqueña.

La razón de la relación entre el sociolecto que se usa habitualmente y los años de preparación escolar es obvia: es en la escuela, y especialmente en la universidad, donde hay más presión, directa o indirecta, hacia la adquisición del sociolecto de más prestigio. Así que el abogado típico, con sus 19 años de preparación académica, se ajusta más a esta norma que el albañil típico que abandonó los estudios en la secun-daria o incluso en la primaria.

Ejercicio 8.1

Conteste las siguientes preguntas.

1. ¿Qué es la dialectología? ¿Qué es un dialecto?

2. ¿Cuáles son las diferencias entre un geolecto y un sociolecto?

3. ¿Por qué es incorrecto decir que hay gente que no habla un dialecto?

4. (Pregunta tramposa) ¿Cuál de los geolectos del español es el mejor y por qué?

5. ¿Cuál es la diferencia entre un idioma pluricéntrico y uno monocéntrico?

6. ¿Cuáles son los cuatro países hispanohablantes más poblados?

7. Nombre las tres grandes zonas geolectales del mundo hispanohablante y los territorios que abarca cada uno.

8. Cite brevemente las características más distintivas de cada uno de los tres geolectos del español.

9. ¿Qué relación hay entre los geolectos bajeños y la estructura silábica preferida del español? *pg. 190.* *change CV-CV.*

10. ¿Dónde se encuentra la llamada "posición débil"? ¿Qué importancia tiene esta posición para la descripción de los dialectos del español? *end of syllables & word boundaries.*

11. ¿Cuáles son las diferencias dialectales que se producen en las posiciones débiles?

12. ¿Cuáles son las otras fuentes, aparte de la geolectal, de diferencias dialectales?

13. ¿Qué clase social, y de qué zonas geolectales, hablará el dialecto que más se aproxima a la norma ortográfica del español? Explíquese. *la clase alta, en las zonas alteñas.*

LOS 20 PROCESOS DIALECTALES

> "A cada puerco le llega su San Martín." (refrán)

A continuación se presentan por separado cada uno de los 20 procesos dialectales que se han venido mencionando desde el principio de este capítulo. La presentación de cada proceso en su propia sección puede dar la impresión falsa de que el hablante típico se limita a producir el cambio en cuestión y ningún otro; es decir, que el bajeño típico que aspira la [s] lo hace sin manifestar ninguno de los otros procesos dialectales (lambdaización de la [r], velarización de la /n/, etcétera). Esto es falso. Muchos de estos procesos se dan simultáneamente y en forma de escala de implicaciones: es más probable que el que convierta la [r] en [l] en posición débil también velofricativice la [r̄]

Muchos de los procesos dialectales se dan simultáneamente.

en [x] y a la vez glotice la [x] → [h]. En muchos de los casos que se describen a continuación se trata una de las muchas diferencias que de modo simultáneo forman parte del habla de una región, de una clase social o de cualquier otra agrupación. Sin embargo, se ha visto que la presentación por separado es necesaria, porque así se entiende cada proceso articulatorio con mayor claridad. Es en el ejercicio al final del capítulo donde todos estos procesos se combinan sintéticamente para representar el habla natural.

LOS PROCESOS DIALECTALES QUE SUELEN PRODUCIRSE EN POSICIÓN DÉBIL

1. Simplificación de grupos consonánticos

> *"Candil de la calle y obscuridad de su casa."* (refrán)

La *simplificación de grupos consonánticos* es lo que convierte, por ejemplo, la pronunciación de una palabra como *construcción* [kons-truk-si̯ón] → [kos-tru-si̯ón], simplificando así dos de sus grupos consonánticos. Esta simplificación es otra prueba de la fuerte tendencia de cualquier palabra española a ajustarse o por lo menos a aproximarse a la *estructura silábica preferida* del español (CV-CV). Al convertirse [kons-truk-si̯ón] → [kos-tru-si̯ón], la estructura pasa de CVCC-CCVC-CDVC, que no se parece nada a la preferida, a CVC-CCV-CDVC, que revela una mayor aproximación a la preferida. Por supuesto, en el caso de *construcción* la estructura preferida no podría darse por completo sin que se alterara tan drásticamente la palabra ([kons-truk-si̯ón] → [ko-tu-só]) que sólo sería reconocible en contextos incuestionables y que de hecho no se da en ninguno.

Además de los grupos consonánticos en posición final de sílaba como [ns] o en posición intersilábica como [k-s], hay otros como [bs] (*obscuro* [oβs-kú-ro] → [os-kú-ro], *abstracto* [aβs-trák-to] → [as-trá-to]) que también se simplifican perdiendo uno o aun dos de sus componentes. (Este proceso es tan viejo y común que en algunos casos afecta a la ortografía: *oscuro, setiembre.*) A continuación se da una lista parcial de varios ejemplos de grupos consonánticos finales de sílaba o intersilábicos que fácilmente se prestan a la simplificación. Se da también la forma simplificada que suelen asumir entre las muchas posibles.

El grupo consonántico se simplifica para que su sílaba pueda aproximarse a la estructura silábica preferida.

COMBINACIÓN	TRANSCRIPCIÓN ORIGINAL	SIMPLIFICACIÓN
β-k	[suβ-kla-si-fi-kár]	[su-kla-si-fi-kár]
β-ð, k-t	[suβ-ði̯-rek-tór]	[su-ði̯-re-tór]
βs-	[aβs-ti-nén-si̯a]	[as-ti-nén-si̯a]
β-x	[suβ-xe-tí-βo]	[su-xe-tí-βo]
β-β	[óβ-βi̯o]	[ó-βi̯o]
β-j	[suβ-ja-sén̯-te]	[su-ja-sén̯-te]

	TRANSCRIPCIÓN	
COMBINACIÓN	ORIGINAL	SIMPLIFICACIÓN
k-s	[di-rek-si̯ón]	[di-re-si̯ón]
k-t	[ák-to]	[á-to]
ð-x	[að-xe-tí-βo]	[a-xe-tí-βo]
ð-m	[að-mi-nis-trár]	[a-mi-nis-trár]
ð-k	[að-ki-rír]	[a-ki-rír]
ns-tr; k–s	[ins-truk-si̯ón]	[is-tru-si̯ón]
ns-kr; p–s	[ins-krip-si̯ón]	[is-kri-si̯ón]
ks-k	[eks-klu-sí-βo]	[es-klu-sí-βo]
ks-p	[eks-pli-kár]	[es-pli-kár]
ks-t	[eks-te-ri̯ór]	[es-te-ri̯ór]

Muestra **1** (simplificación de grupos consonánticos)

El siguiente pasaje manifiesta un buen número de ejemplos del proceso estudiado.

Se leerá dos veces —la primera lenta y cuidadosamente con cada consonante en su sitio, y la segunda, rápida y algo descuidadamente, omitiendo o alterando muchas de las consonantes que se encuentran en posición débil.

Era un subversivo nada obvio que administraba admirablemente el exclusivo club campestre que había adquirido de su papá advenedizo. En el acto aceptó la absoluta falta de abstinencia que exhibían hasta los socios más excéntricos del club. Cuando lo exiliaron se volvió de lo más exigente en las narrativas subjetivas de sus extraordinarias experiencias.

2. Aspiración o pérdida de la [s]; geminación de consonantes

Bájento.

> *"Cuida los centavos, que los pesos se cuidan solos."* (refrán)

Aspiración o pérdida de la [s]   Este proceso ha de considerarse la más conocida y aun la más famosa de todas la diferencias dialectales del español. Es el que todo hispano reconoce y sabe imitar a la perfección, aun cuando no forma parte de su propio repertorio lingüístico. La extensa presencia en todos los dialectos bajeños de la aspiración de la [s], de la pérdida de la [s] o de los demás cambios que le pueden suceder a la [s] en posición débil, hacen que este proceso tenga una fuerte resonancia, no solamente en la dialectología sino aun en el folclor y el humorismo del español. El primer paso que da una [s] que se debilita es la **aspiración,** es decir, la conversión del sonido [s] o [z] (fricativo *sibilante alveolar* sordo o sonoro) en el sonido [h] (fricativo *aspirado* glótico sordo). Siguen varios ejemplos transcritos fonéticamente.

La [s] se debilita aspirándose o se pierde por completo.

[pu̯és-to] → [pu̯éh-to]
[es-pé-ro] → [eh-pé-ro]
[déz-ðe] → [déh-ðe]
[ká-sas] → [ká-sah]

Como cualquier sonido glótico tiene una resonancia acústica relativamente débil, es decir, que el glótico [h] es uno de los sonidos más difíciles de percibir, es fácil que la [h] dé el segundo paso, la **pérdida,** dando lugar al segmento nulo, la [ø].[5]

[pu̯és-to] → [pu̯é-to]
[es-pé-ro] → [e-pé-ro]
[déz-ðe] → [dé-ðe]
[ká-sas] → [ká-sa]

Geminación de consonantes
En el tercer paso, el segmento perdido es sustituido por una réplica del segmento siguiente cuyo efecto podría llamarse la geminación consonántica. Esta tercera evolución de la [s] puede dar resultados como los siguientes.

[pu̯és-to] → [pu̯ét-to]
[es-pé-ro] → [ep-pé-ro]
[déz-ðe] → [déð-ðe]
[ká-sas-pre-si̯ó-sas] → [ká-sap-pre-si̯ó-sa]
[dez-le-ál] → [del-le-ál]
[ez-βél-to] → [eβ-βél-to]
[es-klá-βo] → [ek-klá-βo]
[des-fí-le] → [def-fí-le]

No hay problemas gramaticales posibles si la [s] deja rastro, convirtiéndose en [h] (aspiración) o en una réplica del segmento consonántico que la sigue. No hay problemas porque como la [h] o la réplica siempre deja algo que es perceptible, lo que deja puede entenderse como una sustitución a la [s], que por lo tanto no dejará de tener sentido. Sin embargo, si lo que sustituye a la [s] es el segmento nulo ø, que siendo nulo es mudo, puede haber problemas gramaticales en el sentido de que una frase plural como "las otras muchachas peruanas fuertes" se interpretaría como singular ("la otra muchacha peruana fuerte"). No obstante, de ordinario hay algún elemento gramatical que revela que la frase en cuestión es plural y no singular, como se indica a continuación.

A veces puede haber problemas de comprensión si la [s] se pierde por completo. Pero en general hay otro elemento que sirve para indicar pluralidad.

Las tres muchachas peruanas fuertes.
[la-tré-mu-čá-ča-pe-ru̯á-na-fu̯ér-te]

En el ejemplo anterior, la presencia de *tres* revela la pluralidad.

Las mujeres peruanas fuertes.
[la-mu-xé-re-pe-ru̯á-na-fu̯ér-te]

Aquí la [e] de la cuarta sílaba revela la pluralidad. Esta [e] sirve para indicar que aquí se trata de *mujere(s)*, plural, y no *mujer,* singular.

Las muchachas peruanas son fuertes.
[la-mu-čá-ča-pe-ru̯á-na-sóɱ-fu̯ér-te]

---

[5]Véase la nota 5 en el apéndice al final de este capítulo.

La forma verbal *son* en su transcripción fonética [sóŋ] revela la pluralidad.

Los muchachos peruanos fuertes.
[lo-mu-čá-čo-pe-ru̯á-no-fu̯ér-te]

En este ejemplo, la forma que toma el artículo definido, *lo* (que proviene de *los*), revela que la frase es plural, puesto que el artículo definido masculino singular, *el,* tiene una estructura marcadamente distinta.

El producto del primer paso, la aspiración [h], no deja de comportarse como segmento consonántico al darse en posición final de palabra y prevocálica. Es decir, el segmento aspirado [h] inicia su propia sílaba al igual que la [s] que reemplazó.

Los osos están en otra parte.
[lo-só-so-ses-tá-ne-nó-tra-pár-te] [lo-hó-so-heh-tá-ne-nó-tra-pár-te]

Otros procesos que pueden darse como producto de la evolución general de la [s] en posición débil son la nasalización o la alteración de la vocal que se encuentra inmediatamente delante de la [s] en cuestión. (La alteración vocálica involucra varios procesos distintos, entre ellos la conversión de la [a], vocal abierta central, en [æ], abierta anterior; la conversión de la [o], la media posterior tensa, en [ɔ], media posterior relajada; o la conversión de la [e], la media anterior tensa, en [ɛ], media anterior relajada.) Como estos fenómenos no se dan con tanta frecuencia como la aspiración, la pérdida y la geminación, los dejaremos para otro texto que trate exclusivamente las diferencias dialectales.

Muestra 2 (aspiración o pérdida de la [s] o de la geminación consonántica resultante)

A. El siguiente pasaje manifiesta un buen número de ejemplos del proceso estudiado. Se leerá con acento bajeño.

Puerto Rico – doesn't roll r's

Muchos de los mejores estudiantes de esta escuela se han visto obligados a esforzarse consistentemente para escapar de unos barrios en los que las drogas, los crímenes violentos y los asaltos los han convertido en víctimas permanentes. Es difícil que los vecinos abandonen sus casas ni por dos minutos los fines de semana ni los días laborables, sin que entren en ellas por cualquiera de las ventanas y hasta por las puertas ladrones, asesinos, narcotraficantes y criminales de los peores.

B. En la transcripción fonética siguiente de una versión bajeña del pasaje anterior, indíquese de cuál fenómeno se trata en cada caso —(1) aspiración, (2) pérdida o (3) geminación consonántica.

[mú-čoh-ðe-lom-me-xó-re-he-tu-ði̯áṇ-te-ðe-ét-ta-e-ku̯é-la] [se-ám-bít-to-o-βli-ɣá-

ðo-a-ef-for-sár-se-kon-sih-téṇ-te-méṇ-te] [pa-ra-e-ka-pár] [de-ú-no-βá-r̄i̯o-hen-

loh-ke-lah-ðró-ɣa] [lok-krí-me-ne-βi̯o-léṇ-to-hi-lo-ha-sál-to] [lo-háŋ-kom-ber-tí-ðo-em-bík-ti-map-per-ma-néṇ-te] [éð-ði-fí-sil-ke-loβ-βe-sí-no-ha-βaṇ-dó-nen-suk-ká-sa-ni-por-ðóm-mi-nú-to] [lof-fí-neh-ðe-se-má-na-ni-lo-ðí-ah-la-βo-rá-βle] [siŋ-ke-éṇ-tre-ne-né-ja-por-kual-kié-ra-ðe-lah-βeṇ-tá-nai̯-a-ta-por-lap-pu̯ér-ta] [la-ðró-ne] [a-se-sí-noh] [nar-ko-tra-fi-káṇ-te-hi-kri-mi-ná-le-ðe-lop-pe-ó-re]

3. Velarización de la /n/ → [ŋ]

Bajeño.

En la fonología normativa el fonema /n/ → [ŋ] (fenómeno que se llama **velarización**) en un solo entorno: delante de segmentos consonánticos velares, por ejemplo /tén-go/ → [téŋ-go]; /mán-ko/ → [máŋ-ko]; /án-xel/ → [áŋ-xel]. En cambio, en la fonética dialectal, y en particular en la fonética de los dialectos de la zona bajeña, esta velarización de /n/ → [ŋ] se da en cualquiera de las dos posiciones débiles, es decir, en posición final de sílaba o en posición final de palabra, no importa cuál sea el segmento que sigue.

1. [em-bo-ɣo-tá] → [eŋ-bo-ɣo-tá]
2. [eɱ-frán-si̯a] → [eŋ-frán-si̯a]
3. [eṇ-to-lé-ðo] → [eŋ-to-lé-ðo]
4. [en-se-βí-ja] → [eŋ-se-βí-ja]
5. [eɲ-ju-ka-tán] → [eŋ-ju-ka-táŋ]
6. [bá-ni-βi̯é-nen] → [báŋ-i-βi̯é-neŋ]

Debe notarse que en el ejemplo 6 la primera aparición de [ŋ] en posición final de palabra produce un cambio en la estructura silábica de la frase: [báŋ-i] en vez de [bá-ni]. Aunque esto rompe una regla de la división silábica del español, la nueva configuración [báŋ-i] es sólo un fiel reflejo de la realidad lingüística en este caso.

Muestra 3 (velarización de la /n/ → [ŋ])

El siguiente pasaje pone de manifiesto un buen número de ejemplos del fenómeno estudiado.

Juan y Ramón salen el veinte del presente a Cancún, donde piensan pasar once días divirtiéndose de lo lindo. Vienen de presentar un examen en computación, lo cual los dejó rendidos. Es necesario que estén tranquilos y que coman bien por un tiempo. Cuando se les acaben las vacaciones, van a regresar otra vez a San Juan donde se dedicarán de nuevo a su profesión. Siempre dicen que los que no se divierten un poco viven la vida en vano.

4. Lambdaización de la [r] → [l]

> *"La muerte tan bien come cordero como carnero."* *(refrán)*

Cuando la [r] se convierte en [l] en las dos posiciones débiles, el proceso se llama **lambdaización,** término que recuerda el nombre de la letra *l* en griego.[6] El cambio de [r] en [l] quizás se lleve a cabo porque la pronunciación del sonido líquido lateral [l] requiere menos esfuerzo articulatorio que la del sonido líquido vibrante [r]. De todos modos, el proceso [r] → [l] puede darse en zonas bajeñas en general y en las islas del Caribe en particular. Se considera especialmente típico de Puerto Rico, donde el uso se extiende incluso a las capas más altas de la sociedad. A continuación se presentan varios ejemplos del proceso.

[me-nór] → [me-nól]
[r̄e-βól-βer] → [r̄e-βól-βel]
[a-pár-te] → [a-pál-te]
[xer-trú-ðis] → [xel-trú-ðis]

Muestra 4 (lambdaización de la [r] → [l])

El siguiente pasaje manifiesta un buen número de ejemplos del proceso estudiado.

 Jorge Huerta está harto de estar gordo. Nos ha recordado que el miércoles se va a poner a régimen y va a dejar de comer tortas de chocolate. Ha ordenado que se tranque la puerta de la cocina para no poder llegar al refrigerador. Porque quiere eliminar cualquier recuerdo que lo haga pensar en un delicioso manjar, hasta va a parar de jugar al póquer todos los martes y viernes porque siempre se harta de cerveza y se engorda como un puerco. Al pensar en Jorge le doy gracias a la Virgen que nunca voy a tener que ponerme a régimen.

5. Rotacismo de la [l] → [r]

> *"Palabra y piedra suelta no tienen vuelta."* *(refrán)*

El **rotacismo** de la [l] → [r] es el reverso de la medalla del fenómeno 4 (la lambdaización de la [r] → [l]). Aunque es típico de la zona dialectal bajeña en general, se da más en Andalucía (el extremo sur de España) que en cualquier otra parte. En general el rotacismo no se da con gran frecuencia, porque el paso de [l] → [r] requiere

---

[6]Véase la nota 6 en el apéndice al final de este capítulo.

del hablante más fuerza articulatoria, y por eso va en contra de la "ley del menor esfuerzo". A continuación se presentan varios ejemplos del proceso.

[sol-dá-ðo] → [sor-ðá-ðo]
[pól-βo] → [pór-βo]
[el-mu-čá-čo] → [er-mu-čá-čo]
[lo-sál-pes] → [lo-sár-pes]

Muestra **5** (rotacismo de [l] → [r])

El siguiente pasaje manifiesta un buen número de ejemplos del proceso estudiado.

 Me dice Melba que falta poco para que el del palco se mude a una aldea y se instale bajo un toldo. Al ser golpeado con un revólver, Rodolfo Aldana saltó del balcón, pero al caer quedó maltrecho en lo alto de un olmo. Luego un alce le robó la bolsa a su hermana Elsa, que con el susto quedó calva y ulcerosa. Rodolfo calculó que hasta un halcón algodonero que supiera álgebra sabría hacer tal maniobra mejor que él.

6. La yodización y la realización de otros procesos en la posición débil

> *"No te buscarán si eres pobre, porque los cuidados van sólo al cobre." (refrán)*

La **yodización**[7] —proceso muy estigmatizado— es el cambio en *yod* (la deslizada [i̯]) de cualquier consonante en posición débil. Esta yodización no representa sino un paso más hacia la aproximación del español hacia su estructura silábica preferida, puesto que la yod, como deslizada, ya no es consonante sino semivocal. La yodización puede ser típica de una consonante oclusiva en posición final de sílaba; es esta consonante la que puede convertirse en yod.

[a-sep-tár] → [a-sei̯-tár]
[fak-tu-rár] → [fai̯-tu-rár]
[sek-si̯ó-nes] → [sei̯-si̯ó-nes]

Muchos de los fenómenos fonéticos que en este capítulo se vienen estudiando (la simplificación de grupos consonánticos, la aspiración, la pérdida, la geminación, la alteración general de consonantes en posición débil, etcétera) pueden afectar no sólo a los sonidos ya mencionados ([s], [n], [r] y [l]), sino también a cualquier consonante a final de sílaba o palabra. Resulta, pues, que *el proceso que se considera típico de un solo entorno puede afectar a otros entornos también.* Por ejemplo, la

---

[7]Véase la nota 7 en el apéndice al final de este capítulo.

misma geminación que resulta del debilitamiento y la pérdida de [s] se puede dar también como consecuencia de la pérdida de [r] y [l]. Ya se han comentado ampliamente en las secciones anteriores de este capítulo todos estos procesos: la simplificación de grupos consonánticos finales de sílaba ([kons-truk-si̯ón] → ([kos-tru-si̯ón]), la aspiración ([fi̯és-ta] → [fi̯éh-ta]), la geminación ([fi̯és-ta] → [fi̯ét-ta]), la pérdida o eliminación ([fi̯és-ta] [fi̯é-ta]), el intercambio de consonantes ([ár-to] → [ál-to]; [ál-to] → [ár-to]). Ahora a esta lista de procesos dialectales se le puede agregar la yodización: [a-sép-to] → [a-séi̯-to]. A continuación se presentan varios ejemplos de cómo un proceso que es típico de un solo segmento —la *s*— también puede involucrar a otros segmentos.

LA GEMINACIÓN

proceso tradicional:
[fi̯és-ta] → [fi̯ét-ta]

procesos adicionales:
[pár-te] → [pát-te]
[a-sep-tár] → [a-set-tár]

LA ASPIRACIÓN

proceso tradicional:
[fi̯és-ta] → [fi̯éh-ta]

procesos adicionales:
[pár-te] → [páh-te]
[a-sep-tár] → [a-seh-tár]

EL INTERCAMBIO DE CONSONANTES

procesos tradicionales:
[pár-te] → [pál-te]
[ál-ɣo] → [ár-ɣo]

procesos adicionales:
[a-sep-tár] → [a-sek-tár]
[ak-si̯ón] → [ap-si̯ón]

Muestra **6** (la yodización y la realización de otros procesos en la posición debil)

Con los términos lingüísticos que se han venido usando en este capítulo, describa cada uno de los procesos dialectales que se encuentran en la siguiente transcripción.

[a-nó-če-se-fu̯é-roŋ-mih-pá-ðre-ðe-βa-ka-si̯ó-ne-a-saŋ-xu̯áŋ-de-pu̯el-to-r̄í-ko] [doŋ-de-pi̯éŋ-saŋ-pa-sál-kín-se-ðí-a-ɣo-sáŋ-do-ðel-sól][del-mál][i-ðe-la-maɣ-ní-fi-kap-plá-ja-ðe-la-íi̯-la]

[mi̯en̪-tra-heh-tén̪-en̪-pu̯el-to-r̄í-ko] [tam-bi̯én̪-bán̪-a-βi-si-tá-la-ú-no-ðe-lo-si̯én̪-to-
ðe-nu̯é-trop-pa-ri̯én̪-teh-ke-βí-βen̪-a-jí] [en̪-tre-é-jo-mú-čo-he-si-li̯á-ðo-ke-se-sa-li̯é-
ron̪-de-kú-βa-en̪-lo-há-ɲo-se-sén̪-ta] [i-ke-r̄e-koh-tru-jé-ron̪-suβ-βí-ða-ðep-pu̯éh]

[la-íl-la-é-hú-na-ðe-lap-pál-te-má-ðén̪-sa-mén̪-te-po-βlá-ðað-ðer-mún̪-do-en̪-té-ro] [i-
já-βí-βen̪-en̪-é-ja-pel-só-nah-ðe-tó-ðo-el-ka-rí-βe] [en̪-pal-ti-ku-lál-de-la-r̄e-pú-βli-
ka-ðo-mi-ni-ká-nai̯-la-a-mé-ri-ka-sen̪-trál]

LOS CAMBIOS QUE SE PRODUCEN EN POSICIÓN *NO* DÉBIL

Los siguientes procesos dialectales son los que se producen en posiciones que no son las
débiles, como por ejemplo, en la intervocálica, la inicial de sílaba, o la interconsonante.

7. Debilitamiento y pérdida de fricativas (en particular de la [ð])

> *"Te conozco, bacalao, aunque vengas disfrazao."* (refrán)

Ya se sabe que cuando se pasa de la [d] de [án̪-da] a la [ð] de [á-ða], se pasa de un
sonido oclusivo ([d]) a uno fricativo (véase el Capítulo 5). Éste es más débil que aquél
en el sentido de que, al articularse un sonido oclusivo, la corriente de aire espirado se
interrumpe, produciéndose así una breve pausa en la secuencia de sonidos, y cualquier
pausa siempre se hace notar. Pero cuando se articula un sonido fricativo no hay interrupción: la corriente de aire espirado sale por la estrecha abertura que queda entre la
lengua y el paladar, y hay menos fuerza articulatoria.

Ahora bien, un alófono ([ð]) que ya ha empezado a debilitarse en comparación con
otro alófono ([d]), tiende a debilitarse aún más. Esto es exactamente lo que sucede en
el caso de la [ð], sobre todo en posición intervocálica. La conversión de [ð] en [ð̥]
débil primero y después en alófono nulo [ø] es parte de un proceso de debilitamiento
general que se llama **lenición** (por el contraste postulado entre los sonidos "fortis",
i.e., los oclusivos, y los sonidos "lenis", o sea, los fricativos).

El debilitamiento del fricativo [ð] se da en todas las zonas geolectales y en todas
las capas sociales del mundo hispanohablante. Por lo tanto es una característica
general, tanto de la velocidad rápida como de los ámbitos menos formales. (La pérdida
total de [ð] al principio de la última sílaba del participio pasado de los verbos de la
primera conjugación —*hablado* [a-βlá-o], *comprado* [kom-prá-o], etcétera— se
considera una característica sociolectal típica de las clases sociales menos cultas.) Al
producirse el alófono nulo [ø], el producto final del proceso, se viola la estructura
silábica preferida CV-CV del español ([tó-ðo] → [tó-o] = CV-CV → CV-V). El deseo
de conservar la estructura silábica preferida es lo que frena el proceso debilitante. En
cambio, no hay nada que frene la [ð] que se encuentra en posición final absoluta (final
de grupo respiratorio, por ejemplo, *Es de la ciudad* = [éz-ðe-la-si̯u-ðá]), o final de

Casi no hay dialecto
en el que no haya
debilitamiento de
fricativos, proceso
que afecta sobre
todo al alófono
fricativo [ð].

palabra a la vez que final de sílaba y preconsonántica (*una ciudad mala* = [ú-na-s̬i̬u-ða-má-la]). Por lo tanto, la [ð] que se encuentra en estos entornos suele debilitarse hasta la pérdida total.

Los dos sonidos fricativos sonoros restantes ([β] y [ɣ]) también pueden debilitarse aún más, pero raras veces llegan al punto de desaparición total que suele experimentar la [ð], excepto de modo variable y socialmente marcado en algunos geolectos.

Muestra 7 (debilitamiento y pérdida de fricativas, en particular de la [ð])

El siguiente pasaje manifiesta un buen número de ejemplos del proceso estudiado.

Noticia social. Don Diego Rodolfo Dávila Díaz, conocido industrial de la región, y su distinguida esposa doña Dora Adela Durán de Dávila, la respetada directora de las Damas de la Caridad del distrito, se mudaron ayer domingo de la ciudad de Durango a Guadalajara, donde piensan residir por una temporada hasta decidir cuál ha de ser su residencia permanente y duradera. "Todo ha pasado tan rápido que ni cuenta me he dado", dijo doña Dora. "Yo diría que mi vida no dejará de ser difícil hasta que radiquemos definitivamente en el adorable pueblo de Delicias, de donde somos oriundos los dos."

8. Transformaciones de la labiodental [f]

> *"Más fea, fuerte y formal que la efe de la familia Fernández." (refrán)*

En muchas partes del mundo hispanohablante hay otro alófono del fonema /f/, el fricativo **bilabial** (que se transcribe con este símbolo: [Φ]) y que se usa al lado del fricativo labiodental [f] que se ha venido describiendo desde el Capítulo 4. La **bilabialización** de /f/ → [Φ] parece haber comenzado hace unos 18 siglos en el latín vulgar de la península Ibérica, mucho antes de que existiera el castellano/español propiamente dicho. Según el proceso histórico, la nueva [Φ] pronto empezó a debilitarse; tras haber perdido parcialmente su bilabialidad, fue convirtiéndose en fricativo glótico bilabial [hΦ] o fricativo velar bilabial [xΦ] y después en pleno fricativo glótico [h] o fricativo velar [x], ya sin componente bilabial alguno. Hoy en día puede hablarse por lo tanto, o de la **velarización** (→ [x]) de la [f] o de la **glotización** (→ [h]) de ella. Ambos procesos no hacen sino repetir capítulos de la historia de la lengua española, ya que muchas de las palabras que se escriben con el grafema "h" en el español moderno —y que en la Edad Media todavía se pronunciaban o con la [h] glótico o con la [x] velar— provienen de palabras que se escribían con "f" en latín, como puede verse a continuación.

LATÍN	ESPAÑOL
faba	haba
fabulari	hablar
facere	hacer
face a	hacia
facenda	hacienda
fata	hada
falco, falconis	halcón
famen, faminis	hambre
farina	harina
femina	hembra

Hoy en día aun cuando la conversión de [f] → [Φ] es una realidad generalizada ([fu̯ér-te] → [Φu̯ér-te]), la de [f] → [h] o [x] ([fu̯ér-te] → [hu̯ér-te]/[xu̯ér-te]) es un fenómeno de marcadas ramificaciones sociolécticas, en el sentido de que se considera típico de las clases menos cultas o de los campesinos. También lo es la conservación de la antigua equivalencia grafémica "h" = [h]/[x]: *hacer* [ha-sér]/[xa-sér] (en vez de [a-sér]), *hondo* [hón̪-do]/[xón̪-do] (en vez de [ón̪-do]).

Muestra 8 (Transformaciones de la labiodental [f])

El siguiente pasaje manifiesta un buen número de ejemplos del proceso estudiado, que, al igual que en el habla misma, no se manifiesta siempre.

Felisa Fernández se fue de la fuente de Francofonte aún más furiosa que nunca porque su familia no la quiso felicitar por la formalización de sus relaciones con Felipe Figueroa, un fuerte jovenazo de origen filipino que se había hecho famoso como funcionario en una frutería de Filadelfia. Con frecuencia se frotaba la fea frente con una fruta fresca hasta que por fin sintió frío. Se fijaba mucho en una flor que Felipe le regaló en una fiesta en febrero. Caminaba fatigada hacia la farmacia donde por falta de feria no pudo financiar la fanega de harina que esperaba comprar.

9. Rehilamiento o refuerzo de la [j] → [ž], [ǰ], [š]

> *"Llora como un becerro en llano."* (refrán)

El rehilamiento o sea el refuerzo de la fricatividad de la [j] que da lugar a la [ž] fricativa e incluso a la [ǰ] africada, se ejemplifica en palabras como *calle, yugo, llamar, collar, leyes, pellejo:* [ká-že], [žú-ɣo], [ža-már], [ko-žár], [lé-žes] y [pe-žé-xo]. (**Reforzar** una consonante es darle más fuerza, acentuando algunas de sus características más sobresalientes.)

El que imita al rioplatense lo hace reforzando mucho la fricatividad de la [j] consonántica.

Fenómeno típicamente argentino y uruguayo, el uso del sonido archifricativo [ž] y el africado [ǰ] se puede encontrar en todas partes del mundo hispanohablante, aunque a menor grado de intensidad. Mientras que en zonas geolectales como la del Río de la Plata es universal la realización del fonema /j/ con el alófono reforzado en cualquier entorno, en otras zonas no lo es.

El traspaso [j] → [ž], etcétera, no es sino un **refuerzo de la fricatividad** del segmento consonántico [j] que de por sí es poco fricativo. En cambio, el paso del sonoro [ž] al sordo [š] representa un **ensordecimiento** del segmento archifricativo, ensordecimiento que reproduce una tendencia que se manifestó claramente durante los siglos XV y XVI al simplificarse lo que antes era un sistema algo complicado de consonantes sibilantes.

El producto de dicho ensordecimiento, [š], suena exactamente como el dígrafo inglés "sh" de *shall, wish, fishing,* como indican las siguientes palabras: [ká-še], [šú-ɣo], [ša-már], [ko-šár], [lé-šes], [pe-šé-xo].

El alófono africado [ǰ] suele producirse más en ciertos entornos, por ejemplo detrás de los segmentos nasales (*conyugación* [koń-ǰu-ɣa-si̯ón], *enyerbar* [eń-ǰer-βár]).

Muestra **9** (refuerzo de la [j] → [ž], [ǰ], [š])

El siguiente pasaje manifiesta un buen número de ejemplos del proceso estudiado.

Llovía mucho cuando llegaron de Avellaneda las llamas que llevaban la hierbabuena a la Calle de la Llorona. Las acompañaba un solo yac de Medellín que batallaba mucho con un yunque de hierro que se hallaba atado a su yugo. Yo lloré cuando se cayó el hierbero calloso porque ya no pudo llenar de hielo el yate de los Lláñez.

10. Refuerzo de la [w] → [g̯u̯]

> *"A otro perro con ese hueso."* (refrán)

> *"A carne humana huele aquí."* (refrán)

Otro refuerzo que se produce con cierta frecuencia en todo el mundo hispanohablante, sobre todo como fenómeno socioléctico entre las clases menos cultas, es el que afecta a la [w] consonántica expandiéndola a [g̯u̯]. En el primer paso de la expansión, la [w] consonántica se convierte en [u̯] deslizádica. Como ya se explicó en el Capítulo 5, la [w] tiene un punto de articulación bilabial y un punto secundario velar. Es precisamente esta velaridad la que se refuerza a tal grado que acaba por entenderse como un segmento adicional, la [g], lo cual representa el segundo paso.

SIN REFUERZO VELAR	CON REFUERZO VELAR
[wér-ta]	[g̯uér-ta]
[wés-peð]	[g̯ués-peð]
[wé-so]	[g̯ué-so]
[wér-ko]	[g̯uér-ko]

Muestra **10** (refuerzo de la [w] → [gu̯])

El siguiente pasaje manifiesta un buen número de ejemplos del proceso estudiado.

Los huérfanos se declararon en huelga pero aparte de que dejaron sus huellas por todo el huerto no se notaba nada. Un huero que huele a hule se quebró la tibia y otros huesos al pisar un hueco en el camino y quedó todo deshuesado. El horroroso ahuecamiento de la carretera de Huelva era el escándalo de las huesudas.

11. Uvularización de la [x] velar

> *"Con gilíes, ni a bañarse, porque hasta el jabón se pierde." (refrán)*

Fenómeno architípico del geolecto castellano (del centro de España), este **refuerzo** consiste en cierto estrechamiento de la distancia entre el articulador activo (en este caso el postdorso de la lengua) y el punto de articulación, que es la úvula. Por medio del estrechamiento resultante, se intensifica la fricatividad que produce el paso del aire entre los articuladores. El efecto acústico se parece un poco al que se produce cuando se carraspea.

Como la [x] reforzada tiene un punto de articulación muy cercano al de la [x] normativa, no hay símbolo fonético especial que se use para representarlo. No obstante, aquí va a emplearse una [x] subrayada, [x̲], para representar la [x] reforzada que tanto tipifica al geolecto del centro de España.

Muestra **11** (uvularización de la [x] velar)

El siguiente pasaje manifiesta un buen número de ejemplos del proceso estudiado.

Jorge Julio Jiménez Juárez le juró un jueves de junio a Juan José Jáuregui Juvenal que un viaje a Jamaica era mejor que viajar a la Argentina. Por lo general este Jorge es un viejo generoso, jocoso y muy majo, el hijo mayor de doña Josefina Jara Juárez de Jiménez y don Joaquín Jesús Jiménez Jáquez. La familia viene de muy lejos de aquí, de Torrevieja de La Rioja. La pareja acaba de festejar su cuadragésimo aniversario de bodas en la capilla del Niño Jesús de Jerez de la Frontera. En su juventud arrojaba Jorge Julio muchos conejitos de jabón a los pasajeros de autos rojos que según él mojaban injustamente las bandejas en las que se les bajaba el ajo a los jaguares enjaulados.

12. Fricatización velar o retracción de la [r̄] → [x]

> *"El que da pan a perro ajeno, pierde el pan y pierde el perro."* (refrán)

La **fricatización velar** o **retracción de la** [r̄] es típica de la zona subgeolectal caribeña del geolecto bajeño y en particular de Cuba, Puerto Rico y la República Dominicana, donde es común que la gente pronuncie [si̯é-xa] en vez de [si̯é-r̄a], [bá-xo] en vez de [bá-r̄o], [kó-xo] en vez de [kó-r̄o], etcétera. Consiste en la generalizada conversión de toda [r̄] (alveolar vibrante múltiple sonoro) en [x], que como ya se sabe es velar fricativo sordo.

Al parecer, este paso de alveolar a velar, de vibrante múltiple a fricativo y de sonoro a sordo es absurdo, porque no se presta a ningún análisis lógico. No hay parecido alguno entre los alveolares y velares ni entre los vibrantes múltiples y fricativos, y aunque el paso de sonoro a sordo sí tiene antecedentes en la historia de la lengua española, dicho paso afectó únicamente a los sibilantes, convirtiéndose por ejemplo la [ž] en [š], la [z] en [s] y la [dz] en [ts].

¿De dónde vendrá, pues, este cambio de [r̄] a [x], fenómeno que también se da parcialmente en otras lenguas neolatinas como el francés y el portugués? Hay dos explicaciones posibles. Según la primera, la [x] podría haber venido del primer elemento de un paso intermedio como el siguiente: [r̄] → [x-r] (o [x-r̄]) (por ejemplo, *sierra* [si̯é-r̄a] → [si̯éx-ra] o [si̯éx-r̄a]), según el cual se antepone una [x] velar a la [r̄], perdiéndose ésta como última etapa del cambio. Sin embargo, ¿de dónde habrá provenido y a qué se deberá dicha anteposición de la [x] a la [r̄]?

Esta pregunta es más difícil de contestar, pero puede ser que esta [x] antepuesta haya surgido como elemento de apoyo o rampa de lanzamiento ante la articulación de una consonante que aun para el hispanohablante nativo requiere bastante esfuerzo y tensión articulatorios. (En otras palabras, a todos les es difícil pronunciar la [r̄] vibrante múltiple.) En cualquier caso, las dos versiones de la [r̄] en el Caribe se oyen con mucha frecuencia, aunque el resultado final [x] del proceso es un poco más típico de las clases con menos preparación escolar.

[r̄] NORMATIVA	PASO [X-r̄] INTERMEDIO	ETAPA [X] FINAL
[pé-r̄o]	[péx-r̄o]	[pé-xo]
[ká-r̄o]	[káx-r̄o]	[ká-xo]
[r̄e-ɣré-sa]	[xr̄e-ɣré-sa]	[xe-ɣré-sa]

Otra posible explicación del fenómeno de la fricatización velar / retracción de la [r̄] es que representa un paso más allá de la asibilación (véase el párrafo siguiente). Según esta teoría, la [r̄] se convirtió primero en la consonante asibilada [ř], es decir, en un sonido ligeramente fricativo a la vez que todavía vibrante. Luego, el elemento asibilado (ligeramente fricativo) de la [ř] retrocedió, convirtiéndose en vibrante uvular, que a su vez se hizo fricativo velar. Esta teoría procura hallar un paralelismo entre la retracción en francés de la [r] alveolar del siglo XVII a la [R] uvular del francés moderno y la retracción de la [r̄] → [x] del español caribeño.

Es probable que el cambio [r̄] → [x] tenga un paso intermedio, [xr̄], en el que la [x] sirve de elemento de apoyo.

La **asibilación** de la /r̄/ vibrante múltiple es otro cambio que experimenta este fonema en varias partes del mundo hispanohablante. El símbolo que la representa, la [ř], representa un sonido vibrante alveolar cuya característica articulatoria adjunta es una ligera fricatización. También puede asibilarse la /r/ vibrante sencilla aunque casi siempre en entorno final de sílaba: *comer* [ko-mér] → [ko-meř].

Muestra **12** (fricatización velar o retracción de la [r̄] → [x])

El siguiente pasaje manifiesta un buen número de ejemplos del proceso estudiado.

 El terrible de Rodolfo me agarró el gorro rojo y se fue corriendo rápidamente. Yo ya no querré reunirme con él aunque fuera en Roma. Ya se ve que los restos del terrorismo no se restringen a las carreteras. Más vale que me arranque a residir en la sierra porque aquí en Ferrolandia ni respetan al rico, a quien ridiculiza rabiosamente la gente revoltosa. Deben amarrar a cualquier reo raro para arrojarlo al río pa' que se lo coma un rinoceronte. Como rugió una vez Roberto Raimundo Rodríguez, "¡Arriba la revolución rústica, y que cada quien agarre su revólver para arruinar a los ricachones!"

13. Glotización de la [x] → [h]

> *"Los ojos son el espejo del alma." (refrán)*

La producción de este proceso es una consecuencia directa, inmediata e inevitable de la aparición del proceso 12 que se acaba de examinar: el cambio [r̄] → [x]. Si la [r̄] se hace [x], la [x] tiene que hacerse otra cosa para evitar confusión. En lo que se convierte la [x] es en [h], o sea el sonido consonántico fricativo glótico sordo que es idéntico al que se da frecuentemente en el inglés y que se representa ortográficamente con la "h" (por ejemplo, *help, him, hurt, Harry*). La [x] velar española se convierte en [h] glotal porque la zona glotal es posterior a la velar, en un proceso que se parece mucho a una reacción en cadena: El punto de articulación de la [r̄] alveolar retrocede y convierte a la [r̄] en una nueva [x] velar; debido a esto, la antigua [x] velar queda obligada a retroceder; su nuevo punto de articulación la convierte en [h]. Es todo un reajuste del sistema, reajuste que se debe al paso inicial de [r̄] a [x].

Este reajuste, también muy típico de los tres países hispanohablantes del Caribe, obliga a quien no está acostumbrado a él a conceptuar de nuevo una parte importante de su sistema fonológico; si [r̄] → [x] y por lo tanto [x] → [h], entonces *corro* cambia a *cojo* y *cojo* se hace "*coho*" (a la inglesa). En términos fonéticos, esta glotización última viene siendo así:

[kó-r̄o] → [kó-xo] y por ende [kó-xo] → [kó-ho]

El que convierte [r̄] → [x] también convierte [x] → [h].

Muestra 13 (glotización de la [x] → [h])

El siguiente pasaje manifiesta un buen número de ejemplos del proceso estudiado.

"Mucho ojo con esas cajas de ginebra, joven, porque me enojo exageradamente si las coges y las dejas caer", gimió Juana Julieta, mujer del genial jíbaro José de Jesús Jiménez. Ella trabajaba en una agencia de viajes muy lujosa en Jatibonico, y él era jinete que juntaba girasoles para ejercer mejor su profesión. "Y otra cosa, joven: que no es justo que juegues con el cojo del gimnasio. En general, el que hace ejercicio con jabón se moja generosamente. Aquí te traje un jarro para que lo ajustes."

14. Desafricación de la [č] → [š]

> *"El hombre no ha de ser de dichos, sino de hechos." (refrán)*

Como se recordará, la [č] es un sonido sordo alveopalatal *africado,* y como cualquier africado consiste en dos elementos: primero un elemento oclusivo e inmediatamente después uno fricativo. En el caso de la [č], el elemento oclusivo es la [t] y el fricativo la [š], así que la combinación resultante es [tš], es decir, [č]. (La lingüística permite que este alveopalatal africado sordo se represente de las dos maneras, [tš] o [č]. Aquí se ha optado por la representación uniforme [č].)

La pérdida del elemento oclusivo [t] convierte en elemento único la [š]. Este proceso, que se llama la *desafricación de la [č],* puede entenderse por lo menos en parte como una simplificación de un grupo consonántico. Esta pérdida de la [t] de [tš]/[č] ocurre en cualquier entorno en el que se encuentra [č], es decir, mayormente entre vocales y a principio de palabra o sílaba. (Efectivamente no se encuentra la [č] en posición final de sílaba.)

Una de las zonas donde el cambio [č] → [š] ocurre más profusamente es en el norte de México en general y en particular en el estado de Chihuahua, estado que hace frontera con Tejas y Nuevo México en los Estados Unidos. También ocurre en Chile y en varias partes de Andalucía, España.

El cambio [č] → [š] es típico del norte de México, de Chile y del sur de España.

[č]	[š]
[mu-čá-čo]	[mu-šá-šo]
[ó-čo]	[ó-šo]
[ča-βá-los]	[ša-βá-los]
[eń-či-lá-ðas]	[eń-ši-lá-ðas]

Muestra 14 (desafricación de la [č] → [š])

El siguiente pasaje manifiesta un buen número de ejemplos del proceso estudiado.

"Era una pachanga muy chula. Muchos changos bailaban el chachachá y tomaban champán a la luz de la luna. Un chavalo chileno que masticaba chicle firmó un cheque por ochenta dólares. Ocho chicos checos comían chile con chorizo mientras que un chivo chillaba mucho porque le sacaban chinches con la punta de una chapa. El chofer chino le contaba un chiste al cholo chicano y la chusma chihuahuense chupaba churros con chocolate. Un pobre mechero ya medio chocho machacaba chicharrones en una charola."

15. Pérdida, ensordecimiento o debilitamiento vocálico en posición postónica cerrada

"Con estos bueyes vamos a arar." (refrán)

Éste es otro fenómeno que suele darse con cierta frecuencia en México, pero esta vez no en el norte del país, sino en la parte que llaman el Valle Central. Esta región, en la que reside la mayor parte de la población del país, se compone de Zacatecas, Aguascalientes, Jalisco, San Luis Potosí, Guanajuato, Michoacán, Querétaro, Hidalgo, México, Tlaxcala, Morelos y Puebla más el Distrito Federal, es decir, la Ciudad de México.

El español es reconocido universalmente por la integridad de su sistema vocálico, lo cual quiere decir que en general no hay diferencias dialectales en lo que a las vocales se refiere: el sistema vocálico de un dialecto no se distingue del de otro dialecto. Sin embargo, no hay regla que no admita excepción, y el fenómeno 15 ejemplifica la excepción.

¿A qué se deberá esta excepción? Esto lo explica mejor la **influencia del substrato** ('por debajo de la superficie') de las lenguas indígenas que se hablaban y aún se hablan en la región, como el náhuatl, idioma de los aztecas y de su imperio. Muchas de estas lenguas permiten grupos y combinaciones consonánticos que son ajenos al español, y permiten además precisamente la **pérdida,** el **ensordecimiento** o el **debilitamiento vocálico** que se experimenta hoy en día en el español de dichas tierras.

Donde suele perderse, ensordecerse o por lo menos debilitarse una vocal es en la **posición postónica cerrada.** ¿En qué consiste dicha posición? El idioma ofrece dos posiciones posibles que se relacionan con la estructura silábica de la palabra en cuestión: (1) *la abierta,* donde la sílaba acaba en vocal (por ejemplo *bebé, mamá, corre*), y (2) *la cerrada,* donde la sílaba acaba en consonante (*cantan, puertas, árbol*). (La sílaba que termina en la deslizada de un diptongo decreciente [*ley, aceite, neurótico*] no es ni abierta ni cerrada y por eso se excluye del presente análisis. Todos los diptongos crecientes [*cielo, cuento, cualquiera*] terminan en vocal y por lo tanto pertenecen o a las estructuras silábicas cerradas o a las abiertas.)

No todas las vocales se pierden o se debilitan en aquellas zonas centromexicanas donde puede manifestarse el presente proceso. Son precisamente las dos vocales medias (/e/, /o/) las que más se prestan a él. La vocal /a/ es mucho más resistente al proceso, y la /i/ y la /u/ no se dan con mucha frecuencia en posición postónica. Es sobre todo la /e/ la que puede perderse, ensordecerse o debilitarse en posición postónica cerrada.

Es más fácil que la pérdida, etcétera, ocurra en posición postónica cerrada tras consonante sorda (/p t k f s č x/). Siguen varios ejemplos del proceso que se abreviará "PED"; el segmento perdido, ensordecido o debilitado es representado por el símbolo nulo.

Otro mexicanismo, esta vez del centro, es el debilitamiento o pérdida de vocales átonas postónicas.

SIN PED	CON PED
[gu̯án-tes]	[gu̯án-tøs]
[xén̯-tes]	[xén̯-tøs]
[do-ku-mén̯-tos]	[do-ku-mén̯-tøs]
[pre-pá-res]	[pre-pá-røs]
[gól-pes]	[gól-pøs]

Muestra **15** (pérdida, ensordecimiento o debilitamiento vocálico en posición postónica cerrada)

El siguiente pasaje manifiesta un buen número de ejemplos del proceso estudiado.

De todos los clientes importantes de los pueblos circunvecinos eran los Meléndez los más apreciados. Ellos eran los encargados de vigilar los puentes principales que cruzaban los lagos que daban acceso a las más interesantes comunidades indígenas. Eran pocas las veces que nuestros enemigos invasores habían intentado destruirlos, pero en diferentes ocasiones nos han vendido fuegos artificiales con propósitos nefastos: distraernos por unos minutos hasta que sus caciques y sus achichincles pudieran remar sus barcos por debajo de los muelles y malecones que protegían nuestros territorios para atacarnos con intenciones nada favorables.

16. Cerrazón vocálica [e] → [i], [o] → [u]

> *"La ley se hace para todos, mas sólo para el pobre rige."* (refrán)

La **cerrazón vocálica** en cuestión se encuentra únicamente en aquellas tierras hispano-hablantes donde la población indígena hablaba y aún habla la lengua quichua (que también se llama quechua). El quichua era el idioma dominante del gran imperio inca, que se extendía desde lo que hoy en día es el Ecuador hasta el extremo norte de la Argentina actual. Éste es otro fenómeno que se debe a influencias del substrato, en este caso a las del quichua, idioma cuyo sistema vocálico es muy sencillo: hay dos vocales cerradas (/i/, /u/), una vocal abierta (/a/), y eso es todo. No hay ni una sola vocal media excepto en contacto con las dos consonantes uvulares [q] y [X]. Como el quichua carece por lo general de la /e/ y de la /o/, estas vocales españolas se cierran un grado ([e] → [i], [o] → [u], respectivamente) en el habla de alguien en cuyo español influye el quichua.

Muestra **16** (cerrazón vocálica [e] → [i], [o] → [u])

Dada la relativamente poca frecuencia con la que este proceso dialectal se emplea en el mundo hispanohablante actual, hemos optado por no ejemplificarlo en la presente edición del texto.

17. Un fonema adicional: La distinción entre /θ/ y /s/ (la distinción misma, el seseo, el ceceo)

> *"Pobreza no es vileza, pero por ahí se empieza." (refrán)*

El fonema adicional es /θ/, la llamada *theta,* que tiene dos alófonos interdentales fricativos: (1) el alófono interdental fricativo *sonoro,* cuya transcripción fonética emplea el símbolo [ð], y (2) el alófono interdental fricativo *sordo,* que se transcribe con el símbolo [θ] mismo. La distribución de los dos alófonos es idéntica a la manifestada para los alófonos del fonema /s/ (véase el Capítulo 5, página 100).

$$/θ/ \rightarrow [ð] \text{ // — C [+ sonoro]}$$
$$\rightarrow [θ] \text{ // en todos los demás entornos}$$

El [θ] es el alófono que con más frecuencia se usa.

El fonema adicional /θ/ se emplea con exclusividad en una sola zona geolectal, la castellana (la del centro y del norte de España, aun cuando se enseña como normativo en todo el país). No se usa en ninguna otra parte del mundo hispanohablante. La /θ/ es lo que más diferencia el geolecto castellano del centro de España de los dos geolectos restantes (el alteño y el bajeño). Cualquier persona que quiere imitar a "los españoles" en seguida se lanza a emplear, correcta o incorrectamente, la *theta.*

¿En qué consiste, pues, el empleo correcto de la /θ/? La usan los castellanos según las siguientes reglas ortográficas.

"c" = /θ/ cuando la "c" está delante de "i" o "e" (las dos vocales anteriores)
"z" = /θ/ en cualquier entorno

Siguen varios ejemplos.

1. "c" / __ $\left\{ \begin{array}{c} e \\ i \end{array} \right\}$

cielo, cilantro, cena, quince, cine, Cecilia, ciento

2. "z" en cualquier entorno

zorro, azul, gazapo, conozco, capaz, zurdo, zapato

Claro está que en el geolecto castellano también hay /s/ (pero véase la sección 18 del presente capítulo), que siempre se representa ortográficamente con el grafema "s". (Ejemplos: *siempre, representa, está, castellano, es, Samuel, absurdo, televisión.*)

Muchos usan equivocadamente el término "ceceante" para referirse al geolecto en que se da el fonema adicional /θ/. En realidad los hablantes del geolecto castellano sólo *distinguen* entre la /θ/ ("c" ante "e", "i"; "z" en cualquier entorno) y la /s/ ("s" siempre), así que el término científico correcto para referirse al fenómeno geolectal

El empleo de otro fonema, el /θ/, como única pronunciación posible de "z" y "c(e/i)" es un rasgo archicastellano.

castellano es la **distinción.** En cambio, los que hablan con **ceceo** usan la /θ/ donde debe usarse pero también la usan en vez de la /s/. Quienes hablan con **seseo** carecen por completo del fonema /θ/; usan únicamente la /s/.

Hay que diferenciar entre (1) la distinción (/θ/ y /s/), (2) el ceceo y (3) el seseo.

REPRESENTACIÓN ORTOGRÁFICA	DISTINCIÓN	CECEO	SESEO
celoso	[θe-ló-so]	[θe-ló-θo]	[se-ló-so]
sollozo	[so-jó-θo]	[θo-jó-θo]	[so-jó-so]
conocidos	[ko-no-θí-ðos]	[ko-no-θí-ðoθ]	[ko-no-sí-ðos]
izquierdista	[iθ-ki̯er-ðís-ta]	[iθ-ki̯er-ðíθ-ta]	[is-ki̯er-ðís-ta]

El *ceceo,* donde todo es /θ/, se limita a ciertas regiones de Andalucía (el extremo sur de España), que aunque forma parte de la zona geolectal bajeña, viene recibiendo fuertes influencias lingüísticas de Castilla desde el siglo XIII. En cambio, y como ya queda dicho, el fenómeno del *seseo,* donde todo es /s/, es el que practican todos los demás bajeños y todos los alteños, es decir, la inmensa mayoría de la población mundial hispanófona: todos los hispanoamericanos, los habitantes de las islas Canarias, muchos andaluces... Sólo los españoles castellanos observan la *distinción* entre /θ/ y /s/. A pesar de que el español castellano es el geolecto español de mayor prestigio nacional a través de toda España, no todos los españoles observan la distinción entre /θ/ y /s/. Muchos catalanes, por ejemplo, sesean cuando hablan español. (El idioma catalán carece por completo del fonema /θ/.) Note que la terminología que se usa es la siguiente.

	/θ/ y /s/	sólo /θ/	sólo /s/
SUSTANTIVO:	distinción	ceceo	seseo
ADJETIVO:	distinguidor	ceceante	seseante
VERBO:	distinguir	cecear	sesear

Muestra **17** (la distinción entre /θ/ y /s/ [la distinción misma, el seseo, el ceceo])

El siguiente pasaje manifiesta un buen número de ejemplos de los procesos estudiados.

César Zaragoza iba a cazar a un anciano ciervo en el jardín zoológico. Siempre decía que más valen once cigarras zangoloteando que cien volando. Pero en cierta ocasión se acercó un viejo zorro cínico que pronunció acertadamente las siguientes dieciocho palabras: "Si el cisne toma cerveza y la cigüeña fuma cigarros, no hay cirujano que pueda civilizar esta ciudad." ¿En qué consistía la cena? ¡En puras cerezas cocidas en una cazuela de cebiche de cebolla! Ni un cerdo sin cerebro se acercaría a una cena tan zoológica. La misma Cenicienta se cercioraría de la certeza de que hubiera un delicioso manjar y le cerraría la puerta en las narices a quienquiera que se esforzara en hacérselo comer.

18. Apicalización de la [s] → [ś]

castellano: s → sh sound (handwritten)

> *"Tras los años vienen los desengaños."* (refrán)

Como consecuencia directa de la presencia del fonema /θ/, en el geolecto castellano se convierte en [ś] alveolar *apical* lo que es [s] alveolar *predorsal* en los demás geolectos del español. Esta **apicalización** es una consecuencia directa, inmediata e inevitable de la aparición del fenómeno 17 que se acaba de examinar, es decir, la fusión de dos antiguos sonidos en la /θ/ interdental de hoy en día. La /θ/, al entrar en el sistema fonológico, se adueñó de cierta parte del espacio "sicológico" que ocupaba la /s/ alveolar dorsal (dorsoalveolar). Ésta, por lo tanto, se diferenció de la /θ/ "invasora" cambiando el punto de articulación del articulador activo, la lengua, del predorso al ápice. El cambio del predorso al ápice hace que el punto de aproximación de la lengua al paladar retroceda un poco hacia la zona alveolar. En el geolecto castellano la [s] se convierte en alveolar apical (apicoalveolar) en un proceso que se parece mucho a una reacción en cadena. Es todo un reajuste de sistema, reajuste que se debe a la intromisión inicial de la [θ]. (En la historia de la lengua española las cosas no sucedieron exactamente como se acaban de pintar aquí, pero en un texto como el presente no hay espacio para una descripción más detallada.)

El sonido resultante de la apicalización, la [ś], se parece un poco, en cuanto a efecto acústico, al sonido de la [š] inglesa (la que se escribe con "sh"). Sin embargo, hay una diferencia fundamental entre ambas: mientras que el punto de articulación de la [š] inglesa es alveopalatal, el de la [ś] española es apicoalveolar.

Al igual que el alófono alveolar predorsal sordo [s], al cual le acompaña el alófono alveolar predorsal sonoro [z], la [ś] alveolar apical es acompañada por un emparejado sonoro que se transcribe con el símbolo [ź]. El alófono [ź] apical se encuentra en cualquier entorno en el que se encuentra el predorsal [z], es decir, inmediatamente delante de cualquier consonante sonoro: *mismo* [míź-mo], *osmosis* [oź-mó-śiś], *desdén* [deź-ðén].

Muestra **18** (apicalización de la [s] → [ś])

El siguiente pasaje manifiesta un buen número de ejemplos del proceso estudiado.

A continuación se reproduce el pasaje que se presentó en la Muestra 2 de este capítulo, "Aspiración o pérdida de la [s]. . ." Se ha optado por reproducir un pasaje antes empleado para ejemplificar otro proceso con el fin de comparar dos articulaciones muy distintas de un solo fonema, en este caso la /s/, que en los geolectos bajeños tiende a aspirarse o perderse en posición débil mientras que en el geolecto castellano se apicaliza en cualquier entorno.

Muchos de los mejores estudiantes de esta escuela se han visto obligados a esforzarse consistentemente para escapar de unos barrios en los que las drogas, los crímenes violentos y los asaltos los han convertido en víctimas permanentes. Es difícil que los vecinos abandonen sus casas ni por dos minutos los fines de semana ni los días laborables, sin que entren en ellas por cualquiera de las ventanas y hasta por las puertas ladrones, asesinos, narcotraficantes y criminales de los peores.

19. Otro fonema adicional: La distinción entre la /ʎ/ y la /j/

> *"Ya ni llorar es bueno." (refrán)*

Hay un fonema adicional, el fonema /ʎ/, en el sistema fonológico de varias regiones de la zona geolectal castellana, sobre todo las más norteñas como Cantabria, La Rioja y Castilla-León. (Aun en estas regiones, sin embargo, el fonema /ʎ/ ha empezado a retroceder. Hoy en día las zonas urbanas del norte de España son **yeístas,** es decir, no distinguen entre la /j/ y la /ʎ/.) Se manifiesta también en ciertas partes del Perú y Bolivia donde el español está en contacto constante con lenguas indígenas cuyo sistema fonológico incluye la /ʎ/. El fonema /ʎ/ tiene un solo alófono, la [ʎ], que es sonoro lateral *palatal.* El fonema /ʎ/ se limita a representar el dígrafo "ll" (la *elle* de *callar, llamar, llegar, millonario*); no lo representa ningún otro grafema. El fonema lateral palatal /ʎ/ contrasta con el fonema /l/, que es lateral alveolar. También contrastan el fonema /ʎ/ y la /j/, cuyo alófono más representativo también es palatal (la [j]), pero no es lateral sino fricativo. (Representa ortográficamente a la /j/ el grafema "y" consonántico [*yugo, yo, ya, rayar*] y el grafema "i" tras "h" en posición inicial de palabra o sílaba: *hierba, hielo, hiere, enhielar.*) A continuación se contrastan las descripciones de los tres alófonos:

No todas las regiones castellanas distinguen entre /ʎ/ y /j/.

| ALÓFONO | DESCRIPCIÓN | | | GRAFEMAS | EJEMPLOS |
	punto	**modo**	**sonoridad**		
[ʎ]	palatal	lateral	sonoro	"ll"	calló
[j]	alveolar	fricativo	sonoro	"y" consonántico	cayó
				"hi" + vocal	deshielo
[l]	alveolar	lateral	sonoro	"l"	caló

El fenómeno de la distinción que se hace entre [ʎ] y [j] podría llamarse **distinción** entre /ʎ/ y /j/, pero muchos le aplican el nombre "**lleísmo**" al fenómeno. En los geolectos que hacen la distinción lleísta, dos palabras como *calló* y *cayó* (y en otros homófonos) se pronuncian [ka-ʎó] y [ka-jó], respectivamente. El fenómeno contrario, la ausencia de distinción, se llama **yeísmo.** En los dialectos *yeístas,* que son la inmensa mayoría, tanto *calló* como *cayó* se pronuncian [ka-jó]. Por eso no hay diferencia alguna de sonido entre estas dos oraciones en boca de un yeísta: "La niña se calló" y "La niña se cayó". Las dos se pronuncian [la-ní-ɲa-se-ka-jó], y sólo un contexto más amplio podría desambigüizarlas.

Muestra **19** (otro fonema adicional: la distinción entre la /ʎ/ y la /j/)

El siguiente pasaje manifiesta un buen número de ejemplos del proceso estudiado.

A continuación se reproducen sin grandes cambios varios ejemplos de pasajes que ya se presentaron en la Muestra 9 de este capítulo, "Refuerzo de la [j]..." Se ha optado por reproducir porciones de pasajes antes empleados para ejemplificar otros procesos, con el fin de comparar dos maneras muy distintas de conceptuar los grafemas en cuestión ("ll" frente a "y" e "hi" más vocal).

Allá en el _____ de _____, _____ _____ _____ _____. ____ llegaron allí ayer cuan_____ ____ _____ían como proyecto h_____cho cuando llegaron de _____ a Calle de la Llorona. L_____tallaba mucho con un yun_____cuando se cayó el hierbero _____ s Lláñez.

20. Proceso _____

```
▼▲▼▲▼▲▼▲▼▲▼▲▼▲▼▲▼▲▼▲▼▲▼▲▼▲▼▲▼▲▼▲▼▲▼▲▼▲▼▲▼▲▼▲▼▲▼▲▼▲

▲▼▲▼▲▼▲▼▲▼▲▼▲▼▲▼▲▼▲▼▲▼▲▼▲▼▲▼▲▼▲▼▲▼▲▼▲▼▲▼▲▼▲▼▲▼▲▼▲
```

Las variaciones dial_____os menos estudiados de la leng_____imita a algunos conceptos m_____uede decir lo siguiente: mientras m_____melódica tan plana como una meseta, más se tiende a encontrar líneas melódicas que exageran los altibajos de dicha meseta. Sin apartarse nunca del famoso ritmo silábico que tan ampliamente se ha comentado ya (véase la sección B del Capítulo 6), las líneas melódicas del español dialectal incluso pueden llegar a parecerse a las del inglés, donde la entonación puede ascender y descender considerablemente en un solo enunciado. En particular tienen fama de ascensos y descensos los distintos geolectos mexicanos y porteños (argentinos y uruguayos). Son especialmente famosos los mexicanos por usar un tono "elevado", lo cual quiere decir que el tono promedio del español mexicano es cuatro o cinco notas más alto en la escala musical en comparación con el tono de los demás geolectos del español. (Un mexicano puede dar la impresión de poseer una voz de tenor cuando en realidad es barítono, y así sucesivamente.) Los porteños "exageran", desde el punto de vista de los demás hispanohablantes, el tono de la primera sílaba tónica de cada enunciado haciéndolo ascender mucho, y a veces exageran el tono de la sílaba tónica de cada palabra que lleva acento tónico en la frase. Los caribeños, en cambio, hacen todo lo contrario: en vez de producir ascensos y descensos parecen allanar la línea melódica haciéndola aún más plana que la del habla normativa.

Una lectura en voz alta de varias muestras de los diferentes tipos de entonación de los varios geolectos nacionales se encontrará en la sección del casete o del CD que corresponde al ejercicio siguiente (Ejercicio 8.2, parte B).

Ejercicio general 8.2

A. Diga cuáles de las siguientes frases manifiestan procesos comentados en este capítulo y cuáles son los procesos que representan.

1. [ú-na-kál-ta-ðe-a-mól]

una carta de amor.   —rotacismo

2. [la-ðes-tru-sjó-né-ra-to-tál]

la destrucción *era* total.

3. [eh-tói̯-mui̯-kan-sá-ðo]

Estoy muy cansado   — aspiracion

4. [pa-ra-ði-fe-rén-tøs-per-só-nas]

para diferentes personas.   —cerrazón

5. [ó-šo-mu-šá-šoz-ðe-ši-wá-wa]

chihuahua

Ochos muchashas de ~~chihuahua~~. desaficación

6. [nó-me-ðí-ho-ná-ða]

Glotizacion de la [x]   no me dijo nada.

7. [él-že-ɣó-a-žér]

refuerzo consonantico.

el se yo hacer

8. [é-su-nóm-bre-mui̯-xu̯ér-te]

es su nombre muy suerte

9. [se-já-ma-θe-θí-li̯a-βal-déθ]

distincion

se llama   Valdeo

10. [la-ní-ɲa-śe-ka-ʎó-la-βó-ka]

11. [éś-toś-śóṇ-tóṇ-toś]

12. [é-ré-ra-úñ-sor-ðá-o-es-pa-ñór]

13. [ku-mu-pí-r̄u-si-ɣá-tus]

14. [le-xo-βá-roŋ-úŋ-ká-xo]

le robaron un carro - what. The Fuck?

15. [e-né-sa-si̯u-ðá-án-r̄o-βá-o-mú-čo]

disappearing [d]

16. [úm-pó-βre-ɣu̯ér-fa-no]

17. [at-ta-ke-te-eŋ-ku̯éŋ-treβ-βi̯éŋ]

18. [nó-me-a-sei̯-tá-ro-nel-di-né-ro]

19. [éh-to-śóṇ-tó-ðo-tóṇ-to]

20. [θi̯ém-pre-θe-θú-fre-eṇ-θe-βí-ja]

Seseo. Andalucia.

B. Encuentre los procesos dialectales en las transcripciones siguientes. Luego, en una hoja de papel aparte, describa cada uno, empleando la terminología lingüística que se ha estudiado en este capítulo.

La primera selección ha sido adaptada del cuento "El tiempo borra" del escritor uruguayo Javier de Viana. La lectura en el casete/CD refleja el geolecto rioplatense y el sociolecto es el del trabajador urbano. El personaje principal se llama Indalecio. (A la presente transcripción y a las que le siguen, se les han agregado algunos signos de puntuación fuera de los corchetes para mejor indicar dónde empiezan y terminan los enunciados y de qué tipo son.)

¿[eh-tá-βa-βi̯éŋ-se-ɣú-ro-ðe-ki̯a-ké-lé-ra-su-kám-po]? [él-nó-lo-r̄e-ko-no-sí-a].
[áṇ-teh-nó-eh-tá-βaŋ-a-ží-é-so-he-ði-fí-si̯oh-βláŋ-ko-ki̯a-ó-ra-se-pre-seṇ-tá-βaŋ-
a-lai̯h-ki̯ér-ða]. [i-ká:-βéh-ko-nel-ko-ra-sóŋ-máh-tríh-te-si-ɣi̯ó-su-ka-mí-no], [im-
pul-sá-o-po-rú-na-fu̯ér-sai̯-r̄e-sih-tí-βle]. "[bá-xe-se]",
[le-ɣri-tó-ðeð-ðe-la-pu̯ér-ta-ðe-la-ko-sí-na-ú-na-mu-xél-di̯a-pa-ri̯én-si̯a-βi̯é-xa],
[ken-se-ɣí-ða], [a-r̄e-ɣláṇ-do-sel-pé-lo], [xu̯é-a-si̯a-él], [a-kom-pa-ɲá:-ðe-mé-ði̯a-
ðo-sé-na-ðe-či-kí-šoh-ku-ri̯ó-so]. [é-ša-nó-lu̯a-βí-a-r̄e-ko-no-sí-o]. [eṇ-trá-ro-ne-
nel-r̄áñ-čo], [i̯eṇ-tón-se-hél-dí-xo]: ¿[nó-me-ko-nó-seh]?
[é-ža-ke-ðó-mi-ráṇ-do-lo], [se-pú-so-pá-li-ðai̯-ek-kla-mó-ko-ṇeh-páṇ-to]: ¡[iṇ-da-
lé-si̯o]! [em-pe-só-a-šo-rár].

La segunda selección ha sido adaptada del cuento "La cita", de la escritora mexicana Raquel Banda Farfán. La lectura refleja el geolecto mexicano de la alta-planicie central norte; el sociolecto es el de la gente del campo. (El personaje principal se llama La Chona, su amiga se llama Luisita y su novio es Anselmo.)

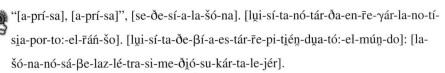

"[a-prí-sa], [a-prí-sa]", [se-ðe-sí-a-la-šó-na]. [lu̯i-sí-ta-nó-tár-ða-en-r̄e-ɣár-la-no-tí-
si̯a-por-to:-el-r̄áñ-šo]. [lu̯i-sí-ta-ðe-βí-a-es-tár-r̄e-pi-ti̯éṇ-du̯a-tó:-el-múṇ-do]: [la-
šó-na-nó-sá-βe-laz-lé-tra-si-me-ði̯ó-su-kár-ta-le-jér].
[e-lóm-bre-é-se-la-maṇ-dó-ja-már]. [la-šó-na-se-lim-pi̯ó-el-su-ðór-ðe-la-ká-ra];
[el-sól-se-li̯a-βí-a:-ðe-laṇ-táu̯-po-rel-ka-mí-no] [i-loz-r̄á-joz-le-ðá-βaṇ-de-fréṇ-te].
[la-ma-lé-ta-pe-sá-βá-má-sa-ká-pá-so], [pe-ro-nó-po-ðí-a-ti-rár-la-e-nel-móṇ-te],
[ne-se-si-tá-βa-la-r̄ó-pa-pa-ra-lu-sír-la-ku̯aṇ-do-es-tu-βi̯é-ra-ko-nan-sél-mo]. [r̄e-
kor-ðó-a-su-nó-βi̯o-tál-ko-mo-a-βí-a-je-ɣá-ðo-ðóz-mé-sø-sa-trás], [pa-ra-βi-si-tá-
ral-mo-li-né-ro]. [é-ra-úm-mo-se-tóŋ-xu̯ér-tei̯-ɣu̯á-po].

La tercera selección ha sido adaptada del cuento "Ultimo acto", del escritor puertorriqueño-cubano Pablo de la Torriente Brau. La lectura refleja el geolecto del autor; el sociolecto es el del labrador común.

[pó-kṵán̪-te-ðe-la-ðó-se-a-pa-re-sḭó-e-ló-tro]. [em-pi-nán̪-do-se-pol-so-βre-la-sél-ka], [su-ka-βé-sa-o-tḭó-me-ðró-sa-mén̪-tel-pá-tḭo]. [lṵé-ɣo], [kon̪-kṵi-ðá-o-hin̪-Φi-ní-to], [sal-tó]. [pe-ɣáṵ-a-la-sél-ka-seh-tú-βo-ún̪-xá-to-e-ku-čán̪-do-lo-xu-mó-re-ðe-la-nó-če], [e-leh-trṵén̪-do-e-su-ko-ra-són̪-pre-si-pi-táṵ]. [deð-ðe:-trá-ðe-la-pál-ma-lo-ðó-só-ho-ðe-a-sé-ro-ke-lṵeh-pḭá-βan̪] [je-ɣá-ron̪-a-ét-ta-kon̪-klu-sḭón̪-dep-pre-sḭa-tí-βa]: "¡[sḭé-hún̪-ko-βál-de]!" [hṵé-a-βan̪-sán̪-do-kon̪-kṵi-ðáṵ-i-je-ɣó-a-ta-la-mím-ma-pál-ma]. [é-he-trá-ɲo], [pe-ro-nó-pel-si-βḭó-el-si-lén̪-sḭó-tu-mul-tṵó-so-ðe-le-ne-mí-ɣo]. [sin̪-em-bál-ɣo], [só-lo-e-leh-pe-sól-de-la-pál-ma-xe-ál-lo-se-pa-rá-βa].

La cuarta selección ha sido adaptada y transcrita del principio del primer capítulo ("El declive", páginas 9–10) de la novela *Primera memoria,* de la novelista española Ana María Matute. (Los personajes que en esta selección se nombran son Borja y Antonia.)

[mḭa-βṵé-la-te-ní-a-el-pé-lo-βlán̪-ko], [e-nú-na-ó-la-en-kreś-pá-ða-śo-βre-la-frén̪-te], [ke-le-ðá-βa-θḭér-to-ái̯-re-ko-lé-ri-ko]. [ʎe-βá-βa-ká-śi-śḭém-pre-úm-baś-ton̪-θí-ʎo-ðe-βam-bú-kom-pú-ɲo-ðe-ó-ro], [ke-nó-le-a-θí-a-nin̪-gú-na-fál-ta], [por-ke-é-ra-fír-me-ko-mo-ún̪-ka-βá-ʎo]. [r̃e-pa-śán̪-do-an̪-tí-ɣṵaś-fo-to-ɣra-fí-aś] [kré-o-ðeś-ku-βrí-re-na-ké-ʎa-ká-ra-eś-pé-śa], [ma-θí-θai̯-βlán̪-ka], [e-na-ké-ʎo-śó-xoź-ɣrí-śeź-βor-ðe-á-ðos-po-rún̪-θír-ku-lo-aṵ-má-ðo], [ún̪-r̃eś-plan̪-dór-ðe-βór-xai̯-a-ún̪-de-mí]. [śu-pón̪-go-ke-βór-xa-e-re-ðó-śu-ɣa-ʎar-ðí-a], [śu-fál-ta-aβ-śo-lú-ta-ðe-pḭe-ðáð]. [jó], [tál-βéθ], [éś-ta-ɣrán̪-triś-té-θa]. [laź-má-noź-ðe-mḭa-βṵé-la], [we-śú-ða-si-ðe-nu-ðí-ʎoś-śa-lḭén̪-teś], [nó-ka-rén̪-teź-ðe-βe-ʎé-θa] [eś-tá-βan̪-śal-pi-ká-ðaź-ðe-mán̪-čaś-ko-lór-ka-fé].

PRONTUARIO DE TÉRMINOS NUEVOS

Antes de terminar este capítulo, cuídese de haber aprendido bien el significado de todos los términos siguientes, que en este capítulo se presentaron por primera vez.

- la alteración vocálica ?.
- el ámbito 194
- la apicalización de la [s] 218
- la asibilación
- la aspiración de la [s]
- la bilabialización de la labiodental [f]
- el cambio analógico
- el ceceo
- la cerrazón vocálica
- el debilitamiento consonántico
- el debilitamiento vocálico
- la desafricación de la [č]
- el dialecto
- el dialecto de sala de clase
- la dialectología
- la distinción /θ/ frente a /s/
- la distinción /ʎ/ frente a /j/
- el ensordecimiento vocálico
- el etnolecto
- la fricatización velar de la [r̄]
- la geminación de consonantes
- el geolecto
- la glotización de la [x]
- el idiolecto
- la influencia del substrato
- la lambdaización de la [r]
- la lenición
- la pérdida consonántica
- la pérdida vocálica
- la posición débil
- la posición fuerte
- la posición postónica cerrada
- el prestigio pluricéntrico
- reforzar
- el refuerzo de la fricatividad de la [j]
- el refuerzo de la fricatividad velar de la [x]
- el rehilamiento
- la retracción de la [r̄]
- el rotacismo de la [l]
- el seseo

- la simplificación de grupos consonánticos
- el sociolecto
- las transformaciones de la [f]
- la uvularización de la [x]
- la velarización de la [n]
- la velocidad
- la velocidad lenta
- la velocidad moderada
- la velocidad rápida
- el yeísmo
- la yodización de consonantes
- la zona geolectal alteña
- la zona geolectal bajeña
- la zona geolectal castellana

NOTAS

[1]Las estadísticas que se emplean en esta sección provienen del *World Almanac and Book of Facts* (Mahwah, NJ: World Almanac Books, 1998).

[2]La sexta lengua española de hace 600 años, el vascuence, no es de origen latino. No se ha podido determinar a ciencia cierta cuáles fueron exactamente sus orígenes, ya que lo único que se ha probado es que el vascuence no está emparentado con ningún otro idioma conocido del mundo. Sin embargo, lo más probable es que pertenezca al grupo de los idiomas ibéricos originarios, todos (excepto el vascuence) desaparecidos durante los primeros siglos del Imperio Romano, cuando se impuso y extendió el latín. Quizás provenga el vascuence de una extinta familia lingüística del norte de Africa.

[3]En efecto no debe entenderse como "diferencia" el seseo (el no realizarse la distinción entre /θ/ y /s/ y la consiguiente interpretación fonológica como /s/ de todo "z" o "c" delante de vocales anteriores) ni el yeísmo (el no realizarse la distinción entre la /ʎ/ y la /j/ y la consiguiente interpretación fonológica como /j/ de toda "ll" o toda "y" consonántica). Ni el seseo ni el yeísmo debe entenderse como diferencia, puesto que el geolecto que casi todos los autores de libros de texto escogen como la base para el español normativo que se enseña en el salón de clase es el alteño (en particular el del alteño educado), y la ausencia de estas dos distinciones es precisamente la característica principal del alteño. Por consiguiente, si las características del geolecto alteño constituyen la norma, las del geolecto del centro de España constituyen la diferencia. Aquí, por lo tanto, la no realización de estas dos distinciones deberá entenderse como "tendencia" (en vez de "diferencia") en los geolectos alteños. (Estas advertencias se aplican también en los geolectos bajeños a la no realización de las mismas dos distinciones.)

[4]También puede darse otro producto sinaléfico de este mismo proceso: [a-ko-mo-dṷé-nú-na]. Aquí es la /o/ la que se cierra un grado para convertirse en deslizada, a pesar de su estatus como vocal tónica. Al convertirse la /o/ en [ṷ], el acento tónico se desplaza hacia la derecha para ir a dar en /e/. El producto final es el diptongo creciente [ṷé] tónico.

[5]Recuérdese que la pérdida de la [s] puede dejar como rastro el alargamiento de la vocal de la sílaba tónica en la que se ha perdido la sibilante, o de la vocal final de un vocablo plural, y que dicho alargamiento se representa así:

[kás-ka-ra] → [ká:-ka-ra]

[ká-sas] → [ká-sa:]

[6]Alternativamente, los dos procesos descritos en las secciones 4 y 5 del presente capítulo (o sea la lambdaización de la /r/ y el rotacismo de la /l/) también pueden explicarse como una **neutralización de consonantes líquidas** en posición débil. Son varios los productos de dicha neutralización, muchos de los cuales ya se han descrito fonéticamente: [r], [l], [h], [i̯] y la geminación de consonantes, además de un sonido nuevo —[ɺ]— que puede describirse como vibración sencilla alveolar lateral; también se da la ø, o sea, la eliminación por completo de cualquier segmento de la posición en cuestión. Al neutralizarse las consonantes líquidas [r] y [l] de *harto* y *alto,* por ejemplo, pueden producirse las siguientes variantes, tanto para la palabra que lleva la "r" como para la que lleva la "l" ortográfica: [ál-to], [ár-to], [áh-to], [ái̯-to], [át-to], [á-to] y [á ɺ-to].

[7]Otros autores han usado el término *yotización.* Aquí se usa preferentemente el término *yodización* porque se aproxima más a la palabra *yod* misma, facilitando así su aprendizaje.

BIBLIOGRAFÍA ESCOGIDA

L a presente bibliografía enumerada no se propone ser completa sino escogida y parcial. Es de esperarse que sea de una utilidad general para el estudiante de subgrado que se interese en investigar más a fondo algunos de los temas presentados en este texto. Se limita a publicaciones de la segunda mitad del siglo XX y de éstas procura incluir únicamente las más destacadas y representativas de los lingüistas más conocidos. Salvo alguna que otra excepción imprescindible, excluye disertaciones doctorales inéditas y tesis de maestría. También excluye cualquier publicación que se considere difícil de conseguir.

Esta bibliografía está dividida en dos partes: Estudios generales y pedagógicos y Estudios dialectales (hablas regionales, sociales, étnicas).

ESTUDIOS GENERALES Y PEDAGÓGICOS

Abramson, Arthur S. y Leigh Lisker. 1973. "Voice-timing Perception in Spanish Word-Initial Stops." *Journal of Phonetics* 1.1–8.

Agard, Frederick B. 1967. "Stress in Four Romance Languages." *Glossa* 1.150–200.

Alarcos Llorach, Emilio. 1959. "Semivocales y semiconsonantes españolas." *Archivum* 9.179–188.

———. 1968. Fonología española. Madrid: Gredos.

———. 1996. "Cuestiones fonológicas del español de América." En *Scripta Philologica in Memoriam Manuel Taboada Cid, I & II,* eds. José L. Pérez Pascual et al. La Coruña: Universidad da Coruña, págs. 279–288.

Allen, J. H. D., Jr. 1964. "Tense/Lax in Castilian Spanish." *Word* 20.295–321.

———. 1968. *Fonología española.* Madrid: Gredos.

Almeida, Manuel. 1993. "Alternancia temporal y ritmo en español." *Verba* 20.433–443.

———. 1994. "Patrones rítmicos del español: Isocronía y alternancia." *Estudios Filológicos* 29:1.7–14.

Alonso, María Rosa. 1965. *Apuntes de ortografía para uso de principiantes.* Mérida, Venezuela: Universidad de los Andes.

Alvar, Manuel. 1962. *Dialectología española.* Madrid: Consejo Superior de Investigaciones Científicas.

Álvarez González, Juan A. 1981. "Influencias de los sonidos contiguos en el timbre de las vocales: Estudio acústico." *Revista Española de Lingüística* 11.427–445.

Amastae, Jon. 1982. "Mid Vowel Raising and Its Consequences in Spanish." *Linguistics* 20:3–4.175–202.

———. 1986. "A Syllable-Based Analysis of Spanish Spirantization." En *Studies in Romance Linguistics,* eds. Osvaldo Jaeggli y Carmen Silva-Corvalán. Dordrecht: Foris, págs. 3–21.

Anderson, James M. 1966. "Repetitions of Phonetic Change in Spanish." *Phonetica* 14.16–19.

Aráus Puente, Cándido, 1988. "Ortografía: Historia del eterno divorcio entre lo que hablamos y lo que escribimos." *Glotta: Órgano de Difusión Lingüística* 3:1.17–22.

Azevedo, Milton M. 1992. *Introducción a la lingüística española.* Englewood Cliffs NJ: Prentice Hall.

Bailey, Todd M. 1995. "Edge Effects and Unstressed Syllables in Spanish." En *Grammatical Theory and Romance Languages,* ed. Karen Zagona. Amsterdam: Benjamins, págs. 13–24.

Barrutia, Richard y Armin Schwegler. 1994 (1982). *Fonética y fonología españolas,* 2ª ed. Nueva York: Wiley, 1994.

Bergen, John J. 1974. "A Practical Framework for Teaching Pronunciation in Beginning Spanish Courses." *Hispania* 57.479–483.

Beym, Richard. 1960. "Practical Phonological Orientation for Effective Spoken Spanish." *Hispania* 46.795–800.

Bjarkman, Peter C. 1978. "Spanish Glides Revisited: A Natural Phonological Analysis." *Papers in Linguistics* 11.537–547.

———. 1989. "Abstract and Concrete Approaches to Phonological Strength and Weakening Chains: Implications for Spanish Syllable Structure." En *American Spanish Pronunciation: Theoretical and Applied Perspectives,* eds. Peter C. Bjarkman y Robert M. Hammond. Washington DC: Georgetown University Press, págs. 106–136.

Bolinger, Dwight L. 1952. "Evidence on *x.*" *Hispania* 35.49–63.

———. 1954. "English Prosodic Stress and Spanish Sentence Order." *Hispania* 37.152–156.

———. 1956. "Stress on Normally Unstressed Elements." *Hispania* 39.105–106.

———. 1962. " 'Secondary Stress' in Spanish." *Romance Philology* 15.273–279.

Bonzone de Manrique, Ana María. 1976. "Acoustic Study of /i, u/ in the Spanish Diphthong." *Language and Speech* 19:2.121–128.

———. 1977. "On the Recognition of Isolated Spanish Vowels." *Current Issues in the Phonetic Sciences,* eds. H. Hollien y P. Hollien. Amsterdam: John Benjamins, págs. 677–681.

Bowen, J. Donald. 1956. "A Comparison of the Intonation Patterns of English and Spanish." *Hispania* 39.30–35.

———. 1956–57. "Sequences of Vowels in Spanish." *Boletín de Filología* 9.5–14.

———. 1963. "Teaching Spanish Diphthongs." *Hispania* 46.795–800.

Bowen, J. Donald y Robert P. Stockwell. 1960. *Patterns of Spanish Pronunciation (A Drillbook).* Chicago: University of Chicago Press.

Brame, Michael K. e Ivonne Bordelois. 1973. "Vocalic Alternations in Spanish." *Linguistic Inquiry* 4.111–168.

Branstine, Zoann. 1991. "Stop/Spirant Alternations in Spanish: On the Representation of Contrast." *Studies in the Linguistic Sciences* 21.1–22.

Bull, William E. 1965. *Spanish for Teachers: Applied Linguistics.* Nueva York: Ronald Press.

Bustos Tovar, José Jesús de. 1992. "Spanisch: Graphetik und Graphemik/Grafética y grafémica." En *Lexikon der Romanistischen Linguistik (LRL), VI, 1: Aragonesisch/Navarresisch, Spanisch, Asturianisch/Leonesisch—Aragonés/navarro, español, asturiano/leonés,* eds. Günter Holtus et al. Tübingen: Niemeyer, págs. 69–76.

Calderón Rivera, Álvaro. 1992. "Tradición y modernidad de las ciencias fónicas: Fonética y fonología." *Lingüística y Literatura* 13:2.25–33.

Canfield, D. Lincoln. 1964. "The Diachronic Dimension of 'Synchronic' Hispanic Dialectology." *Linguistics* 7.5–9.

———. 1972. "Cincuenta pecados agringados." En *Studia Hispanica in Honorem R. Lapesa,* eds. Eugenio de Bustos et al. Madrid: Gredos. I.183–188.

Cárdenas, Daniel N. 1960. *Introducción a una comparación fonológica del español y del inglés.* Washington DC: Center for Applied Linguistics.

———. 1961. *Applied Linguistics: Spanish, a Guide for Teachers.* Boston: D.C. Heath.

Carreira, Maria. 1992. "The Representation of Rising Diphthongs in Spanish." En *Theoretical Analyses in Romance Linguistics,* eds. Christiane Laeufer y Terrell A. Morgan. Amsterdam: Benjamins, págs. 19–35.

———. 1996. "Spanish Clusters: coronals, /s/ and Syllable Structure Conditions." En *Aspects of Romance Linguistics,* eds. Claudia Parodi et al. Washington DC: Georgetown University Press, págs. 123–134.

Casares, Julio. 1958. "Las nuevas normas de prosodia y ortografía." *Boletín de la Real Academia Española* 38.331–342.

Cepeda, Gladys, Juan Miranda y Alfredo Brain. 1989. "El valor contrastivo de /p/ y /b/ a través de tres indicadores acústico-estadísticos." *Estudios Filológicos* 24.11–18.

Champion, James J. 1992. "On the Distribution of the Spanish Palatal Nasal." *Kentucky Romance Quarterly* 39.355–359.

Chela-Flores, Godsuno. 1994. "Aproximación polisistémica al problema de la neutralización de las líquidas en español." *Neuphilologische Mitteilungen: Bulletin de la Société Néophilologique* 95:3.353–361.

———. 1995. "Minimality, Naturalness and Other Constraints on Phonological Change: The Spanish Data." *Neuphilologische Mitteilungen: Bulletin de la Société Néophilologique* 96:4.453–459.

Clegg, J. Halvor y Willis C. Fails. 1987. "On Syllable Length in Spanish." En *Language and Language Use: Studies in Spanish Dedicated to Joseph H. Matluck.* Lanham MD: University Press of America, págs. 69–78.

Contreras, Heles. 1963. "Sobre el acento en español." *Boletín de Filología* 15.223–237.

———. 1964. "¿Tiene el español un acento de intensidad?" *Boletín de Filología* 16.237–239.

———. 1969. "Vowel Fusion in Spanish." *Hispania* 52.60–62.

Cressey, William W. 1978a. "Absolute Neutralization of the Phonemic Glide-versus-Vowel Contrast in Spanish." En *Comparative Studies in Romance Linguistics,* ed. Margarita Suñer. Washington DC: Georgetown University Press, págs. 90–105.

———. 1978b. *Spanish Phonology and Morphology: A Generative View.* Washington DC: Georgetown University Press.

Dalbor, John B. 1997. *Spanish Pronunciation: Theory and Practice.* 3ª ed. Nueva York: Holt, Rinehart and Winston.

Danesi, Marcel. 1982. "The Description of Spanish /b, d, g/ Revisited." *Hispania* 65.252–258.

Davis, J. Cary. 1959. "*A* as in Father." *Hispania* 42.373–376.

Delattre, Pierre. 1965. *Comparing the Phonetic Features of English, French, German, and Spanish: An Interim Report.* Heidelberg: Julius Groos Verlag y Filadelfia PA: Chilton Books.

Delattre, Pierre, Carroll Olsen y Elmer Poenack. 1962. "A Comparative Study of Declarative Intonation in American English and Spanish." *Hispania* 45.233–241.

Den Os, Els y René Kager. 1986. "Extrametricality and Stress in Spanish and Italian." *Lingua* 69.23–48.

Eddington, David. 1992. "Word-Medial Epenthesis in Spanish: A Lexical Phonological Approach." *Southwest Journal of Linguistics* 11.14–28.

———. 1995. "The Psychological Relevance of Phonological Generalizations in Spanish: An Experiment." *Hispania* 78:4.875–884.

Enríquez, Emilia V., Celia Casado y Andrés Santos. 1989. "La percepción del acento en español." *Lingüística Española Actual* 11.241–269.

Faitelson-Weiser, Silvia. 1983. "Comparación de la distribución de las finales del español, del francés y del italiano." *Revista Canadiense de Estudios Hispánicos* 7.393–399.

Farrell, Patrick. 1990. "Spanish Stress: A Cognitive Analysis." *Hispanic Linguistics* 4.21–56.

Fernández, Joseph A. 1963. "La anticipación vocálica en español." *Revista de Filología Española* 46.437–440.

Frey, Herschel. 1974. *Teaching Spanish: A Critical Bibliographic Survey.* Rowley MA: Newbury House.

García, Érica. 1968. "Hispanic Phonology." En *Current Trends in Linguistics, IV. Ibero-American and Caribbean Linguistics,* eds. Robert Lado et al. La Haya: Mouton, págs. 63–83.

García de Diego, Vicente. 1959. *Manual de dialectología española.* Madrid: Ediciones Cultura Hispánica.

García Jurado, María Amalia. 1985. "Los tipos silábicos del español." *Revista Argentina de Lingüística* 1:2.133–146.

Gili Gaya, Samuel. 1962. *Elementos de fonética general.* Madrid: Gredos.

Gómez Asencio, José J. 1994. "Los fonemas consonánticos no líquidos orales del español." En *II Encuentro de lingüistas y filólogos de España y México,* eds. Alegría Alonso et al. Salamanca: Junta de Castilla y León, Consejería de Cultura y Turismo y la Universidad de Salamanca, págs. 9–30.

Green, Jerald R. 1970. *Spanish Phonology for Teachers: A Programmed Introduction.* Filadelfia: Center for Curriculum Development.

Guirao, Miguelina y María A. García Jurado. 1990. "Frequency of Occurrence of Phonemes in American Spanish." *Revue Québécoise de Linguistique* 19.135–150.

Guitart, Jorge M. 1988. "The Case for a Syntax-Dependent Postlexical Module in Spanish Phonology." En *Advances in Romance Linguistics,* eds. David Birdsong y Jean-Pierre Montreuil. Dordrecht: Foris, págs. 89–96.

Hadlich, Roger L., James S. Holton y Matías Montes. *A Drillbook of Spanish Pronunciation.* Nueva York: Harper & Row, 1968.

Halle, Morris, James W. Harris y Jean-Roger Vergnaud. 1991. "A Re-Examination of the Stress Erasure Convention and Spanish Stress." *Linguistic Inquiry* 22.141–159.

Hara, Makoto. 1973. *Semivocales y neutralización: Dos problemas de fonología española.* Madrid: Consejo Superior de Investigaciones Científicas.

Harris, James W. 1969. *Spanish Phonology.* Cambridge MA: MIT Press.

———. 1983. *Syllable Structure and Stress in Spanish: A Nonlinear Analysis.* Cambridge MA: MIT Press.

———. 1987. "Epenthesis Processes in Spanish." En *Studies in Romance Languages,* eds. Carol Neidle y Rafael A. Núñez Cedeño. Dordrecht: Foris, págs. 107–122.

———. 1989a. "Our Present Understanding of Spanish Syllable Structure." En *American Spanish Pronunciation: Theoretical and Applied Perspectives,* eds. Peter C. Bjarkman y Robert M. Hammond. Washington DC: Georgetown University Press, págs. 151–169.

———. 1989b. "Sonority and Syllabification in Spanish." En *Studies in Romance Linguistics,* eds. Carl Kirschner y Janet DeCesaris. Amsterdam: Benjamins, págs 129–153.

———. 1991. "With Respect to Accentual Constituents in Spanish." En *Current Studies in Spanish Linguistics,* eds. Héctor Campos y Fernando Martínez-Gil.

Washington DC: Georgetown University Press, págs. 447–473.

Hartman, Steven Lee. 1986. "Learned Words, Popular Words, and 'First Offenders'." En *Studies in Romance Linguistics,* eds. Osvaldo Jaeggli y Carmen Silva-Corvalán. Dordrecht: Foris, págs. 87–98.

Hochberg, Judith G. 1988. "Learning Spanish Stress: Developmental and Theoretical Perspectives." *Language* 64.683–706.

Holt, Katherine Drexel. 1984. "An Autosegmental Approach to Syllabification in Spanish." En *Papers from the XIIth Linguistic Symposium on Romance Languages,* ed. Philip Baldi. Amsterdam: Benjamins, págs. 169–193.

Hooper, Joan Bybee. 1976. *An Introduction to Natural Generative Phonology.* New York: Academic Press.

Hualde, José Ignacio. 1991. "On Spanish Syllabification." En *Current Studies in Spanish Linguistics,* eds. Héctor Campos y Fernando Martínez-Gil. Washington DC: Georgetown University Press, págs. 475–493.

Jamieson, Martín. 1989. "La /s/ en el español contemporáneo." *Romance Notes* 29.209–211.

Janda, Richard D. 1993. "Metrical Phonology and the 'Columnar' Morphology of Spanish Verb-Stress." En *Actes du XV Congrès International des Linguistes, Québec: Université Laval, 9–14 août 1992: Les Langues menacées,* eds. André Crochetière et al. Sainte-Foy PQ: PU Laval, págs. II.51–54.

Janda, Richard D. y Terrell A. Morgan. 1988. "El acentó dislocadó—pues cantadó—castellanó: On Explaining Stress-Shift in Song-Texts from Spanish (and Certain Other Romance Languages)." En *Advances in Romance Linguistics,* eds. David Birdsong y Jean-Pierre Montreuil. Dordrecht: Foris, págs. 151–170.

Kelm, Orlando R. 1987. "An Acoustic Study on the Differences of Contrastive Emphasis between Native and Non-Native Spanish Speakers." *Hispania* 70.627–633.

Klein, Philip W. 1992. *Enfoque lingüístico al idioma español.* Nueva York: Peter Lang.

Kvavik, Karen H. 1976a. "Direction in Recent Spanish Intonation Analysis." En *Corrientes actuales en la dialectología del Caribe Hispánico,* ed. Humberto López Morales. San Juan, Puerto Rico: Editorial Universitaria, Universidad de Puerto Rico, págs. 181–198.

———. 1976b. "Research and Pedagogical Materials on Spanish Intonation: A Re-Examination." *Hispania* 59.406–417.

Kvavik, Karen H. y Carroll L. Olsen. 1974. "Theories and Methods in Spanish Intonational Studies." *Phonetica* 30.65–100.

Lado, Robert. 1956. "A Comparison of the Sound Systems of English and Spanish." *Hispania* 39.126–139.

———. 1957. *Linguistics Across Cultures: Applied Linguistics for Language Teachers.* Ann Arbor: University of Michigan Press.

Lantolf, James P. 1976. "On Teaching Intonation." *Modern Language Journal* 60.267–274.

Lee, James F. 1987. "A Developmental Hierarchy of Syllabic Difficulty." *Hispania* 70.357–362.

———. 1989. "The Acquisition of Syllable Structure and Stress Patterns by Monolingual Spanish-Speaking Children." *Hispanic Linguistics* 2.229–252.

Lipski, John M. 1994. "Spanish Stops, Spirants and Glides: From Consonantal to [Vocalic]." En *Issues and Theory in Romance Linguistics,* ed. Michael L. Mazzola. Washington DC: Georgetown University Press, págs. 67–86.

———. 1995. "[Round] and [Labial] in Spanish and the 'Free-Form' Syllable." *Linguistics* 33:2.283–304.

Lope Blanch, Juan M. 1968. "Hispanic Dialectology." *Current Trends in Linguistics* 4.106–157.

———. 1969. "El proyecto de estudio coordinado de la norma lingüística culta de las principales ciudades de Iberoamérica y de la Península Ibérica: Su desarrollo y su estado actual." *El Simposio de México: Actas, informes y comunicaciones.* México D.F.: Universidad Nacional Autónoma de México.

Macpherson, Ian R. 1975. *Spanish Phonology: Descriptive and Historical.* Nueva York: Barnes & Noble.

Malmberg, Bertil. 1965. *Estudios de fonética hispánica.* Madrid: Consejo Superior de Investigaciones Científicas.

Mañas, José A. 1987. "Word Division in Spanish." *Communications of the ACM* 30.612–616.

Marrero, Victoria. 1990. "Estudio acústico de la aspiración en español." *Revista de Filología Española* 70:3–4.345–97.

Martínez Celdrán, Eugenio. 1991. "Duración y tensión en las oclusivas no iniciales del español: Un estudio perceptivo." *Revista Argentina de Lingüística* 7.51–71.

———. 1996. "Evaluación de los cuadros de fonemas." *Lingüística Española Actual* 18:1.5–16.

Martínez de Sousa, José. 1993. "El alfabeto y las 'letras' *ch* y *ll.*" *Lebende Sprachen* 38:2.73–74.

Martínez-Gil, Fernando. 1991. "The Insert/Delete Parameter, Redundancy Rules, and Neutralization Processes in Spanish." En *Current Studies in Spanish Linguistics,* eds. Héctor Campos y Fernando Martínez-Gil. Washington DC: Georgetown University Press, págs. 495–571.

Matluck, Joseph H. 1957. "The Presentation of Spanish Pronunciation in American Textbooks." *Modern Language Journal* 41.219–228.

———. 1965. "Entonación hispánica." *Anuario de Letras* 5.5–32.

Mauder, Elisabeth y Vincent J. van Heuven. 1996. "On the Rise and Fall of Spanish Diphthongs." En *Linguistics in the Netherlands,* eds. Crit Cremers y Marcel den Dikken. Amsterdam: Benjamins, págs. 171–182.

Morgan, Terrell A. 1987. "Positive and Negative Syllable Structure Conditions in Spanish." En *Language and Language Use: Studies in Spanish Dedicated to Joseph H. Matluck,* eds. Terrell Morgan, Bill VanPatten y James F. Lee. Lanham MD: University Press of America, págs. 37–54.

Morgan, Terrell A. y Richard D. Janda. 1989. "Musically-Conditioned Stress Shift in Spanish Revisited: Empirical Verification and Nonlinear Analysis." En *Studies in Romance Linguistics,* eds. Carl Kirschner y Janet DeCesaris. Amsterdam: Benjamins, págs. 273–288.

Mosterín, Jesús. 1981. *La ortografía fonémica del español.* Madrid: Alianza.

Nash, Rose. 1977. *Comparing English and Spanish: Patterns in Phonology and Orthography.* Nueva York: Regents Press.

Navarro Tomás, Tomás. 1946 (1966). *Estudios de fonología española.* Nueva York: Las Américas Publishing Co.

———. 1944 (1948). *Manual de entonación española.* Nueva York: Hispanic Institute of the United States.

———. 1957 (1974). *Manual de pronunciación española.* Nueva York: Hafner.

Núñez Cedeño, Rafael A. 1985. "Análisis métrico de la acentuación verbal en español." *Revista Argentina de Lingüística* 1:2.107–132.

———. 1988. "Structure-Preserving Properties of an Epenthetic Rule in Spanish." En *Advances in Romance Linguistics,* eds. David Birdsong y Jean-Pierre Montreuil. Dordrecht: Foris, págs. 319–335.

———. 1989. "El estado fonémico de la vibrante líquida española." *RLA: Romance Languages Annual* 1.696–704.

Olsen, Carroll L. 1972. "Rhythmical Patterns and Syllabic Features of the Spanish Sense-Group." En *Proceedings of the Seventh International Congress of Phonetic Sciences.* La Haya: Mouton, págs. 990–995.

Penny, Ralph. 1983. "Secondary Consonant Groups in Castilian." *Journal of Hispanic Philology* 7.135–140.

Pensado, Carmen. 1985. "On the Interpretation of the Non-Existent: Non-Occurring Syllable Types in Spanish Phonology." *Folia Linguistica* 19:3–4.313–320.

Pletsch de García, Kati. 1992. "An Analysis of Spanish /B D G/." *RLA: Romance Languages Annual* 4.552–556.

Prieto, Pilar y Jan van Santen. 1996. "Secondary Stress in Spanish: Some Experimental Evidence." En *Aspects of Romance Linguistics,* eds. Claudia Parodi et al. Washington DC: Georgetown University Press, págs. 337–356.

Quilis, Antonio. 1963. *Fonética y fonología del español.* Madrid: Consejo Superior de Investigaciones Científicas.

———. 1970. *Fonética española en imágenes.* Madrid: La Muralla.

———. 1973. *Álbum de fonética acústica.* Madrid: Consejo Superior de Investigaciones Científicas.

Quilis, Antonio y Joseph A. Fernández. 1963 (1975). *Curso de fonética y fonología españolas para estudiantes angloamericanos.* Madrid: Consejo Superior de Investigaciones Científicas.

Real Academia Española. 1958. "Nuevas normas de prosodia y ortografía (nuevo texto definitivo)." *Boletín de la Real Academia Española* 38.343–347.

Recasens, Daniel. 1991. "Organización articulatoria durante la producción de algunas secuencias VCV del castellano." *Revista Argentina de Lingüística* 7.73–88.

Resnick, Melvyn C. y Robert M. Hammond. 1975. "The Status of Quality and Length in Spanish Vowels." *Linguistics* 156.79–88.

Roca, Iggy. 1988. "Theoretical Implications of Spanish Word Stress." *Linguistic Inquiry* 19.393–423.

———. 1991. "Stress and Syllables in Spanish." En *Current Studies in Spanish Linguistics,* eds. Héctor Campos y Fernando Martínez-Gil. Washington DC: Georgetown University Press, págs. 599–635.

Romero, Joaquín. 1996. "Articulatory Blending of Lingual Gestures." *Journal of Phonetics* 24:1.99–111.

Rosenblat, Ángel. 1953. *Las nuevas normas ortográficas y prosódicas de la Academia Española.* Caracas: Universidad Central de Venezuela.

Sacks, Norman P. 1962. "A Study in Spanish Pronunciation Errors." *Hispania* 45.289–300.

Saporta, Sol. 1955. "Frequency of Consonant Clusters." *Language* 21.25–30.

———. 1956. "A Note on Spanish Semivowels." *Language* 32.287–290.

Saporta, Sol y Heles Contreras. 1962. *A Phonological Grammar of Spanish.* Seattle WA: University of Washington Press.

Sawyer, Janet B. 1956–57. "The Distribution of Some Consonant Allophones in Spanish." *Language Learning* 7:iii–iv.89–98.

Seguí, Juan, Núria Sebastián-Galés y Jacques Mehler. 1991. "Estructura fonológica y percepción del habla." *Revista Argentina de Lingüística* 7.89–197.

Silva-Fuenzalida, Ismael. 1956–57. "La entonación en el español y su morfología." *Boletín de Filología* 9.177–187.

Simões, Antônio R. M. 1996. "Phonetics in Second Language Acquisition: An Acoustic Study of Fluency in Adult Learners of Spanish." *Hispania* 79:1.87–95.

Soto Barba, Jaime. 1994. "¿Los fonemas /b/ y /p/ se diferencian por la sonoridad?" *Estudios Filológicos* 29:1.33–38.

Staczek, John J. 1982. "Expanded Subcategorization of Spanish-English Bilingual Spelling Strategies." En *Bilingual Education for Hispanic Students in the United States,* eds. Joshua A. Fishman y Gary D. Keller. Nueva York: Columbia University Teachers College Press, págs. 139–150.

Stockwell, Robert P. y J. Donald Bowen. 1965. *The Sounds of English and Spanish.* Chicago: University of Chicago Press.

Stockwell, Robert P., J. Donald Bowen e Ismael Silva-Fuenzalida. 1956. "Spanish Juncture and Intonation." *Language* 32.641–665.

Tassara Chávez, Gilda. 1992. "Actitudes lingüísticas ante la variación de /č/." *Revista de Lingüística Teórica y Aplicada* 30.263–271.

Terker, Andrew D. y Eric W. Anderson. 1979. "Phonotactic Constraints and Rule Conspiracies in Spanish." *Papers in Romance* 2:i.61–75.

Terrell, Tracy David. 1975. "Natural Generative Phonology: Evidence from Spanish." En *Second Language Teaching '75,* eds. Héctor Hammerly e I. Sawyer. Burnaby BC: Simon Fraser University, págs. 259–267.

———. 1989. "Teaching Spanish Pronunciation in a Communicative Approach." En *American Spanish Pronunciation: Theoretical and Applied Perspectives,* eds. Peter Bjarkman y Robert M. Hammond. Washington DC: Georgetown University Press, págs. 196–214.

Teschner, Richard V. 1983. *"Alergia* vs. *energía,* etc.: Natural and Moot Categories of Stress Patterns among Spanish Words Ending in *-ia* or *-ía." Papers in Romance* 5:2.47–56 más suplemento de 75 págs.

Toledo, Guillermo A. 1989a. "Alternancia y ritmo en el español." *Estudios Filológicos* 24.19–30.

———. 1989b. "Organización temporal del español, I: Compresión silábica en la palabra." *Hispanic Linguistics* 2.209–228.

Torreblanca, Máximo. 1984. "La asibilación de *r* y *rr* en la lengua española." *Hispania* 67.614–616.

Veiga, Alexandre. 1993. "En torno a los fenómenos fonológicos neutralización y distribución defectiva." *Verba* 20.113–140.

Vivanco, Clotilde e Hiram Vivanco. 1993. "Algunas consideraciones acerca de la juntura fonética." *Taller de Letras* 21.133–147.

Weisskopf, Ralf. 1994. *System und Entwicklung der spanischen Orthographie.* Wilhelmsfeld [Alemania]: Egert.

Whitley, Stanley. 1976. "Stress in Spanish: Two Approaches." *Lingua* 39.301–332.

Whitley, M. Stanley. 1998. "Spanish Glides, Hiatus, and Conjunction Lowering." *Hispanic Linguistics* 6/7.355–385.

Widdison, Kirk A. 1995. "On the Value of an Experimental Paradigm in Linguistics and Its Application to Issues in Spanish Phonology." *Neophilologus* 79:4.587–598.

———. 1995. "Two Models of Spanish S-Aspiration." *Language Sciences* 17:4.329–343.

Wieczorek, Joseph A. 1990. "Naturalness in Morpho-Phonemic Alternations: The Case of Spanish [k]—[s]." *Word* 41:2.185–201.

———. 1991. "The Significance of Written Accent Marks for L2 Learners of Spanish." *Georgetown Journal of Languages and Linguistics* 2.176–190.

Wilkins, George W., Jr. y E. Lee Hoffman. 1964. "The Use of Cognates in Testing Pronunciation." *Language Learning* 14:i–ii.39–44.

Wyatt, James L. 1993. "Automatic Phonetic Transcription of Spanish Text: Native Speaker Dialects and Foreign Speaker Simulation." *Papers and Studies in Contrastive Linguistics* 27.219–229.

Zamora Vicente, Alonso. 1960 (1967). *Dialectología española.* Madrid: Gredos.

ESTUDIOS DIALECTALES (HABLAS REGIONALES, SOCIALES, ÉTNICAS)

Alba, Orlando. 1988. "Estudio sociolingüístico de la variación de las líquidas finales de palabra en el español cibaeño." En *Studies in Caribbean Spanish Dialectology,* eds. Robert M. Hammond y Melvyn C. Resnick. Washington DC: Georgetown University Press, págs. 1–12.

Almeida, Manuel. 1991. "Organización del ritmo en español." [Islas Canarias.] *Revista Argentina de Lingüística* 7.5–19.

Alonso, Amado. 1951 (1967). *Estudios lingüísticos: Temas españoles.* Madrid: Gredos.

———. 1953 (1967). *Estudios lingüísticos: Temas hispanoamericanos.* Madrid: Gredos.

Alonso, Dámaso, Alonso Zamora Vicente y María Canellada de Zamora. 1950. "Voces andaluzas." *Nueva Revista de Filología Hispánica* 4.209–230.

Alvar, Manuel. 1955. "Las hablas meridionales de España y su interés para la lingüística comparada." *Revista de Filología Española* 39.284–313.

———. 1984. "Reacciones de unos hablantes cubanos ante diversas variedades del español." *Lingüística Española Actual* 6.229–265.

———. 1988. "¿Existe el dialecto andaluz?" *Nueva Revista de Filología Hispánica* 36.9–22.

Alvarado de Ricord, Elsie. 1971. *El español de Panamá: Estudio fonético y fonológico.* Panamá: Editorial Universitaria.

Álvarez Martínez, María Ángeles. 1990. "Estudios fonéticos sobre el español de Canarias: La aspiración y la sonorización de las oclusivas sordas." *Español Actual* 54.91–99.

Amastae, Jon. 1989. "The Intersection of *s*-Aspiration/ Deletion and Spirantization in Honduran Spanish." *Language Variation and Change* 1.169–183.

Amastae, Jon y David Satcher. 1993. "Linguistic Assimilation in Two Variables." [Honduras.] *Language Variation and Change* 5.77–90.

Argüello, F. M. 1984. "Arcaísmos fonéticos en el español y el quechua hablados en la región andina del Ecuador." *Orbis: Bulletin International de Documentation Linguistique* 33:1–2.161–170.

Ariza, Manuel. 1994. "Fonética andaluza en textos escritos: Su valoración lingüística y artificio." *Lingüística Española Actual* 16:1.59–78.

Arnal Purroy, María Luisa. 1995. "Orígenes de [č] en Aragón y otras cuestiones conexas: A partir de los materiales del ALEANE." *RILCE: Revista de Filología Hispánica* 11:2.199–222.

Ávila, Raúl. 1990. *El habla de Tamazunchale.* México D.F.: Colegio de México.

Barkin, Florence. 1982. "Research in the Phonology and Lexicon of Southwest Spanish." En *Bilingualism and Language Contact: Spanish, English, and Native American Languages,* eds. Florence Barkin, Elizabeth A. Brandt y Jacob Ornstein-Galicia. Nueva York: Columbia University Teachers College Press, págs. 123–138.

Beardsley, Theodore S. 1975. "French /R/ in Caribbean Spanish." *Revista/Review Interamericana* 5.101–109.

Besso, Henry V. 1966. "Muestras del judeo-español con ilustraciones en cinta magnetofónica de canciones y romances sefardíes." *Congreso de Academias de la Lengua Española* 4.410–432 (Buenos Aires: Academia Argentina de Letras).

Betancourt Arango, Amanda. 1991. "Sonorización de *s:* ¿Un caso de rotacismo en Antioquia?" *Lingüística y Literatura* 12:19–20.7–14.

Beym, Richard L. 1963. "*Porteño* /s/ and [h] [ĥ] [s] [x] [ɸ] as Variants." *Lingua* 12.199–204.

Bird, Steven. 1993. "Feature-Changing Harmony." [Dialecto pasiego-montañés de España.] En *Actes du XV Congrès International des Linguistes, Québec, Université Laval, 9–14 août 1992: Les Langues menacées . . . ,* eds. André Crochetière et al. Sainte-Foy PQ: PU Laval, págs I:138–141.

Bjarkman, Peter C. 1986. "Velar Nasals and Explanatory Phonological Accounts of Caribbean Spanish." En *Proceedings of the Second Eastern States Conference on Linguistics,* eds. Soonja Choi, Dan Devitt et al. Columbus: Department of Linguistics, Ohio State University, págs. 1–16.

———. 1989a. "Phonemic Theory vs. Natural Phonology: Competing Approaches for Describing the Caribbean Spanish Dialects." En *American Spanish Pronunciation: Theoretical and Applied Perspectives,* eds. Peter C. Bjarkman y Robert M. Hammond. Washington DC: Georgetown University Press, págs. 71–105.

———. 1989b. "Radical and Conservative Hispanic Dialects: Theoretical Accounts and Pedagogical Implications." En *American Spanish Pronunciation: Theoretical and Applied Perspectives,* eds. Peter C. Bjarkman y Robert M. Hammond. Washington DC: Georgetown University Press, págs. 237–262.

Bordelois, Ivonne A. 1984. "Fonosintaxis de la /s/: Lo universal caribeño." En *Homenaje a Ana María*

Barrenechea, eds. Lía Schwartz Lerner e Isaías Lerner. Madrid: Castalia, págs. 41–49.

Boyd-Bowman, Peter. 1952. "La pérdida de las vocales átonas en la altiplanicie mexicana." *Nueva Revista de Filología Hispánica* 6.138–140.

———. 1960. *El habla de Guanajuato.* México D.F.: Universidad Nacional Autónoma de México, Centro de Estudios Literarios.

Brown, Dolores. 1989. "El habla juvenil de Sonora, México: La fonética de 32 jóvenes." *Nueva Revista de Filología Hispánica* 37.42–82.

———. 1993. "El polimorfismo de la /s/ explosiva en el noroeste de México" *Nueva Revista de Filología Hispánica* 41:1.159–176.

Calvo Shadid, Annette. 1995. "Variación fonética de /ɾ/ y /r/ en el habla culta de San José [de Costa Rica]." *Revista de Filología y Lingüística de la Universidad de Costa Rica* 21:1.115–134.

Canfield, D. Lincoln. 1951. "Tampa Spanish: Three Characters in Search of a Pronunciation." *Modern Language Journal* 35.42–44.

———. 1960. "Observaciones sobre el español salvadoreño." *Filología* 6.29–76.

———. 1961. "Andalucismos en la pronunciación hispanoamericana." *Kentucky Foreign Language Quarterly* 8.177–181.

———. 1962. *La pronunciación del español en América: Ensayo histórico-descriptivo.* Bogotá: Instituto Caro y Cuervo.

Cárdenas, Daniel N. 1958. "The Geographic Distribution of the Assibilated R, RR in Spanish America." *Orbis* 7.407–414.

———. 1967. *El español de Jalisco, contribución a la geografía lingüística hispanoamericana.* Madrid: Consejo Superior de Investigaciones Científicas.

Casanovas Català, Monte. 1995. "La interferencia fonética [del catalán] en el español de Lleida: Algunos apuntes para su estudio." *Sintagma* 7.53–59.

Cassano, Paul V. 1970. "La *b* del español del Paraguay en posición inicial." *Revue Romane* 7.186–188.

———. 1972a. "The Fall of Syllable- and Word-Final /s/ in Argentina and Paraguay." *Revue des Langues Vivantes* 38.282–283.

———. 1972b. "The Influence of Native Languages on the Phonology of American Spanish." En *Proceedings of the Seventh International Congress of Phonetic Sciences.* La Haya: Mouton, págs. 674–678.

———. 1973. "The Influence of American English on the Phonology of American Spanish." *Orbis* 22.201–214.

Castro, Francisco. 1995. "La riqueza minera de las colonias hispanoamericanas como causa de la ultraco-rrección y nivelación resultantes del conflicto entre la aspiración andaluza y la oposición (θ - S) castellana." *RLA: Romance Languages Annual* 7.419–422.

Catalán, Diego. 1964. "El español en Canarias." En *Presente y futuro de la lengua española,* Madrid: Oficina Internacional de Información y Observación del Español, 1.239–280.

Cedergren, Henrietta. 1978. "En torno a la variación de la [s] final de sílaba en Panamá: Análisis cuantitativo." En *Corrientes actuales en la dialectología del Caribe Hispánico,* ed. Humberto López Morales. San Juan, Puerto Rico: Editorial Universitaria, págs. 35–50.

Cedergren, Henrietta, Pascale Pousseau y David Sankoff. 1986. "La variabilidad de /r/ implosiva en el español de Panamá y los modelos de ordenación de reglas." En *Estudios sobre la fonología del español del Caribe,* eds. Rafael A. Núñez Cedeño, Iraset Páez Urdaneta y Jorge M. Guitart. Caracas: La Casa de Bello, págs. 13–20.

Cedergren, Henrietta y David Sankoff. 1974. "Variable Roles: Performance as a Statistical Reflection of Competence." *Language* 50.333–355.

Cepeda, Gladys. 1990. "La variación de /s/ en Valdivia: Sexo y edad." *Hispania* 73.232–237.

———. 1993. "Retención y elisión de /β/ y /ð/ en sufijos y morfemas radicales: Condicionamiento morfo-fonológico y sociolingüístico." *Estudios Filológicos* 28.87–96.

———. 1994. "Las consonantes del español de Valdivia (Chile): Los procesos de reforzamiento y debilita-miento fonológicos." *Estudios Filológicos* 29:1.39–61.

Cepeda, Gladys, Arturo Barrientos y Alfredo Brain. 1992. "Análisis sonográfico de /e/ en sílaba trabada (estrato alto de Valdivia, Chile)." *Estudios filológicos* 27.43–58.

Cepeda, Gladys y María Teresa Poblete. 1992. "El condicionamiento morfofonológico de /s/ como marcador de plural en el SN del español de Valdivia." [Concepción, Chile.] *Revista de Lingüística Teórica y Aplicada* 30.119–138.

Cerdá, Ramón. 1992. "Nuevas precisiones sobre el vocalismo del andaluz oriental." *Lingüística Española Actual* 14.165–182.

Champion, James J. 1985. "Nahuatl Borrowings and Spanish Phonology: Vowels." *Romance Notes* 26.74–78.

Chela-Flores, Bertha. 1994. "Entonación dialectal del enunciado declarativo en una región de Venezuela." *Estudios Filológicos* 29:1.63–72.

Chela Flores, Godsuno. 1986. "Las teorías fonológicas y los dialectos del Caribe hispánico." En *Estudios sobre la fonología del español del Caribe,* eds. Rafael A. Núñez Cedeño, Iraset Páez Urdaneta y Jorge M. Guitart. Caracas: La Casa de Bello, págs. 21–30.

Choy López, Luis Roberto. 1986. "Sistema fonético y sistema fonológico en el español actual de Cuba." *Neuphilologische Mitteilungen* 87.400–413.

Clayton, Mary L. 1981. "Some Variable Rules in Caribbean Spanish and Their Implications for the Model of Phonetic Variation in Natural Generative Phonology." En *Variation Omnibus,* eds. David Sankoff y Henrietta Cedergren. Edmonton, Alberta: Linguistic Research, págs. 49–57.

Clegg, J. Halvor. 1969. "Fonética y fonología del español de Texas." Disertación doctoral, University of Texas—Austin. (*Dissertation Abstracts* 30.2989-A, 1969).

Contreras, Heles. 1965. "The Neutralization of Stress in Chilean Spanish." *Phonetica* 13.27–30.

Craddock, Jerry R. 1973. "Spanish in North America." *Current Trends in Linguistics* 10.305–339.

———. 1981. "New World Spanish." En *Language in the USA,* eds. Charles A. Ferguson, Shirley Brice Heath et al. Cambridge: Cambridge University Press, págs. 196–211.

Cressey, William W. 1989. "A Generative Sketch of Castilian Spanish Pronunciation: A Point of Reference for the Study of American Spanish." En *American Spanish Pronunciation: Theoretical and Applied Perspectives,* eds. Peter C. Bjarkman y Robert M. Hammond. Washington DC: Georgetown University Press, págs. 48–70.

Dalbor, John B. 1980. "Observations on Present-day Seseo and Ceceo in Southern Spain." *Hispania* 63.5–19.

de Granda, Germán. 1966. "La velarización de /R/ en el español de Puerto Rico." *Revista de Filología Española* 49.181–227.

De la Mora, Alejandro. 1991. "Reexamen de un problema de la dialectología del Caribe hispánico: El origen de la 'voca-lización cibaeña' en su contexto antillano." *Nueva Revista de Filología Hispánica* 39.771–789.

———. 1992. "Spanish Intonation along Mexico's Northeastern Border." *International Journal of the Sociology of Language* 96.112–127.

Del Rosario, Rubén. 1970. *El español de América.* Sharon CT: Troutman Press.

Dillard, J. L. 1962. "Sobre algunos fonemas puertorriqueños." *Nueva Revista de Filología Hispánica* 16.422–424.

D'Introno, Francesco y Juan Manuel Sosa. 1986. "Elisión de la /d/ en el español de Caracas: Aspectos sociolingüísticos e implicaciones teóricas." En *Estudios sobre la fonología del español del Caribe,*

eds. Rafael A. Núñez Cedeño, Iraset Páez Urdaneta y Jorge M. Guitart. Caracas: La Casa de Bello, págs. 135–163.

D'Introno, Francesco y Juan Manuel Sosa. 1988. "Elisión de nasal o nasalizaciô de vocal eŋ caraqueño." 1988. En *Studies in Caribbean Spanish Dialectology,* eds. Robert M. Hammond y Melvyn C. Resnick. Washington DC: Georgetown University Press, págs. 24–34.

D'Introno, Francesco, Judith Ortiz y Juan Sosa. 1989. "On Resyllabification in Spanish." En *Studies in Romance Linguistics,* eds. Carl Kirschner y Janet DeCesaris. Amsterdam: Benjamins, págs. 97–114.

Doman, Mary Gay. 1969. "H aspirada y F moderna en el español americano." *Thesaurus* 24.426–458.

Donni di Mirande, Nélida Esther. 1989. "El segmento fonológico /s/ en el español de Rosario (Argentina)." *Lingüística Española Actual* 11.89–115.

Espinosa, Victoria. 1996. "El español hablado en la provincia de Parinacota [Chile]." *Estudios Filológicos* 31.191–202.

Fernández, Joseph A. 1988. "La fonología en la televisión española: Violencias fonéticas." *Revista de Dialectología y Tradiciones Populares* 43.249–258.

Flórez, Luis. 1951. *La pronunciación del español en Bogotá.* Bogotá: Instituto Caro y Cuervo.

———. 1964. "El español hablado en Colombia y su atlas lingüístico." En *Presente y futuro de la lengua española,* Madrid: Oficina Internacional de Información y Observación del Español, 1.5–77.

Fontanella de Weinberg, Beatriz. 1967. "La S postapical bonaerense." *Thesaurus* 22.394–400.

———. 1973. "Comportamiento ante -s de hablantes femeninos y masculinos del español bonaerense." *Romance Philology* 27.50–58.

———. 1989. "La evolución de las palatales en el español bonaerense." *Revista de Lingüística Teórica y Aplicada* 27.67–80.

———. 1994. "El rehilamiento bonaerense del siglo XIX, nuevamente reconsiderado." *Nueva Revista de Filología Hispánica* 43:1.1–5.

Foster, David W. 1967. "A Note on the /y/ Phoneme of Porteño Spanish." *Hispania* 50.119–121.

———. 1975. "Concerning the Phonemes of Standard Porteño Spanish." En *Three Essays on Linguistic Diversity in the Spanish-Speaking World,* ed. Jacob Ornstein. La Haya: Mouton, págs. 61–70.

Galindo, Miguel Ángel. 1993. "Syllable-Final Neutralization of /r/ and /l/ in Coastal Ecuadorian Spanish: A Nonlinear Approach." *RLA: Romance Languages Annual* 5:392–400.

García, MaryEllen y Michael Tallon. 1995. "Postnuclear /-s/ in San Antonio Spanish: Nohotros no aspiramos." *Georgetown Journal of Languages and Linguistics* 3:2–4.139–162.

García Marcos, Francisco J. 1987. "El segmento fónico vocal + s en ocho poblaciones de la costa granadina: Aportación informática, estadística y sociolingüística al reexamen de la cuestión." *Epos* 3.155–180.

Goldsmith, John. 1981. "Subsegmentals in Spanish Phonology: An Autosegmental Approach." En *Linguistic Symposium on Romance Languages: 9,* eds. William W. Cressey y Donna Jo Napoli. Washington DC: Georgetown University Press, págs. 1–16.

González, Gustavo. 1969. *The Phonology of Corpus Christi Spanish.* Austin TX: Southwest Educational Development Laboratory.

González Bueno, Manuela. 1993. "Variaciones en el tratamiento de las sibilantes: Inconsistencia en el seseo sevillano: Un enfoque sociolingüístico." *Hispania* 76.392–398.

Granados, Vicente. 1986. "Guinea: Del 'falar guinéu' al español ecuatoguineano." *Epos* 2.125–137.

Greenlee, Mel. 1992. "Perception and Production of Voiceless Spanish Fricatives by Chicano Children and Adults." *Language and Speech* 35:1–2.173–187.

Guirao, Miguelina y Ana María Bonzone de Manrique. 1972a. "Identification of Argentine Spanish Vowels." En *Proceedings of the Seventh International Congress of Phonetic Sciences.* La Haya: Mouton, págs. 514–520.

Guitart, Jorge M. 1976a. *Markedness and a Cuban Dialect of Spanish.* Washington DC: Georgetown University Press.

———. 1976b. "Phonetic Neutralization in Spanish and Universal Phonetic Theory." En *1974 Colloquium on Spanish and Portuguese Linguistics,* eds. William Milan et al., Washington DC: Georgetown University Press, págs. 51–55.

———. 1977. "Aspectos del consonantismo habanero: Reexamen descriptivo." *Boletín de la Academia Puertorriqueña de la Lengua* 6:2.95–114.

———. 1979. "¿Cuán autónoma es la fonología natural del español cubano de Miami?" *Revista de Lingüística Teórica y Aplicada* 17.49–56.

———. 1981a. "On Caribbean Spanish Phonology and the Motivation for Language Change." En *Current Research in Romance Languages,* eds. James P. Lantolf y Gregory B. Stone. Bloomington IN: Indiana University Linguistics Club, págs. 63–70.

———. 1981b. "The Pronunciation of Puerto Rican Spanish in the Mainland: Theoretical and Pedagogical Considerations." En *Teaching Spanish to the Hispanic Bilingual: Issues, Aims, and Methods,* eds. Guadalupe Valdés, Anthony G. Lozano y Rodolfo García-Moya. Nueva York: Columbia University Teachers College Press, págs. 46–58.

———. 1981c. "Some Theoretical Implications of Liquid Gliding in Cibaeño Dominican Spanish." *Papers in Romance* 3:2.223–228.

———. 1989. "Concatenation-Stratum Phonology (nee Lexical Phonology) and a Dominican Dialect of Spanish." En *American Spanish Pronunciation: Theoretical and Applied Perspectives,* eds. Peter C. Bjarkman y Robert M. Hammond. Washington DC: Georgetown University Press, págs. 187–195.

Guitarte, Guillermo. 1955. "El ensordecimiento del žeísmo porteño." *Revista de Filología Española* 39.261–283.

Haden, Ernest F. y Joseph H. Matluck. 1973. "El habla culta de La Habana: Análisis fonológico preliminar." *Anales de Letras* 11.5–33.

Hammond, Robert C. 1978. "An Experimental Verification of the Phonemic Status of Open and Closed Vowels in Caribbean Spanish." En *Corrientes actuales en la dialectología del Caribe Hispánico,* ed. Humberto López Morales. San Juan, Puerto Rico: Editorial Universitaria, Universidad de Puerto Rico, págs. 93–144.

———. 1979. "Phonemic Restructuring of Voiced Obstruents in Miami-Cuban Spanish." En *Proceedings from the Third Colloquium on Hispanic and Luso-Brazilian Linguistics,* eds. Francine Frank et al., Washington DC: Georgetown University Press, págs. 42–51.

———. 1980. "Las realizaciones fonéticas del fonema /s/ en el español cubano rápido de Miami." En *Dialectología hispanoamericana: Estudios actuales,* ed. Gary E. Scavnicky. Washington DC: Georgetown University Press, págs. 8–15.

———. 1986. "En torno a una regla global en la fonología del español de Cuba." En *Estudios sobre la fonología del español del Caribe,* eds. Rafael A. Núñez Cedeño, Iraset Páez Urdaneta y Jorge M. Guitart. Caracas: La Casa de Bello, págs. 31–39.

———. 1989a. "American Spanish Dialectology and Phonology from Current Theoretical Perspectives." En *American Spanish Pronunciation: Theoretical and Applied Perspectives,* eds. Peter C. Bjarkman y Robert M. Hammond. Washington DC: Georgetown University Press, págs. 137–150.

———. 1989b. "La fonología multidimensional y el alargamiento compensatorio." *Revista/Review Interamericana* 19:3–4.67–76.

———. 1989c. "Standard *SPE* Phonological Frameworks for Describing American Spanish Pronunciation." En *American Spanish Pronunciation: Theoretical and Applied Perspectives,* eds. Peter C. Bjarkman y Robert M. Hammond. Washington DC: Georgetown University Press, págs. 31–47.

Harris, James. 1974. "Morphologization of Phonological Rules: An Example from Chicano Spanish." *Linguistic Studies in Romance Languages: Proceedings of the Third Linguistics Symposium on Romance Languages,* eds. R. Joe Campbell, Mark G. Goldin y Mary Clayton Wang, Washington DC: Georgetown University Press, págs. 8–27.

———. 1981. "Spanish Syllable Structure Assignment Is Cyclic." En *Current Research in Romance Languages,* eds. James P. Lantolf y Gregory B. Stone. Bloomington IN: Indiana University Linguistics Club, págs. 71–85.

———. 1986. "El modelo multidimensional de la fonología y la dialectología caribeña." En *Estudios sobre la fonología del español del Caribe,* eds. Rafael A. Núñez Cedeño, Iraset Páez Urdaneta y Jorge M. Guitart. Caracas: La Casa de Bello, págs. 41–51.

Hidalgo, Margarita. 1987. "Español mexicano y español chicano: Problemas y propuestas fundamentales." *Language Problems and Language Planning* 11.166–193.

———. 1990. "The Emergence of Standard Spanish in the American Continent: Implications for Latin American Dialectology." *Language Problems and Language Planning* 14:1.47–63.

Hochberg, Judith G. 1986. "/S/ Deletion and Pronoun Usage in Puerto Rican Spanish." En *Diversity and Diachrony,* ed. David Sankoff. Amsterdam: Benjamins, págs. 199–210.

Holmquist, Jonathan C. 1985. "Social Correlates of a Linguistic Variable: A Study in a Spanish Village." *Language in Society* 14.191–203.

Honsa, Vladimir. 1965. "The Phonemic Systems of Argentinian Spanish." *Hispania* 48.275–283.

Hualde, José Ignacio y Benjamin P. Sanders. 1995. "A New Hypothesis of the Origin of the Eastern Andalusian Vowel System." En *Proceedings of the Twenty-First Annual Meeting of the Berkeley Linguistics Society, February 17–20, 1995: General Session and Parasession on Historical Issues in Sociolinguistics/Social Issues in Historical Linguistics,* eds. Jocelyn Ahlers et al. Berkeley CA: Berkeley Linguistics Society, págs. 426–437.

Hundley, James E. 1986. "The Effect of Two Phonological Processes on Syllable Structure in Peruvian Spanish." *Hispania* 69.665–668.

———. 1987. "Functional Constraints on Plural Marker Deletion in Peruvian Spanish." *Hispania* 70.891–894.

Hyman, Ruth L. 1956. "[ŋ] as an Allophone Denoting Open Juncture in Several Spanish-American Dialects." *Hispania* 39.293–299.

Izzo, Herbert J. 1987. "Seville Pronunciation: The Phonetics and Phonology of 'Aspirated S'." *Calgary Working Papers in Linguistics* 13.15–26.

Jamieson, Martín. 1991. "Para la historia de lo no segmental en el español de Buenos Aires." *Revista Argentina de Lingüística* 7.193–195.

Jaramillo, June A. y Garland D. Bills. 1982. "The Phoneme /ch/ in the Spanish of Tomé, New Mexico." En *Bilingualism and Language Contact: Spanish, English, and Native American Languages.* Nueva York: Columbia University Teachers College Press, págs. 154–165.

Kaisse, Ellen M. 1995. "The Prosodic Environment of S-Weakening in Argentinian Spanish." En *Grammatical Theory and Romance Languages,* ed. Karen Zagona. Amsterdam: Benjamins, págs. 123–134.

Kálmán, László. 1989. "Monotonicity in Phonology." [Dialecto pasiego-montañés de España.] *Acta Linguistica Hungarica* 39:1–4.133–147.

King, Harold V. 1952. "Outline of Mexican Spanish Phonology." *Studies in Linguistics* (New Haven CT) 10.51–62.

Knezovic, Alica. 1991. "Unas características específicas del judeo-español de Sarajevo, Bosna." *Verba Hispanica* (Ljubljana) 1.97–103.

Kvavik, Karen H. 1974. "An Analysis of Sentence-Initial and -Final Intonational Data in Two Spanish Dialects." *Journal of Phonetics* 2.351–361.

———. 1975. "Sense-Group Terminations in Mexican Spanish." En *Studies in Honor of Lloyd A. Kasten.* Madison WI: Hispanic Seminary of Medieval Studies, págs. 101–115.

Lacayo, Heberto. 1954. "Apuntes sobre la pronunciación del español de Nicaragua." *Hispania* 37.367–368.

Lafford, Barbara A. 1986. "Valor diagnóstico-social del uso de ciertas variantes de /s/ en el español de Cartagena, Colombia." En *Estudios sobre la fonología del español del Caribe,* eds. Rafael A. Núñez Cedeño, Iraset Páez Urdaneta y Jorge M. Guitart. Caracas: La Casa de Bello, págs. 53–74.

———. 1989. "Is Functionalism a Fact? Data from the Caribbean." *Hispanic Linguistics* 3:1–2.49–74.

Lantolf, James P. 1983. "Toward a Comparative Dialectology of U.S. Spanish." En *Spanish in the U.S. Setting: Beyond the Southwest,* Lucía Elías-Olivares. ed. Rosslyn VA: National Clearinghouse for Bilingual Education, págs. 3–20.

Lapesa, Rafael. 1956. "Sobre el ceceo y el seseo en Hispanoamérica." *Revista Iberoamericana* 21.409–416.

———. 1964. "El andaluz y el español de América." En *Presente y futuro de la lengua española*. Madrid: Oficina Internacional de Información y Observación del Español, 2.173–182.

Lavandera, Beatriz. 1974. "On Sociolinguistic Research in New World Spanish: A Review Article." *Language in Society* 3.247–292.

Lawton, David. 1975. "Linguistic Developments in the Caribbean: 1950–1975." *Revista Iberoamericana* 5.93–100.

Leal Cruz, Pedro. 1993. "Inestabilidad de los sonidos A y D a inicio de palabra en el habla palmera [de Canarias]." *Revista de Filología de la Universidad de La Laguna* 12.169–180.

Levy[-Lida], Denah. 1952. "La pronunciación del sefardí esmirniano de Nueva York." *Nueva Revista de Filología Hispánica* 6.277–281.

Lipski, John M. 1983. "Reducción de /s/ en el español de Honduras." *Nueva Revista de Filología Hispánica* 32.272–288.

———. 1984a. "The Impact of Louisiana *Isleño* Spanish on Historical Dialectology." *Southwest Journal of Linguistics* 7.102–115.

———. 1984b. "Observations on the Spanish of Malabo, Equatorial Guinea: Implications for Latin American Spanish." *Hispanic Linguistics* 1.69–96.

———. 1984c. "/S/ in the Spanish of Nicaragua." *Orbis: Bulletin International de Documentation Linguistique* 33:1–2.171–181.

———. 1985a. "/S/ in Central American Spanish." *Hispania* 68.143–149.

———. 1985b. *The Spanish of Equatorial Guinea: The Dialect of Malabo and Its Implications for Spanish Dialectology*. Tübingen: Niemeyer.

———. 1985c. "The Speech of the *Negros Congos* of Panama: An Afro-Hispanic Dialect." *Hispanic Linguistics* 2.23–47.

———. 1986a. "Convergence and Divergence in *Bozal* Spanish: A Comparative Study." [Dialectos afro-hispánicos.] *Journal of Pidgin and Creole Languages* 1.171–203.

———. 1986b. "On the Loss of /s/ in 'Black' Spanish." *Neophilologus* 70.208–216.

———. 1989a. "Spanish *Yeísmo* and the Palatal Resonants: Towards a Unified Analysis." *Probus* 1.211–223.

———. 1989b. "/S/-Voicing in Ecuadorian Spanish: Patterns and Principles of Consonantal Modification." *Lingua* 779.49–71.

———. 1990a. *The Language of the Isleños: Vestigial Spanish in Louisiana*. Baton Rouge: Louisiana State University Press.

———. 1990b. "Spanish Taps and Trills: Phonological Structure of an Isolated Opposition." *Folia Linguistica* 24:3–4.153–174.

———. 1992. "Spontaneous Nasalization in the Development of Afro-Hispanic Language." *Journal of Pidgin and Creole Languages* 7.261–305.

———. 1994. "Tracing Mexican Spanish /s/: A Cross-Section of History." *Language Problems and Language Planning* 18:3.223–241.

Llorente Maldonado de Guevara, Antonio. 1962. "Fonética y fonología andaluzas." *Revista de Filología Española* 45.227–240.

Lope Blanch, Juan M. 1963. "En torno a las vocales caedizas del español mexicano." *Nueva Revista de Filología Hispánica* 17.1–19.

———. 1964. "Sobre el rehilamiento de ll/y en México." *Anales de Letras* 6.43–60.

———. 1967. "La -r final del español mexicano y el sustrato nahua." *Thesaurus* 22.1–20.

———. 1968. *El español de América*. Madrid: Ediciones Alcalá. (Trad. inglesa: 1968, "Hispanic Dialectology," *Current Trends in Linguistics* 4.106–157.)

———. 1970. "Las zonas dialectales de México. Proyecto de delimitación." *Nueva Revista de Filología Hispánica* 19.1–11.

———. 1988. "La labiodental sonora en el español de México." *Nueva Revista de Filología Hispánica* 36.153–170.

———. 1992. "Diferenciación dialectal y polimorfismo lingüístico [del español mexicano]." *Boletín de Filología* 33.71–77.

López Morales, Humberto. 1965. "Neutralizaciones fonológicas en el consonantismo final del español de Cuba." *Anales de Letras* 5.183–190.

———. 1970. *Estudio sobre el español de Cuba*. Nueva York: Las Américas Publishing Co.

———. 1978. *Corrientes actuales en la dialectología del Caribe hispánico*. Río Piedras, Puerto Rico: Editorial Universitaria.

———. 1979. *Dialectología y sociolingüística: Temas puertorriqueños*. Madrid: Editorial Playor.

———. 1981. "Velarization of -/n/ in Puerto Rican Spanish." En *Variation Omnibus,* eds. David Sankoff y

Henrietta Cedergren. Edmonton, Alberta: Linguistic Research, págs. 105–113.

———. 1983. "Lateralización de -/r/ en el español de Puerto Rico: Sociolectos y estilos." En *Philologica Hispaniensia in Honorem Manuel Alvar, I: Dialectología.* Madrid: Gredos, págs. 387–398.

———. 1984. "Desdoblamiento fonológico de las vocales en el andaluz oriental: Reexamen de la cuestión." *Revista Española de Lingüístixa* 14.85–97.

———. 1994. "Precisiones sobre el concepto de 'competencia sociolingüística'." *Boletín de Filología* 34.257–270.

MacCurdy, Raymond R. 1950. *The Spanish Dialect in St. Bernard Parish, Louisiana.* University of New Mexico Publications in Language and Literature, No. 6. Albuquerque: University of New Mexico Press, 1950.

Malmberg, Bertil. 1964. "Tradición hispánica e influencia indígena en la fonética hispanoamericana." En *Presente y futuro de la lengua española,* Madrid: Oficina Internacional de Información y Observación del Español, 1.227–243.

Marcos Marín, Francisco A. 1996. " 'Hablo sin faltas de ortografía': Las peculiaridades lingüísticas hispanoamericanas." *Ínsula* 599 [noviembre].14–15.

Marusso, Adriana Sílvia. 1996. "Cancelamento de /b d g/ Intervocálicos no Espanhol Argentino de Rosário." *Revista Española de Lingüística* 4:2.45–70.

Matluck, Joseph H. 1952. "Rasgos peculiares de la ciudad de México y del Valle." *Nueva Revista de Filología Hispánica* 6.109–120.

———. 1961. "Fonemas finales en el consonantismo puertorriqueño." *Nueva Revista de Filología Hispánica* 15.332–342.

———. 1963. "La é trabada en la ciudad de México: Estudio experimental." *Anales de Letras* 3.5–34.

McMenamin, Jerry. 1978. "Geografía dialectal y sociolingüística: Un ejemplo andaluz." *Nueva Revista de Filología Hispánica* 27.276–296.

Medina López, Javier. 1996. "Geografía lingüística y dialectología en Canarias: Veinte años del *ALEICan.*" *Lingüística Española Actual* 18:1.113–136.

Montes Giraldo, José Joaquín. 1975. "La neutralización del consonantismo implosivo en un habla colombiana (Mechengue, Cauca)." *Thesaurus* 30.561–564.

———. 1982. "El español de Colombia: Propuesta de clasificación dialectal." *Thesaurus* 37.23–92.

Moreno de Alba, José. 1972. "Frecuencias de la asibilación de /R/ y /RR/ en México." *Nueva Revista de Filología Hispánica* 21.363–370.

———. 1994. "Algunos rasgos fonéticos del español mexicano: Zonas dialectales." En *II Encuentro de lingüistas y filólogos de España y México,* eds. Alegría Alonso et al. Salamanca: Junta de Castilla y León, Consejería de Cultura y Turismo y la Universidad de Salamanca, págs. 31–48.

Moreno de Alba, José y Giorgio Perissinotto. 1988. "Observaciones sobre el español en Santa Barbara, California." *Nueva Revista de Filología Hispánica* 36.171–201.

Nuessel, Frank. 1982. "Eye Dialect in Spanish: Some Pedagogical Applications." *Hispania* 65.346–351.

Núñez Cedeño, Rafael A. 1979. *Fonología del español de Santo Domingo.* Santo Domingo: Editora Taller.

———. 1986. "Teoría de la organización silábica e implicaciones para el análisis del español caribeño." En *Estudios sobre la fonología del español del Caribe,* eds. Rafael A. Núñez Cedeño, Iraset Páez Urdaneta y Jorge M. Guitart. Caracas: La Casa de Bello, págs. 75–94.

———. 1987. "Intervocalic Rhotacism in Dominican Spanish: A Non-Linear Analysis." *Hispania* 70.363–368.

———. 1988. "Alargamiento vocálico compensatorio en el español cubano: Un análisis autosegmental." En *Studies in Caribbean Spanish Dialectology,* eds. Robert M. Hammond y Melvyn C. Resnick. Washington DC: Georgetown University Press, págs. 97–102.

———. 1989. "CV Phonology and Its Impact on Describing American Spanish Pronunciation." En *American Spanish Pronunciation: Theoretical and Applied Perspectives,* eds. Peter C. Bjarkman y Robert M. Hammond. Washington DC: Georgetown University Press, págs. 170–186.

———. 1994. "The Alterability of [Dominican/Puerto Rican] Spanish Geminates and Its Effects on the Uniform Applicability Condition." *Probus* 6:1.23–41.

Olsen, Carroll L. 1975. "*Grave* vs. *agudo* in Two Dialects of Spanish: A Study in Voice Register and Intonation." *Journal of the International Phonetic Association* 5.84–91.

Oroz, Rodolfo. 1966. *La lengua castellana en Chile.* Santiago: Universidad de Chile.

Penny, Ralph. 1983. "The Peninsular Expansion of Castilian." [En comparación con el andaluz.] *Bulletin of Hispanic Studies* 60.333–338.

Perissinotto, Giorgio. 1972. "Distribución demográfica de la asibilación de vibrantes en el habla de la Ciudad de México." *Nueva Revista de Filología Hispánica* 21.71–79.

———. 1975. *Fonología del español hablado en la Ciudad de México.* México D. F.: El Colegio de México.

Phillips, Robert N., Jr. 1972. "The Influence of English on the /v/ in Los Angeles Spanish." *Studies in Language and Linguistics, 1969–70,* eds. Ralph W. Ewton, Jr. y Jacob Ornstein. El Paso: Texas Western Press, págs. 201–212.

———. 1982. "Influences of English on /b/ in Los Angeles Spanish." En *Spanish in the United States: Sociolinguistic Aspects,* eds. Jon Amastae y Lucía Elías-Olivares. Cambridge: Cambridge University Press, págs. 71–81.

Poblete, María Teresa. 1992. "La sonorización de las obstruyentes sordas /p, t, k/ en el habla urbana de Valdivia [Chile]." *Estudios Filológicos* 27.73–94.

———. 1995. "El habla urbana de Valdivia [Chile]: Análisis sociolingüístico." *Estudios Filológicos* 30.43–56.

Poplack, Shana. 1980a. "Deletion and Disambiguation in Puerto Rican Spanish." *Language* 56.371–385.

———. 1980b. "The Notation of the Plural in Puerto Rican Spanish: Competing Constraints on /s/ Deletion." En *Locating Language in Time and Space,* eds. William Labov y David Sankoff. Nueva York: Academic Press, págs. 55–67.

———. 1986. "Acondicionamiento gramatical de la variación fonológica en un dialecto puertorriqueño." En *Estudios sobre la fonología del español del Caribe,* eds. Rafael A. Núñez Cedeño, Iraset Páez Urdaneta y Jorge M. Guitart. Caracas: La Casa de Bello, págs. 95–107.

Poulter, Virgil L. 1970. "Comparison of Voiceless Stops in the English and Spanish of Bilingual Natives of Fort Worth—Dallas." *Texas Studies in Bilingualism: Spanish, French, German, Czech . . . ,* ed. Glenn G. Gilbert. Berlín: Walter de Gruyter, págs. 42–49.

Prieto, Pilar et al. 1995. "The Absence or Presence of a Declination Effect on the Descent of FO Peaks? Evidence from Mexican Spanish." En *Grammatical Theory and Romance Languages,* ed. Karen Zagona. Amsterdam: Benjamins, págs.197–207.

Quilis, Antonio. 1989. "La entonación de Gran Canaria en el marco de la entonación española." *Lingüística Española Actual* 11.55–87.

Quilis, Antonio y Celia Casado-Fresnillo. 1992. "Fonología y fonética de la lengua española hablada en Guinea Ecuatorial." *Revue de Linguistique Romane* 56.71–89.

Rabanales, Ambrosio. 1954. *Introducción al estudio del español en Chile.* Santiago: Universidad de Chile.

Reino, Pedro. 1991. "Apuntes sobre el nivel fónico en el español ecuatoriano: Consideraciones sobre los niveles lingüísticos en las variantes dialectales." *Verba Hispanica* (Ljubljana) 1.89–96.

Resnick, Melvyn C. 1969. "Dialect Zones and Automatic Dialect Identification in Latin American Spanish." *Hispania* 52.553–568.

———. 1975. *Phonological Variants and Dialect Identification in Latin American Spanish.* La Haya: Mouton.

———. 1976. "Algunos aspectos histórico-geográficos de la dialectología hispanoamericana." *Orbis* 25:2.264–276.

Resnick, Melvyn C. y Robert C. Hammond. 1975. "The Status of Quality and Length in Spanish Vowels." *Linguistics* 156.79–88.

Rissel, Dorothy A. 1989. "Sex, Attitudes, and the Assibilation of /r/ among Young People in San Luis Potosí, Mexico." *Language Variation and Change* 1.269–283.

Robe, Stanley L. 1960. *The Spanish of Rural Panamá: Major Dialectal Features.* Berkeley CA: University of California Press.

Rojas, Nelson. 1988. "Fonología de las líquidas en el español cibaeño." En *Studies in Caribbean Spanish Dialectology,* eds. Robert M. Hammond y Melvyn C. Resnick. Washington DC: Georgetown University Press, págs. 103–111.

Rona, José P. 1964. "El problema de la división del español americano en zonas dialectales." En *Presente y futuro de la lengua española,* Madrid: Oficina Internacional de Información y Observación del Español, 1.216–226.

Saciuk, Bohdan. 1977. "Las realizaciones múltiples o polimorfismo del fonema /y/ en el español puertorriqueño." *Boletín de la Academia Puertorriqueña de la Lengua* 5.133–154.

———. 1989. "Some Observations on Puerto Rican Phonology." *RLA: Romance Languages Annual* 1.709–714.

Sánchez, Rosaura. 1972. "Nuestra circunstancia lingüística." [Mexicoamericanos del suroeste de los Estados Unidos.] *El Grito* 6:1.45–74 (Fall 1972).

Sanicky, Cristina A. 1984. "El alófono [ǰ] y sus variantes en Misiones, Argentina." *Orbis: Bulletin International de Documentation Linguistique* 33:1–2. 182–186.

———. 1992. "Las manifestaciones de [r̄] y [tr̄] en el habla de Misiones, Argentina." *Hispanic Review* 60.195–205.

———. 1996. "Las variaciones de /s/ final en el habla de mujeres y hombres en Misiones, Argentina." *Bulletin of Hispanic Studies* 73:3.311–323.

Sankoff, David. 1986. "Ordenamiento de reglas variables: /R/ implosiva en un dialecto puertorriqueño." En *Estudios sobre la fonología del Caribe,* eds. Rafael A. Núñez Cedeño, Iraset Páez Urdaneta y Jorge M. Guitart. Caracas: La Casa de Bello, págs. 109–115.

Silva-Fuenzalida, Ismael. 1952. "Estudio fonológico del español de Chile." *Boletín del Instituto de Filología de la Universidad de Chile* 7.153–176.

Solan, Lawrence. 1981. "A Metrical Analysis of Spanish Stress." En *Linguistic Symposium on Romance Languages: 9,* eds. William W. Cressey y Donna Jo Napoli. Washington DC: Georgetown University Press, págs. 90–104.

Solé, Carlos A. 1970. *Bibliografía sobre el español en América 1920–1967.* Washington DC: Georgetown University Press.

———. 1972. "Bibliografía sobre el español en América: 1967–1971." *Anuario de Letras* 10.253–288.

Tassara Chávez, Gilda. 1991. "Variación lingüística: /S/ implosiva en el habla semi-formal culta de Valparaíso [Chile]." *Revista Signos: Estudios de Lengua y Literatura* 24.131–139.

Terrell, Tracy David. 1975. "La nasal implosiva y final en el español de Cuba." *Anales de Letras* 13.257–271.

———. 1976. "La variación fonética de /r/ y /rr/ en el español cubano." *Revista de Filología Española* 58.109–132.

———. 1977a. "Constraints on the Aspiration and Deletion of Final /s/ in Cuban and Puerto Rican Spanish." *Bilingual Review/Revista Bilingüe* 6.35–51.

———. 1977b. "Universal Constraints on Variably Deleted Consonants." *Canadian Journal of Linguistics* 22:2.156–168.

———. 1978a. "La aspiración y elisión en el español porteño." *Anales de Letras* 16.41–66.

———. 1978b. "Sobre la aspiración y elisión de /s/ implosiva y final en el español de Puerto Rico." *Nueva Revista de Filología Hispánica* 27.24–38.

———. 1979. "Final /s/ in Cuban Spanish." *Hispania* 62.599–612.

———. 1980. "The Problem of Comparing Variable Rules Across Dialects: Some Examples from Spanish." En *A Festschrift for Jacob Ornstein: Studies in General Linguistics and Sociolinguistics,* eds. Edward L. Blansitt, Jr. y Richard V. Teschner. Rowley MA: Newbury House, págs. 303–313.

———. 1982. "Current Trends in the Investigation of Cuban and Puerto Rican Phonology." En *Spanish in the United States: Sociolinguistic Aspects.* Nueva York: Cambridge University Press, págs. 47–70.

———. 1986. "La desaparición de /s/ posnuclear a nivel léxico en el habla dominicana." En *Estudios sobre la fonología del español del Caribe,* eds. Rafael A. Núñez Cedeño, Iraset Páez Urdaneta y Jorge M. Guitart. Caracas: La Casa de Bello, págs. 117–134.

Teschner, Richard V., Garland D. Bills y Jerry R. Craddock. 1975. *Spanish and English of United States Hispanos: A Critical, Annotated, Linguistic Bibliography.* Arlington VA: Center for Applied Linguistics.

Thon, Sonia. 1989. "The Glottal Stop in the Spanish Spoken in Corrientes, Argentina." *Hispanic Linguistics* 3:1–2.199–218.

Toledo, Guillermo. 1996. "Alternancia y ritmo en el español [venezolano]: Habla espontánea." *Estudios Filológicos* 31.119–127.

Torreblanca, Máximo. 1974. "Estado actual del lleísmo y de la *h* aspirada en el noroeste de la provincia de Toledo." *Revista de Dialectología y Tradiciones Populares* 30.77–89.

———. 1986. "La sonorización de /s/ y /θ/ en el noroeste toledano." *Lingüística Española Actual* 71.669–674.

Toscano Mateus, Humberto. 1953. *El español en Ecuador.* Madrid: Centro Superior de Investigaciones Científicas.

Uber, Diane Ringer. 1984. "Phonological Implications of the Perception of *-s* and *-n* in Puerto Rican Spanish." En *Papers from the XIIth Linguistic Symposium on Romance Languages,* ed. Philip Baldi. Amsterdam: Benjamins, págs. 287–299.

———. 1987. "A Particle Analysis of Vocalic Processes in Cuban Spanish." En *Proceedings of the Third Eastern States Conference on Linguistics,* eds. Fred Marshall et al. Columbus: Ohio State University, págs. 501–509.

———. 1989. "La elisión de la /s/ nominal en el español cubano de Estados Unidos y la hipótesis funcional." *Revista/Review Interamericana* 19:3–4.104–110.

———. 1992. "Functional Communication: Data from [Bogotá] Spanish." En *The Eighteenth LACUS Forum 1991,* ed. Ruth M. Brend. Lake Bluff IL: Linguistic Association of Canada and the United States, págs. 314–322.

Umaña Aguiar, Jeanina. 1990. "Variación de vibrantes en una muestra del habla de clase media costarricense." *Revista de Filología y Lingüística de la Universidad de Costa Rica* 16.127–137.

Valdivieso, Humberto. 1993. "Perfil fonético de escolares de Concepción [Chile]." *Revista de Lingüística Teórica y Aplicada* 31.119–135.

Vaquero, María. 1991. "El español de Puerto Rico en su contexto antillano." *Revista del Ateneo Puertorriqueño* 1:2.27–66.

Vázquez, Wáshington. 1953. "El fonema *s* en el español del Uruguay." *Revista de la Facultad de Humanidades y Ciencias* 10.87–94.

Viudas Camarasa, Antonio. 1990. "Estado actual de la dialectología extremeña." *Hispanica Posnaniensia* 1.258–265.

Vivanco Torres, Hiram. 1996. "Algunas consideraciones acerca del acento enfático en el español de Chile: A propósito de una idea de Rodolfo Oroz." *Boletín de Filología* 35.567–582.

Walsh, Thomas J. 1985. "The Historical Origin of Syllable-Final Aspirated /s/ in Dialectal Spanish." *Journal of Hispanic Philology* 9.231–246.

Wolf, Clara. 1984. "Tiempo real y tiempo aparente en el estudio de una variación lingüística: Ensordecimiento y sonorización del yeísmo porteño." En *Homenaje a Ana María Barrenechea,* eds. Lía Schwartz Lerner e Isaías Lerner. Madrid: Castalia, págs. 175–196.

Yager, Kent. 1989. "La -m- bilabial en posición final absoluta en el español hablado en Mérida, Yucatán (México)." *Nueva Revista de Filología Hispánica* 37.83–94.

Young, Ronald R. 1977. "*Rehilamiento* of /y/ in Spanish." *Hispania* 60.327–330.

Zamora Vicente, Alonso y María Josefa Canellada. 1960. "Vocales caducas en el español mexicano." *Nueva Revista de Filología Hispánica* 14.221–241.

Zlotchew, Clark. 1974. "The Transformation of the Multiple Vibrant to the Velar Fricative of Puerto Rico." *Orbis* 23.81–84.

RESPUESTAS PARCIALES A LOS EJERCICIOS

Capítulo 1 Ejercicio 1.1

A. **1.** "p" Esta correspondencia es exclusiva. El grafema "p" siempre representa el fonema /p/ y viceversa.

2. "ll" La correspondencia entre "ll" y el fonema que representa —/j/— no es exclusiva. Mientras que el dígrafo "ll" siempre representa /j/, no todas las /j/ son representadas por "ll".

3. "ch" Esta correspondencia es exclusiva. El dígrafo "ch" siempre representa el fonema /č/ y viceversa.

4. "ñ" La correspondencia entre "ñ" y el fonema /ɲ/ es casi exclusiva, pero existe la posibilidad de que /ɲ/ pueda ser representado por "ni" delante de vocal.

B. **1.** /g/ La correspondencia no es exclusiva. El fonema /g/ puede ser representado por "g" o "gu": *goma, grande, gas, guerra, guisado.*

2. /f/ La correspondencia es exclusiva. El fonema /f/ es representado por "f" exclusivamente: *familia, fanfarrón, fuerte, Fulano, infantil.*

3. /o/ La correspondencia es exclusiva. El fonema /o/ es representado por "o" exclusivamente: *optimista, original, concepción, grandulón, vivió.*

4. /s/ La correspondencia no es exclusiva. El fonema /s/ puede ser representado (en el español de Hispanoamérica) por la "s" en cualquier entorno, por la "z" y también por la "c" delante de "e" o "i": *serrar, simpático, zorro, cerrar, ciencia.*

Capítulo 2 Ejercicio 2.1

1. ¿Qué anda haciendo ese *mocozo*? La inmensa mayoría de las mil palabras que terminan en -/oso/ son adjetivos que escriben el fonema /s/ con "s".

2. Mi primo Miguel es *pacifizta*; se opone a cualquier acto de *violensia*. Todas las palabras que acaban con -/ista/ representan el fonema /s/ con "s". La gran mayoría de las palabras que acaban (en el español hispanoamericano) con -/sia/ o con -/sía/ representan la /s/ con "c".

3. El año pasado se hizo un cambio muy *bruzco* en el programa. La gran mayoría de las palabras que acaban con -/sko/ representan la /s/ con "s".

Ejercicio **2.2**

A. 1. ¿Por qué no quieres que la niña *brince* y salte como hacen las demás niñas? La regla de la distribución complementaria entre la "c" y la "qu" de los verbos cuyos infinitivos terminan en *-car* nos obliga a cambiar la "c" a "qu" al hallarse el sonido /k/ delante de "e", "i" (para que la palabra no suene */brín-se/, equivocadamente).

B. En una *distribución complementaria,* X (sonido, letra, etcétera) aparece únicamente en un(os) entorno(s) mientras que Y (otro sonido, letra, etcétera) aparece en cualquier entorno que no sea el de X. Ejemplos: (1) el fonema /k/ es representado por "qu" delante de "e" o "i" mientras que lo representa "c" en cualquier otro entorno, como, por ejemplo, *busque* frente a *busco, busca;* (2) el fonema /x/ es representado por "gu" delante de "e" o "i" mientras que lo representa "g" en cualquier otro entorno, como, por ejemplo, *encargue* frente a *encargo, encarga.*

Ejercicio **2.3**

A. 1. Me lo regaló el *rei* de España. Si el diptongo decreciente que termina en "i" se encuentra en entorno final absoluto de palabra, la "i" forzosamente se cambia a "y" (rei → rey).

B. 1. aceituna, sí **2.** maestro, no **3.** ley, sí

Ejercicio **2.4**

A., B. 1. Quiere comprar un *vloque* de hielo. La palabra *vloque* está incorrectamente escrita (*vloque* → *bloque*). La regla ortográfica dice que, al encontrarse enfrente de "l", el fonema /b/ tiene que escribirse con el grafema "b".

2. Este año pasaré todo el *imvierno* en Puerto Rico. *Imvierno* está mal escrita (*imvierno* → *invierno*). Dice la regla que el fonema /b/ se representa exclusivamente con "v" detrás de "n"; por lo tanto, tiene que escribirse "n" delante de la "v". (Es decir, sólo se permite la combinación *mb* por un lado, y *nv* por el otro.)

Ejercicio **2.5—Ejercicio general y de repaso**

1. "g" /x/ Se usa el grafema "g" para el fonema /x/ delante de "e" o "i".

2. "g" /g/ Se usa el grafema "g" para el fonema /g/ en cualquier otro entorno.

3. "c" /s/ Se usa el grafema "c" para el fonema /s/ delante de "e" o "i".

A. **1.** pl   pr
        bl   br

    2. (Las respuestas variarán mucho, pero las 12 palabras deben contener muestras de *pl, bl, fl, cl, gl, pr, br, fr, cr, gr, tr, dr* y no deben repetir estos ejemplos del texto: *aplicar, hablando, afligido,*

oclusivo, arreglar, aproximarse, abrocharse, enfrentarse, incremento, alegría, otro, almendra, construcción.)

B. **1.** pe-ro   **2.** cla-se   **3.** Pau-la
    4. a-pa-re-cie-ron   **5.** mur-cié-la-go

C. CV = 278 (83.73%); CVC = 23 (6.93%)

Ejercicio **3.2**

A. **1.** al<u>fom</u>bra   **2.** <u>te</u>cho   **3.** espe<u>ran</u>za
    4. pas<u>tel</u>   **5.** pas<u>te</u>les

B. **1.** papá   Lleva acento ortográfico porque tiene el acento tónico en la última sílaba y termina en *a*.
        Se acentúa por escrito porque es palabra aguda que termina en vocal.

    2. comíamos   Lleva acento ortográfico para indicar que tiene un antidiptongo.

    3. bendición   Lleva acento ortográfico porque tiene el acento tónico en la última sílaba y termina en *n*.
        Se acentúa por escrito porque es palabra aguda que termina en *n*.

    4. tráigamelos   Lleva acento ortográfico porque es palabra sobresdrújula.

    5. sazón   Se acentúa por escrito porque tiene el acento tónico en la última sílaba y termina en *n*.
        Se acentúa por escrito porque es palabra aguda que termina en *n*.

C. (En vez de citar las reglas enteras, se citarán por sigla después de la palabra en cuestión como a continuación se indica:
    (S) sobresdrújula
    (E) esdrújula
    (Ll) llana que acaba con consonante que no sea *-n/-s* (o sea, con *-z/-m/-d/-l/-r/-x*, etcétera)
    (A) aguda que acaba con vocal, *-n/-s*
    (H) hiático/antidiptongal
    (PH) miembro de un par homofónico que se escribe con acento por razones gramaticales.)

    1. El catedrático (E) Juan Ramón (A) Gutiérrez (Ll) Candelaria abrió (A) la ventana de par en par y gritó (A) a viva voz: "¡Ya verás (A)!"

    2. Para sacar veintitrés (A) fotografías (H) con su cámara (E) fotográfica (E), el muchacho ingenuo subió (A) aún (H) más (PH) a la pirámide (E).

    3. Está (A) tan gordo que lo tendrán (A) que poner a régimen (E).

    4. Si yo no me caso es porque Héctor (Ll), el único (E) amor de mi vida, ya se casó (A) con otra.

Ejercicio **3.3**

A. 1. CoquisyPatisalenalasonceparaMonterrey
co-qui-sy-pa-ti-sa-le-na-la-son-ce-pa-ra-mon-te-
rrey

2. entoncesaélyasunovialesregalaronunoselefantesin-
donesios
en-ton-ce-sa-é-lya-su-no-via-les-re-ga-la-ro-nu-
no-se-le-fan-te-sin-do-ne-sios

B. 1. Nadie sabía si Marta tenía cáncer
/ná-dje-sa-bí-a-si-már-ta-te-ní-a-kán-ser/
Nadie es pronombre indefinido. *Sabía* es verbo.
Marta es nombre propio. *Tenía* es verbo. *Cáncer*
es sustantivo.

2. Este señor es un amigo mío.
/és-te-se-ñó-ré-sú-na-mí-go-mí-o/
Este es demostrativo. *Señor* es sustantivo. *Es* es
verbo. *Un* es artículo indefinido. *Amigo* es sustantivo. *Mío* es posesivo adjetival pospuesto.

Capítulo **4** Ejercicio **4.1**

A. 1. la /k/ es sorda, la /a/ es sonora, la /s/ es sorda
2. la /p/ es sorda, la /i/ es sonora   **3.**   la /g/ es
sonora

B. (Cada estudiante dibujará el perfil de la Figura 4.1
como mejor lo pueda hacer. Habrá que agregar lo de
los pulmones al perfil.)

Ejercicio **4.2**

A. los dientes incisivos superiores

B. los labios

C. La vocal se articula sin ningún obstáculo a la salida
del aire espirado de los pulmones a la atmósfera.

D. /e/ media anterior; /u/ alta/cerrada posterior

E.

TABLA DE VOCALES

	anteriores	centrales	posteriores
altas/<u>cerradas</u>	i		
			<u>u</u>

Ejercicio **4.3**

A.

	BILABIALES	LABIO-DENTALES	DENTALES	ALVEOLARES
[- son]	[p]	[f]	[t]	[s]

	ALVEO-PALATALES	PALATALES	VELARES
[+ son]	ń	ɲ j ǰ ž	g ɣ ŋ

B. 1. los seis oclusivos: [p] [b] [t] [d] [k] [g]

3. los dos africados: [č] [ǰ]

5. el único líquido lateral: [l]

C. 1. [β] bilabial, fricativo, sonoro   **2.** [p] bilabial,
oclusivo, sordo   **3.** [m] bilabial, nasal, sonoro
4. [f] labiodental, fricativo, sordo

D. 1. labiodental fricativo sordo   [f]   **2.** alveopalatal
africado sordo   [č]   **3.** velar oclusivo sonoro   [g]
4. alveolar nasal sonoro   [n]

Ejercicio 4.4

(Los diptongos se han subrayado una sola vez; los triptongos se han subrayado dos veces.)

1. Sé que vosotros apreci_iái_s mucho el art_e_ _h_indú.

2. ¿C_uá_ndo os grad_uái_s de la preparator_ia_ independiente?

Capítulo 5 Ejercicio 5.1

A. 1. Hay diez: /f/, /p/, /t/

2. Hay siete: /b/, /d/

3. Hay dos deslizádicos: /i̯/
Hay cinco vocálicos: /i/, /e/

4. Ninguno.

5. El fonema /n/ tiene siete alófonos.

B. 1. Alicia quiso estudiar geometría pero no había
clases.

2. El español tiene dieciocho fonemas consonánticos.

C. 1. /mi-ma-má-me-mí-ma-mú-čo-en-me-de-jín-los-
mi̯ér-ko-le-sen-la-ma-ɲá-na/

2. /tá-čo-ti̯é-ne-ún-mi-jón-de-pro-blé-mas-kon-su-
klá-se-de-an-tro-po-lo-xí-a/

3. /tó-dos-los-čí-kos-de-la-bí-ja-tra-tá-ron-de-kon-se-
gír-bo-lé-tos-pa-ra-la-fun-si̯ón/

D.

1. /b/   2. /p/   ...   9. /l/   10. /r/

Ejercicio 5.2

A. 1. El fonema /d/ se realiza coma [d] (alófono
oclusivo) cuando se encuentra al principio de una
frase / un grupo respiratorio o tras /m/, /n/ o /l/. El
fonema /d/ se realiza como [ð] (alófono fricativo)
cuando se encuentra en cualquier otro entorno.

B. 1. /tén-go-di̯és-dár-dos/
[téŋ-go-ði̯éz-ðár-ðos]

2. /é-ran-pó-bre-si-de-sam-pa-rá-dos/
[é-ram-pó-βre-si-ðe-sam-pa-rá-ðos]

3. /r̄e-ko-xís-te-mú-ča-ba-sú-ra/
[r̄e-ko-xís-te-mú-ča-βa-sú-ra]

4. /en-fa-ti-sár-lo-bu̯é-no/
[em-fa-ti-sár-lo-βu̯é-no]

C. 1. /é-sos-dó-si-di̯ó-tas-si-gi̯é-ro-nel-sen-dé-ro-pa-ra-
su̯al-dé-a/
[é-soz-ðó-si-ði̯ó-tas-si-ɣi̯é-ro-nel-seṇ-dé-ro-pa-ra-
su̯al-dé-a]

2. /nos-sa-lu-dó-a-már-gai̯-r̄e-ne-gá-da-mén-te-
ku̯an-do-nos-bi̯ó/
[nos-sa-lu-ðó-a-már-ɣai̯-r̄e-ne-ɣá-ða-mén-te-
ku̯an-do-noz-βi̯ó]

3. /e-nú-na-bó-da-trís-tei̯-lú-gu-bre/ /xu̯án-xór-xei̯-
xu-li̯é-ta-se-án-ka-sá-do-en-bil-bá-o/
[e-nú-na-βó-ða-trís-tei̯-lú-ɣu-βre][xu̯aŋ-xór-xei̯-
xú-li̯é-ta-se-áŋ-ka-sá-ðo-em-bil-βá-o]

Ejercicio **5.3**

A. **1.** /a-já-e-nel-r̄án-čo-grán-de/
[a-já-e-nel-r̄áń-čo-ɣráṇ-de]

2. /ma-ri̯á-noi̯-pá-blo-ti̯é-nen-nó-bi̯as/
[ma-ri̯a-noi̯-pá-βlo-ti̯é-nen-nó-βi̯as]

3. /é-jos-je-gá-ro-na-jí-e-ne-la-bi̯ón-de-las-trés/
[é-joz-je-ɣa-ro-na-jí-e-ne-la-βi̯óṇ-de-las-trés]

4. /já-le-ben-di̯é-ro-nú-nas-jér-bas-me-di-si-ná-les/
[já-le-βeṇ-di̯é-ro-nú-naz-jér-βaz-me-ði-si-ná-les]

Capítulo **6** Ejercicio **6.1**

A. (Las respuestas variarán, pero deben tener una palabra que termina en la vocal que precede el "+" y otra que comienza con la vocal que lo sigue, así como en estos ejemplos.)

1. Pepe anda solo. **2.** Anda elegantemente.
3. Viví ochenta años en Madrid. **4.** un libro íntegro

B. **1.** [kó-r̄e-a̯-xi-tá-ða-méṇ-te] **2.** [ko-men-sá-βa-a̯-en-teṇ-dér] **3.** [bi-βí-ó-tra-βí-ða]
4. [ká-si-i̯-ðe-ál] **5.** [úṇ-ták-sⁱor-ði-ná-ri̯o]

Ejercicio **6.2**

A. **1.** pre**p**aro; llana **2.** pre**paró**; aguda . . .
11. **trái**gamela; sobresdrújula **12.** ca**tás**trofe; esdrújula

B. (La velocidad con la que leen unos alumnos y la velocidad con la que leen otros variará mucho, pero se debe ver una relación proporcional directa entre el número de sílabas del enunciado y su duración.)

Ejercicio **6.3**

A. (Las respuestas variarán mucho. Las siguientes oraciones y preguntas sólo representan ejemplos de las líneas melódicas indicadas.)

LÍNEA MELÓDICA A

1. El caballo regresó al rancho trotando alegremente.

LÍNEA MELÓDICA B

1. ¿Quieres que te llevemos a verlos?

LÍNEA MELÓDICA C

1. ¿Dices que ya quieres volver al pueblo sin visitar a nadie?

LÍNEA MELÓDICA D

1. Yo ya me quiero ir, tú puedes hacer lo que te guste, y Juan seguirá tratando de ponerse en contacto con la familia.

LÍNEA MELÓDICA E

1. Vete a la tienda a comprar pan, mantequilla, bolillos, lechuga, carne picada y tomates.

LÍNEA MELÓDICA F

1. Buenas noches, don Gregorio.

                                          3
      2
      1

B. **1.** ¿Con quién fuiste a la quinceañera de Lourdes?

                                                            3
      2
                       1

2. Este semestre tomo francés, cálculo, biología, ciencias

          3
      2
          1

políticas e inglés.

Capítulo **7** Ejercicio **7.1**

A., B., C. (En estos tres ejercicios el estudiante se limitará
a pronunciar las palabras que en el texto se
encuentran escritas.)

Ejercicio **7.2**

(En este ejercicio el estudiante se limitará a pronunciar las
palabras que en el texto se encuentran escritas.)

Ejercicio **7.3**

A. (En esta sección del ejercicio el estudiante se limitará
a pronunciar las palabras que en el texto se encuentran
escritas.)

B. (Cuando la última letra de una palabra constituye —en
cuanto al silabeo— la primera letra de otra palabra que
la sigue, va subrayada. Los diptongos que se forman
entre el final de una palabra y el comienzo de otra
palabra van en letra **negrilla.** Las sinalefas van
marcadas por las medialunas de costumbre.)

1. [ék-to-ré-sú-na-βi̯a-ðó-res-pa-ɲó-la-lé-ɣre-ke-es-
tá-ál-ta-mén-**tei̯n**-te-re-sá-ðo-e-na-preṇ-dé-ra-le-
mán]

2. [es-krí-βa-é-sa-lé-tra-e-ne-ló-tro-r̄eŋ-gló-no-e-nal-
ɣú-noz-ðe-lo-ses-pá-si̯o-siṇ-di-ká-ðos]

3. [i-sa-βé-li-mi-ɣé-les-ko-xi̯é-ro-nú-nau̯-to-mó-βi-
le-nór-mei̯-kos-tó-so]

Ejercicio **7.4**

(En este ejercicio el estudiante se limitará a pronunciar las 50 palabras que en el texto se encuentran escritas.)

Ejercicio **7.5**

(En este ejercicio el estudiante se limitará a pronunciar las 40 palabras que en el texto se encuentran escritas.)

Ejercicio **7.6**

A. (Los fricativos están en letra *cursiva* mientras que los oclusivos van en letra **negrilla.**)

1. Tengo nue*v*e *d*ar*d*os *d*e ma*d*era pero no te los *d*oy.

2. **D**ice Rigo*b*erto: "Soy *b*ilin*g*üe y *v*al*g*o por *d*os."

3. El lo*b*o an**d**u*v*o to*d*o el **d**ía con An**d**rés y Este*b*an.

4. Ha*b*rá mucha san**g**re *d*errama*d*a en la sá*b*ana *b*lanca.

B. (En la sección B el estudiante se limitará a pronunciar las palabras que en el texto se encuentran escritas.)

Ejercicio **7.7**

A. (Las sordas están <u>subrayadas</u>, mientras que las sonoras van en letra **negrilla.**)

1. La mo**z**a má<u>s</u> hermo<u>s</u>a de **Z**arago**z**a <u>s</u>iempre ca**z**aba <u>z</u>orro<u>s</u> con la mano i**z**quierda.

2. De<u>s</u>de la<u>s</u> do<u>s</u> meno<u>s</u> die**z** lo<u>s</u> Rodríguez han e<u>s</u>tado vi<u>s</u>itando el jardín <u>z</u>oológico.

3. **Z**oila la **Z**urda e<u>s</u> la mi<u>s</u>ma que no<u>s</u> qui<u>s</u>o cortar el <u>z</u>acate el lune<u>s</u> dieci<u>s</u>éi<u>s</u> de mar**z**o.

B. (En la sección B el estudiante se limitará a pronunciar las palabras que en el texto se encuentran escritas.)

Ejercicio **7.8**

A. (Van <u>subrayadas</u> todas las muestras de los grafemas "c", "s" y "t" que representan [s], [z] o [t] en estas oraciones.)

1. La per<u>s</u>ecu<u>c</u>ión de toda una genera<u>c</u>ión fue la mi<u>s</u>ión de esa revolu<u>c</u>ión.

2. Las inva<u>s</u>iones de las divi<u>s</u>iones pánzer facilitaron la creciente militariza<u>c</u>ión de esas na<u>c</u>iones.

B. (En la sección B el estudiante se limitará a pronunciar las palabras que en el texto se encuentran escritas.)

Ejercicio 7.9

(En este ejercicio el estudiante se limitará a pronunciar las palabras que en el texto se encuentran escritas.)

Ejercicio 7.10

(Todas las haches van subrayadas. En este ejercicio el estudiante se limitará a reconocer las haches para luego no pronunciarlas.)

1. <u>H</u>éctor <u>H</u>inojosa <u>h</u>abitaba con su <u>h</u>ermano <u>H</u>ugo en <u>h</u>armonía en un <u>h</u>otel.

2. El <u>h</u>éroe <u>h</u>ambriento estaba <u>h</u>echo un <u>h</u>arapo por la <u>h</u>orrible <u>h</u>epatitis que <u>h</u>abía sufrido en aquel <u>h</u>ospital de <u>H</u>onduras, donde <u>h</u>asta el <u>h</u>ígado se le <u>h</u>inchó.

Ejercicio 7.11

(En este ejercicio el estudiante se limitará a pronunciar las palabras que en el texto se encuentran escritas.)

Ejercicio 7.12

A. (En este ejercicio el estudiante se limitará a pronunciar las palabras que en el texto se encuentran escritas.)

B. (Todas las eres van subrayadas. En este ejercicio el estudiante se limitará a pronunciarlas correctamente.)

1. E<u>r</u>an pu<u>r</u>as pe<u>r</u>as las que Ve<u>r</u>a me dio para la comida.

2. Ya me<u>r</u>o viene Te<u>r</u>e para buscar el a<u>r</u>o de o<u>r</u>o que abandona<u>r</u>on.

3. En esa e<u>r</u>a las ho<u>r</u>as e<u>r</u>an mejo<u>r</u>es pe<u>r</u>o la gente e<u>r</u>a la misma.

C. (En este ejercicio el estudiante se limitará a pronunciar las palabras y oraciones que en el texto se encuentran escritas.)

Ejercicio 7.13

A. (Todas las manifestaciones de la vibrante múltiple [r̄] van subrayadas. En este ejercicio el estudiante reconocerá cuáles son las "r" que representan el sonido vibrante múltiple.)

1. En<u>r</u>ique y <u>R</u>igoberto me aga<u>rr</u>aron el go<u>rr</u>o <u>r</u>ápidamente.

2. Cu<u>rr</u>o <u>r</u>aras veces se <u>r</u>eúne con el <u>r</u>esto de sus primos.

3. Al<u>r</u>ededor de cien <u>r</u>usos <u>r</u>obaron <u>r</u>evólveres en <u>R</u>umania.

B. (En este ejercicio el estudiante se limitará a pronunciar las oraciones que en el texto se encuentran escritas.)

Ejercicio **7.14**

A. (Todas las manifestaciones del sonido [x] van <u>subrayadas.</u> En este ejercicio el estudiante reconocerá cuáles son las "g" que representan el fonema /x/.)

1. Jocosamente le trajeron los gemelos Jurado jarros de ginebra el jueves a mucha gente joven.

2. El gigante genovés gesticulaba generosamente ante el gitano gimnasta que giraba la cesta de girasoles argelinos.

B. (En este ejercicio el estudiante se limitará a pronunciar las oraciones que en el texto se encuentran escritas.)

Ejercicio **7.15**

(En este ejercicio el estudiante se limitará a leer el texto en voz alta.)

Ejercicio **7.16**

(En este ejercicio el estudiante se limitará a leer el texto en voz alta.)

Ejercicio **7.17**

(En las palabras inglesas el símbolo ´ se ha agregado para indicar que la vocal en cuestión recibe el acento tónico fuerte, mientras que el símbolo ` señala las vocales que llevan acentos tónicos débiles. [Si el acento tónico inglés recae en una consonante que constituye el núcleo de la sílaba en cuestión, el símbolo se escribe inmediatamente después de dicha consonante, así: l`.] En las palabras españolas, en cambio, la sílaba tónica entera va escrita en letra **negrilla.**)

	INGLÉS	ESPAÑOL
1.	klèptomániac	cleptoman**í**aco
2.	ígnorànce	igno**ran**cia
3.	àdoléscence	adoles**cen**cia
4.	ìndífference	indife**ren**cia
5.	ìntropúce	introdu**cir**
6.	ìnfánticìde	infanti**ci**dio
7.	múltitùde	multi**tud**

Ejercicio **7.18**

(La respuesta correcta va en letra **negrilla.**)

	INGLÉS	ESPAÑOL
1.	may	**me**
2.	cone	**con**
3.	**bay**	ve
4.	toga	**toga**
5.	**pasta**	pasta
6.	**know**	no
7.	opera	**ópera**

Ejercicio **7.19**

(En este ejercicio el estudiante se limitará a leer el texto en voz alta.)

Ejercicio **7.20**

(En la primera parte de este ejercicio el estudiante se limitará a leer el texto en voz alta. En la segunda parte se harán las transcripciones que siguen, a las cuales se les han agregado signos de puntuación —principalmente comas y puntos— para ayudar al que las lee a no perderse en el manuscrito.)

PRIMERA SELECCIÓN

(Nótese que el dialecto en el que se basa la transcripción de esta selección es el hispanoamericano culto.)
[ku̯an̯-do-ma-rí-a-ka-mí-no-βa-xó-a̯-ðe-sa-ju-nár], [já-es-tá-βan-sen̯-tá-ða-se-nel-ko-me-ðór-su-má-ðrei̯-su̯er-má-na-klá-ra].
[pe-ro-la-se-ɲó-ra-ka-mí-no-nó-em-pe-sá-βa-a̯-ko-mér-si-suz-ðó-sí-xaz-nó-es̯-tá-βa-na-la-mé-sa]. [ma-rí-a̯-je-ɣó-si-len-si̯ó-sa-mén̯-te]. [al-sa-lír-ðe-su-ku̯ár-to]
[a-βí-a̯-es-ku-čá-ðo-sus-pró-pi̯os-pá-so-si-le-pa-re-si̯ó-ke-a̯-sí-a̯-mú-čo-r̄u̯í-ðo-a̯l-ka-mi-nár].

SEGUNDA SELECCIÓN

(Nótese que el dialecto en el que se basa la transcripción de esta selección es el hispanoamericano culto.)
[nó-te-ko-nó-se-e̯l-tó-ro-ni-lai̯ -ɣé-ra], [ni-ka-βá-joz-ni̯or-mí-ɣaz-ðe-tu-ká-sa].
[nó-te-ko-nó-se-e̯l-ní-ɲo-ni-la-tár-ðe] [por-ke-te-áz-mu̯ér-to-pa-ra-si̯ém-pre].
[nó-te-ko-nó-se-e̯l-ló-mo-ðe-la-pi̯é-ðra], [ni̯el-r̄á-so-né-ɣro-ðon̯-de-te-ðes-tró-sas].

TERCERA SELECCIÓN

(Nótese que el dialecto en el que se basa la transcripción de esta selección es el castellano conservador del norte de España.)
[le-ɣé-a̯-la-kór-te-ðe-es̯-té-la], [u-yén̯-do], [dis-fra-θá-ðo-kon-lo-sá-βi-tos-ke-a̯-or-ká-ra-e̯n-la-ko-θí-na-ðe-ú-na-grán-xa-úm-món-xe-kon̯-tem-pla-tí-βo],
[pa-ra-e̯-čár-se-a̯l-kám-po-por-don̯-kár-los-sép-ti-mo].
[las-kam-pá-naz-ðe-san-xu̯án̯-to-ká-βa-na-nun-θi̯án̯-do-la-mí-sa-ðel-r̄éi̯], [i-kí-se-o̯-ír-la-to-ða-βí-a̯-ko-nel-pól-βo-ðel-ka-mí-no-e̯-nak-θi̯ón-de-ɣrá-θi̯ as-po-ra-βér-sal-βá-ðo-la-βí-ða].

Capítulo **8** Ejercicio **8.1**

1. La dialectología es el estudio de los diferentes dialectos de un idioma. Los dialectos son...

2. Un geolecto es cualquier modo de hablar que puede definirse en términos geográficos, por ejemplo el español de Puerto Rico, el de Castilla, etcétera. Un sociolecto es...

3. Porque el habla de cada persona siempre puede definirse según sus características dialectales (geolectales y sociolectales). No hay manera de hablar el idioma que se carezca de características propias.

4. Ninguno es mejor que ningún otro. Pero sí es verdad que la pronunciación de uno de los geolectos —el castellano de la parte norte-central de España— se aproxima más a la norma ortográfica. (Véase la pregunta 13 de este ejercicio.)

5. Un idioma pluricéntrico tiene múltiples centros de prestigio. En cambio,...

6. En primer orden, México, y luego...

7. 1) **La zona castellana.** Esta zona comprende toda la parte central monolingüe de España:...El geolecto castellano ha sido históricamente uno de prestigio en dos zonas monolingües...y en las demás tierras de España, que son...
   2) **La zona alteña.** Comprende todas las tierras "altas" del Nuevo Mundo, es decir,...

3) La zona bajeña. Comprende la gran mayoría de las tierras "bajas" o sea las cercanas al mar, en particular al Atlántico (Andalucía, las islas Canarias), al Caribe, y sobre todo...

8. **1) Zona castellana:** el refuerzo de la fricatividad velar de la [x],...

2) Zona alteña: el seseo, la ausencia de distinción entre /ʎ/ y /j/, y...

3) Zona bajeña: la aspiración o la pérdida de /s/, la velarización nasal de /n/, la lambdaización de /r/ o el rotacismo de /l/,...

9. Los geolectos bajeños tratan de acercarse lo más posible a la estructura silábica preferida del español, o sea a...

10. La posición débil se encuentra en la coda, o sea en la(s) consonante(s)...

11.
  - simplificación de grupos consonánticos
  - aspiración de /s/
  - ...

12.
  - la velocidad con la que uno habla
  - ...

13. El dialecto que más se aproxima a la norma ortográfica es hablado por la gente educada del centro de España, es decir,...

Muestra 1

● ●

(En esta muestra el estudiante se limitará a escuchar cuidadosamente el texto que reproduce la audiocinta / el CD.)

Muestra 2

● ●

A. (En la sección A de esta muestra el estudiante se limitará a escuchar cuidadosamente el texto que reproduce la audiocinta / el CD.)

B. (El número identificador respectivo —[1] aspiración, [2] pérdida o [3] geminación consonántica— se encuentra escrito por debajo de cada uno de estos tres fenómenos.)

[mú-čoh-ðe-lom-me-xó-re-he-tu-ði̯an̪-te-ðe-ét-ta-e-ku̯é-la]
   1   3   1, 2   2   3   2
[se-ám-bít-to-o-βli-γá-ðo-a-ef-for-sár-se-kon-sih-tén̪-te-
       3   2 3   1
mén̪-te][pa-ra-e-ka-pár]...
   2

Muestras 3–5

● ●

(En estas muestras el estudiante se limitará a escuchar cuidadosamente el texto que reproduce la audiocinta / el CD.)

Muestra 6

(El número identificador respectivo se encuentra escrito por debajo de cada uno de estos fenómenos. La relación entre números y fenómenos es como sigue: [1] aspiración de la /s/, [2] pérdida/eliminación de consonante (típicamente la /s/), [3] geminación, [4] lambdaización, [5] rotacismo, [6] simplificación de groupos consonánticos, [7] velarización de la /n/, [8] yodización)

[a-nó-če-se-fu̯é-roŋ-mih-pá-ðre-ðe-βa-ka-si̯ó-ne-a-saŋ-
         7 1   2   2   7
xu̯áŋ-de-pu̯el-to-ɾí-ko] [doṇ-de-pi̯én-saŋ-pa-sál-kín-se-
  7   4   7   4
ðí-a-ɣo-sáṇ-do-ðel-sól] [del-mál] [i-ðe-la-maɣ-ní-fi-kap-
 2   4   2   3
plá-ja-ðe-la-íi̯-la]
 2   8

Muestras 7–19

(En estas muestras el estudiante se limitará a escuchar cuidadosamente el texto que reproduce la audiocinta / el CD.)

Ejercicio general 8.2

A. (El fenómeno en cuestión está subrayada.)

1. [ú-na-kál-ta-ðe-a-mól] Lambdaización.

2. [la-ðes-tru-si̯ó-né-ra-to-tál] Simplificación de grupos consonánticos que lleva a la pérdida de la /k/.

3. [eh-tói̯-mu̯í-kan-sá-ðo] Aspiración de la /s/.

4. [pa-ra-ði-fe-réṇ-tøs-per-só-nas] Pérdida vocálica en posición postónica cerrada.

B. (El número identificador respectivo —que en este ejercicio es el mismo que el del párrafo descriptor correspondiente del libro de texto— se encuentra escrito por debajo de cada uno de estos fenómenos. La relación entre números y fenómenos es como sigue: [1] simplificación de grupos consonánticos; [2a] aspiración de la /s/, [2b] pérdida de la /s/, [2c] geminación de consonantes; [3] velarización de la /n/; [4] lambdaización de la /r/; [5] rotacismo de la [1]; [6] yodización; [7] debilitamiento y pérdida de fricativas (en particular de la [ð]); [8] transformación de la labiodental [f]: velarización a [x] o bilabialización a [φ]; [9] refuerzo de la [j] → [ž], [ǰ], [š]; [10] refuerzo de la [w] → [gu]; [11] uvularización de la [x] velar; [12] fricatización velar o retracción de la [ɾ̄] → [x]; [13] glotización de la [x] → [h]; [14] desafricación de la [č] → [š]; [15] pérdida, ensordecimiento o debilitamiento vocálico en posición postónica cerrada; [16] cerrazón vocálica; [17a] la distinción entre /θ/ y /s/, [17b] el ceceo (en ninguna parte se identifica el **seseo** como "diferencia", ya que es uso muy mayoritario y en el presente libro se ha tomado como norma); [18] apicalización de la /s/ → [ś]; [19] la distinción entre /ʎ/ y /j/; [20] fenómenos sinaléficos ya comentados en el capítulo seis: combinación en una sola sílaba de dos vocales idénticas, cerrazón vocálica que acompaña la diptongación, etcétera.

Se dará cuenta de que aunque el número identificador va escrito por debajo del fenómeno, éste *no* va subrayado puesto que el usuario se confundiría con demasiados subrayados. Se ha incluido la puntuación para ayudar al lector a identificar preguntas, citas directas, etcétera.)

PRIMERA SELECCIÓN (de "El tiempo borra")

¿[eh-tá-βa-βi̯éŋ-se-ɣú-ro-ðe-ke-a-ké-lé-ra-su-kám-po]?
  2a   3

[él-nó-lo-r̄e-ko-no-sí-a]. [án̯-teh-nó-eh-tá-βaŋ-a-ží-é-so-
                       2a   2a   3   9

he-ði-fí-si̯oh-βláŋ-ko-ki̯a-ó-ra-se-pre-sen̯-tá-βaŋ-a-lai̯h-
2a   2a   2b   2a

ki̯ér-ða].

SEGUNDA SELECCIÓN (de "La cita")

"[a-prí-sa], [a-prí-sa]", [se-ðe-sí-a-la-šó-na]. [lu̯i-sí-ta-nó-
                                              14

tár-ða-en-r̄e-ɣár-la-no-tí-si̯a-por-tó:-el-r̄áń-šo]. [lu̯i-sí-ta-
                        20   14

ðe-βí-a-es-tár-r̄e-pi-ti̯én̯-du̯a-tó:-el-mún̯-do]:...
              16   20

TERCERA SELECCIÓN (de "Último acto")

[pó-ku̯án̯-te-ðe-la-ðó-se-a-pa-re-si̯ó-e-ló-tro]. [em-pi-nán̯-
16,20 2b   2b

do-se-pol-so-βre-la-sél-ka], [su-ka-βé-sa-o-ti̯ó-me-ðró-
     4   4   16,20

sa-mén̯-tel-pá-ti̯o].

CUARTA SELECCIÓN (de "El declive")

[mi̯a-βu̯é-la-te-ní-a-el-pé-lo-βláŋ-ko], [e-nú-na-ó-la-eŋ-

kreś-pá-ða-śo-βre-la-frén̯-te], [ke-le-ðá-βa-θi̯ér-to-ái̯–re-ko-
    18   18   17

lé-ri-ko]. [ʎe-βá-βa-ka-śi-śi̯ém-pre-úm-baś-ton̯-θí-ʎo-ðe-
      19   18 18   18   17 19

βam-bú-kom-pú-ɲo-ðe-ó-ro],...

DICCIONARIO BILINGÜE ESPAÑOL-INGLÉS

Las partes de la oración (las categorías gramaticales) no se identifican excepto en caso de extrema necesidad. Los géneros de los sustantivos —*m.* (masculino) y *f.* (feminino)— se incluyen para todos los sustantivos que no terminan en **-o** y **-a.** Si el sustantivo es de referencia humana (por ejemplo, **abogado**), no se incluye el género. Este vocabulario sigue las nuevas normas de la Real Academia, según las cuales las palabras que se inician con los dígrafos **ch** y **ll** ya no constituyen sendas secciones en un diccionario, ni la **ch** ni la **ll** se segregan como antes se acostumbraba hacer. Así que a una palabra como **cachas** la sigue **cacique** y a una palabra como **bacillo** la sigue **bacilo,** etcétera.

A

a calderadas by the kettleful
a ciencia cierta for sure, for certain
a fin de que so that
a hurtadillas furtively, on the sly
a menos que unless
a principios de at the beginning of
a punto de about to
a saber that is to say
abad abbot
abadía abbey
abandonado abandoned
abandonar to abandon
abarcar to cover, include
abeja bee
abertura opening
abogacía advocacy
abogado lawyer
abolengo ancestry
abrevar to water, soak, give a drink to
abreviar to abbreviate
abrochar to button up
abstinencia abstinence
aburrido bored; boring
acatar to obey, observe, respect
accésit (*m.*) *second prize in a competition*
acceso access

aceite (*m.*) oil (*from plants, fruits, nuts*)
aceituna olive
acentual *pertaining to accent (tonic or orthographic)*
acercar to draw close
acero steel
acertadamente properly, correctly
acervo estate, property
acidular(se) to become acidulous, slightly sour
aclarar to clear up, clarify
acmé (*f.*) acme, crisis (*of a disease*)
acomodar(se) to seat oneself
acompañar to accompany
acrónimo acronym
actualizado up-dated
actuar to act, behave
acudir to arrive punctually; to show up
adelantar to move forward; **adelantar(se)** to move ahead, gain
adelante forward
adivinar to guess
adolorido painful
adornado adorned
adquirir to acquire
adquisición (*f.*) acquisition
aduana customs (*at international border*)

adueñarse to take over, assume ownership
adusto austere, grim, inflexible
advenedizo social-climbing, parvenu, upstart
advertencia warning
afirmar to affirm, swear, declare
afligido afflicted
afortunadamente fortunately
agarrar to grab
agencia agency
agitadamente in an agitated manner
aglomeración (*f.*) crowd, multitude
agonizar to be on the verge of death
agradecido grateful
agravio aggravation, annoyance
agregar to add
agrupación (*f.*) group, aggrupation
agrupado bunched together
agrupar(se) to assemble, be assembled; to group
aguacate (*m.*) avocado
aguacero downpour
aguantar to put up with, tolerate
agudo acute
aguileño eagle-like
ahogar to drown

ahorcar to hang
ahorrar to save *(money)*
ahuecamiento hollowing (out), loosening
ahuecar to hollow out
ahumado smoky
ajedrez *(m.)* chess
ajeno belonging to someone else
ajo garlic
ajustar to adjust
al alba at dawn
al borde de on the brink of
al fin de cuentas when all is said and done
al igual que just like, just as
al paso in passing
al trasluz against the light
alargamiento lengthening
alargar(se) to lengthen, elongate, extend
albañil bricklayer
alberca swimming pool
alcancía piggy bank
alcanzar to obtain, reach, achieve, gain, win
alce *(m.)* elk
alcoba bedroom
aldea small village
alegría happiness, cheerfulness
alejandrino alexandrine
aleluya hallelujah
alemán German
alfombra rug
algodonero *devoted to or involved with cotton*
allanar to flatten out
alma *(f.* but **el alma)** soul
almendra almond
almíbar *(m.)* syrup
almohada pillow
alquilar to rent
alrota flax; residue
altamente highly
alterar to alter, change
altibajos ups and downs
altiplanicie *(f.)* highlands
altura height
alzar to raise
amante lover
amargo bitter
amarrar to tie
ambiente *(m.)* environment
ámbito ambient, environment
ambos both
amerindio Amerindian
amistad *(f.)* friendship
ampliar to broaden, extend, expand
amplificar to amplify

amplio broad, wide
análogo analogous, similar
anatematizador anathematizer *(person who hurls curses)*
andaluz Andalusian
anécdota anecdote
anfiteatro amphitheater
anglófono anglophone, (native) English-speaking
ansioso anxious
antagónico antagonistic
anteceder to come before, antecede
antedicho what has been said
antemano: de antemano in advance
antepasado (the day) before yesterday
anteponer to prepose, place before
anteposición *(f.)* anteposition, preposing
antepuesto preposed, placed before
anterior anterior, previous, foregoing
anticonstitucionalismo anticonstitutionalism, anticonstitutional procedure
antiguamente previously, in earlier days
antiguo ancient
anunciar to announce
anuncio announcement
añadir to add
apagado turned off, switched off, extinguished
aparato apparatus
aparición *(f.)* appearance
apariencia appearance
apartar(se) to step aside, move aside
apego fondness, attachment
apellido last name, surname
apetencia appetite, hunger, desire, craving
apoplejía stroke, hemorrhage
apoyar to support
apreciado appreciated, valued
apreciar to think highly of, hold in high regard
aprecio respect, appreciation
aprender de memoria to memorize
aprendizaje *(m.)* learning
apresurar(se) to hasten, hurry
aprisa quickly
aprobar to approve; to pass *(a test)*
apropiado appropriate
aprovechar to take advantage of
aproximar to approach, come near, draw near
aproximatorio approximative
arado plow

aragonés Aragonese, of Aragon *(a region in NE Spain)*
arar to plow
arbitrario arbitrary
árbol *(m.)* tree
arcabuz *(m.)* crossbow
arcaizante archaizing
archicastellano extremely Castilian
architípico extremely typical
arco iris *(m.)* rainbow
ardiente burning
arduamente arduously, at great length and with much effort
arena sand
argentino Argentine
arista cutting edge
arma *(f.* but **el arma)** weapon
armado armed
armadura suit of armor
armazón *(m.)* skeleton, frame, framework
armiño ermine
armónicamente harmoniously
arnés *(m.)* harness
aro hoop, band, ring
arpa harp
arquear to arch, cause to assume the form of an arch
arquitecto architext
arrancar to take off, depart, leave
arrastrar to drag
arreglar to arrange, fix
arrepentir(se) to repent
arriba de above
arriesgado risked, at risk
arriesgar to risk
arrogancia arrogance
arrojar to throw
arroyo arroyo, gully, gulch
articular to articulate, pronounce
artista *(m., f.)* artist, singer, performer
asalto assault
ascenso ascent, rise, upswing
asco disgust
asegurar to assure, make sure
asesinar to assasinate
asesino assassin, murderer
asfixiado asfixiated
así sucesivamente so on and so forth
asno ass, donkey
asombro surprise
áspero rough
aspirar to aspirate
asterisco asterisk
asturiano Asturian, of Asturias *(a region in NW Spain)*

asumir to assume
asustado frightened
atacar to attack
atado tied
atar to tie
ataúd *(m.)* coffin
ateísmo atheism
atemorizar to terrorize
atemporal without tense
atenuador attenuator *(device serving to reduce the force of something)*
atónito astonished, amazed
atrás back
atrever to dare
atrevido daring, bold
atribuir to attribute
atropellar to run into, crash into
audazmente audaciously
auge: en auge on the rise
augusto august, solemn
aula *(f.* but **el aula)** hall, classroom
ausencia absence
avanzar to move ahead
aventura adventure
avergonzar to shame
averiguar to investigate; to argue
aviador aviator
ávido avid, eager
avión *(m.)* airplane
avisar advise
ayuntamiento city hall; city council
azúcar *(m. and f.)* sugar

B

baalita *(m., f.)* Baalite
baba drool, saliva
babada nonsense, foolishness
babadero bib
babador *(m.)* bib
babanco fool
babatel *(m.) any untoward thing caught on one's beard*
babazorro rustic, rube, hick
babeante *pertaining to drool*
babear to drool
babélico confusing, unintelligible
babeo drooling, slobbering
babequía nonsense, foolishness
babera bib
babero bib
baberol *(m.)* mouthpiece on a suit of armor
babi *(m.)* bib; bathrobe
babiano native to Babia *(region in NW Spain)*

babieca lazy and foolish person
babilar *(m.)* axle on which a mill hopper revolves
babilla muscles and tendons around the knee
babilón native to Babilonia
babilonia Tower of Babel
babilónico Babylonian
babilonio Babylonian
babirusa *(m.)* East Indian wild pig
babismo *Persian religion precursor to Baha'i faith*
bable *(m.)* Asturian-Leonese *(Romance language of Spain)*
baboquía nonsense, foolishness
babor *(m.)* port(side) *(of a ship)*
babosa slug; cattle tick; blackwater fever
babosear to drool
baboseo drooling
babosilla small variety of slug
baboso drooler; fool, idiot
babosuelo fool, idiot
babucha mule; Arabic slipper-like shoe
babuchero *person who sells a type of Arabic slipper-like shoe*
baca luggage rack *(atop a stagecoach)*
bacada *noise someone makes when falling*
bacalada salted codfish
bacaladero pertaining to codfish; codfish boat
bacaladilla a type of codfish
bacalao codfish
bacallao codfish
bacallar rustic, hick, rube
bacanal *(m.)* bacchanalia, orgy
bacante bacchante, drunk
bacará baccarat, twenty-one *(card game)*
bácara clary *(an aromatic herb)*
bacaray *(m.) unborn calf extracted from womb of cow being killed*
bácaris *(m.)* clary *(an aromatic herb)*
bacarrá baccarat, twenty-one *(card game)*
bacelar *(m.)* vine arbor
bacera anthrax
baceta *cards left after dealing a hand*
bachata spree
bache *(m.)* pothole
bachear to repair potholes; to fill up with potholes
bacheo road mending
bachiche/a *offensive term for Italian; dregs (of a drink)*

bachiller *holder of a bachelor's degree*
bachilleradgo baccalaureate
bachilleramiento *conferring or obtaining a bachelor's degree*
bachillerar to confer a bachelor's degree
bacía basin, receptacle
báciga *type of card game*
bacilar coarse-fibered
bacillar newly-planted vineyard
bacillo shoot of a grape vine
bacilo bacillus
bacín *(m.)* large chamber pot
bacina basin, receptacle
bacinada slops *(from a chamber pot)*
bacinador beggar seeking funds for religious use
bacinejo small chamber pot
bacinero person who passes collection plate in church
bacineta small bowl; poor box
bacinete *(m.)* basinet; helmet
bacinica small chamber pot
bacinico small chamber pot
bacinilla small chamber pot
bacisco ore-flux used in quicksilver mines
baconiano Baconian *(reference to philosopher Francis Bacon)*
bacoreta *type of tuna fish*
bacteriano bacterial
bactericida bactericide
bacteriemia bacteremia *(disease)*
bacteriología bacteriology
bacteriológico bacteriological
bacteriólogo bacteriologist
bacteriostático bacteriostatic
bactriano Bactrian
báculo walking stick, staff
bahía bay
bajada descent
bajar to lower
bajo low; bass *(voice)*; beneath
balazo bullet shot; bullet wound
balcón *(m.)* balcony
bambú *(m.)* bamboo
banca bank; financial world
bancarrota bankruptcy
bandeja tray
banqueta sidewalk
bañera bath house, shower room
barato cheap
barba beard
barco boat
barriga stomach, belly

barril *(m.)* barrel
barrio neighborhood
barro mud
bastoncillo little cane
basura garbage
batallar to have trouble; to fight
batey *(m.)* grounds occupied by a sugar mill; courtyard, patio
baúl *(m.)* trunk, steamer
bautizo baptism
becerro calf
belleza beauty
bendecir to bless
beneficioso beneficial, positive
benéfico beneficial, charitable
bienaventurado good-fortuned, well-favored
bigote *(m.)* moustache
bilingüe bilingual
billete *(m.)* bill, note, ticket
binario binary
bisabuelo great-grandfather
bistec *(m.)* beefsteak
blando soft
bloque *(m.)* block
boda wedding
bola bunch; ball; marble
boleto ticket *(for a show)*
bolsa purse; stock market
bondad *(f.)* goodness
bondadoso good-tempered, generous
borde *(m.)* edge, side, brink
bordeado skirted, edged
borlote *(m.)* brawl
borracho drunk
borrar to erase
borrén *(m.) joint of the saddle tree and the saddle pad*
botella bottle
bragas man's knee breeches, pants
bravo wild; brave
brazo arm
brevedad *(f.)* brevity, briefness
brevemente briefly
brincar to skip, hop, jump
brío spirit, vigor
brisa breeze
brochazo brush stroke
bromear to joke
bromista *(m., f.)* joker
bronco rough, turbulent
brujir to trim the grass
brusco brusk, drastic
bucal *pertaining to the mouth*
buey *(m.)* ox

buitre *(m.)* vulture
bujía sparkplug
bulto form, shape
burla joke
buró bureau
burro donkey

C

caballero rider; gentleman
caballo horse
cabello hair
cabizbajo downcast
cabo cape, promontory; **llevar(se) a cabo** to take place
cabra goat
cabriolar to jump, skip, prance, caper
cacao cocoa; chocolate bean; cocoa tree
cacatúa cockatoo
cachalote *(m.)* sperm whale
cachas: hasta las cachas to the teeth, up to here
cacique *(m.)* chieftain; political boss
cacofonía cacophony
cacto cactus
cadáver *(m.)* cadaver, corpse
cadena chain
caja box
calavera skull
calcular to calculate, figure
cálculo calculus
caldera kettle
calderadas: a calderadas by the kettleful
caldo soup, broth
calificar to qualify
calificativo qualifying statement, descriptor
calloso calloused
calmadamente calmly
caló underworld cant, slang or jargon
calvo bald
calzado shoe, footware
camaleón *(m.)* chameleon
caminar to walk
camino road
camión *(m.)* truck; bus
campamento camping ground
campana bell
campeonato championship
campesino farmer, peasant
campestre *(adjetivo)* country
campo field, farm, territory
can *(m.)* dog, hound
canalizar to channel

candil *(m.)* oil lamp; chandelier; light *(figurative)*
cántaro pitcher; ballot box; bassoon
cantidad *(f.)* quantity
cantinero bartender
caótico chaotic
capa level *(of society)*
capacitación *(f.)* training, learning
capataz *(m.)* foreman, overseer
capaz (de) capable (of)
capilla chapel
capirotada *dish of meat, corn, cheese, and spices*
capitolino from the capital city
caquéctico person suffering from undernourishment and related ills
caqui *(m.)* khaki
caracol *(m.)* snail
caracola snail
característico characteristic
¡caray! good gosh!
cárcel *(f.)* jail
cardal *(m.)* thistle patch
cardinal cardinal *(number)*
carecer to lack
carente lacking
cargado loaded
cargar to load, carry a load
caribeño Caribbean, person from the Caribbean
carnero ram *(male sheep)*
caro expensive
carraspear(se) to clear one's throat
carrera race
carretera highway
cascabel *(m.)* sleigh bell, jingle bell
casco helmet
castañeta castanet
castellano Castilian, of Castile *(several regions in central Spain)*
catalán Catalan, of Catalonia *(a region in NE Spain)*
¡cataplum! plop! *(the sound of someone falling)*
catedral *(f.)* cathedral
catedrático tenured full professor
cauce *(m.)* ditch, trench
causa cause
caverna cavern
caza hunt, hunting
cazador hunter
cazar to hunt
cazuela casserole dish, baking dish
cebiche *(m.)* marinated seafood
cebolla onion

celda cell
célebre famous
celos jealousy
cena dinner
Cenicienta Cinderella
censo census
centavo cent, penny
centenares (m.) hundreds
ceñir to wear (a crown or sword)
cera wax
cerca fence
cercanía proximity, closeness
cercano close to
cerciorar(se) to make sure, ascertain, find out
cerdo pig
cerebro brain
cereza cherry
cero zero
cerro hill
certeza certainty, certitude
certificado certificate
cerveza beer
césped (m.) lawn
cetro scepter
champán (m.) champagne
chango monkey
chapa sheet of metal; lock
chaqueta jacket
charola tray
chato snub-nosed
chavalo kid, youngster
chavo kid, youngster
cheque (m.) check, bank draft
chicano Mexican-American
chicharrón (m.) crackling, chit(ter)lin(g)
chicle (m.) chewing gum
chihuahuense from Chihuahua (Mexican state)
chileno Chilean
chillar to shriek, scream
chinche (m.) bedbug
chiquillo small child
chiste (m.) joke
chivo goat
chocho senile
chofer (m., f.) chauffeur
cholismo behavior/attitudes supposedly typical of cholos
cholo delinquent
chota cops (slang)
choza hut, shanty
chubasco cloudburst, downpour
chulo cute, neat, swell (slang)
chupar to suck, suck on

chupete (m.) pacifier (baby's)
churro corn fritter
chusma lower-class people, riffraff
ciego blind
cielo sky, heaven
ciencia science; a ciencia cierta for sure, for certain; ciencias políticas political science
ciervo deer
cigarra grasshopper
cigarro cigar
cigüeña stork
cilantro coriander
cincelado engraved, sculpted
cincuentón fiftyish
cine (m.) movie theater
cínico cynical
cirujano surgeon
cisne (m.) swan
citar to cite, list
ciudadano citizen
civilidad (f.) civility
claridad (f.) clarity
claro straight-forward, candid; illustrious, famous
clasecilla easy little class (academic) of no importance
clásico classical
cláusula clause
clave (f.) key, clue
clavel (m.) carnation
clavo nail
cobarde (m., f.) coward
cobertura cover, lid
cobre (m.) copper, money (figurative)
coca coca leaf
cocer to boil, cook
cocina kitchen
códice (m.) codex, manuscript
coerción (f.) restriction, repression, coercion
coger to grab, pick out, select
cognado cognate word
cohibido intimidated
coincidencia coincidence
coincidir to coincide
cojo lame
col (f.) cabbage
colaborar to collaborate, work together
colega (m., f.) colleague
colérico irascible, bad-tempered
colgado hanging, hung
colibrí (m.) hummingbird
colmar to fill to overflowing
colocado placed, located

colocar to place, to put (something somewhere)
colonizador colonizer
columna column
comadre co-mother (by baptism co-sponsorship); female friend
comarca district
combinar to combine
comedor (m.) dining room
comilla quotation mark
compadecer to feel sorry for
compadrazgo friendship between a child's parents and god parents
compañía company
comparar to compare
compartir to share
compás (m.) rhythm
comportar to behave
comprobar to prove
compuesto compound
computación (f.) computer science
comunidad (f.) community
con tal (de) que provided that
conceptuar to conceive, conceptualize
concientizar to raise consciousness
concluir to conclude
concurso contest
condescender to condescend
condescendiente condescending
conducir to drive
conejo rabbit
configuración (f.) form, shape
configurar to form, shape
confundir to confuse
conjuntamente at the same time
conllevar to carry with, be accompanied by
conmovido moved emotionally
conocimiento knowledge, understanding, intelligence
conque so, in other words
consciente conscious
conseguir to obtain, get
conseja story, tale, legend
consejo piece of advice
consentir to consent, agree
conservar to conserve, preserve
consistentemente consistently, constantly
consorte (m., f.) spouse
constituir to constitute
construir to construct
contador accountant
contemplativo contemplative

contenido contents
contexto context
contiguo contiguous, placed next to one another
continuo continuous
contorno outline
contradecir to contradict, gainsay
contrahierba root extract used as poison antidote
contrarrevolucionario counterrevolutionary
conturbado uneasy, anxious
convencer to convince
convenio agreement
convertir(se) en to change into, become
coñac (m.) cognac (French liqueur)
copa glass (of wine or sherry)
copla verse, poem
coraje (m.) anger
corazón (m.) heart
corbata necktie
corchete (m.) bracket
cordero lamb
coro chorus, choir
corona crown
corregir to correct
corriente (f.) current
cortejo (royal) court
cortesía courtesy
corto short
coser to sew
costa coast
costoso expensive
costumbre (f.) custom, tradition
crecer to grow
creciente growing
creencia belief
crestado crested
cristal (m.) glass
cristalino crystalline, like crystal
cronométrico chronometrical
crujir to creak
cruzar to cross
cuadragésimo fortieth
cuartelazo military coup d'etat
cuarto fourth; room
cuate (m.) chum, pal
cuba libre Cuba Libre (rum and Coca-Cola)
cubo (ice) cube
cucaracha cockroach
cuchara spoon
cuchifritos miscellaneous fat-fried pieces of meat, especially tripe

cucuy (m.) devil
cuenta: darse cuenta to realize
cuentagotas (m.) eye-dropper
cuentas: al fin de cuentas when all is said and done
cuerda rope, cord
cuestionar to question, doubt
cuestionario questionnaire
cuidado careful
cuidados cares, worries, pains
cuidadoso careful
cuidar(se) to be careful (to do something)
culebra snake
culpar to blame
culto cultivated, educated
cumbre (f.) summit, peak
cumplir to expire (period of time); to carry out, perform
cuñada sister-in-law
cuota quota
cuyo whose

D

dactílico dactyllic
danés Danish
dar: dar por sentado to take for granted; **dar una vuelta** to make a turn; **dar voces** to shout
dardo dart
darse cuenta to realize
datar to date
de ahí en adelante from then on
de antemano in advance, beforehand
de lujo luxurious
de manera que so
de moda in fashion
de par en par wide-open
de por sí in and of itself
debidamente duly, properly
debilidad (f.) weakness
debilitado weakened
debilitamiento weakening
debilitar to weaken
década decade
décimo tenth
dedicar to devote, dedicate
dedo finger
dejar caer to drop
dejarse llevar to let oneself be carried along
delantero front
delatar to betray
deletrear to spell
delicadez (f.) delicacy

delicia delight, pleasure
demonio devil
demostrar demonstrate
denso dense, thick
derivado (de) derived (from), derivative (of)
derivar to derive
derramado spilled
derrumbar(se) to collapse
desafío challenge
desagradable disagreeable
desajuste (m.) maladjustment
desambigüizar to disambiguate, eliminate the ambiguity from
desamparado abandoned, foresaken
desaparición (f.) disappearance
desaprobación (f.) disapproval
desarreglar to disarrange, detach, disconnect
desarrollo development
descalificar to disqualify
descansado rested
descansar to rest
descenso descent, drop, downswing
descerrajar to fire (a shot, an arrow, etc.)
descolgar to take down, let down
desconocer not to know, to be unaware of
desconocido unknown
descontar to discount
descristianizar to de-Christianize, convert from Christianity
descrito described
descubrir to discover
descuidado careless
desempeñar to perform (a function), play, carry out
desencabalgar to dismount a cannon
desenfrenado unbridled, abandoned (to one's passions)
desengaño disillusionment, disillusion
desfile (m.) parade
desgraciado disgraceful; unfortunate
deshacer to break apart, undo, untie
deshecho broken apart, undone
deshielo thaw
deshierba small weeding hoe
deshuesar to remove bones or pits
desigualdad (f.) inequality
desincorporar to disincorporate
desintoxicar to detoxify
desjerarquizar to remove from a hierarchy, cause to lose rank
desleal disloyal

desliz: en desliz sliding by
deslizada glide
desmayar to faint
desnudo naked
desobedecer to disobey
desplazamiento displacement, movement
desplazar to displace
despoblador depopulative
despojar to deprive, strip, take away
despreciativo contemptuous, scornful
desprecio disdain
desprender(se) to infer; to be inferred from
destacar(se) to stand out
destreza skill
destrozar to destroy
destruir to destroy
desventaja disadvantage
determinado a certain (one in particular); determined
detrás de after
deuda debt
deudo relative, kinsperson; kinship
día (m.) **de santo (de uno)** (someone's) saint's day
diablo devil
diálogo dialogue
diariamente every day
dibujar to draw, sketch
dicho saying, proverb; what is said; the latter; such a
dichoso fortunate
dictadura dictatorship
dictamen (m.) decree
diéresis (f.) dieresis (the two dots over a ü)
diezmar to decimate
diezmo tithe
diferenciar to differentiate, distinguish
dificultar to make difficult
difusión (f.) diffusion, reach, extension
dignamente in a dignified and worthy manner
Dinamarca Denmark
diosa goddess
dirección (f.) address; direction
dirigir to direct
discurso discourse
disfrazado disguised
disminución (f.) diminution, reduction
disminuir to dimish
disparejo uneven
disputado disputed, moot

distanciamiento distancing
distar to be removed from
distinguido distinguished
distinguir to distinguish
distinto different
distraer to distract
distraído distracted
divertir(se) to have fun
doble double
docena dozen
dolor (m.) pain
dominante dominant
dominar to master, control, dominate, handle proficiently
dondequiera wherever
dorado golden
drogadicción (f.) drug addiction
dueño owner
dulce (m.) (piece of) candy
duración (f.) length, duration
duradero long-lasting
duramente arduously
durar to last
durazno peach
dureza toughness

E

ebrio drunk
echar en cara to blame, accuse
eco echo
economía economy
edad (f.) age
edificio building
eficaz effective
egocéntrico egocentric
eje (m.) axis
ejecutivo executive
ejemplificar to exemplify
ejemplo example
ejercer to exercise
ejercicio exercise
ejército army
electroencefalografía electroencephalography
electromotriz (adjetivo) electromotor
electroquímico electrochemical
elegancia elegance
elegir to elect
elevado elevated, raised
eligieron third-person plural preterite of **elegir**
ello it; the fact
emanar to emanate, issue forth
embarazada pregnant
embarazo pregnancy

embriaguez (f.) drunkenness
embrutecer to brutalize
embrutecido brutalized
emparentado paired, related
empinar(se) to stand on tiptoe
emplear to employ, use
empleo employment, work, job
empobrecer to impoverish
empresa company, firm, business
empuñar to grasp hold of
en auge on the rise
en desliz sliding by
en el fondo deep down
en medio de in the middle of
en última instancia in the last resort, when all is said and done
en vías de on the road to
enamorado in love
enamorar(se) to fall in love
enano dwarf
encabezar to head up, initiate, begin
encargado put in charge
encargar to order, place an order
encendido inflamed
encerar to wax
encerrar to close, enclose
encorvar to bend, curve
encrespado curled
encrudecer to make rough; to irritate, exasperate
endeudar(se) to go into debt
enfático emphatic
enfatizar to emphasize
enfoque (m.) focus, emphasis
enfrentar to confront
enganche (m.) down payment
engañar to deceive, trick
engordar to fatten
engrandecer to engrandize, enlarge
engullir to gulp down, gobble
enhielar to make bitter, mix with bile or gall
enhiesto upright
enhuertado placed in a garden
enjaulado caged, jailed
enjuto dry
enmascarado masked
enojo anger
enorme enormous
enredo mess, complicated situation
enrojecer to blush
ensayar to rehearse, try out
ensayo rehearsal; essay
enseñanza teaching
enteramente entirely

enterar(se) to make aware; to find out, become aware of
entero whole
enterrar(se) to step into; to inter
entidad *(f.)* entity, thing
entorno environment
entrada entry, entry fee
entrambos belonging to the two of us
entrante next, proximate
entrenar to train
entretenimiento entertainment
entristecer to sadden
entusiasmar(se) to become enthusiastic, get excited
enunciar to enunciate, speak
envanecido conceited, arrogant
envenenar to poison
envidia envy
envilecer to debase, degrade, vilify
enyerbar(se) to become covered with grass; to be bewitched
enyesado plasterwork, plastering
equidistante equidistant, equal distance between two objects
equivalencia equivalency
equivaler to equal, to be the same as
equivocación *(f.)* mistake, error
equivocar(se) to make a mistake
era era, span of time, period
errar to err
es decir that is to say
esbelto slender
esbozo sketch
escala (musical) scale
escandalizar to scandalize
escándalo scandal
escarbadientes *(m.)* toothpick
esclavo slave
escoger to choose, pick out
escolar academic, school-based
escolta escort, guard
esconder to hide
escrito written
escuadra triangle; corner brace; squad *(of soldiers)*
escudo *monetary unit of Portugal*
esforzar(se) to make an effort, try
esfuerzo effort
eslabonamiento linking, connection
esmaltado enameled
esmero care, caution
espacio space
espalda back *(of human body)*
espanto fear
espantoso horrible

especie *(f.)* species, sort, kind
espejo mirror
espeluznante horrifying
esperanza hope
espesar(se) to thicken
espeso thick
espesor *(m.)* thickness
espiar to spy on
espiración *(f.)* to exhale
espirar to exhale
espíritu *(m.)* spirit
esporádicamente sporadically, from time to time
esquema *(m.)* scheme, configuration
esquemáticamente schematically
estacionar to park
estadística statistic
estadounidense American, from the United States
estereotipado stereotypical
estéril sterile
estigmatizador stigmatizing
estimar to esteem, value
estómago stomach
estrechamente narrowly
estrechamiento narrowing
estrechez *(f.)* narrowness, narrowing
estrofa strophe, stanza; verse
estructuración *(f.)* structuring
estruendo noise, uproar
etapa stage, step, category
etiqueta etiquette
eutanasia euthanasia, mercy killing
evitación *(f.)* avoidance
evitar to avoid
evolucionado evolved, developed
evolucionar(se) to evolve, change
excéntrico eccentric
excusa excuse
exhalar to exhale
exhibición *(f.)* **de modas** fashion show
exigente demanding
exigir to demand
exiliado exile
exiliar to exile
expandir to expand
experimentar to experiment, try out; to experience
explicar to explain
extraordinariamente extraordinarily
extremeño *from the Spanish region of Extremadura*
extremoso extreme, carried to an extreme

F

facilidad *(f.)* ease, easiness
faja sash, girdle
falda skirt
fallecer to die, pass away
falta absence
faltar to be lacking, be missing
fanega *Spanish measure of capacity equaling 1.6 bushels*
fangoso muddy
farmacia pharmacy
fase *(f.)* phase
fastidiado angry
fatigado fatigued, tired
favorecedor proponent
faz *(f.)* face, features
fecha date *(on the calendar)*
felicitar to congratulate
feo ugly
feria change; fair *(exhibits and festivities)*
feroz ferocious
ferrocarril *(m.)* railroad
ferrocarrilero railroad worker
ferroviario *(adjetivo)* railroad
festejar to celebrate
fiar to trust
ficticio fictitious, imaginary
fiebre *(f.)* fever
fieles *(m.)* flock, the faithful
fielmente faithfully
fiera beast
fijar to fix, fix upon
filete *(m.)* filet *(of meat)*
filipino Philippine
fin *(f.)* purpose; end; **a fin de que** so that
fin *(m.)* **de semana** weekend
financiar to finance, arrange credit for
fingir to pretend
finlandés Finnish
finoúgrio Finno-Ugric
firmamento firmament
firme firm
fleco fringe
flexibilidad *(f.)* flexibility
flojo loose, slack; lazy, idle
flor *(f.)* flower
florecer to bloom, blossom
fofo flabby
folclor *(m.)* folklore
fonador phonating, speaking
fondo: en el fondo deep down
fonético phonetic
fonotáctico phonotactic *(governing a language's sound system)*

foro forum
forzosamente necessarily
fragante fragrant
fragmentado fragmented
fraile friar, monk
frase *(f.)* phrase
frente *(f.)* forehead
fresco fresh
frescura freshness
frontera frontier, border
frotar to rub
fruncir to frown
frutería fruit market
fuegos artificiales fireworks
fuente *(f.)* fountain, well; source
fueres *fueras (archaic) second-person singular future subjunctive form of* **ser/ir**
fuertemente strongly, to a high degree
fuerza force, power; **fuerza aérea** air force
fulgurar to flash, sparkle
fulminar to fulminate, rage
fulmíneo of, pertaining to or resembling thunder and lightning
fumar to smoke
función *(f.)* show, performance
funcionario employee
fundir to fuse, join together, combine
funeraria funeral home
furioso furious

G

galán *(m.)* lover; leading man
galgo greyhound
gallardía self assurance, gallantry
gallego Galician, of Galicia *(a region in NW Spain)*
galleta cookie
gallina hen
gallo rooster
galón *(m.)* gallon
galope *(m.)* gallop, galloping
gama range, gamut
ganancia benefit, earning
garbanzo chickpea
garganta throat
gárrulo noisy, talkative, garrulous
gastar to spend
gata female cat; crank; jack; servant girl
gato male cat
gazapo young rabbit; astute young man
gaznate *(m.)* gullet
gemelo twin

geminar to geminate, twin up
gemir to moan
género gender
generoso generous
genial congenial
genioso ingenious
genitourinario *refering to genitals and urinary tract*
genovés Genoese *(from Genoa, Italy)*
gentilicio ethnonym *(name of a people or ethnic group)*
geológico geological
gerundio gerund
gesticular to gesticulate
gigante giant
gigantesco gigantic
gilí fool, idiot
gimió *third-person singular preterite of* **gemir**
gimnasio gymnasium
ginebra gin
girar to gyrate, twirl
girasol *(m.)* sunflower
gitano gypsy
glótico pertaining to the glottis
glotización *(f.)* glottalization
glotón glutton
gobierno government
gol *(m.)* goal
goloso sweet-toothed, eager to eat sweets
golpeado beaten
gota drop *(as of water)*
gozar to enjoy
gozne *(m.)* hinge
grabar to tape record
gracia grace, gracefulness
gracias thanks
grada step
grado degree, step, grade *(of intensity on a scale)*
grafémico graphemic, pertaining to graphemes
granizo hail, hailstone
granja farm
grasiento greasy
grato pleasant
gravemente seriously
Grecia Greece
grey *(f.)* flock, congregation
griego Greek
grieta crack, crevice, fissure
gris gray
gritar to shout
Groenlandia Greenland

grúa tow truck
grujir to trim the grass
guaipíu *(m.)* type of cape
guante *(m.)* glove
guapo handsome
guardamuebles *(m.)* furniture storeroom
guardar to keep, maintain, guard
guardería day care center
güero (huero) fair-skinned and light-haired; addled, rotten, bad
guerra war
guerrero warrior
guión *(m.)* hyphen
guisar to roast, cook
guitarrero guitar player
gusto taste
gustosamente with great pleasure

H

haba *(f. but el haba)* bean
hábito (monk's) habit
habla *(f. but el habla)* speech, manner of speaking, dialect
hacia atrás backwards
hacienda ranch; goods and chattels
hada *(f. but el hada)* fairy, fairy godmother
haitiano Haitian
halcón *(m.)* falcon
hallar to find; **hallar la horma de su zapato** to find just what one is looking for
hallazgo finding
hambre *(f.)* hunger
hambriento hungry
harapiento ragged and unkempt person
harapo rag
harina flour
hartar(se) to fill up on
harto full, replete; tired; difficult, hard
hasta las cachas to the teeth
hazaña deed
hazmerreír *(m.)* laughing-stock
hecho deed; what is done; fact
helado *(adjetivo)* frozen; *(sustantivo)* ice cream
helicóptero helicopter
hembra female
hemisferio hemisphere
hemorragia hemorrhage
henchir to swell
heredar to inherit; to leave as an inheritance
herejía heresy
herencia inheritance

herida wound
herir to wound
herradura horseshoe
hialino glass-like
hialografía art of writing on glass
hialotecnia art of glassmaking
hialurgia art of glassmaking
hiato hiatus
híbrido hybrid
hidroeléctrico hydroelectric
hiedra ivy
hiel (*f.*) bile
hielera refrigerator
hielo ice
hiena hyena
hierático hieratic
hierba grass; herb; *plural* weeds; herbs
hierbabuena mint
hierbazal (*m.*) turf farm
hierbero herb vendor
hiere *third-person singular present indicative of* **herir**
hieroglífico hieroglyphic
hierro iron
hígado liver
higo fig (*fruit*)
higuera fig tree
hinchó *third-person singular preterite of* **henchir**
hindú Hindu
hipocondríaco hypochondriac
hipopótamo hippopotamus
hipotético hypothetic, hypothetical
hirieron *third-person plural preterite of* **herir**
hispano Hispanic
hispanófono hispanophone, Spanish-speaking
histérico hysterical
holandés Dutch
holgazana idle and indolent woman
holgazanear to bum around, behave in a lazy fashion
honra honor
honrado honorable
honrar to honor
horario schedule
horma shoe tree; **hallar la horma de su zapato** to find just what one is looking for
hormiga ant
hormiguero anthill
hornear to bake
horno oven
horroroso horrifying, horrible
hoyo hole

huarache (*m.*) type of sandal-like footware
hueco empty space, hollow, hole
huele *third-person singular present indicative of* **oler**
huelga strike, work stoppage
huella track, trace
huélter (*m.*) welterweight
huerco kid, brat, small child
huérfano orphan
huero (güero) fair-skinned and light-haired; addled, rotten, bad
huerta garden
huerto orchard
hueso bone
huésped (*m., f.*) guest; host
huesudo bony
huevo egg
huipil (*m.*) loose-fitting Mexican/Guatemalan blouse
huir to flee, escape, run away
hule (*m.*) rubber; oilcloth
húmedo humid
húmero humerus (*long bone of the upper arm*)
humildad (*f.*) humility
humo smoke
humorismo humor, wit, comedic tradition
hundido sunk
húngaro Hungarian
Hungría Hungary
huracán (*m.*) hurricane
huraño reticent, taciturn
hurtadillas: a hurtadillas furtively, on the sly
hurtar to steal; to cheat

I

ibérico Iberian
identificable identifiable
idiotez (*f.*) idiocy
iglesia church
igual: al igual que just like, just as
igualdad (*f.*) equality; equal time, weight, measure, degree, etc.
impacientarse to become impatient
imperio empire
imprescindible indispensable
impresionante impressive
impropio improper, incorrect, wrong
impulsado driven, compelled
impureza impurity
inaguantable intolerable, unbearable
inca Inca (*ruling nation of precolombian Peru*)

incipiente incipient, nascent
incisivo incisor
inclinar(se) to bend over
incluir to include
incluso including, even, actually
incognoscible unknowable
incuestionable unquestionable, with no doubt
independizar(se) to gain independence
indicado indicated, appropriate
indígena indigenous, native (*to a region*)
indisoluble indissolvible
índole (*f.*) sort, kind, type
indonesio Indonesian
industrial (*m., f.*) industrialist
inevitable unavoidable
infancia infancy, early childhood
infeliz unhappy (*person*)
infierno hell
infinitivo infinitive (*verb form*)
infinito infinite
influyente influencial
informe (*m.*) report, presentation
ingenuo innocent
inglés English
ingreso(s) income
iniciar to begin, initiate
injusto unfair
inmenso immense
inocencia innocence
inocentoide dumbly innocent
insigne celebrated, famous, illustrious
instalar to install
instancia: en última instancia in the last resort, when all is said and done
institutriz governess
integridad (*f.*) integrity, wholeness, uniformity
íntegro entire, whole, complete
intención (*f.*) intention
intercambiar to interchange, exchange one thing for another
intercambio interchange, exchange of one thing for another
interléxico between words
intermedio intermediate
interno internal
interrumpir to interrupt
interrupción (*f.*) interruption
intervocálico intervocalic, between vowels
intitular to entitle
intrépido intrepid
inútil useless
invariabilidad (*f.*) invariability

invasor invading, invasive
invertido inverted, upside down
inyectar to inject
ira wrath, anger
iracundo full of wrath and anger
irlandés Irish
irritado irritated
isleño islander, island dweller

J

jabón *(m.)* soap
jamaicano Jamaican
jarabe *(m.)* syrup
jardín *(m.)* garden; **jardín zoológico** zoo
jarro jar
jaula cage
jazmín *(m.)* jasmin
jefe/jefa *(m., f.)* boss, chief
jerarquía hierarchy
jíbaro farmer, farm worker *(Puerto Rico)*
jilguero goldfinch *(type of bird)*
jinete *(m.)* rider, cavalryman
jocosamente cheerfully
jocoso cheerful, jolly
jovenazo bold and brave young man
joya jewel
jubilar to retire
judeoespañol *judezmo* Jewish Spanish
judezmo *Spanish spoken by (exiled) Jewish Spaniards*
judío Jew, Jewish
juntar to join, combine, gather together
junto a next to
jurado sworm
jurar to swear, declare
justiciero just, fair, strict
juzgado *(adjetivo)* judged; *(sustantivo)* court
juzgar to judge

K

kiosco kiosk, newspaper stand

L

labio lip
laborable work, working
laborar to labor, work
labrador laborer
lacrimoso tear-jerking
ladrar to bark *(as a dog)*
ladrón *(m.)* thief
lago lake
lambrequín *(m.)* lambrequin *(fabric worn over helmet to protect it)*

lamer to lick
lámpara lamp
lánguido languid, slow-moving
lanzamiento launching
lanzar to throw, hurl
largar(se) to take off, depart
largo long
lastimar to hurt
lata can
latino *(adjetivo)* classical Latin (language)
latir to beat *(as a heart)*
lavaplatos *(m.)* dishwasher
lazo bow, knot, loop
leal loyal
lejano far away
lengua tongue; language
lenguaje *(m.)* jargon; language
lento slow
leña wood, firewood
leonés Leonese, of León *(a region in NW Spain)*
letras letters, alphabet, how to read *(figurative)*
leucemia leukemia
leve light, not heavy
ley *(f.)* law
leyenda legend
liderazgo leadership
liebre *(f.)* hare, rabbit
ligeramente slightly
limón *(m.)* lemon
limosnero beggar
limpiar to clean, wipe
linterna lantern
lío problem, difficulty
llama llama *(Peruvian animal);* flame
llano *(adjetivo)* flat; *(sustantivo)* plain, prairie
llanto crying, weeping
llevadizo tolerable, bearable
llevar(se) a cabo to take place
llorar to cry
Llorona (la) *mythical woman who cries for her murdered children*
llovizna drizzle
lluvia rain
lobo wolf
localizar to locate
locutor announcer
lodazal *(m.)* mudhole
lodo mud
lógico logical
lograr to achieve, manage
lomo ridge
longitud *(f.)* length
lucha fight, battle

lucir to show off
lugar *(m.)* place
lúgubre lugubrious, gloomy
lujo: de lujo luxurious
lujoso luxurious, elegant
lujurioso lewd
lustro a five-year period of time
luz *(f.)* light

M

machacar to crush, pound, mash
macizo strong, solid, firm
madera wood, piece of wood
madurez *(f.)* maturity
magia magic
maguey *(m.)* maguey plant *(type of agave)*
maíz *(m.)* corn
majadero annoying, irritating; finicky
majo "cool", handsome, foxy
malcriado spoiled, badly brought up
maldad *(f.)* evil
maldito damned
malecón *(m.)* sea wall; dike; embankment
malestar *(m.)* malaise, uneasiness, inquietude
maleta suitcase
maliciosamente maliciously
malintencionado ill-intentioned
malla netting; meshwork; chain mail
maltrecho damaged, battered
mamey *(m.)* mamey tree
mancha spot
manchar to spot, cause a spot to form
mandíbula jaw
mandón *(m.)* bossy man
manejo manipulation
maniobra maneuver
manjar *(m.)* food, dish
manso gentle, calm
mantener to maintain, conserve, remain
manto mantle, cloak
manzana apple; **manzana de Adán** Adam's apple
mar *(m.)* sea, ocean
maravilla marvel, wonder
marcadamente markedly, obviously
marco mark, Deutschmark *(currency)*
margen *(m.)* margin, edge
marinero sailor
marrano hog, pig
masa dough *(for baking)*
mascota mascot, pet
masticar to chew

mastín/mastina *(m., f.)* mastiff *(type of dog)*
materialización *(f.)* materialization
matrimonio marriage; married couple
matriz *(f.)* matrix, grid
maula trash, junk; trick
mayorazgo primogeniture
mayoría majority
mayormente mainly
mayúsculo upper-case, capital *(letter)*
mecer to rock
mechero shoplifter; gas lamp burner; lamp wick tube
medalla coin, medal
medialuna *half-moon symbol* (‿) *used to indicate* **sinalefa** *between vowels*
mediano medium
mediante by means of
medio means by which, wherewithal; middle; kind of; **en medio de** in the middle of
medrosamente timidly, fearfully
mejorar to improve
melodía melody
mendigo beggar
menos: a menos que unless
mentir to lie, tell a falsehood
mercancía merchandise
merecer to deserve
mero mere, very, genuine
meseta meseta, plateau, flat expanse of elevated land
meta goal
metodología methodology
metralleta machine gun
mientras que while
milanés Milanese *(from Italian city of Milan)*
millonario millionaire
mimar to spoil, pamper
mimbreral *(m.)* willow grove
minero miner
minucioso meticulous, thorough
minúsculo lower-case, not capital *(letter)*
misionero missionary
mita forced labor; coca harvest; cattle awaiting transport
mitad *(f.)* half
mito myth
mnemónica mnemonic device
mocedad *(f.)* youth
mocetón strong young man
mocoso brat, snot-nosed kid

modas: exhibición *(f.)* **de modas** fashion show
modo mode, means (by which)
mojado wet
mojar to make wet, get wet
molcajete *(m.)* stone mortar on tripod
moldear to mold
molestar to bother
momo grimace, funny face
mondar to peel
monje monk
monocéntrico monocentric
monolingüe monolingual
monosilábico monosyllabic
montañoso mountainous
monte *(m.)* forest, hills
montón *(m.)* pile
mordaz biting
mordida bite
moro Moor, Arab
mosca fly
mota marihuana; moss fungus on a tree
movilidad *(f.)* mobility
mozo/moza lad/lass
mucama chambermaid
mudar(se) to move, change residences
mudo mute, silent
muelle *(m.)* pier, dock
mula mule
murciélago bat
músculo muscle
músico musician
musitar to mumble, whisper
mustio sad, gloomy

N

nacer to be born
nacimiento birth
nacionalista nationalistic
nadador swimmer
nadar to swim
napoleónico Napoleonic
narcotraficante drug dealer
nariz *(f.)* nose
nativizante nativizing, near-native, native-like
navaja knife
necio foolish
nefasto ominous, fateful
nena girl
neófito neophyte, beginner
neonato recently born
niebla fog
nítido clear
nivelado leveled off, of a single level

nobleza nobility
noción *(f.)* notion
nómada nomad
nombrar to name, list
nombre *(m.)* **de pila** first name, given name
normativo normative, prescriptive
norteamericano North American *(Canadian and U.S. or U.S. alone)*
norteño northern, northerly
nota grade *(in an academic subject);* note
noveno ninth
novia girl friend; bride
noviazgo engagement
nube *(f.)* cloud
nublar to cloud over
núcleo nucleus
nudillo knuckle
nudo knot
nulo null; zero
numérico numerical

Ñ

ñoño infantile, babyish; insipid, tasteless

O

obedecer to obey
obligado obligated, forced
obscuridad *(f.)* obscurity, darkness
obscuro dark
obstáculo obstacle
obstante obstructing, hindering
obvio obvious
occidental western
ocio leisure
oclusivo occlusive, stop sound
ocotillo *spiny desert shrub typical of northern Mexico*
octavo eighth
ocultar to hide
ocupar to occupy
oda ode *(poem)*
odioso hateful
odómetro speedometer
oeste *(m.)* west
oído ear
ojeroso with dark circles under one's eyes
ola wave
oler to smell
olivo olive tree
olla pot, kettle
olmo elm tree

olote *(m.)* corncob
oprimido oppressed
optar to opt, choose
oración *(f.)* prayer; sentence
ordenar to order
ordinal ordinal *(number)*
orfebre goldsmith, silversmith, jeweler
oriental eastern
origen *(m.)* origin
originario original
oriundo de originally from, originating in
oro gold
oso bear
ostra oyster
otear to scan, inspect; to spy
otorrinolaringología medical science of ear/nose/throat treatment
otorrinolaringólogo ear/nose/throat doctor

P

pachanga party
padecer to suffer from
padecimiento suffering
padrinazgo godparentship
padrísimo *(slang)* cool, neat, great
paella *Spanish rice dish with seafood, chicken and vegetables*
país *(m.)* country, nation
paisano person from the same country or region
pajarito little bird
pajonal *(m.)* place abounding in straw
paladar *(m.)* palate
palafrén *(m.)* palfrey *(type of horse)*
palco (theater) box
palidecer to pale, become pale
pálido pale
paliza spanking, beating
palpar to touch, feel
palpitante throbbing, burning *(question or issue)*
pantalones *(m. pl.)* pants
pánzer *(m.)* German tank division *(Second World War)*
papi daddy
par *(m.)* pair; **de par en par** wide-open
paracaídas *(m.)* parachute
paramentado adorned, decorated
parámetro parameter
parar to stop, cease
pardo gray; brown; drab, dull
parecido *(sustantivo)* resemblance
parecido a similar to

parejo even, evenly-spaced
pariente *(m.)* relative
parra grapevine
párrafo paragraph
parroquia parish, parish church
partera midwife
partir to depart
pasaje *(m.)* passage
pasajero passenger
pasear to go for a walk
paso footstep; **al paso** in passing
pastar to graze
pastilla pill
pata hoof
patata potato
pato duck
patrón *(m.)* pattern
patronato foundation; board of trustees; employers' association
pausa pause
pausado unhurried
pauta pattern
pavor *(m.)* fear
payaso clown
pecar to sin
pecho chest, breast
pedazo piece
pedrería stonework
pegado hugging, sticking close to
pegajoso sticky
pegar to shoot
peinado hairdo
peinar to comb
pelo hair
pena pain, trouble, problem
penar to punish, penalize; to suffer pain
penúltimo next to the last
peñón *(m.)* steep rugged hill of rock
pepenar to scavenge
pequeñez *(f.)* smallness, tininess
pequinés Pekinese
pera pear
perceptible perceivable
percibir to perceive
perdiz *(f.)* partridge
perdón *(m.)* pardon
perezoso lazy
perfeccionamiento (act of) perfecting
perfil *(m.)* profile
periodista newspaper writer/reporter
perla pearl
permanecer to remain
permiso permit
pertenecer to belong

perverso perverse
pescador fisher
peso weight
peste *(f.)* plague
petaca leather trunk; suitcase; cigarette case
pétalo petal
petate *(m.)* straw sleeping mat
petición *(f.)* request
petimetre *(m.)* dandy
petróleo oil, petroleum
petroquímico petrochemical
pez *(m.)* fish
pianísimo very softly
piedad *(f.)* piety
piedra stone
pingüino penguin
pintar to paint, describe
pintoresco picturesque
pipa pipe
pirámide *(f.)* pyramid
pistolazo blow or strike with a pistol
plata silver; money
plátano banana
platicar to talk, chat, shmooze
plazo period, term, space *(of time)*
plenitud *(f.)* fullness
pleno full, complete
pliegue *(m.)* pleat, fold
pluralidad *(f.)* plurality
pluricéntrico pluricentric
poblado populated
pobreza poverty
poderío power
poderoso powerful
policiaco/policíaco *(adjetivo)* police
polvo dust
pope priest of the Eastern Orthodox churches
póquer *(m.)* poker
por lo tanto therefore
por separado separately, one by one
porcentaje *(m.)* percentage
porrazo fall, tumble; accident
portarse to behave
porteño from the port city; of Buenos Aires, Argentina
porvenir *(m.)* future
pospuesto postposed, placed after
posteriormente subsequently, later
postónico post-tonic, after the tonic stress
postvocálico postvocalic, after a vowel
pote *(m.)* cooking pot
pozo well *(for water)*
práctico practical

precaución *(f.)* care; precaution
preciosidad *(f.)* value; exquisiteness, excellence
precioso valuable, precious
precipitadamente rapidly
precipitado rapidly beating
precisamente precisely
precisar must; to be required to
precolombino pre-Columbian
predicar to preach
predominio predominance
preferentemente preferentially
prefijo prefix
preparatoria high school
presbiterio chancel, presbitery
presión *(f.)* pressure
preso prisoner
prestar to lend
prestigioso prestigious
pretónico pretonic, before the tonic stress
prevocálico prevocalic, before a vowel
primer ministro prime minister
primero first
príncipe prince
principios: a principios de at the beginning of
prisa rapidity, hurry
proceder to proceed
procedimiento procedure
prócer lofty, eminent, exalted
pródigo prodigious
profundo deep
programación *(f.)* programing
proletariado proletariat
promedio middle, average
prometida fiancée
pronombre *(m.)* pronoun
propio own, typical, characteristic
proporcionar to give, set forth, offer
propósito purpose
prosa prose
proteger to protect
provechoso advantageous
proveniente deriving from
provenir to derive from
provincia province
proyecto project
prueba test
puente *(m.)* bridge
puesto que since
pulmonar *pertaining to the lungs*
púlpito pulpit
punta point, sharp end
punto dot, period; point; **a punto de** about to; **puntos suspensivos** ellipses

punzar to prick, puncture, punch
puñetazo punch, blow, fisticuff
puño handle; fist
pupilo boarder; pupil
pupitre *(m.)* student's school desk
puro *(adjetivo)* pure; *(sustantivo)* cigar
pusilánime pusillanimous, weak, faint-hearted

Q

quebrantapiedras *(m.)* stone-breaker
quebrar to break
quehacer *(m.)* task, activity
quemado burned, burnt
quiebra break, crack, fracture
quienquiera who(m)ever
química chemistry
quinceañera *party given a girl when she turns fifteen*
quinto fifth
quiosco kiosk, newspaper stand

R

rabia anger
rabinegra black butt *(insult term)*
rabino rabbi
rabiosamente angrily
rabón *(m.)* bobtailed
racionamiento rationing
radicalizado radicalized, changed
radicar to dwell, reside, live
radiotelevisivo *pertaining to radio and television*
ramificación *(f.)* ramification, consequence
rampa platform, pad
raro strange
rascacielos *(m.)* skyscraper
rasgo trait, characteristic
raso satin
rastro trace, track, trail
rata rat
ratón *(m.)* mouse
raudal *(m.)* torrent, rapid stream
rayar to draw lines on, underline, cross out
rayo ray, lightning bolt
razonado reasonable, reasoned; principled
rebozo *type of shawl*
rebuznar to hee-haw, make a donkey sound
recaer to fall
recamado overlain, enhanced
recapitular to recapitulate
reciente recent

recio strong, loud
reclamar to demand
recoger to pick up
reconocer to recognize
reconocible recognizable
reconocido renowned, famous
reconocimiento recognition
recuperar to recuperate, recover
recurrir to have recourse to
recurso resource, device
rediezmo additional tithe
redondeamiento rounding *(of lips)*
redondear to round, cause to become round
reflejado reflected
reforzar to reinforce
refrán *(m.)* refrain, proverb, saying
refuerzo reinforcement
regalar to give *(a gift)*
regar to irrigate; to spread
régimen *(m.)* diet
regimiento regiment
regir to govern; to be enforced
regla rule
reino kingdom
reír to laugh
relacionar to relate
relampagueante flashing, sparkling
relente *(m.)* dampness, light drizzle, dew
reloj *(m.)* watch, timepiece
remar to row *(a boat)*
rendido exhausted
renegado gruff, hostile
renglón *(m.)* line *(of type)*
reno reindeer
reo prisoner
repasar to review
repertorio repertory
repetidamente repeatedly
requesón *(m.)* cottage cheese
rescatar to rescue
residir to reside, dwell
residuo residue, remains
resolver to resolve
respecto a with respect to, regarding
respeto respect, courtesy
respiratorio breath
resplandor *(m.)* splendor, magnificence
restante remaining
restos remains, remnants
restringido restricted
restringir to restrict
retraído retracted
retrasar(se) to be delayed

retroceder to move backwards
reunir(se) to get together with
revelar to reveal
reverso reverse, opposite
revista magazine
revoltoso troublemaking
revuelto stirred up, messed up
rey king
rezar to pray
ribereño person dwelling along the banks of a river
ricachón person who is filthy rich
ridiculizar to ridicule
ríe *third-person singular present indicative of* **reír**
rienda rein
riguroso rigorous
rija *first- and third-person singular present subjunctive of* **regir**
rinoceronte *(m.)* rhinoceros
riqueza wealth, riches
risa laugh, laughter
rítmico rhythmic
rito rite
rizar to curl
robar to rob, steal
rodar to roll, rotate; to tumble, fall
rodear to surround
roer to gnaw
rogar to beg, beseech
romero rosemary *(type of herb)*
roncar to snore
rostro face, countenance
rubio blond
ruegue *first- and third-person singular present subjunctive of* **rogar**
rugir to roar
ruido noise
rumbo a on the road to
rumor *(m.)* noise, sound
rústico rustic, countrified

S

sábana sheet
sabático sabbatical
saber: a saber that is to say
sabor *(m.)* taste, flavor
sabueso bloodhound
sacerdote priest
sal *(f.)* salt
sala hall
saliente prominent
salón *(m.)* hall
salpicado spotted, splattered
salpicar to spot, cause spots to form
saltar to jump

saludar to greet, say hello to
salvar to save
sanar to heal
sandía watermelon
sangre *(f.)* blood
sangriento bloody
santo holy
sartén *(m. and f.)* frying pan
sauce *(m.)* willow
sazón *(f.)* seasoning, flavoring
secuencia sequence
secundario secondary
seda silk
sefardí Jewish Spaniard *(expelled from Spain in 1492)*
segundero second hand *(on a watch, to mark the seconds)*
segundo second
selva jungle, forest
semejante similar
semejanza similarity
sencillo simple
sendero path
seña sign, signal
señalar to point out, indicate
señoría dominion, lordship
separar to separate
séptimo seventh
séquito retinue, entourage
serbo Serbian
sereno tranquil, serene
serrano mountaineer
serrar to saw
seso brain
seudónimo pseudonym
seudoúlcera pseudoulcer
severo severe
sexto sixth
sicoanalista *(m., f.)* psychoanalyst
siempretieso tumbler *(toy figure)*
sien *(f.)* forehead
sierra saw
siervo serf, servant
siglo century
silabear to divide in syllables
silabeo syllable division
silábico syllabic
silbar to whistle
silencio silence
silenciosamente silently
silla chair
simiente *(f.)* seed
simplificar(se) to simplify
simular to seem, appear
simultáneo simultaneous, at the same time

sintéticamente synthetically
soberano sovereign
soberbio proud, haughty
sobrado more than enough
sobrehumano superhuman
sobresalir to stand out
socio member *(of a club)*
socioléctico sociolectal, pertaining to sociolects
sol *(m.)* sun
soler to be used to, to be accustomed to
sollozo sob
sombra shadow
sombrío somber
sonido sound
sonorense Sonoran *(of the Mexican state of Sonora)*
sonorizar to voice *(change a voiceless segment into a voiced one)*
sonoro sonorous, loud
sonreír to smile
soportar to stand, tolerate, put up with
sordo unvoiced, voiceless; deaf
sorprendido surprised
soslayo slant; **de soslayo** sideways, obliquely
sospechar to suspect
sostén *(m.)* brassiere, bra
subclasificar to subclassify
subida ascent
subjetivo subjective, impressionistic
subrayar to underline
subversivo subversive
subyacente underlying
suceder to happen
sucesivos: así sucesivamente so on and so forth
sudar to sweat
sudor *(m.)* sweat
suele *third-person singular present indicative of* **soler**
suelto loose; let loose; individual
sueño dream
suizo Swiss
sujeto subject
sumo great, considerable
superficie *(f.)* surface
suprasegmentos suprasegmentals, characteristics of the melodic line
supuesto supposed
surco furrow
sureño southern, southerly
surgir to arise
suspensivos: puntos suspensivos ellipses
sustancial substantial

susto fright, frightful experience
susurro sigh

T

taberna tavern
tablero board *(wood)*; sheet *(metal)*; slab *(stone)*
talentoso talented
talud *(m.)* slope, incline
tambor *(m.)* drum
tan pronto como as soon as
tapaboca scarf, muffler; slap on the mouth
tapar to cover over
taquigráfico stenographic
taquimetría tachymetry *(surveying)*
tardar to be late, to be a long time
tarea task, homework
tarta pie, pastry
tata *(f.)* nanny, nurse; *(m.)* daddy; sir
tataranieto great-great-grandson
tatuaje *(m.)* tatoo, tatooing
tauromaquia bullfighting
taza cup
techo roof
tecnología technology
tecolote *(m.)* owl; drunk; cop *(slang)*
tejado roof
temporada period of time
tendencia tendency
tender to tend
tener en cuenta to take into account
tenue tenuous, slight
teórico theoretical
tercero third
tercio infantry regiment; a third part of something
terminantemente absolutely, totally
término term
terrestre land, on earth
teta tit, breast
tibia tibia *(bone)*
tigre *(m.)* tiger
timbre *(m.)* timbre, tone
tirante tense, tight; stretched, pulled
tiro shot
tocayo namesake *(person having the same first name as you)*
toldo awning, canopy; tent, hut
tolerancia tolerance
tomar en cuenta to take into account
tomate *(m.)* tomato
tonelada ton
tórax *(m.)* thorax
tormenta storm

tornar to become
torta cake
tosco rough
trabajador of the working class
trabajosamente with much effort, at great expense
trabalenguas *(m.)* tongue twister
tragar to swallow
tragicomedia tragicomedy
traje *(m.)* suit
tramposo tricky
trancar to put a bar across
transcriptor *(adjetivo)* transcriptional; *(sustantivo)* transcriber
translucidez *(f.)* translucidity
trasfondo background
trasluz: al trasluz against the light
traspaso transformation
traumatizar traumatize
trébol *(m.)* clover
trecho distance, period
tremendamente tremendously
tribu *(f.)* tribe
trigal *(m.)* wheat field
trigo wheat
trino trill, warbling
tristeza sadness
trocaico trochaic
troica troika
trompeta trumpet
trote *(m.)* trot
trozo piece
trucha trout
trueno thunder
tumultuoso tumultuous

U

ucraniano Ukranian
ulceroso ulcerous, ulcer-ridden
último last
unanimidad *(f.)* unanimity
unidad *(f.)* **de discurso** discourse unit
uruguayo Uruguayan
útil useful
uva grape

V

vacilante hesitant, vacillating
valenciano Valencian *(from Valencia, a region of Spain)*
valer to be worth
valeroso valuable
valgo *first-person singular present indicative of* **valer**
validez *(f.)* validity

valiente brave
valor *(m.)* value
vano vain
variante *(f.)* variant, variety, type
variar to vary
variedad *(f.)* variety
varilla rod, stick
varios several
varón male
vasco Basque
vascongado Basque
vecindad *(f.)* neighborhood
vecindario neighbors *(collectively)*
vecino neighbor; neighboring
vehículo vehicle
veintenar twenty-year *(as in a twenty-year period)*
vela sail
velocidad *(f.)* speed
veloz swift
venta sale
ventaja advantage
veraz truthful
verborrea verbal diarrhea
verdadero true, genuine
verga steel bow; penis
vergüenza shame
vetar to veto
viaje *(m.)* trip; travel
vías: en vías de on the road to
víbora snake
vibrar to vibrate
vicio vice
vidrio glass
viento wind
vientre *(m.)* belly
vieres *vieras (archaic)* second-person singular future subjunctive form of **ver**
vigencia use, force, effective operation
vigilar to watch, guard
vigilia fast day *(when no food is eaten)*
vileza infamy, vileness
villa town, village
villano villain
violar to violate
visera viser
vitivinicultor *person who both grows grapes and makes wine*
viuda widow
viudo widower
vivamente in a lively manner
vívido vivid, loud-colored
vivo lively
vizcaíno Basque

volante *(m.)* steering wheel
volcado overturned
voluntad *(f.)* will
vomitar to vomit
vómito vomit
vos you *(familiar, singular, Argentina and elsewhere)*
vosotros you *(familiar, plural, Spain)*
vuelo flight
vuelta return

W

wélter *(m.)* welterweight

Y

yac *(m.)* yak *(animal)*
yámbico iambic
yate *(m.)* yacht
yema (egg) yolk
yerbabuena mint
yerno son-in-law
yodo iodine

yugo yoke
yunque *(m.)* anvil
yuxtapuesto juxtaposed, placed next to one another

Z

zacate *(m.)* grass, lawn
zanahoria carrot
zangolotear to shake violently; to rush around
zangoloteo shaking, rattling, swinging
zapato shoe
zarabandista *(m., f.)* dancer, singer, player or composer of **zarabanda** music
zarzuela *Spanish musical comedy*
zéjel *(m.) type of Spanish Arabic poetry*
zelandés Zealander
zendal *(m.) language of indigenous Mexican Zendal people*
zendo Zendic
zenit *(m.)* zenith; peak, summit

zeta the letter *z*
zeugma zeugma *(rhetorical term)*
zigofiláceo zygophyllaceous *(botanical term)*
zigomorfo zygomorphous *(botanical term)*
zigoto zygote *(botanical term)*
zigurat *(m.)* ziggurat
zigzaguear to zigzag
zingiberáceo zingiberaceous *(botanical term)*
zinguizarra a noisy quarrel
zipizape *(m.)* scuffle, row, rumpus
ziranda *type of fig tree*
Zona Rosa *fashionable bohemian neighborhood in Mexico City*
zoológico zoological
zorro fox
zumbar to buzz, hum
zurcir to darn, mend, stitch
zurdo left-handed

LÉXICO DE TÉRMINOS TÉCNICOS

acanalado (modo fricativo acanalado) (*groove fricative*) Aquel sonido fricativo en cuya articulación la corriente de aire pasa por una especie de canal o abertura estrecha a lo largo de la superficie de la lengua. Ejemplos: [s], [z].

acento ortográfico/acento escrito (*orthographic accent / written accent*) Signo ortográfico (´) que se pone sobre una vocal.

acento tónico (*tonic accent, stress*) El acento oral; la mayor intensidad o fuerza con que se pronuncia una sílaba (en relación con las que la acompañan).

adjetivo (*adjective*) Palabra que acompaña y modifica al sustantivo para expresar, entre otras cosas, alguna cualidad de la persona u objeto nombrado por él. Ejemplos: *casa nueva, problema serio, dulce hogar, triste figura.*

adverbio (*adverb*) Cualquier palabra que modifica la significación del verbo, el adjetivo (como intensificador o atenuador) u otro adverbio. Ejemplos: *fácilmente, rápido/rápidamente.*

africado Véase **modo africado.**

aguda (*oxytone*) Cualquier palabra que lleva el acento tónico en la última sílaba. Ejemplos: *desarrollar, constitución.*

alófono (*allophone*) La representación específica y concreta de un **fonema** (véase). Ejemplos: el fonema /d/ tiene los alófonos [d],[ð].

alteño Véase **zona geolectal alteña.**

alternancia (*alternation*) Fenómeno que se presenta cuando dos o más sonidos cambian entre sí según el entorno. Ejemplos: el alófono [d] del fonema /d/ sólo se realiza tras pausa, tras nasal y tras /l/, mientras que el alófono [ð] de /d/ se realiza en cualquier otro entorno.

alveolar Véase **punto alveolar.**

alveolo/alvéolo (*alveolar ridge*) Prominencia dura en que están engastados los dientes superiores y que surge detrás de los mismos.

alveopalatal Véase **punto alveopalatal.**

ámbito (*domain*) Situación articulatoria conversacional en que se encuentra el que conversa, más la naturaleza de la gente que participa en la conversación, el lugar donde ésta se lleva a cabo y el tema y propósito de la conversación. Ejemplos: el taller u oficina con los compañeros de trabajo, el mercado con un dependiente, el restaurante en compañía de unos amigos.

antidiptongo/adiptongo/hiato/diptongo deshecho (*antidiphthong/hiatus/broken diphthong*) Diptongo que se ha dividido en dos sílabas, o sea, combinación bisilábica de dos vocales una de las cuales es *í* o *ú* tónica. Ejemplos: *María, reúne.*

aparato fonador (*vocal apparatus*) Todas aquellas partes del cuerpo humano donde de una u otra manera se producen los sonidos emitidos al hablar.

apicalización de la [s] (*apicalization of [s]*) Como consecuencia directa de la presencia del fonema /θ/ (véase **distinción /θ/ frente a /s/**), en el geolecto castel[l] se convierte en [ś] alveolar apical la que en los demás geolectos del español es [alveolar predorsal. Ejemplos: *sensible* [śen-śí-βle], *Susana* [śu-śá-na].

ápice (*apex*) Punta de la lengua.

áreas activas de contacto Véase **articuladores activos.**

áreas pasivas de contacto Véase **articuladores pasivos.**

articulación Véase **modo de articulación.**

articuladores activos (*active articulators*) Entidades fonadoras que pueden m[o] Ejemplos: los labios, la lengua, la mandíbula inferior, la úvula.

articuladores pasivos (*passive articulators*) Entidades fonadoras que no pueden moverse. Ejemplos: los dientes incisivos superiores e inferiores, la protuberancia alveolar, todo el paladar.

artículo definido (*definite article*) Determinante que presupone conocimiento anterior. Ejemplos: *el hombre, los chicos, la casa, las mesas.*

artículo indefinido (*indefinite article*) Determinante que no presupone conocimiento anterior de parte de por lo menos uno de los que participan en una conversación. Ejemplos: *un hombre, unos chicos, una casa, unas mesas.*

asimilación (*assimilation*) Fenómeno según el cual un sonido determinado es influido por las características articulatorias de un sonido vecino. Ejemplo: en la frase *en Finlandia,* la *n* (el fonema /n/) de *en,* produce el alófono labiodental [ɱ] porque se asimila a (está influido por) el punto de articulación del segmento siguiente, que es el sonido labiodental [f].

asimilación progresiva (*progressive assimilation*) Es lo contrario de la **asimilación regresiva** (véase). En la asimilación progresiva, el primero de dos segmentos en secuencia es el que influye en el segundo. Ejemplo (de los varios que ofrece el español): en la palabra *andar,* la *d* (el fonema /d/) produce el alófono dental oclusivo [d] porque está influido por el punto de articulación del segmento anterior, que es el sonido nasal [n̪].

asimilación regresiva (*regressive assimilation*) Resulta cuando hay **asimilación** (véase) que pasa de derecha a izquierda en el sentido de que el segundo de dos segmentos en secuencia influye en el primero. Ejemplo: en la frase *en Finlandia,* el primer segmento de los dos subrayados (la *n* del fonema /n/) en transcripción fonética da como resultado el alófono labiodental [ɱ] porque el punto de articulación del segmento siguiente (el sonido labiodental [f]) influye en él.

aspiración (en inglés) (*aspiration*) La momentánea salida de aire que en el idioma inglés acompaña la articulación de consonantes como [p], [t] y [k] en posición inicial de sílaba, posponiendo el momento en que la sonoridad del segmento siguiente comienza. Ejemplos: *pill* [pʰIɬ], *kiss* [kʰIs].

aspiración de la [s] (en español) (*aspiration of the [s]*) Debilitamiento consonántico, en este caso de la [s] en posición débil (final de sílaba y final de palabra), por medio del cual [s] se convierte en el sonido [h] (fricativo aspirado faríngeo sordo). Ejemplos: [gás-to] → [gáh-to], [dí-ses] → [dí-seh].

átono (*unstressed*) Las sílabas átonas son las que no reciben la acentuación tónica. Ejemplos: *ma-ra-vi-llo-so*.

aumentativo (*augmentative*) Sufijo que sirve para formar palabras que expresan un tamaño desproporcionado, una fuerza excesiva o un golpe con el objeto expresado por la raíz de la palabra. Ejemplos: *panzón, barrigón, latigazo*.

bajeño Véase **zona geolectal bajeña.**

bilabial Véase **punto bilabial.**

bisilábico (*bisyllabic*) Que tiene dos sílabas. Ejemplos: *casa, Pedro.*

bronquios (*bronchial passages*) Cada uno de los dos conductos en que se bifurca la tráquea y que llegan hasta los pulmones.

cambio analógico (*analogical change*) Cualquier cambio realizado para regularizar la lengua por medio de la analogía entre una característica y otra. Ejemplos: la transformación de estructuras silábicas complicadas en estructuras silábicas sencillas (las preferidas): [fi̯és-ta] → [fi̯éh-ta] → [fi̯é:-ta] → [fi̯é-ta].

castellano Véase **zona geolectal castellana.**

cavidad bucal (*mouth, vocal cavity*) La boca misma, cavidad situada detrás de los dientes donde está la lengua, hasta el comienzo de la garganta.

cavidad nasal (*nasal passages*) Espacio hueco que queda detrás de la nariz y que desemboca en la cavidad bucal detrás del velo del paladar.

ceceo (*ceceo*) Uso del fonema /θ/ para representar "c" delante de vocales anteriores y "z" dondequiera, además de la sustitución de /θ/ por /s/. Como resultado de esta sustitución, el fonema /θ/ acaba por ser el sonido que reemplaza a *s* en el dialecto ceceante. (Véase **distinción /θ/ frente a /s/; seseo.**) Ejemplos: *Susana* /θu-θá-na/, *acusas* /a-kú-θaθ/, *cine* /θí-ne/, *cena* /θé-na/, *zorro* /θó-r̄o/.

cerrazón vocálica (*vowel raising*) Proceso mediante el cual la vocal se cierra un grado, pasando, por ejemplo, de la [e] a la [i] o de la [o] a la [u]. La vocal al cerrarse no sale de su clasificación en el eje vertical, así que la [e] nunca se convierte en [u] ni la [o] en [i]. Ejemplos: *negocios* [ni-ɣú-si̯us], *necesario* [ni-si-sá-ri̯u].

cláusula (*clause*) Todo enunciado que tiene sujeto y predicado propios (verbo más complementos). Ejemplo: *El maestro García viajará a Nueva York el próximo mes.* (*El maestro García* es el sujeto y *viajará a Nueva York el próximo mes,* el predicado.)

cognado (par cognado) (*cognate [cognate pair]*) En dos idiomas distintos, dos palabras que tienen un origen común en otro idioma, y cuya pronunciación y forma ortográfica son parecidas. Ejemplos: *frustrado/frustrated.*

conjugación (*conjugation*) Las diferentes formas que toma un verbo. Ejemplos: *hablar—hablo, hablas, habla, hablamos, hablan* (en el tiempo "presente de indicativo").

conjunción (*conjunction*) Parte de la oración que denota la relación que existe entre dos entidades (oraciones, cláusulas o frases) enlazándolas gramaticalmente. Ejemplos: *o, ni, pero, a menos que, aunque, para que.*

consonantización (*consonantization*) Fenómeno que ocurre cuando un segmento que no es consonántico se convierte en consonante. Ejemplo: la deslizada [i̯] se convierte en consonante [j] cuando una palabra como *ley* se pluraliza: [léi̯] ([i̯] deslizádica]) → [lé-jes] ([j] consonántica).

● **consonante** (*consonant*) Sonido que se articula con algún grado de obstaculización, desde la espiración de aire apenas canalizada hasta la oclusión completa de la cavidad bucal. Ejemplos: [f], [s], [t], [d].

● **cuerdas vocales** (*vocal cords*) Ligamentos musculares existentes en la laringe, capaces de adquirir más o menos tensión y de producir vibraciones.

curva ascendente (*rising melodic line*) Línea melódica que sube de un nivel a otro (véanse **nivel alto, nivel bajo, nivel medio**). Ejemplo: lo ilustrado en una oración como la siguiente: *"¿Que por qué no saco yo el perro a pasear?"*

curva descendente (*falling melodic line*) Línea melódica que baja de un nivel a otro (véanse **nivel alto, nivel bajo, nivel medio**). Ejemplo: las últimas dos sílabas (que están subrayadas) en una oración como la siguiente: *"A Margarita se le robaron los dos revólveres."*

curva melódica plana (*flat melodic line*) Línea melódica en la que el nivel de entonación ni sube ni baja con respecto a otro nivel (véanse **nivel alto, nivel bajo, nivel medio**). Ejemplo: toda la oración siguiente, que no tiene otro nivel que no sea el medio: *"¡Dámelo ya!"*

débil Véase **posición débil.**

debilitamiento consonántico (*consonant weakening*) Por medio de este proceso articulatorio, la consonante en cuestión termina realizándose con menos fuerza y/o la consonante difícil de articular es sustituida por otra que no lo es o que lo es en menor grado. Ejemplo: [r] → [l] en posición final de sílaba o final de palabra ([pu̯ér-ta] → [pu̯él-ta] → [pu̯ét-ta]).

debilitamiento vocálico (*vowel weakening*) Proceso mediante el cual la vocal en cuestión termina realizándose con menos fuerza hasta el punto de debilitarse. Ejemplo: *estos bueyes* [és-tos-βu̯é-jes] → [és-tøs-βu̯é-jøs].

demostrativo (*demonstrative*) Especie de determinante que se emplea para demostrar o señalar material o intelectualmente a personas, animales o cosas. Ejemplos: *este, ese, aquel.*

dental Véase **punto dental.**

desafricación de la [č] (*desafricativization of [č]*) Proceso mediante el cual la [č] africada se convierte en [s] fricativa. Ejemplos: *muchacho* [mu-čá-čo] → [mu-šá-šo], *chico* [čí-ko] → [ší-ko].

deslizada (*glide*) Sonido que no es ni vocal ni consonante, sino semivocálico o semi-consonántico, el cual queda al margen del núcleo vocálico, iniciándolo o finalizándolo. Ejemplos: [i̯] deslizada, [u̯] deslizada.

determinante (*determiner*) Entidad gramatical que antecede al sustantivo, señalándolo con varios grados de especificidad y/o atribución. El determinante puede ser **artículo definido** o **indefinido** (véanse), **demostrativo** (véase) o **posesivo** (véase).

determinante posesivo (*possessive determiner*) Determinante que señala posesión, el cual se coloca delante del sustantivo al cual modifica. Ejemplos: *mis parientes*, *nuestra* música.

dialecto (*dialect*) Modo particular de hablar un idioma. (Véanse también **etnolecto, geolecto, idiolecto, sociolecto.**)

dialecto de sala de clase (*classroom dialect*) Con respecto a la enseñanza de un idioma en un salón de clase, la manera preferida de presentarlo en libros de texto, basándose en algún geolecto y sociolecto de dicho idioma.

dialectología (*dialectology*) Estudio de los diferentes **dialectos** (véase) de un idioma.

• **dientes incisivos inferiores** (*lower teeth*) Los dientes de abajo.

• **dientes incisivos superiores** (*upper teeth*) Los dientes de arriba.

dígrafo (*digraph*) Cualquier combinación de dos grafemas que se usan para representar un solo sonido. Ejemplos: *ch, ll*.

diptongo (*diphthong*) Cualquier combinación monosilábica de una vocal cerrada/alta con una vocal no cerrada o de dos vocales cerradas distintas. Ejemplos: *ie, ei, ue, eu*.

diptongo creciente (*falling diphthong*) Es aquel diptongo en que el segmento cerrado inicia la combinación. Ejemplos: *ie, ue*.

diptongo decreciente (*rising diphthong*) Es aquel diptongo en que el segmento cerrado finaliza la combinación. Ejemplos: *ei, eu*.

distinción /θ/ frente a /s/ (*differentiation between /θ/ and /s/*) En el español castellano, el geolecto de prestigio de España, el sistema fonológico incluye, además de la /s/, otro fonema, la /θ/, que no figura en ningún otro geolecto del español. La /θ/, cuyo alófono principal es [θ] (sonido interdental fricativo sordo), es el fonema que representa el grafema "c" cuando éste se encuentra delante de vocales anteriores, y el grafema "z", dondequiera que éste se encuentre. Ejemplos: *cine* /θí-ne/, *cena* /θé-na/, *zorro* /θó-r̄o/.

distinción /ʎ/ frente a /j/ (*differentiation between /ʎ/ and /j/*) En el español castellano del norte de España, el sistema fonológico incluye, además de la /j/, otro fonema, la /ʎ/. La /ʎ/, cuyo alófono único es [ʎ] (líquido lateral palatal sonoro), es el fonema que representa el grafema "ll" dondequiera que éste se encuentre. (En los geolectos que observan la distinción /ʎ/ vs. /j/, el fonema /j/ sigue representando el grafema consonántico "y" dondequiera que éste se encuentre.) (Véase **yeísmo.**) Ejemplos: *halla* /á-ʎa/ vs. *haya* /á-ja/, *mallo* /má-ʎo/ vs. *mayo* /má-jo/.

distribución complementaria (*complementary distribution*) Cualquier circunstancia lingüística donde A aparece únicamente en un(os) entorno(s) y B aparece en todo entorno que no sea el de A. Ejemplos: el fonema /k/ es representado ante *e, i,* por la combinación *qu,* pero es representado en cualquier otro entorno por el grafema *c.*

distribución complementaria frustrada (*frustrated complementary distribution*) Cualquier distribución a la que le falta poco para ser complementaria. Ejemplos: la distribución entre los grafemas *g* = /x/ y *j* es una distribución frustrada. La *g* no se encuentra donde se encuentra la *j,* excepto al hallarse el sonido /x/ ante /e/ o /i/, entornos en los que el sonido /x/ puede ser representado o por la *g* o por la *j.*

división silábica entre palabras (*syllable division between words*) Es la necesidad de conceptuar todo el **grupo respiratorio** (véase) como si fuera una sola palabra. Sólo así pueden concebirse como elementos iniciadores de sus propias sílabas las consonantes en una frase como ésta: *el español en otras instituciones,* cuya división en sílabas es la siguiente: [e-les-pa-ɲó-le-nó-tra-sins-ti-tu-si̯ó-nes].

dominio (*domain*) Véase **ámbito.**

eje horizontal de vocales (*horizontal vowel axis*) Es una línea horizontal imaginaria (que va de los dientes al velo del paladar) a lo largo de la cual se definen las posiciones articulatorias de las vocales. (El eje horizontal abarca las posiciones *anterior, central* y *posterior.*)

eje vertical de vocales (*vertical vowel axis*) Es una línea vertical imaginaria (que desciende en ángulo recto de la zona alveolopalatal hacia la parte central de la lengua) a lo largo de la cual se definen las posiciones articulatorias de las vocales. (El eje vertical abarca las posiciones *alta/cerrada, media* y *baja/abierta.*)

en cualquier otro entorno (*elsewhere / in any other environment*) Significa "en cualquier entorno que no sea el ya definido." Ejemplo: en el caso del fonema /d/, se define primero el entorno en que se realiza el alófono [d], y luego que éste es definido, se indica que el alófono [ð] se realiza "en cualquier otro entorno".

ensordecimiento (*devoicing*) Es el paso del sonido consonántico sonoro al sonido consonántico sordo, en particular el de [ž] a [š]. Ejemplos: [ká-že] → [ká-še], [žér-βa] → [šér-βa].

entonación (*entonation*) Véase **línea melódica.**

enumeración múltiple (*multiple enumeration*) En cualquier enunciado, nombrar o exponer varias cosas, personas, ideas, opiniones, etcétera, una detrás de otra, como mera lista. Ejemplo: "Le dije que me comprara *lápices, plumas, borradores, papel, tinta negra y una calculadora manual.*"

enunciado (*utterance*) Cualquier palabra, frase o cláusula inteligible que se expresa o que puede expresarse en voz alta. Ejemplos: *"¿Y?", "A las tres", "Ya llegarán", "Dice que me va a avisar cuando termine el proyecto."*

esdrújula (*proparoxytonic*) Es la palabra que lleva el acento tónico en la antepenúltima sílaba, o sea, en la tercera sílaba contando desde atrás. Ejemplos: *relámpago, águila, rápido.*

estructura silábica preferida (*preferred syllable structure*) Manera preferida por determinado idioma de estructurar y configurar la sílaba. Ejemplo (la preferida del español): CV-CV . . .

etnolecto (*ethnolect*) Cualquier modo de hablar de determinado grupo étnico fácilmente identificable como tal. Ejemplo: el judezmo (el español de los judíos sefardíes).

faringe (*pharynx*) Parte superior de la tráquea que enlaza ésta con la cavidad bucal.

fonema (*phoneme*) La representación abstracta y generalizada de varios sonidos específicos o de un solo sonido específico. Cada fonema es una unidad fundamental del sistema fonológico de un idioma. Ejemplos: /b/, /d/, /s/, /n/.

fricativo Véase **modo fricativo.**

fricatización velar de la [r̄] (*velar fricativization of [r̄]*) La generalizada conversión, en posición inicial de sílaba, de todo [r̄] (sonido alveolar vibrante múltiple sonoro) en [x] (velar fricativo sordo). Ejemplos: [ká-r̄o] → [ká-xo], [r̄ó-to] → [xó-to].

geminación de consonantes / geminación consonántica (*consonant gemination*) Proceso mediante el cual se pierde una consonante a la vez que es reemplazada por el sonido de la consonante siguiente. Ejemplos: [es-pé-ro] → [ep-pé-ro], [mís-mo] → [mím-mo].

geolecto (*geolect*) Cualquier modo de hablar que puede definirse en términos geográficos. (Véase también **variación regional.**) Ejemplos: el español castellano, el castellano de Castilla la Vieja (Castilla-León), el castellano de Burgos.

glotis (*glottis*) Abertura superior de la laringe, la rodeada por las dos cuerdas vocales.

glotización de la [x] (*glottalization of [x]*) Es consecuencia directa e inevitable de la **fricatización velar de la [r̄]** (véase). Esta reacción en cadena consiste en la conversión de [x] en [h], el sonido consonántico fricativo glótico sordo que es semejante al de la [h] inglesa. Ejemplos: *ojo* [ó-xo] → [ó-ho], *joroba* [xo-ró-βa] → [ho-ró-βa].

golpe de glotis (*glottal stop*) "Cerradura de glotis" que se produce cuando la **glotis** (véase) se cierra por completo, haciendo que por una fracción de segundo no haya ninguna vibración de las cuerdas vocales. El golpe de glotis puede transcribirse con el signo de interrogación sin el punto. Ejemplo: la pronunciación de una frase como *a button* en algunos dialectos del inglés: [ə-bʌʔn̩].

golpecillo vibrante de la "t" (en inglés) (*flapped "t" [in English]*) Sonido consonante alveolar vibrante sencillo que en la transcripción del inglés americano es representado por [D]. Es el sonido que se suele emplear en la pronunciación de las combinaciones grafémicas "t", "tt", "d" y "dd" cuando éstas se encuentran en posición intervocálica postónica. Ejemplos: *editor, bedding, betting, later.*

grafema (*grapheme*) Una letra del alfabeto, un símbolo ortográfico. Ejemplos: (las letras del alfabeto) *a, b, c, d, e, f,* etcétera.

grafema mudo (*silent grapheme*) Grafema que no es representado por ningún sonido, que no se pronuncia. Ejemplos: la *h,* la *u* de *qu.*

grupo grande a base de estadísticas (*large statistics-based group*) Grupo grande de palabras que comparten determinada característica ortográfica. Ejemplos: casi todas las 630 palabras que terminan con los sonidos /smo/ representan el fonema /s/ de /smo/ con el grafema "s" y no con el "z".

grupo grande de semejanzas ortográficas (*large group of orthographic similarities*) Véase **grupo grande a base de estadísticas.**

grupo respiratorio (*breath group*) Todas las sílabas/palabras/frases/etcétera que suelen articularse con el aire espirado de los pulmones por medio de una sola inspiración de aire. El grupo respiratorio, que muchas veces se señala con un signo de puntuación en la escritura y con una línea diagonal en la transcripción fonémica, siempre comienza después de una pausa y termina con otra inspiración de aire. Ejemplo: *Mi hermana María Ester, que acaba de sacar su doctorado en bio-química, hará el año que viene / sus estudios de posgrado / en un prestigiosísimo centro postdoctoral / que está relacionado con la Universidad de Chicago.*

hendido (modo fricativo hendido) (*slit fricative*) Sonido fricativo que al ser articulado, el aire se escapa por una grieta o hendidura. Ejemplos: [f], [x], [β], [ð].

hiato (*hiatus*) Es la ausencia de **sinalefa** (véase). Ocurre cuando las cuerdas vocales dejan momentáneamente de vibrar entre la articulación de una vocal y otra que le sigue. Ejemplo: articular una frase como [ki̯é-re-na-an̯-drés] cortando de golpe la vibración de las cuerdas vocales entre la primera [a] y la segunda.

homófono (*homophone*) Dos palalabras cuya pronunciación es igual, pero que se escriben de modo diferente y significan cosas distintas. Ejemplos (del español alteño y bajeño): *casa, caza; halla, haya.*

idiolecto (*idiolect*) El modo de hablar típico e idiosincrático de una sola persona. Ejemplo: el español que habla su maestro.

influencia del substrato (*influence of the substratum*) En una población en donde antes se hablaba el idioma X y ahora se habla el idioma Z, la influencia de X en la pronunciación, la gramática, el léxico, etcétera, del idioma Z. Ejemplo: la influencia del substrato náhuatl (antiguo idioma de los aztecas que todavía se habla en el Valle de México) en el español moderno de la región.

labiodental Véase **punto labiodental.**

lambdaización de la [r] (*lambdaization of [r]*) Proceso mediante el cual la [r] se convierte en [l] en las dos posiciones débiles, es decir, final de sílaba y final de palabra. Ejemplos: [pu̯ér-ta] → [pu̯él-ta], [a-mór] → [a-mól].

laringe (*larynx*) Parte superior de la tráquea cuyos cartílagos sostienen las cuerdas vocales.

lenición (*lenition*) Proceso de debilitamiento consonántico general mediante el cual el sonido consonántico, como en el caso de [ð], se convierte en una versión más débil del mismo.

léxico (*lexicon*) Vocabulario, conjunto de las palabras de un idioma; diccionario.

línea melódica (*melodic line*) La curva melódica que resulta de las variaciones de altura musical de la voz parecidas a las de una melodía cantada, las cuales se deben a las variaciones producidas en la vibración de las cuerdas vocálicas. (En términos generales, mientras más rápido vibran las cuerdas, más alto es el tono [la "nota"].)

líquido lateral (*lateral liquid*) Véase **modo líquido lateral.**

líquido vibrante (*vibrant/flapped liquid*) Véase **modo líquido vibrante.**

llana (*paroxytone*) Cualquier palabra que lleva el acento tónico en la sílaba penúltima, o sea, en la segunda sílaba contando desde atrás. Ejemplos: *mañana, cantidades.*

mandíbula inferior (*lower jaw*) Uno de los huesos situados por debajo de la boca humana en el que se encuentran los dientes.

matriz de oposiciones binarias (*binary opposition matrix*) La representación por medio de signos "+" y "−" en una tabla cuadrada de las características distintivas de las vocales.

modo africado (*affricative mode*) Obstaculización total de la salida del aire seguida inmediatamente de una obstaculización parcial. (Véase también **modo fricativo** y **modo oclusivo.**) Ejemplos: [č], [ǰ].

modo de articulación (*manner of articulation*) La especial disposición en que están los órganos articulatorios al pasar el aire espirado por la cavidad bucal. Ejemplos: modo oclusivo, modo fricativo.

modo fricativo (*fricative mode*) Obstaculización parcial de la salida del aire la cual es objeto de fricción al pasar por el obstáculo que forman los articuladores activos que de alguna manera se aproximan a los articuladores pasivos. Ejemplos: [f], [s], [x], [β].

modo líquido (*liquid mode*) Hay dos consonantes líquidas: **modo líquido lateral** y **modo líquido vibrante.** Véanse éstas para sus respectivas definiciones.

modo líquido lateral (*lateral liquid mode*) Al articularse esta consonante, la forma de la cavidad bucal es modificada por el contacto entre el ápice de la lengua y los alveolos. Ejemplo: [l].

modo líquido vibrante (*vibrant/flapped liquid mode*) Al articularse esta consonante, el ápice toca brevemente los alveolos y vibra al tocarlos. Vibra una sola vez al articularse la vibrante sencilla [r], y vibra varias veces al articularse la vibrante múltiple [r̄].

modo nasal (*nasal mode*) Modo que usa la cavidad nasal como resonador. Al articularse la consonante nasal, la úvula baja y permite que el aire encuentre salida por la cavidad nasal, mientras se cierra la cavidad bucal. Ejemplos: [m], [n], [ŋ].

modo oclusivo (*stop, occlusive mode*) Obstaculización total pero momentánea del paso del aire, el cual, acumulado ante el obstáculo, sale violentamente al removerse éste, produciendo entonces una pequeña explosión. Ejemplos: [p], [b], [t], [d], [k], [g].

moldear (*to mold, channel*) Canalizar o canalizarse el aire espirado de los pulmones al pasar por la cavidad bucal.

monoptongo (*monophthong*) Una vocal en sí, sin deslizada alguna que la acompañe. Las vocales monoptongales tienen un solo timbre y una sola posición en la cavidad bucal. Ejemplos: *bueno [un solo monoptongo], creencia [dos monoptongos].*

monosílabo (*monosyllable*) Palabra de una sola sílaba. Ejemplos: *mi, su, pan, con, té.*

nasal Véase **modo nasal.**

nivel alto (*high level*) En la línea melódica, el más alto de los tres niveles. El nivel alto también se llama "nivel 3". El nivel alto / nivel 3 sólo se emplea en las preguntas confirmativas del tipo "sí/no" o cuando el que habla quiere poner énfasis en lo que enuncia. Ejemplo: la palabra *pan* en una oración como "¿Vas a la tienda por pan?"

nivel bajo (*low level*) En la línea melódica, el más bajo de los tres niveles. El nivel bajo también se llama "nivel 1". El nivel bajo / nivel 1 es el que inicia toda oración enunciativa/declarativa que empiece con una sílaba átona. Ejemplo: las palabras *se* y *lo* en la oración "Se lo quiere dar a Juanito".

nivel medio (*middle level*) En la línea melódica, el nivel que queda entre el nivel más alto y el más bajo. El nivel medio también se llama "nivel 2". El nivel medio / nivel 2—el de la "gran meseta plana"—es el más típico de todo tipo de enunciado en español. Ejemplo: las sílabas [ki̯é-re-ðá-ra-xu̯a-ní] en la oración "Se lo quiere dar a Juanito".

nombre propio (*proper noun*) Cualquier sustantivo cuya primera letra al encontrarse en posición no inicial de oración se escribe con mayúscula. Ejemplos: <u>con Ramón, a España, desde El Salvador.</u>

núcleo silábico (*syllable nucleus, syllabic nucleus*) El "corazón" de la sílaba, el cual puede consistir en un monoptongo, diptongo o triptongo. Ejemplos: *f<u>a</u>nt<u>á</u>st<u>i</u>co, F<u>ue</u>nterr<u>a</u>b<u>ia</u>, aprec<u>iái</u>s.*

núcleo vocálico (*vocalic nucleus, vowel nucleus*) La vocal es siempre el núcleo de la sílaba, así que se habla del núcleo (que es) vocálico. Véase **núcleo silábico.**

numeral (*numeral*) Expresión de cantidad computada con relación a otra cantidad. Ejemplos: *dos, veinticuatro, noventa y cinco, doscientos.*

oclusivo Véase **modo oclusivo.**

ortografía (*orthography [spelling]*) La manera de escribir correctamente un idioma por el acertado empleo de sus letras y de sus signos auxiliares.

paladar (*palate*) Superficie de la parte superior del interior de la boca, llamada también "cielo" de la boca, el cual queda entre la protuberancia alveolar y el velo.

palatal Véase **punto palatal.**

partes de la oración (*parts of speech*) Las diferentes categorías de palabras según su función gramatical. Ejemplos: *sustantivo, verbo, adjetivo, adverbio.*

pérdida consonántica (*loss of consonants*) Proceso mediante el cual el sonido consonántico se pierde por completo. Este proceso afecta sobre todo la [ð] intervocálica, especialmente cuando ésta se encuentra al comienzo de la última sílaba del participio pasado de los verbos de la primera conjugación. Ejemplos: [a-βlá-ðo] → [a-βlá-o], [ko̯n-den-sá-ðo] → [ko̯n-den-sá-o̯].

pérdida vocálica (*vowel loss*) Proceso mediante el cual la vocal en cuestión termina realizándose con menos fuerza hasta el punto de perderse. *Ejemplo:* estos *bueyes* [és-tos-βu̯é-jes] → [és-tøs-βu̯é-jøs].

posesivo adjetival pospuesto (*postposed possessive adjective*) Adjetivo que señala posesión, el cual se coloca detrás del sustantivo a que se refiere. Ejemplos: <u>parientes míos, música nuestra.</u>

posición débil (*weak position*) Las posiciones final de sílaba y final de palabra se consideran débiles, por prestarse tan fácilmente a cambios de diferente índole, en particular consonánticos. Ejemplos: [ko-mér] → [ko-mél] → [ko-méi̯].

posición fuerte (*strong position*) Toda posición en la palabra, la frase o el enunciado, que no sea la débil (véase **posición débil**). Ejemplos: la posición *inicial de sílaba,* la posición *tónica.*

posición intervocálica (*intervocalic position*) Quiere decir "detrás de una vocal y delante de otra: V_V". Ejemplo: el segmento [s] en una palabra como *casa* [ká-sa].

posición postónica cerrada (*closed posttonic position*) La sílaba cerrada es la que termina en consonante; la posición postónica se refiere a la sílaba que se encuentra detrás de la tónica; así que la postónica cerrada es cualquier sílaba cerrada que se encuentre inmediatamente después de una sílaba tónica. Ejemplos: *documen<u>tos,</u> prepa<u>res.</u>*

preferida Véase **estructura silábica preferida.**

pregunta confirmativa sí/no (*yes/no question, confirmative question*) Cualquier pregunta que típicamente se contesta con un simple sí o no. Ejemplo: "¿Eres de Mazatlán?"

pregunta eco (*echo question*) Cualquier pregunta que no hace sino repetir, con los cambios de forma necesarios, otra pregunta que alguien más acaba de hacer. Ejemplo (que forzosamente forma parte de un diálogo que va más allá de un solo enunciado; la pregunta eco va en bastardilla): A —"¿Quieres sacar la basura?" B — "*¿Que si quiero sacar la basura?*"

pregunta informativa (*information question*) Aquella pregunta que empieza con cualquier pronombre interrogativo /k/ (*cómo, cuándo, cuál,* etcétera) o *dónde;* la pregunta informativa nunca puede contestarse con *sí* o *no.* Ejemplo: "¿Cómo se hace una llamada internacional?"

preposición (*preposition*) Parte funcional invariable de la oración que une palabras denotando la relación que entre sí tienen. Ejemplos: *a, ante, bajo, con, contra, de, desde, en, entre, hacia, hasta, para, por, según, sin, sobre, tras.*

prestigio pluricéntrico (*pluricentric prestige*) El hecho de tener un idioma múltiples centros de prestigio en vez de uno solo. Ejemplo: el español es pluricéntrico en cuanto a localidades de prestigio, mientras que el francés es monocéntrico.

pronombre (*pronoun*) Palabra que se emplea para sustituir al sustantivo o referirse a él. Ejemplos: *él, le, lo, se, el cual, el que, ¿quién?, alguien.*

protuberancia alveolar (*alveolar ridge*) La parte del "cielo" de la cavidad bucal que queda entre los dientes incisivos superiores y el paladar.

pulmones (*lungs*) Órganos de la respiración del ser humano localizados en la parte torácica del cuerpo.

punto alveolar (*alveolar point [of articulation]*) Punto de articulación en el que la lengua se apoya en los alveolos o se acerca a ellos. Ejemplos: [s], [n], [r].

punto alveopalatal (*alveopalatal point [of articulation]*) Punto de articulación en el que el predorso y el ápice de la lengua toca la zona que queda entre los alveolos y el paladar. Ejemplos: [č], [ń].

punto bilabial (*bilabial point [of articulation]*) Punto de articulación en que los dos labios se tocan o se aproximan en la articulación de determinado sonido consonántico. Ejemplos: [p], [b], [β], [Φ].

punto de articulación (*point of articulation*) Lugar donde en el aparato fonador se forman los obstáculos. Ejemplos: punto bilabial, punto labiodental.

punto dental (*dental point [of articulation]*) Punto de articulación en el que el ápice de la lengua se apoya en o se acerca a la cara interior de los dientes incisivos superiores. Ejemplos del español: [t], [d], [ð], [n̪].

punto interdental (*interdental point [of articulation]*) Punto de articulación en el que el ápice de la lengua se coloca, o entre los incisivos superiores e inferiores, o muy cerca de la parte de atrás de los incisivos superiores, casi apoyándose en ellos. Los alófonos (interdentales) del fonema /θ/ son [θ] (sordo) y [ð] (sonoro).

punto labiodental (*labiodental point [of articulation]*) Punto de articulación en que el órgano activo es el labio inferior, y el pasivo, los dientes superiores. Ejemplos: [f], [ɱ].

punto palatal (*palatal point [of articulation]*) Punto de articulación en el que el paladar de la lengua es tocado por el predorso. Ejemplos: [ɲ], [j].

punto velar (*velar point [of articulation]*) Punto de articulación en el que el dorso de la lengua se pone en contacto con el velo del paladar o se eleva hacia él. Ejemplos: [k], [x].

redondeamiento de labios (*lip rounding*) Acción y efecto de comprimirse los labios para tomar una forma redondeada o circular al articular las vocales traseras. Ejemplos: [u], [o].

reforzar (*reenforce*) Proceso que se aplica sobre todo a las consonantes, que consiste en darles más fuerza acentuando algunas de sus características más sobresalientes. Ejemplo: [ká-je] → [ká-že]. (En este ejemplo se refuerza la parte fricativa alveopalatal del sonido.)

refuerzo de la fricatividad de la [j] (*reenforcement of the fricativity of [j]*) Véase **reforzar.**

refuerzo de la fricatividad velar de la [x] (*reenforcement of the velar fricativity of [x]*) Proceso mediante el cual se minimaliza la distancia entre el postdorso de la lengua y el velo del paladar, intensificando la fricatividad que produce el paso del aire entre dichos articuladores. Este proceso se presenta en el español castellano de España. Ejemplos: [r̄ó-x̱o], [x̱o-ro-βá-ðo].

ritmo acentual (*stress timing*) Ritmo típico del inglés, parecido en cuanto a su efecto acústico al galope de un caballo. Según el ritmo acentual, la duración de un enunciado depende del número de acentos tónicos que tenga el enunciado.

ritmo parejo (*syllable-timed rhythm*) Ritmo uniforme y nivelado en el que cada sílaba tiene más o menos la misma duración. Véase **ritmo silábico.**

ritmo silábico (*syllable timing*) Ritmo típico del español, que se parece en cuanto a su efecto acústico al sonido de una metralleta. Según el ritmo silábico, la duración de un enunciado depende del número de sílabas que tenga dicho enunciado, cuyas sílabas tónicas apenas se alargan mientras que las átonas apenas se acortan.

rotacismo de la [l] (*rhotacism of [l]*) Proceso mediante el cual la [l] se convierte en [r] en las dos posiciones débiles, o sea, final de sílaba y final de palabra. Ejemplos: [sol-dá-ðo] → [sor-ðá-ðo], [pól-βo] → [pór-βo].

schwa (*schwa*) Sonido vocálico medio central que en inglés se puede representar con la combinación de grafemas "uh" y que en el alfabeto fonético internacional se transcribe [ə]. Ejemplo: *ability* [ə-bí-lə-Dì].

seseo (*seseo*) Uso del fonema /s/ para representar "c" ante vocales anteriores y "z" dondequiera, además del uso de /s/ para representar el grafema "s" dondequiera. (Como resultado de esta sustitución, el fonema /s/ acaba por ser el único fonema sibilante en el dialecto seseante.) (Véase **ceceo; distinción /θ/ frente a /s/.**) Ejemplos: *Susana* /su-sá-na/, *acusas* /a-kú-sas/, *cine* /sí-ne/, *cena* /sé-na/, *zorro* /só-r̄o/.

sibilante (*sibilant*) Sonido fricativo (véase **punto fricativo**) que se produce por medio de una obstaculización parcial de la salida del aire la cual es objeto de fricción al pasar por el obstáculo que forma la lengua al aproximarse a los incisivos superiores y el cielo de la cavidad bucal. El sonido sibilante es aquel fricativo **acanalado** (véase) en cuya articulación la corriente de aire pasa por una especie de canal o abertura estrecha. Los sibilantes que en este texto se estudian son [s], [z], [ś], [ź], [š] y [ž].

sílaba antepenúltima (*antepenultimate syllable*) En una palabra, la tercera sílaba contando desde atrás. Ejemplos: *com-pren-sión, ma-ra-vi-llo-so.*

sílaba abierta (*open syllable*) Cualquier sílaba que no termine en consonante.

sílaba átona (*unstressed syllable*) Sílaba que no tiene el acento tónico. Ejemplos: *Jua-ni-to, al-ma-ce-nes.*

sílaba cerrada (*closed syllable*) Cualquier sílaba que termine en consonante.

sílaba penúltima (*penultimate syllable / next-to-the-last syllable*) La sílaba que va antes de la final, es decir, la segunda contando desde atrás. Ejemplos: *com-pren-sión, ma-ra-vi-llo-so.*

sílaba tónica (*tonic syllable, stressed syllable*) Sílaba que lleva el acento tónico, la sílaba más fuerte de una palabra. Ejemplos: *com-pren-sión, ma-ra-vi-llo-so.*

sílaba última (*last syllable*) Sílaba que está al final de la palabra. Ejemplos: *com-pren-sión, ma-ra-vi-llo-so.*

simplificación de grupos consonánticos (*simplification of consonant clusters*) Especie de reducción de combinaciones de consonantes que constituye otra prueba de la fuerte tendencia de las palabras en el idioma español a ajustarse o por lo menos aproximarse a la estructura silábica preferida de este idioma (CV-CV). Ejemplos: *instrucciones* [ins-truk-sió-nes] → [is-tru-sió-nes].

sinalefa (*synalepha*) La falta de pausa entre vocales. Ejemplo: en la oración "Le entró miedo", las cuerdas vocales siguen vibrando —sin permitir que haya pausa— cuando se pasa de la primera [e] a la segunda. Cuanto más rápida y espontánea sea la pronunciación, más notorios serán los efectos de la sinalefa.

sobresdrújula (*anteproparoxytonic*) Cualquier palabra —siempre compuesta— que lleva el acento tónico antes de la penúltima sílaba, o sea, en la cuarta o la quinta sílaba contando desde atrás. Ejemplos: *Tráigamelo. Castíguesemelo.*

sociolecto (*sociolect*) Cualquier modo de hablar que puede definirse en términos de clase o grupo social. Ejemplos: el español de la gente del campo, el español lunfardo.

sonido glótico (del inglés) Véase **golpe de glotis.**

- **sonido sonoro** (*voiced sound*) Sonido cuya articulación va acompañada de vibraciones de las cuerdas vocales. Ejemplos: [b], [d], [g], [r], [l].

- **sonido sordo** (*voiceless sound*) Sonido que al ser articulado <u>no</u> le acompaña ninguna vibración de las cuerdas vocales. Ejemplos [f], [s], [t], [p], [x].

sonoridad (*voicing, sonority*) Vibraciones emitidas por las cuerdas vocales en estado de tensión.

sonorización (*voicing*) Conversión de una consonante sorda en sonora. Ejemplo: la realización concreta del abstracto /dés-de/ es [déz-ðe], o sea, que el fonema /s/ se realiza [z] (alófono sonoro).

sustantivo (*noun*) Cualquier palabra que puede pluralizarse, ser modificada por adjetivo(s) o llevar un determinante. Ejemplos: *la mesa, el valle, la democracia.*

tráquea (*trachea*) Parte del aparato respiratorio situado entre la laringe y los bronquios.

- **triptongo** (*triphthong*) Cualquier combinación monosilábica que empieza con deslizada, tiene por núcleo una vocal media o abierta y termina con otra deslizada. Ejemplos: *contin<u>uái</u>s, b<u>uey</u>.*

úvula (*uvula*) Llamada también "campanilla", es un apéndice carnoso que cuelga en la parte posterior del velo del paladar.

valor fonémico (*phonemic value*) La función distintiva de un sonido. La diferencia entre [s] y [z] no tiene valor fonémico en español pero sí lo tiene en inglés.

variación libre (*free variation*) Toda variación que no puede definirse por regiones ni por factores sociales ni por cualquier otro factor que suele analizar la lingüística. Ejemplo: la variación que no sea regional de la consonante /j/.

variación regional (*regional variation*) Toda variación lingüística que puede definirse geográficamente, por regiones. Ejemplos: el español alteño (de tierras altas), el español mexicano, el español norteño, el español chihuahuense.

velar Véase **punto velar.**

velarización de la /n/ (*velarization of the /n/*) Proceso mediante el cual el alófono escogido del fonema /n/ es [ŋ] velar en posiciones débiles. Ejemplo: /en-bra-síl/ → [eŋ-bra-síl] (en vez de la forma normativa (em-bra-síl].

velarización de labiodental [f] (*velarization of labiodental [f]*) Proceso mediante el cual el sonido labiodental fricativo sordo [f] se convierte en [x], también fricativo y sordo, pero velar. Ejemplos: [fu̯ér-te] → [xu̯ér-te], [se-fu̯é] → [se-xu̯é].

velarizado (*velarized*) Sonido que se convierte en velar (véase **punto velar**) o que se aproxima al punto de articulación velar. Ejemplo: en inglés, el alófono velarizado del fonema /l/.

- **velo del paladar** (*velum*) Cortina membranosa que separa la boca de la faringe y de la parte posterior de la boca, y que sube para cerrar la cavidad nasal.

velocidad (*rate, speed, velocity*) Grado de rapidez con que se habla.

velocidad lenta (*slow rate [of speech]*) Velocidad de habla caracterizada por una gran claridad articulatoria en la que se pronuncia con cuidado cada segmento y se divide el enunciado en un número de grupos respiratorios más alto que lo normal. Ejemplo: la articulación lenta de la siguiente oración muestra ("*Ya había llegado el tren a la estación de abajo.*") —que se transcribe [já‿a‿βí‿a‿je‿γá‿ðo‿el‿trén] [a‿la‿es‿ta‿si̯ón‿de‿a‿βá‿xo].

velocidad moderada (*moderate rate [of speech]*) Velocidad de habla que no es ni lenta ni rápida sino que representa un término medio entre los dos extremos.

velocidad rápida (*rapid rate [of speech]*) Velocidad de habla caracterizada por un porcentaje elevado de tendencias dialectales y combinaciones sinaléficas que se convierten en vocales largas o diptongos. Un ejemplo es la articulación rápida de la oración muestra ("*Ya había llegado el tren a la estación de abajo*"), que es como sigue: [já:‿βí‿a‿je‿γá‿o̯‿el‿tré‿na‿lai̯s‿ta‿si̯ón‿di̯a‿βá‿xo].

verbo (*verb*) Cualquier palabra que puede conjugarse. Ejemplos: *hablar, comer, vivir.*

verso alejandrino (*alexandrine verse*) Tipo de verso que tiene 14 sílabas (o 13, si la última palabra del verso termina en consonante). Ejemplo: " ...o en pajonales de agua se espesaba revuelto / descerrajando al paso su pródigo arcabuz."

vibración (*vibration*) Movimiento oscilatorio rápido (como, por ejemplo, el del ápice de la lengua al tocar los alveolos).

- **vibrante múltiple** (*multiple vibrant/tap/flap*) Véase **modo líquido vibrante.**

- **vibrante sencilla** (*single vibrant/tap/flap*) Véase **modo líquido vibrante.**

vocal (*vowel*) Sonido que se articula dejando salir el aire sin ningún obstáculo. Ejemplos: [a], [e], [i].

- **vocal alta/cerrada** (*high/closed vowel*) Vocal que se articula estando la lengua cerca del paladar o del cielo de la boca, lo cual cierra considerablemente el espacio de la cavidad bucal. Ejemplos: [i], [u].

vocal anterior (*front vowel*) Vocal que se articula encontrándose el dorso de la lengua más cerca de los dientes que del velo del paladar. Ejemplos: [i], [e].

- **vocal baja/abierta** (*low/open vowel*) Vocal que se articula estando la lengua lo más lejos posible del paladar o del cielo de la boca, lo cual abre considerablemente el espacio de la cavidad bucal. Ejemplo: [a].

vocal central (*central vowel*) Vocal que se articula no encontrándose el dorso de la lengua ni cerca de los dientes ni cerca del velo del paladar. Ejemplo: [a].

- **vocal media** (*middle vowel*) Vocal que se articula no estando la lengua ni cerca del velo del paladar ni del cielo de la boca ni lejos de los mismos. Ejemplos: [e], [o].

vocal monoptongal Véase **monoptongo.**

vocal no cerrada (*non-closed vowel*) Cualquier vocal que no sea /i/, /u/. Ejemplos: /a/, /e/, /o/.

vocal posterior (*back vowel*) Vocal que se articula encontrándose el dorso de la lengua más cerca del velo del paladar que de los dientes. Ejemplos: [u], [o].

vocal relajada (*lax vowel*) Cualquier vocal inglesa que no es tensa (véase **vocal tensa**). Entre las vocales inglesas relajadas figuran [I], [ɛ], y [ʊ]. Ejemplos: *bit* [bIt], *bet* [bɛt], *book* [bʊk].

vocal tensa (*tense vowel*) Cualquier vocal inglesa cuya forma normativa de pronunciarse y transcribirse puede revelar una tendencia diptongal. Ejemplos: el sonido [ei̯] de *say, hey, plate;* el sonido [ii̯] de *tree, sea, Pete;* el sonido [ou̯] de *go, low, bone.*

volumen (*volume*) La intensidad sonora de un sonido, la fuerza del mismo. Ejemplo: lo representado por las letras en bastardilla en una oración como "¿Me dijiste que lo vas a *matar?*"

yeísmo (*yeismo, yodism*) Lo contrario de la **distinción /ʎ/ frente a /j/** (véase). El yeísmo es el uso del fonema /j/ para representar tanto el grafema "y" consonántico como el dígrafo "ll" dondequiera. Ejemplos: *halla* /á-ja/, *haya* /á-ja/, *mallo* /má-jo/, *mayo* /má-jo/.

yodización de consonantes (*conversion of consonants into yods*) Proceso mediante el cual la consonante en posición débil (sobre todo la consonante oclusiva) se convierte en [i̯], o sea, *yod.* Ejemplos: [a-sep-tár] → [a-sei̯-tár], [sek-sió-nes] → [sei̯-sió-nes].

zona geolectal alteña (*highlands geolectal zone*) Esta zona comprende todas las tierras "altas", o sea, las que se encuentran a cierta altura sobre el nivel del mar y, en términos generales, lejos de las costas. En particular forman parte de la zona alteña casi todo el territorio mexicano, la altiplanicie de Colombia, los altos occidentales de Venezuela, y la mayoría del territorio de los países andinos.

zona geolectal bajeña (*lowlands geolectal zone*) Esta zona comprende la gran mayoría de las tierras "bajas", o sea, las cercanas al mar, en particular al Atlántico y al Caribe: Andalucía y las islas Canarias de España, los países isleños de habla española (Cuba, la República Dominicana, Puerto Rico), los países del Cono Sur, etcétera.

zona geolectal castellana (*Castilian geolectal zone*) Esta zona comprende toda la parte central monolingüe de España: Castilla-León, Castilla-La Mancha, Cantabria, Madrid, Extremadura, La Rioja y la mayor parte de Aragón.

ÍNDICE DE MATERIAS

En cuanto al ordenamiento alfabético, el presente índice sigue las nuevas normas (de abril 1994 en adelante) de la Real Academia Española, según las cuales los dígrafos *ch* y *ll* ya no inician sus respectivas secciones de un diccionario (aun cuando siguen siendo dígrafos). Así que en el presente índice el acceso " 'ch' (dígrafo) 1-2, 10" (por ejemplo) se encuentra entre "cerrazón vocálica" y " 'ci' (grafemas)" y no entre "curva melódica plana" y "[ð] (alófono fricativo)" como hubiera sido el caso antes de promulgarse las nuevas normas.